설계부터 개발까지 완벽한 협업을 위한
피그마 클래스

설계부터 개발까지
완벽한 협업을 위한

피그마 클래스

초판 1쇄 2024년 06월 21일
　　2쇄 2025년 01월 21일

지은이 박수진
발행인 한창훈
편집 김은숙
펴낸곳 루비페이퍼 **등록** 2013년 11월 6일 (제 385-2013-000053호)
주소 경기도 부천시 원미구 길주로 252 1804호
전화 032 322 6754 **팩스** 031 8039 4526
홈페이지 www.RubyPaper.co.kr
ISBN 979-11-93083-15-4

- 이 책은 저작권법에 따라 보호받는 저작물이므로 무단 전재와 무단 복제를 금하며,
  이 책 내용의 전부 또는 일부를 이용하려면 저작권자와 루비페이퍼의 서면 동의를 받아야 합니다.

- 책값은 뒤표지에 있습니다.

- 잘못된 책은 구입처에서 교환해 드리며, 관련 법령에 따라서 환불해 드립니다.
  단, 제품 훼손 시 환불이 불가능합니다.

저자 서문

반갑습니다. 루씨입니다. 저는 프리랜서 디자이너이자 강사로 활동하며, '루씨의 UX·UI 디자인' 유튜브 채널(youtube.com/@UXUI)을 운영하고 있습니다.

처음 피그마를 접했을 때, 관련 서적이 부족했기 때문에 피그마 공식 홈페이지를 통해 조금씩 배우게 되었습니다. 수십 년간 포토샵으로 UI 디자인을 해 온 저는 피그마의 효율성과 커뮤니케이션을 획기적으로 도와주는 데 큰 매력을 느꼈습니다. 피그마는 아이디어를 빠르게 시각화하고 팀원과 커뮤니케이션하는 데 뛰어난 툴입니다. 피그마 하나만 있다면 어떤 디자인도 마음껏 만들어 낼 수 있습니다.

제 유튜브 채널은 코로나 팬데믹 상황에서 수업이 중단될 때 강의 보조 역할로 출발했습니다. 그 시기에 학생들이 직접적인 수업을 참여하지 못하게 되었고, 그 공백을 채우고자 유튜브에 영상을 올리게 되었습니다. 현재는 UX·UI 디자이너, 서비스 기획자, 개발자가 알아야 할 다양한 지식과 툴 활용 방법을 공유하며, 특히 피그마 튜토리얼 영상이 많은 관심을 받으면서 피그마 입문자의 니즈를 잘 파악할 수 있었습니다.

그동안 UX·UI 분야에 입문하는 학생을 가르치면서 쉽게 툴을 익힐 수 있는 교재를 찾았지만 시중에 나온 책들을 교재로 삼기에는 내용이 어려웠습니다. 그러다 보니 누구나 쉽게 따라할 수 있는 예제와 원리 중심의 교안을 직접 만들게 되었고, 이번에 그 내용을 책으로 엮어 출간하게 되었습니다. 이 책은 피그마의 핵심 기능을 쉽고 빠르게 익힐 수 있도록 구성했습니다. 왜 오토 레이아웃 기능을 사용해야 하는지, 실무에서는 어떻게 활용되는지 피그마의 기초부터 실무까지 자세히 설명했습니다. 또한 유튜브 채널과 수업에서 받았던 많은 질문에 대한 해답도 담았습니다.

이 책이 피그마 입문자들에게 첫걸음을 내딛는 데 도움이 되길 바랍니다. 책 출간을 위해 도와주신 모든 분께 진심으로 감사드리며, 모든 영광을 하나님께 올립니다.

2024. 06
박수진

이 책의 구성

이 책은 총 세 파트로 구성되었습니다. 피그마를 처음 시작한다면 '파트 1'부터 차근차근 시작해 보고, 사용해 본 적이 있다면 '파트 2'의 기능 설명과 실습부터 시작해도 좋습니다.

파트 1: 피그마 기초 클래스

피그마 클래스의 첫 번째 파트에서는 피그마 회원 가입부터 기본적인 파일 관리와 UI, 툴 사용법 등을 준비했습니다. 처음 사용하는 분들을 위해서 피그마를 설치하고, 화면 구성과 패널, 툴 사용법을 알아봅니다.

파트 2: 피그마 활용 클래스

피그마의 핵심 기능인 오토 레이아웃, 콘스트레인트, 컴포넌트, 베리어블 등을 다양한 예제로 빠르게 익힐 수 있도록 구성했습니다. 또 프로토타이핑과 인터랙션 실습을 통해 UX/UI 디자인 실무 과정을 경험해 봅니다.

파트 3: 피그마 실전 프로젝트

포트폴리오로 사용해도 손색없는 실전 예제와 웹/앱을 함께 만들면서 디자인 감각을 익힐 수 있습니다. 책에서 소개한 모든 파트를 다 따라가다 보면 피그마를 더 깊게 이해할 수 있을 것입니다.

모든 파트에는 필자가 오랫동안 디자이너로 일하면서 쌓은 경험과 지식을 담았습니다. 책을 보다가 어려운 부분이나 궁금한 점이 생긴다면 저자의 메일(lucymygirl@naver.com)이나 유튜브 채널(youtube.com/@UXUI)에 남겨 주세요. 여러분의 피그마 첫걸음을 응원합니다.

피그마 예제 파일 및 단축키 모음집 안내

이 책의 예제 파일은 필자의 **피그마 커뮤니티** www.figma.com/@designerlucy에 공개되어 있습니다. 필요한 예제 파일을 선택한 다음, Open in Figma 버튼을 클릭해서 Draft(개인 공간)로 복사해서 사용하세요.

피그마 단축키 모음집은 **루비페이퍼 홈페이지** rubypaper.co.kr – [자료실]에서 내려받을 수 있습니다.

차례

Part 1 피그마 기초 클래스

Chapter 1 피그마와 친해지기

1.1	피그마의 이해	11
1.2	피그마 회원 가입과 앱 설치하기	14
	기본 예제 1-1 피그마 계정 생성	14
1.3	파일 브라우저와 커뮤니티 살펴보기	19
1.4	디자인 파일 관리 방법	22
	기본 예제 1-2 새로운 디자인 파일 만들기	22
	기본 예제 1-3 디자인 파일 안에 페이지 생성하기	27
1.5	피그마 UI와 기본 툴 파악하기	28
1.6	피그마의 기본 프레임 다루기	39
	기본 예제 1-4 프레임 만들고 이름 변경하기	40
1.7	레이아웃 그리드 설정하기	45
	기본 예제 1-5 모바일 레이아웃 그리드 만들기(4컬럼)	46
	기본 예제 1-6 데스크톱 레이아웃 그리드 만들기(12컬럼)	47

Chapter 2 피그마 툴 이해하기

2.1	디자인 요소를 만드는 도형 툴	49
	활용 예제 2-1 도형 툴 사용하기	52
2.2	시각적인 화면을 구성하는 이미지 편집	62
	활용 예제 2-2 소셜 미디어 앱의 메인 화면 만들기	68
2.3	디자인 작업 환경을 위한 스타일 만들기	73
	기본 예제 2-1 레이아웃 그리드 스타일 만들기	74
	기본 예제 2-2 컬러 스타일 만들기	75
	기본 예제 2-3 텍스트 스타일 만들기	78

Part 2 피그마 활용 클래스

Chapter 3 피그마 기능 익히기

3.1 반응형 레이아웃을 위한 오토 레이아웃과 리사이징 … 85
　활용예제 3-1 텍스트 길이에 반응하는 버튼 만들기 … 86
　활용예제 3-2 카드 UI 제작하기 … 92
3.2 다양한 디바이스에 대응하는 콘스트레인트 … 97
　활용예제 3-3 UI 요소마다 콘스트레인트 설정하기 … 99
3.3 디자인 시스템 구축을 위한 컴포넌트 … 104
　활용예제 3-4 버튼 컴포넌트 만들기 … 106
　활용예제 3-5 컴포넌트를 복사한 인스턴스 사용하기 … 108
　활용예제 3-6 인스턴스를 오버라이드하기 … 109
3.4 복잡한 디자인 시스템도 깔끔하게 정리하는 컴포넌트 프로퍼티 … 111
　활용예제 3-7 버튼 컴포넌트 프로퍼티 … 111
3.5 컴포넌트를 논리적으로 그룹핑하는 베리언트 … 117
　활용예제 3-8 베리언트를 활용한 텍스트 필드 만들기 … 117
3.6 디자인 설계를 도와주는 베리어블 … 122
　기본예제 3-1 베리어블 만들기 … 124
　활용예제 3-9 컬러 베리어블을 활용한 라이트/다크 테마 구현하기 … 126

Chapter 4 프로토타이핑

4.1 프로토타이핑 알아보기 … 131
4.2 플로와 스타팅 포인트 다루기 … 137
4.3 인터랙션의 기본과 활용 … 139
　기본예제 4-1 인터랙션 연결하기 … 139
　활용예제 4-1 인터랙션과 애니메이션으로 온보딩 화면 만들기 … 140
4.4 스크롤 비헤비어 다루기 … 145
　활용예제 4-2 소셜 미디어 앱 스크롤 설정하기 … 146
　활용예제 4-3 지도에 양방향 스크롤 설정하기 … 148
4.5 인터랙션 실습하기 … 151
　활용예제 4-4 카드 슬라이딩 스마트 애니메이션 만들기 … 151
4.6 인터랙티브 컴포넌트 사용하기 … 157
　활용예제 4-5 스위치 만들기 … 157

Part 3 피그마 실전 프로젝트

**Chapter 5
실무에서 바로 쓰는 인터랙션 디자인**

5.1	고정 탭 만들기	165
5.2	상품 갤러리 스크롤 인터랙션 만들기	173
5.3	GNB 메뉴 구성하기	179
5.4	웹 사이트 헤더 만들기	183
5.5	섬네일 크기를 조정하는 인터랙션 만들기	188

**Chapter 6
클래스
앱 디자인**

6.1	클래스 앱의 홈 화면 디자인하기	195
6.2	베스트 클래스 리스트 디자인하기	226
6.3	클래스 상세 페이지 디자인하기	235
6.4	드로어 만들기	246
6.5	질문 모달 만들기	251
6.6	프로토타이핑 설정하기	255

**Chapter 7
반응형
웹 사이트
디자인**

7.1	반응형 웹 사이트 이해하기	265
7.2	데스크톱 크기의 메인 화면 만들기	269
7.3	디바이스 크기에 반응하는 오토 레이아웃 설정하기	286

**Chapter 8
피그마로
협업하기**

8.1 협업을 위한 팀 만들기		295
기본예제 8-1 팀 만들기		296
8.2 디자인을 개발에 넘기는 핸드오프		302
8.3 공유된 파일의 코드 확인하고 복사하기		307
8.4 버전 히스토리 관리하기		309

찾아보기	313

기업의 제품/서비스 개발에서 꼭 필요한 도구가 있다면 단연 피그마를 꼽을 것입니다. 피그마는 기본 UI 디자인 툴이지만, 프로젝트의 전 구성원이 참여할 수 있는 훌륭한 커뮤니케이션 도구이기 때문입니다. 피그마 클래스의 첫 번째 파트에서는 피그마 UI와 앱 다운로드부터 기본적인 파일 관리와 메뉴, 툴 사용법 등을 준비했습니다. 가벼운 마음으로 함께 시작해 볼까요?

01 피그마 UI와 기본 메뉴, 툴 익히기

02 프레임과 레이아웃 그리드 제대로 사용하기

03 스타일 기반의 디자인 작업 환경 구축하기

04 도형 툴로 다양한 아이콘 만들기

part
for Designer

01

피그마 기초 클래스

| 01 | 02 | 03 |

Chapter 1

피그마와 친해지기

1.1 피그마의 이해

1.2 피그마 회원 가입과 앱 설치하기

1.3 파일 브라우저와 커뮤니티 살펴보기

1.4 디자인 파일 관리 방법

1.5 피그마 UI와 기본 툴 파악하기

1.6 피그마의 기본 프레임 다루기

1.7 레이아웃 그리드 설정하기

1.1 피그마의 이해

피그마(Figma)는 웹 기반의 UI(User Interface) 디자인 툴로, 웹/앱 화면을 디자인하고 테스트할 수 있는 프로토타이핑(prototyping) 도구입니다. 인터넷과 컴퓨터만 있다면 언제 어디서나 피그마에 쉽게 접속할 수 있으며, UX·UI 개발 프로세스에 필요한 와이어프레임, UI 디자인, 프로토타이핑, 디자인 시스템 관리, 핸드오프 등의 모든 과정을 한 번에 작업할 수 있습니다.

디지털 패러다임의 변화와 피그마

다음은 uxtools에서 발표한 UI 디자인 툴의 인기 순위 차트입니다. 차트를 보면 알 수 있듯이 피그마는 수많은 UI 디자인 툴 중에서 독보적인 인기를 차지하고 있습니다.

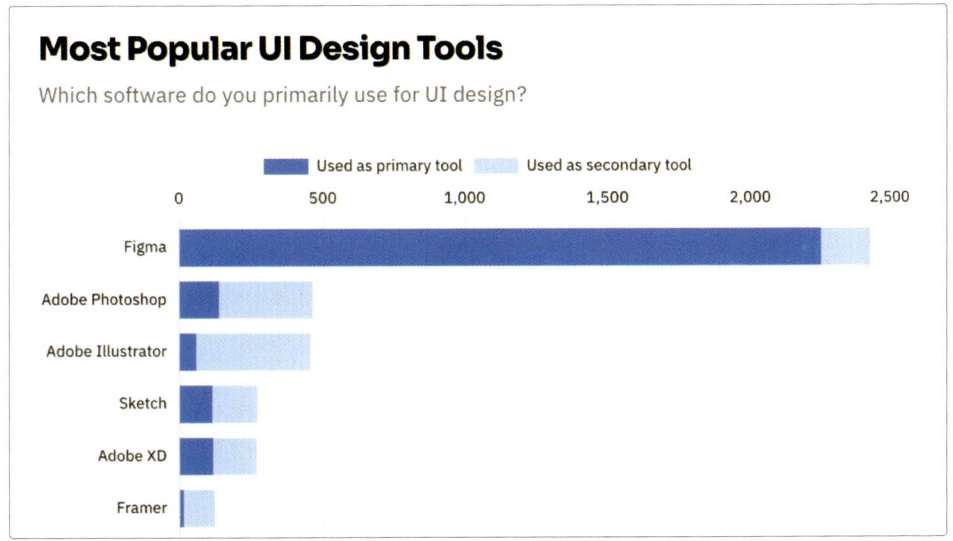

uxtools에서 발표한 UI 디자인 툴 순위
(https://uxtools.co/survey/2023/ui-design/#ui-design-tools-graph)

이처럼 피그마가 큰 인기를 얻은 건 여러 이유가 있지만, 가장 큰 이유는 코로나19(covid19)로 인한 업무 방식의 변화입니다. 2020년 코로나 팬데믹 상황 이후 디지털 분야는 급격하게 변했습니다. 비대면 미팅이 늘었고 각자의 자리에서 업무를 공유하고 프로젝트를 원활하게 진행하기 위한 노력이 필요했습니다. 이 과정에서 협업 도구의 장점을 두루 갖춘 피그마, 피그잼(FigJam)의 가치가 더 높아졌습니다. 앞서 언급한 것처럼 인터넷만 된다면 피그마를 통해 얼마든지 프로젝트를 진행할 수 있기 때문입니다. 이를 통해 우리는 한 장소에 모여 일하지 않아도 프로젝트를 진행하는데 문제 없다는 것을 경험하게 되었습니다.

기획자부터 개발자까지 모두가 사용하는 툴

피그마를 사용하는 사람 중에 2/3는 기획자와 개발자입니다. 즉, 피그마는 디자이너 뿐만 아니라 프로젝트 단계의 모든 구성원이 쓰는 협업 툴입니다. 다음 그림을 통해 좀 더 자세히 알아볼까요? 디지털 프로덕트 프로세스에서 기획자는 와이어프레임과 IA(Information Architecture)를, 디자이너는 컴포넌트를 만들어서 반복되는 작업을 줄이고 일의 효율을 높여 완성한 디자인과 프로토타이핑을 개발자에게 넘깁니다. 개발자는 완료된 디자인을 코드로 구현합니다. 이처럼 프로젝트의 시작부터 완료까지 전 과정을 피그마 하나로 작업할 수 있습니다.

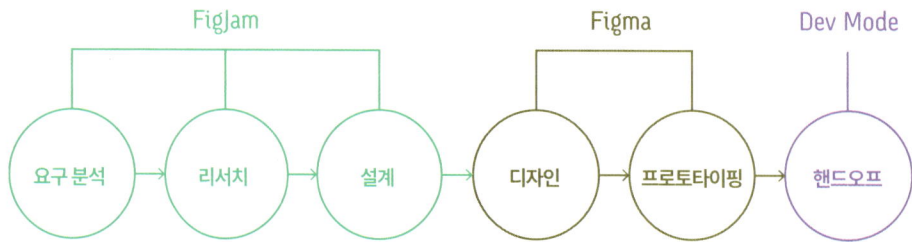

디지털 프로덕트 업무 프로세스와 역할

2021년, 피그마는 온라인 화이트보드 툴인 '피그잼'을 출시했습니다. 피그잼을 통해 브레인스토밍, 마인드 맵, 유저 플로, 와이어프레임, 디자인 콘셉트, 무드보드(mood-board) 등을 공유할 수 있고, 온라인 회의와 워크숍 그리고 피드백 세션도 주최할 수 있습니다. 이는 업무 시간과 장소 제약이 사라지고 원활한 협업과 구성원 모두가 의견을 자유롭게 나눌 수 있는 공간으로 발전되었습니다.

이제 피그마는 빠르게 변하는 시장과 사용자 의견을 바로 반영해야 하는 디지털 환경에서 필수 도구입니다. 특히 온라인 제품, 서비스를 개발하는 팀이나 회사라면 피그마 도입을 통해 업무의 안정성과 프로세스 체계를 갖출 수 있습니다. 그렇다면 피그마를 사용해야 하는 이유를 다음 10가지 항목으로 정리해 보겠습니다.

피그마를 사용해야 하는 10가지 이유

- 피그마는 프로그램 설치가 따로 필요 없는, 웹 기반의 온라인 툴입니다. 따라서 인터넷이 연결된 곳이라면 어디서든 작업, 공유할 수 있어서 업무의 효율성이 극대화됩니다.

- 윈도우나 Mac OS에 상관없이 어느 운영체제에서나 자유롭게 사용할 수 있습니다.

- 무료로 사용할 수 있는 툴입니다. 초기 사용자(starter)와 교육 목적(education plan)으로 단체 가입한 경우라면 피그마를 무료로 쓸 수 있습니다.

- 벡터 기반이라서 요소를 확대, 축소해도 변형될 염려가 없고, 다양한 디바이스에 대응해야 하는 UI 디자인에 최적화된 툴입니다.

- 오토 레이아웃 기능으로 반응형 화면을 쉽게 만들어서 디바이스별로 빠르게 대응할 수 있습니다.

- 여러 사람이 동시에 파일을 편집할 수 있고, 음성 채팅을 통한 실시간 협업도 가능합니다.

- 개발 전에 디자인 결과물을 프로토타이핑해서 마치 완성된 서비스처럼 시현할 수 있으므로 개발 오류나 비용이 절약됩니다.

자주 사용하는 요소들을 컴포넌트로 만들어서 재사용할 수 있습니다. 반복되는 작업과 시간을 줄일 수 있습니다.

완성된 디자인을 서비스로 개발하기 위한 코드 변환이 쉽습니다.

사용자 요구에 맞춘 기능 개선과 커뮤니티를 제공해 디자이너의 성장을 도와줍니다. 또한 실무에서 유용하게 쓸 수 있는 다양한 플러그인이 지속적으로 업데이트됩니다.

1.2 피그마 회원 가입과 앱 설치하기

피그마를 시작하기에 앞서 회원 가입 하는 방법과 계정 플랜을 살펴보겠습니다. 그리고 피그마를 좀 더 편하게 사용할 수 있는 다운로드 앱을 알아봅니다.

기본예제 1-1 피그마 계정 생성

STEP 1 피그마 사이트(figma.com)에 접속 후, <Get Started for free> 버튼을 클릭하여 계정 생성 화면으로 이동합니다.

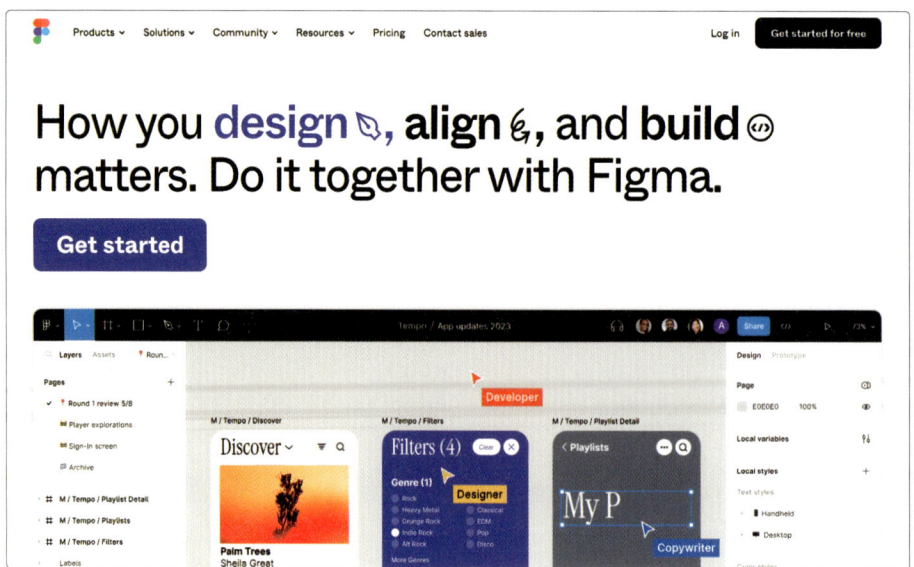

피그마 웹 사이트

STEP 2 구글 계정이나 이메일을 입력한 다음, <Create account> 버튼을 클릭해서 회원 가입을 진행하세요.

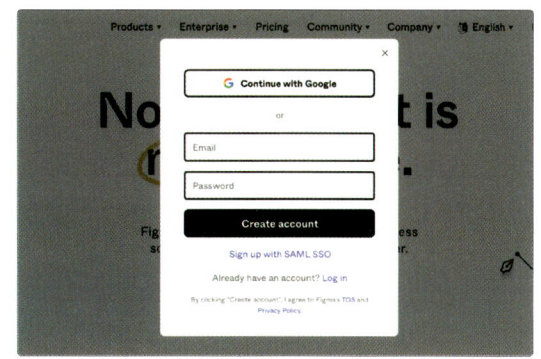

계정 생성 화면

STEP 3 계정 생성 후 다음과 같은 인증 메일을 받게 됩니다. 메일에서 <Verify email> 버튼을 클릭해서 가입 인증을 완료합니다.

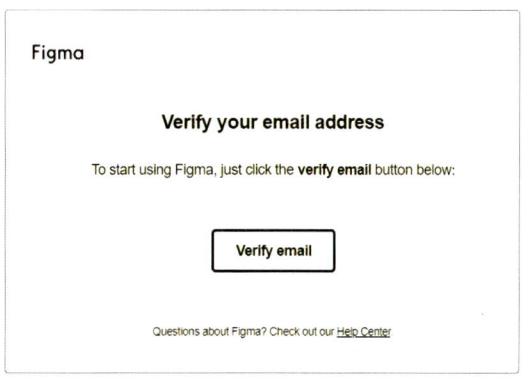

계정 인증 메일

STEP 4 다시 피그마 사이트로 돌아가서 로그인 후 몇 가지 설문 조사를 진행하다 보면 플랜을 선택하는 화면이 나타납니다. 피그마를 처음 사용한다면 무료 버전인 <Starter>를 선택하고 <Continue> 버튼을 클릭합니다.

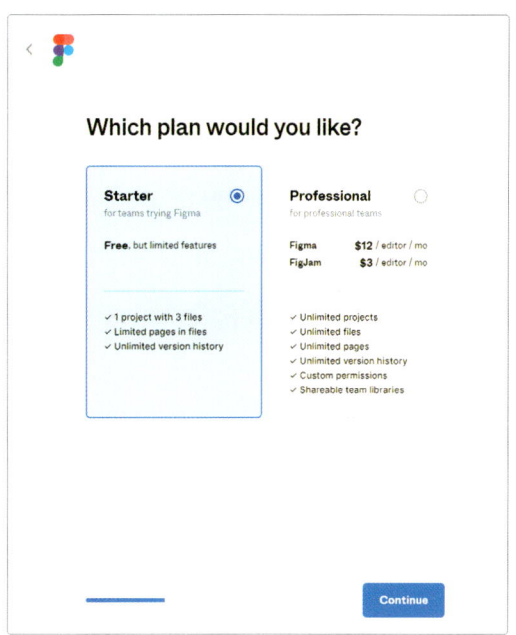

피그마 플랜 선택

STEP 5 모든 단계를 마치고 나면 다음과 같은 피그마의 '파일 브라우저'를 만나게 됩니다. 파일 브라우저는 1.3절에서 자세히 살펴보겠습니다.

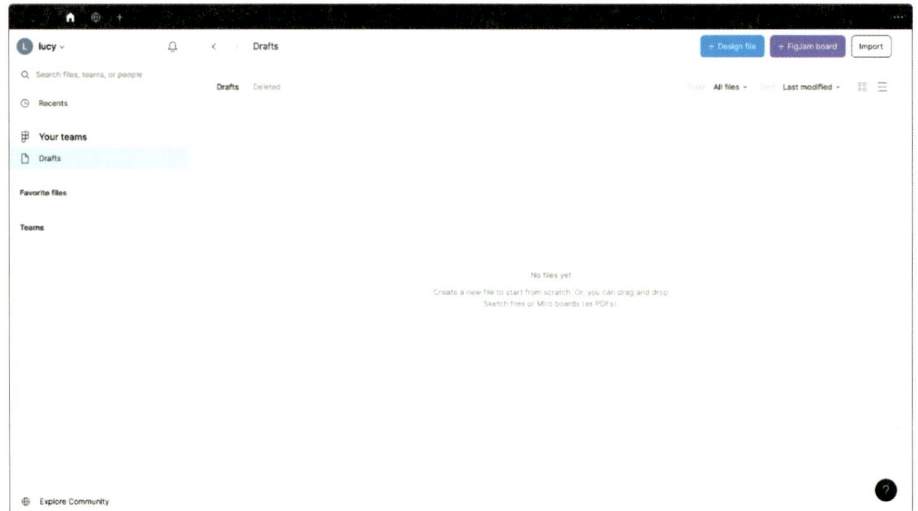

파일 브라우저 화면

피그마의 다양한 플랜

피그마에서 제공하는 플랜의 종류와 특징은 다음과 같이 정리할 수 있습니다.

플랜	Starter	Professional	Organization
규모/대상	학생 또는 처음 피그마를 배우는 입문자에게 적당합니다.	팀별 작업에 적당합니다.	회사 규모의 팀과 프로젝트를 관리하기에 적당합니다.
특징	무제한 개인 디자인 파일(draft)을 만들어 사용할 수 있으며, 드래프트 안에 파일을 무제한 생성할 수 있습니다. 협업을 위한 1개 팀 생성과 팀 안에 피그마, 피그잼 파일을 각 3개씩 무료로 생성할 수 있습니다.	파일과, 버전 히스토리를 무제한 제공받습니다. 개인 프로젝트 공유와 비디오 채우기, 편집, 개발자 모드를 사용할 수 있습니다.	프로페셔널 플랜 모든 기능과 더불어 디자인 시스템 분석이 가능합니다.
요금	무료입니다.	편집자당 월 12달러가 부과됩니다.	편집자당 월 45달러가 부과됩니다.
팀 라이브러리	스타일, 컴포넌트 퍼블리싱이 안 됩니다.	팀 라이브러리와 권한 설정이 가능하고, 피그마 파일 안에서 팀원과 오디오 대화가 가능합니다.	플러그인, 위젯을 만들어 팀 내에서 비공개로 사용할 수 있습니다.
베리어블 모드	불가	4개 모드	4개 모드
디자인 시스템 분석	디자인 시스템 분석 불가	디자인 시스템 분석 불가	디자인 시스템 분석 가능
개발 모드	사용 불가	사용 가능	사용 가능

피그마 다운로드 프로그램

피그마에서는 3가지 다운로드 프로그램을 지원합니다. 바로 데스크톱 앱, 모바일 앱, 폰트 인스톨러(font installers)입니다. 각 프로그램에 대해 간단히 살펴보겠습니다.

1 데스크톱 앱

데스크톱 앱은 내 컴퓨터에 프로그램으로 설치하는 방식입니다. 윈도우와 Mac OS 모두 가능하며, 웹 브라우저에서 사용하는 방법과 거의 동일합니다. 다만 웹 브라우저에서 컴퓨터의 폰트를 적용하려면 '폰트 인스톨러'를 설치해야 합니다. 보통 외부에서 피그마를 사용할 때는 웹 브라우저에서 사용하고, 매일 작업하는 환경에서는 데스크톱 앱을 설치해서 사용합니다. 나에게 편한 방식으로 피그마를 사용해 보세요.

내 컴퓨터에 데스크톱 앱을 설치하는 방법은 간단합니다. figma.com/downloads 또는 피그마 사이트에 접속해 <Product> - <Downloads> 메뉴를 선택합니다. 다음과 같이 'Desktop App'에서 내 운영체제에 맞는 프로그램을 다운로드한 후 설치합니다.

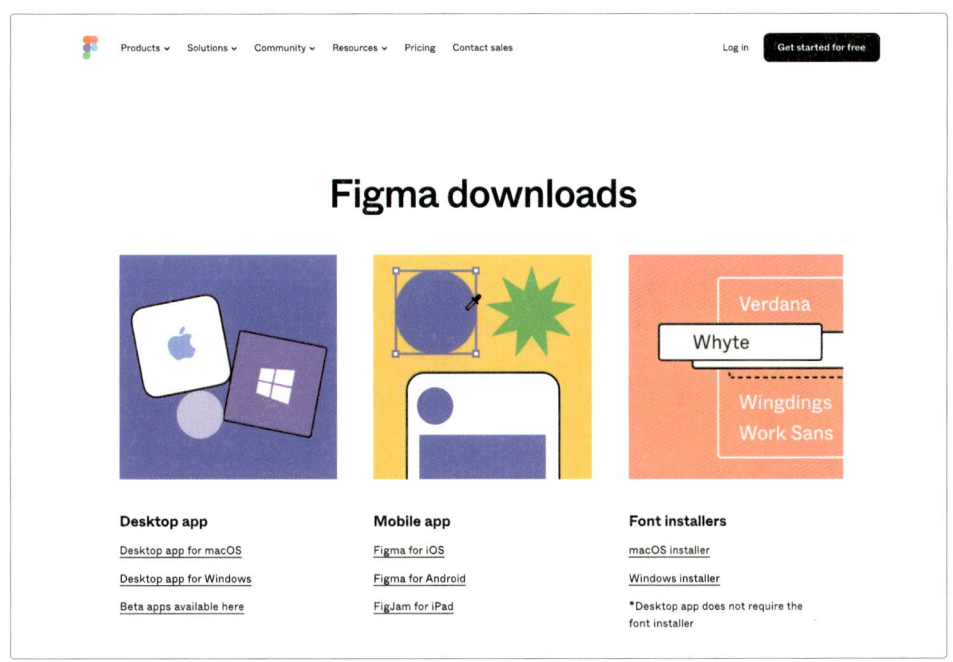

데스크톱 앱 다운로드 페이지

2 모바일 앱

구글 플레이나 앱 스토어에서 'Figma'를 검색하면 모바일 앱을 설치할 수 있습니다. 모바일 환경과 동일한 UI 화면 설계와 프로토타이핑을 확인하기 위해 모바일 앱을 자주 이용합니다.

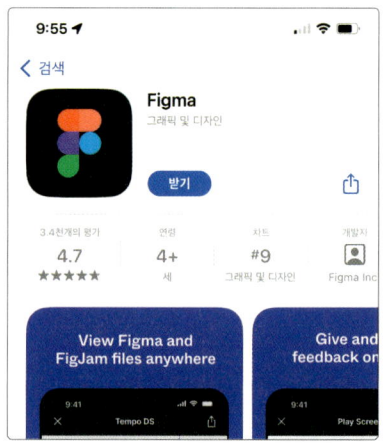

앱 스토어에서 피그마 모바일 앱 설치

3 폰트 인스톨러

피그마는 기본 구글 폰트를 제공합니다. 폰트 인스톨러는 웹 브라우저에서 피그마를 사용할 때 내 컴퓨터에 있는 로컬 폰트를 가져오기 위해 필요합니다. 다음과 같이 피그마 다운로드 페이지(figma.com/downloads)에서 내려받을 수 있습니다. 데스크톱 앱으로 피그마를 사용한다면 폰트 인스톨러는 설치할 필요가 없습니다.

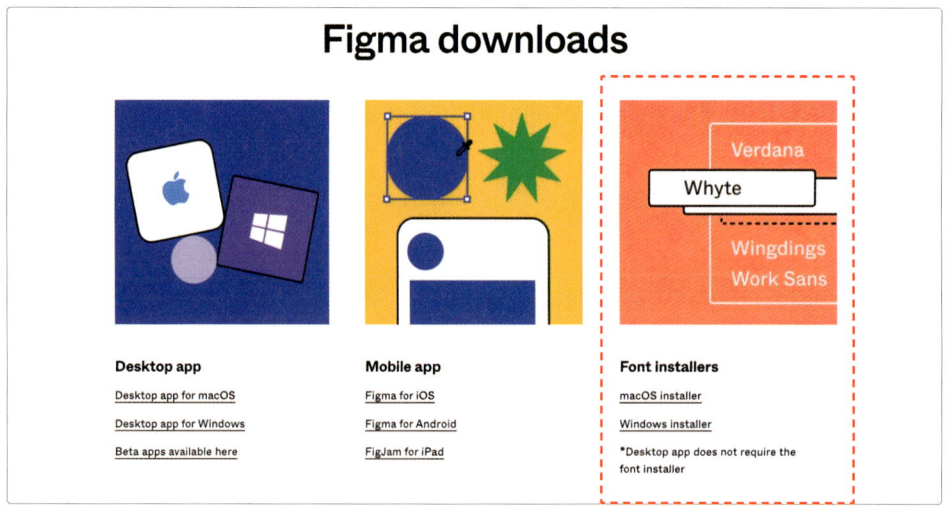

폰트 인스톨러 다운로드 화면

1.3 파일 브라우저와 커뮤니티 살펴보기

파일 브라우저

피그마에 로그인하면 제일 먼저 파일 브라우저 화면을 만납니다. 여기서는 계정 관리, 드래프트, 팀과 커뮤니티 등을 탐색할 수 있으며, 왼쪽에는 사이드 바가 있습니다. 각 메뉴를 자세히 살펴보겠습니다.

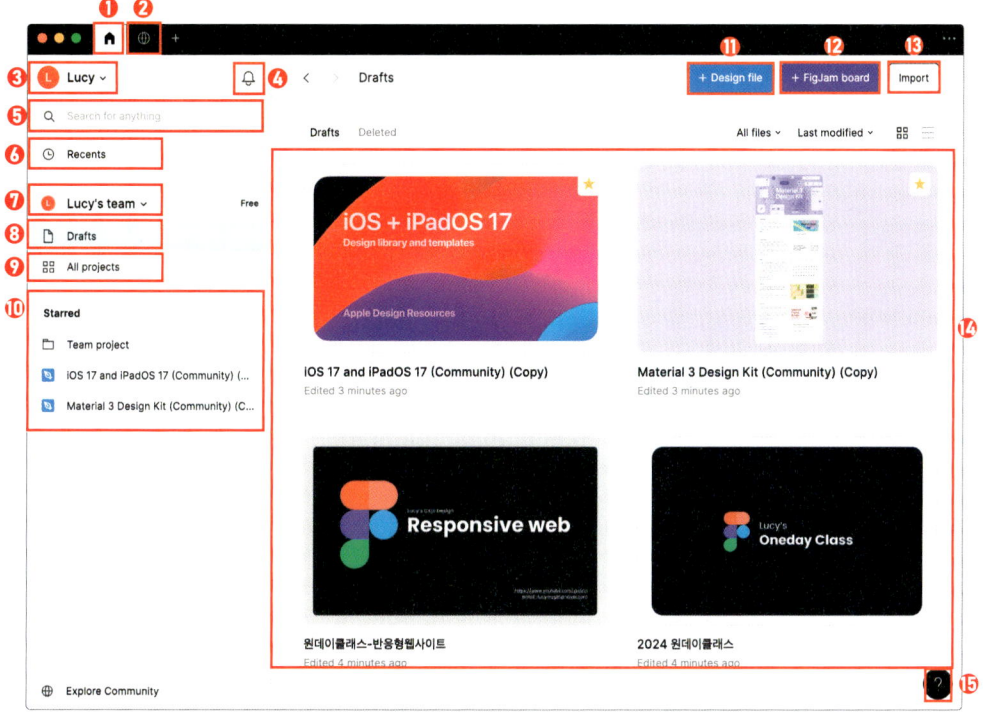

스타터 플랜의 파일 브라우저 화면

❶ **파일 브라우저 홈**: 피그마에서 로그인하면 처음 만나는 화면입니다.

❷ **커뮤니티**: 템플릿과 플러그인, 위젯을 공유하고 사용할 수 있는 공간입니다. 왼쪽 하단에 있는 <Explore Community> 버튼을 클릭해 이동할 수도 있습니다.

❸ **나의 계정**: 계정 관리나, 테마 등을 설정할 수 있습니다. 계정이 여러 개라면 ∨ 버튼을 클릭해 원하는 계정을 선택합니다.

❹ **알림**: 공유, 코멘트, 팀 초대 등 새로운 알림이 나타납니다.

❺ **검색**: 파일, 팀, 사람을 검색합니다.

❻ Recents: 최근 작업한 파일, 공유한 프로젝트를 보여줍니다.

❼ Team: 새 팀을 만들고 팀을 전환합니다.

❽ Draft: 디자인 파일, 피그잼 파일을 무제한으로 만들고 저장하는 개인 저장 공간입니다.

❾ All projects: 만든 모든 프로젝트 한눈에 볼 수 있습니다.

❿ Starred: 자주 사용하는 파일을 ☆ 별 아이콘을 클릭해서 즐겨찾기로 지정할 수 있습니다.

⓫ <Design File>: 새로운 피그마 디자인 파일 만듭니다.

⓬ <FigJam board>: 새로운 피그잼 파일 만듭니다.

⓭ <Import>: 피그마, 스케치, 이미지 파일을 가져옵니다.

⓮ 파일 리스트: 생성한 파일들이 이곳에 나타납니다.

⓯ 도움말 및 리소스: 질문을 하거나 도움을 요청할 수 있습니다.

커뮤니티

커뮤니티(figma.com/community)는 피그마를 사용하는 디자이너, 개발자, 기획자들이 게시한 수천 개의 템플릿, 플러그인, 위젯을 공유할 수 있는 공간입니다. 내가 만든 디자인 파일이나 플러그인, 템플릿을 공유하고 다른 디자이너, 개발자에게 사용성 테스트를 요청해 볼 수 있습니다.

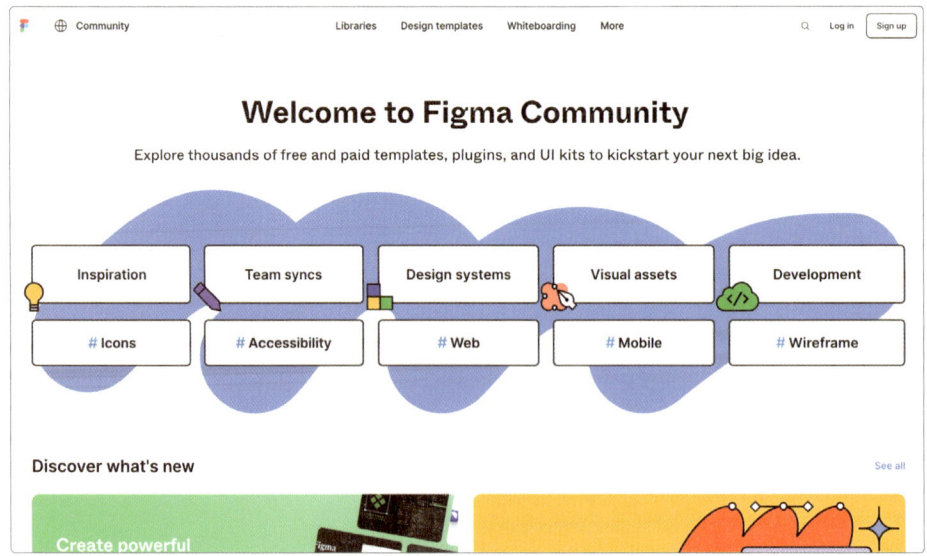

피그마 커뮤니티 화면

서비스를 기획·디자인할 때는 플랫폼의 가이드라인을 따라서 제작해야 합니다. 대표적으로 구글의 '머티리얼 디자인'과 애플의 '휴먼 인터페이스 가이드라인'이 있습니다. 이를 통해 기본적인 디자인 시스템 구축에 도움받을 수 있으며, 이 두 가이드를 충분히 학습한 후에 다른 가이드라인도 참고하여 사용해 보길 바랍니다.

구글의 머티리얼 디자인 커뮤니티에서 Material Design Kit 파일을 가져오는 방법을 알아보겠습니다.

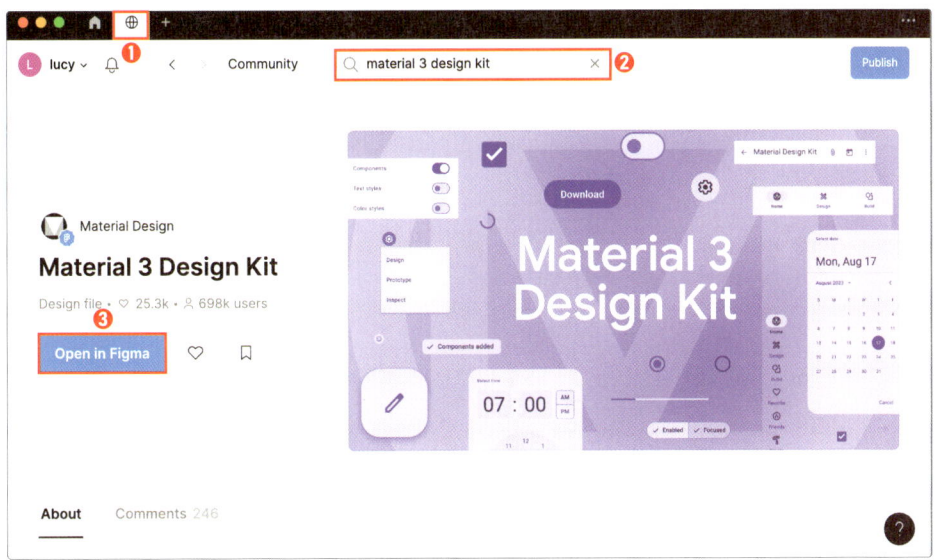

구글 디자인 가이드 머티리얼3 디자인 키트
(figma.com/community/file/1035203688168086460)

❶ 파일 브라우저 상단에 있는 커뮤니티 아이콘을 클릭해서 커뮤니티로 이동합니다. 검색 창에서 ❷ 'Material 3 Design Kit'를 검색합니다. 검색 결과 중 최상위에 나타난 <Material 3 Design Kit(by Material Design)>를 선택한 다음, ❸ <Open in Figma>를 클릭해 파일을 복제합니다.

이번에는 커뮤니티에서 'iOS 17'을 검색해 보겠습니다. 마찬가지로 검색 결과에서 <Apple Design Resources - iOS 17 and iPadOS 17(by Apple)>을 선택하고, <Open in Figma>를 클릭해 파일을 복제합니다.

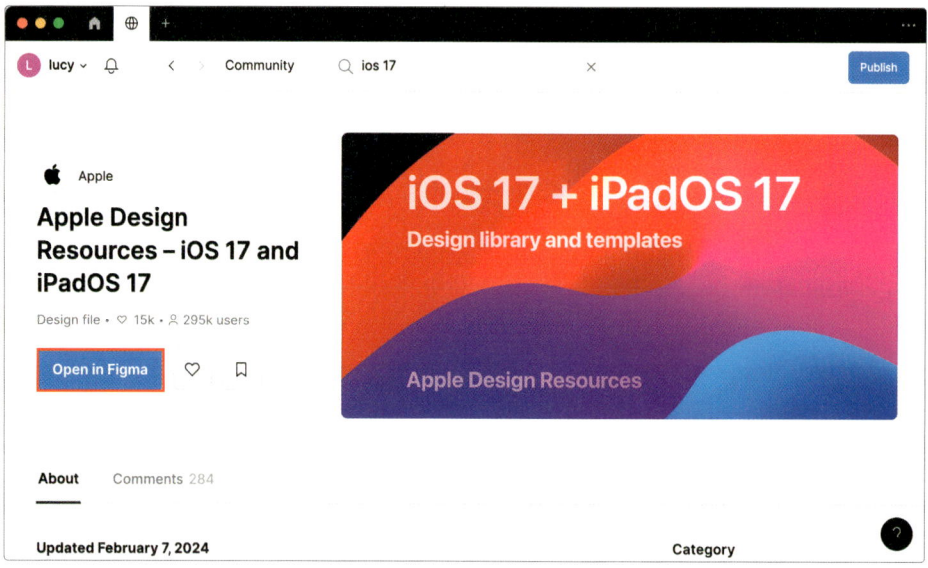

애플의 디자인 가이드 iOS 17 and iPadOS 17
(figma.com/community/file/1248375255495415511)

이처럼 구글과 애플에서 제공하는 두 가지 디자인 가이드를 통해 상태 바, 탭, 버튼, 카드 등의 다양한 컴포넌트를 가져와서 빠르게 디자인할 수 있습니다.

1.4 디자인 파일 관리 방법

디자인 파일은 화면 UI를 디자인할 수 있는 일반적인 형태입니다. 지금부터 새로운 디자인 파일을 만들고, 이름을 변경하고, 저장하는 등 피그마 파일을 다루는 방법을 간단히 알아보겠습니다.

기본 예제 1-2 새로운 디자인 파일 만들기

STEP 1 새 디자인 파일을 만드는 방법은 간단합니다. 파일 브라우저에서 오른쪽 상단의 `+ Design file`을 선택하거나 단축키 `Cmd⌘`+`N` (`Ctrl`+`N`)을 누릅니다.

이 책은 MacOS 앱 환경에서 작업했으며, 단축키는 MacOS - 윈도우 순서로 나열되어 있습니다.

더 알아보기 — 피그마 디자이너를 위한 유용한 사이트

피그마로 디자인할 때 유용한 사이트를 한데 모아 봤습니다. 웹 브라우저에 즐겨 찾기로 저장해 두었다가 필요할 때마다 살펴보는 것을 추천합니다.

→ **피그마 공식 커뮤니티:** figma.com/@figma

피그마의 새로운 기능이 업데이트될 때마다 참고 영상과 파일이 올라옵니다. 팔로우해 두면 업데이트 소식이 나올 때 새로운 기능을 빠르게 공부해 볼 수 있습니다.

→ **피그마 커뮤니티 포럼:** forum.figma.com

피그마를 사용하다가 문제가 생겼을 때 질문할 수 있는 공간입니다. 일하다가 막히는 부분을 질문하거나, 반대로 내가 해결한 방법을 공유할 수도 있습니다. 전 세계 디자이너, 개발자의 다양한 노하우를 얻을 수 있는 곳입니다.

→ **구글 머티리얼 디자인:** material.io

구글의 디자인 철학과 다양한 컴포넌트를 엿볼 수 있는 곳입니다. 사이트에 자주 들어가서 업데이트된 내용이 있는지 확인해 보세요.

구글의 머티리얼 디자인 사이트

→ **애플 휴먼 인터페이스 가이드라인:** developer.apple.com/kr

구글과 마찬가지로 애플의 UI 리소스와 자세한 정보를 확인할 수 있습니다.

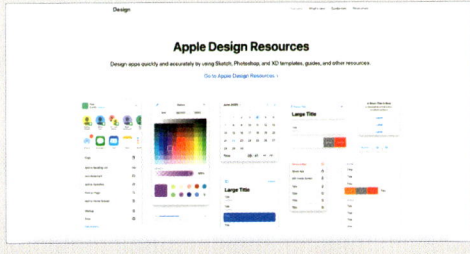

애플의 디자인 리소스 사이트

→ **모빈:** mobbin.com

전 세계 모바일 및 웹 화면 스타일을 살펴볼 수 있는 일종의 라이브러리 사이트입니다.

→ **wwit-윗:** wwit.design

국내에서 운영하는 곳으로, 모바일 패턴이 정리되어 있는 사이트입니다.

→ **Awwwards:** awwwards.com

전문 심사위원들의 투표를 통해 세계적으로 우수한 웹 사이트를 선정하며, 최신 트렌드와 레퍼런스를 얻을 수 있습니다.

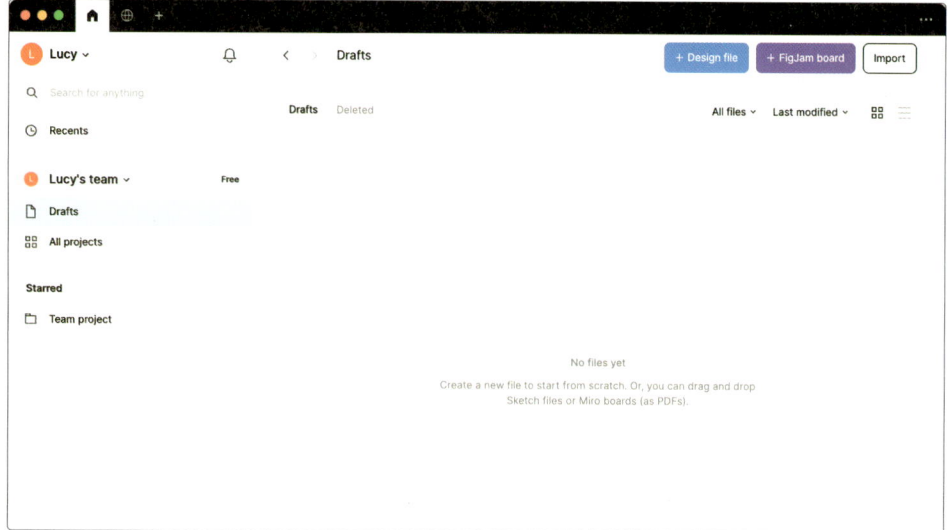

파일 브라우저에서 <Design File> 버튼 선택

STEP 2 다음 화면처럼 이름이 없는 'Untitled' 파일이 만들어지고, 디자인 파일을 편집할 수 있는 UI 화면이 나타납니다.

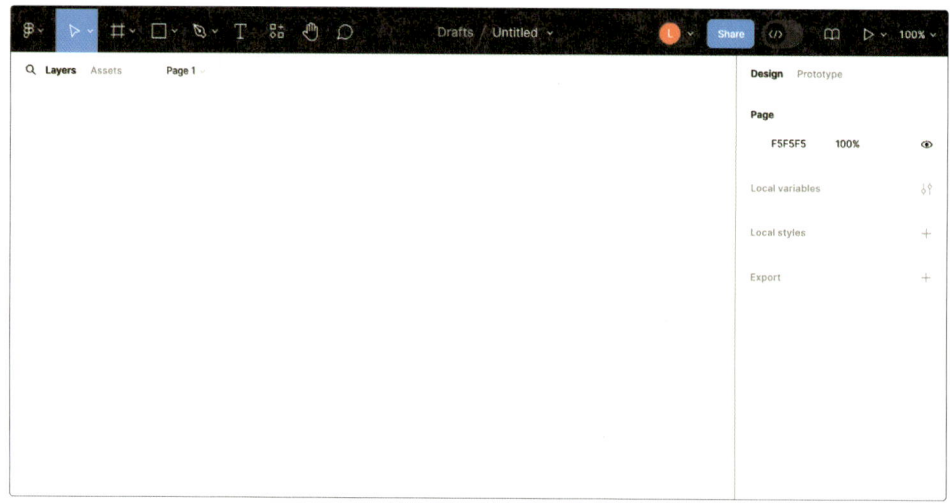

새로운 디자인 파일 생성

STEP 3 파일을 만든 이후에 추가로 새 파일을 만들 수 있습니다. 피그마 상단에 있는 ■ 아이콘을 클릭해서 새로운 디자인 파일을 생성해 보세요.

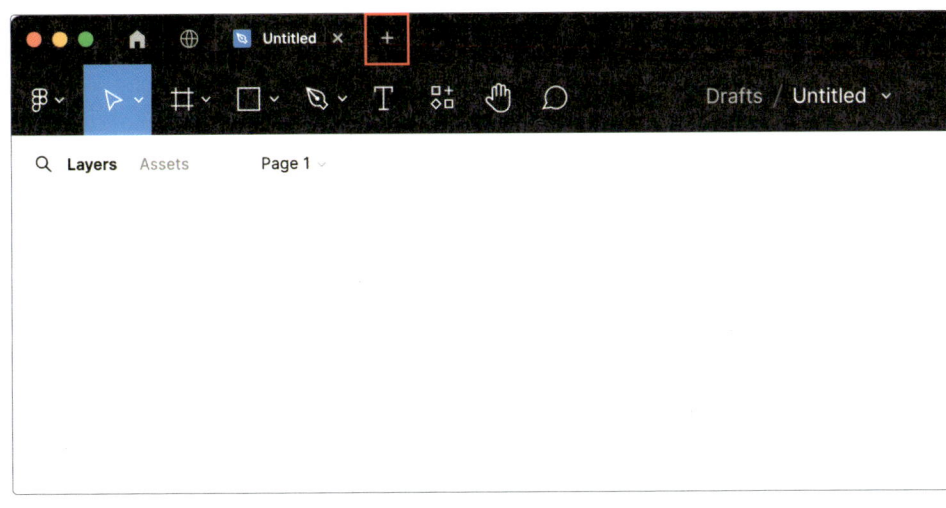

새로운 디자인 파일 추가

디자인 파일 저장하기

새로운 파일을 만들었으니 이제 파일을 저장해야겠죠? 하지만 피그마는 자동으로 서버에 저장되기 때문에 따로 저장 버튼이나 단축키를 눌러서 저장할 필요가 없습니다. 작업 중인 파일이 주기적으로 서버에 업로드되는 방식이라 데이터를 잃을 위험도 없습니다. 참고로 백업을 위한 로컬 파일로 저장하는 기능은 있습니다.

로컬 파일로 저장하기

로컬 파일로 저장하는 방법은 파일을 내 컴퓨터에 백업할 때나, 다른 팀원에게 파일을 전달하고 싶을 때 유용합니다. 상단 메뉴에서 버튼을 클릭한 다음, <File> - <Save local copy>을 순서대로 선택해서 로컬 파일로 저장합니다. 피그마 파일의 확장자는 *.fig, 피그잼 보드의 확장자는 *.jam 형식으로 저장됩니다.

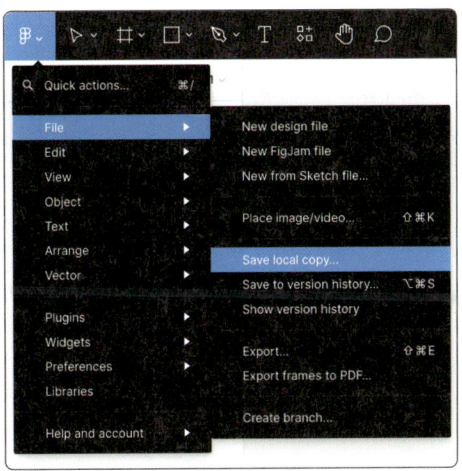

로컬 파일로 저장하기

파일 아이콘 구별하기

피그마에는 디자인 파일 외에도 여러 파일 형식이 있습니다. 기본적으로 알아야 할 파일의 종류는 다음과 같습니다.

파일	아이콘	설명
디자인 파일		디자인 파일은 아이디어를 디자인으로 실체화시키는 공간입니다. 포토샵의 *.psd 파일, 일러스트레이터의 *.ai 파일과 같습니다.
피그잼 보드		피그잼 보드는 온라인 화이트 보드를 의미합니다. 팀원들과 회의하고 아이디어를 내며, 의견을 모으는 과정에서 브레인스토밍을 할 수 있는 공간입니다.
라이브러리 파일		라이브러리 파일은 디자인 파일에서 버튼, 카드, 인풋 등 에셋을 퍼블리싱한 파일입니다.
프로토타입 파일		프로토타입 파일은 디자인 완료 후 실제로 서비스가 작동하는지 테스트하는 파일입니다.

디자인 파일 이름 설정하기

디자인 파일은 새로 생성하면 기본적으로 'Untitled'로 지정됩니다. 다음처럼 상단에 있는 'Untitled'를 클릭해서 파일 이름을 '실습'으로 변경해 보세요.

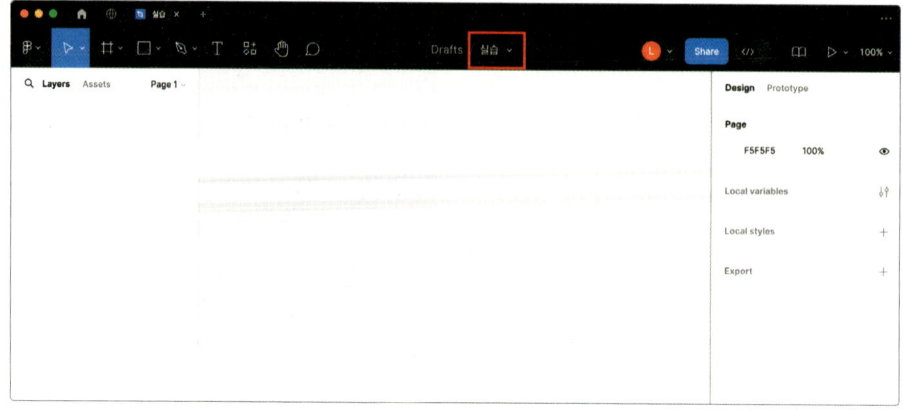

디자인 파일 이름 변경

기본예제 **1-3 디자인 파일 안에 페이지 생성하기**

피그마는 디자인 파일 안에 여러 페이지를 만들어서 구조화시킬 수 있습니다. 이를테면 개발 단계로 구분하거나, 사용자 플로(user flow)별로 페이지를 구성하는 식으로 만들죠. 또, 에셋이나 컴포넌트 등의 디자인 시스템마다 페이지를 구분할 수도 있습니다. 이렇게 구성하면 프로젝트의 규모가 크고 복잡하더라도 관리하기가 편리합니다.

STEP 1 디자인 파일 안에 모바일과 데스크톱으로 페이지를 나누어 생성해 보겠습니다. 왼쪽 레이어 패널에서 ❶ <Page 1>를 선택 후, 생성된 ❷ 'Page 1'을 더블 클릭해서 페이지 이름을 '모바일'로 변경합니다.

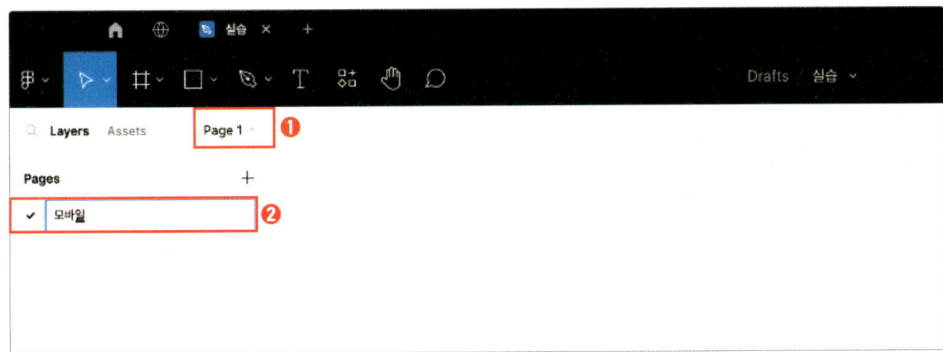

페이지 생성하고 '모바일'로 이름 변경

STEP 2 이번에는 ❶ + 버튼을 클릭해서 Page 2를 추가하고, ❷ 페이지 이름을 '데스크톱'으로 변경합니다.

새 페이지 추가하고 '데스크톱'으로 이름 변경

1.5 피그마 UI와 기본 툴 파악하기

피그마 작업 UI 살펴보기

피그마 UI는 다른 디자인 툴에 비해 간결합니다. 상단에는 여러 가지 툴이, 왼쪽에는 레이어와 에셋 패널이 있습니다. 화면 중앙은 캔버스(작업 공간)가 있고, 오른쪽에는 디자인, 프로토타입 패널이 있습니다. 또한 오른쪽 하단에 있는 ? 아이콘을 통해 궁금한 점을 빠르게 찾아볼 수 있습니다. 지금부터 피그마 작업 UI의 각 메뉴와 주요 기능을 하나씩 살펴보겠습니다.

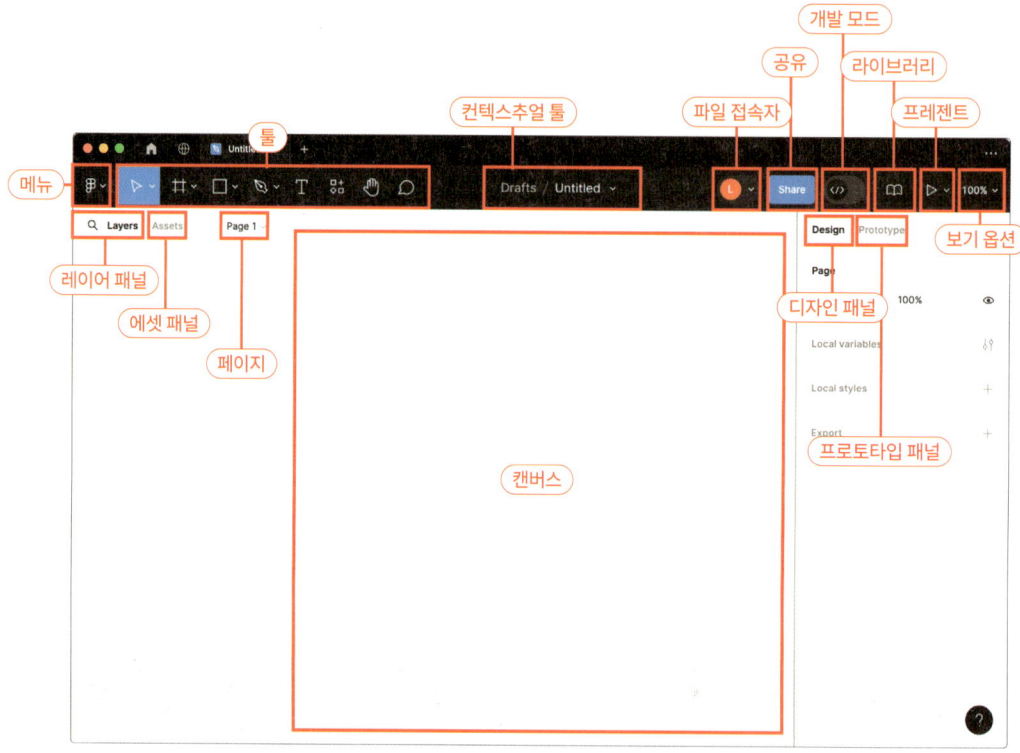

피그마 작업 UI와 각 명칭

 ## 보기 옵션을 통해 작업 화면 설정하기

보기 옵션(view option)을 통해 나에게 편한 작업 화면을 설정하는 방법을 알아보겠습니다. 보기 옵션은 우측 상단에 있는 `100%` 아이콘을 선택하거나 각 단축키로 조절할 수 있습니다.

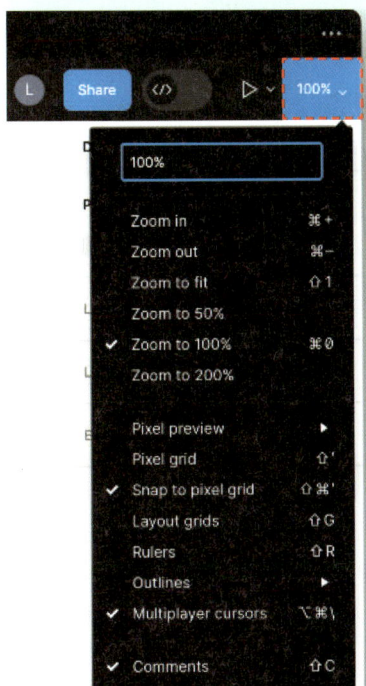

- Zoom in(`Cmd⌘`+`+`): 작업 화면 확대.

- Zoom out(`Cmd⌘`+`-`): 작업 화면 축소.

- Zoom to fit(`Shift`+`1`): 모든 오브젝트 보기.

- Zoom to 100%(`Cmd⌘`+`0`, `Ctrl`+`0`): 100%로 보기.

- Pixel preview: 1x, 2x 모드에서 픽셀 미리 보기.

- Pixel grid(`Shift`+`'`): 확대했을 때 1px 단위의 격자선이 보이는 그리드로 보기.

- Snap To pixel grid(`Cmd⌘`+`Shift`+`'`, `Ctrl`+`Shift`+`'`): 오브젝트를 만들거나 이동할 때 1px 단위로 이동하도록 설정.

- Layout grid(`Shift`+`G`): 레이아웃 그리드 보기.

- Ruler(`Shift`+`R`): 눈금자 보기.

- Outline(`Shift`+`O`): 벡터 아웃라인 설정.

- Multiplayer cursors(`Cmd⌘`+`Opt`+`\`, `Ctrl`+`Alt`+`\`): 파일에 접속한 사람의 커서 보기.

- Comments(`Shift`+`C`): 코멘트 보기.

1 컨텍스추얼 툴

피그마에서 요소를 선택할 때마다 기능이 다른 컨텍스추얼 툴이 상단 중앙에 표시됩니다. 다음처럼 문자를 선택하면 문자 편집(🔲), 컴포넌트 생성(✦), 마스크(◑), 링크(🔗) 툴이 나타납니다.

문자 요소의 컨텍스추얼 툴

마찬가지로 이미지 요소를 선택하면 이미지 편집(🔲), 컴포넌트 생성(✦), 마스크(◑), 자르기(✂) 툴이 나타납니다.

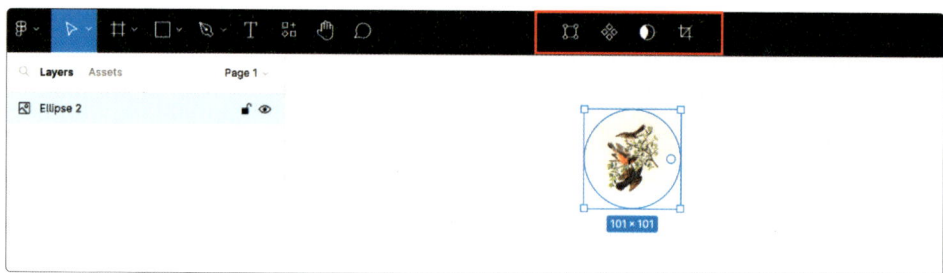

이미지 요소의 컨텍스추얼 툴

그리고 여러 도형을 동시에 선택하면 섹션(🔲), 컴포넌트 생성(✦), 마스크(◑) 툴과 불리언 연산(▪) 옵션이 나타납니다.

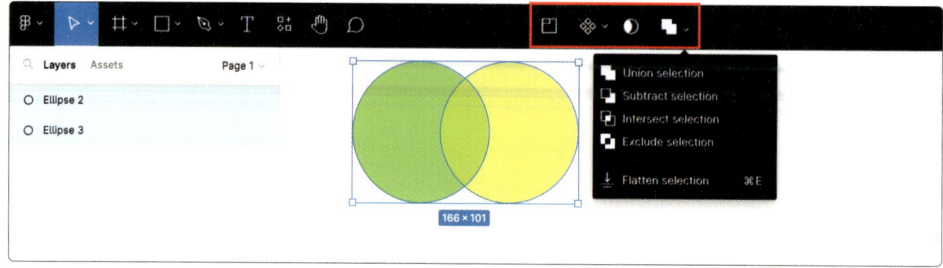

여러 도형을 선택했을 때의 컨텍스추얼 툴

2 레이어 패널

레이어 패널(Opt+1, Alt+1)은 위쪽의 페이지와 아래쪽의 레이어로 구성되어 있습니다. 앞서 살펴본 것처럼 페이지 패널에서 여러 페이지를 만들 수 있습니다. 디자인 프로세스, 컴포넌트, 사용자 플로 등 페이지를 구조화시키면 작업이 편리합니다. 레이어에는 캔버스에 추가한 모든 프레임, 컴포넌트, 그룹 또는 오브젝트 등이 나열됩니다.

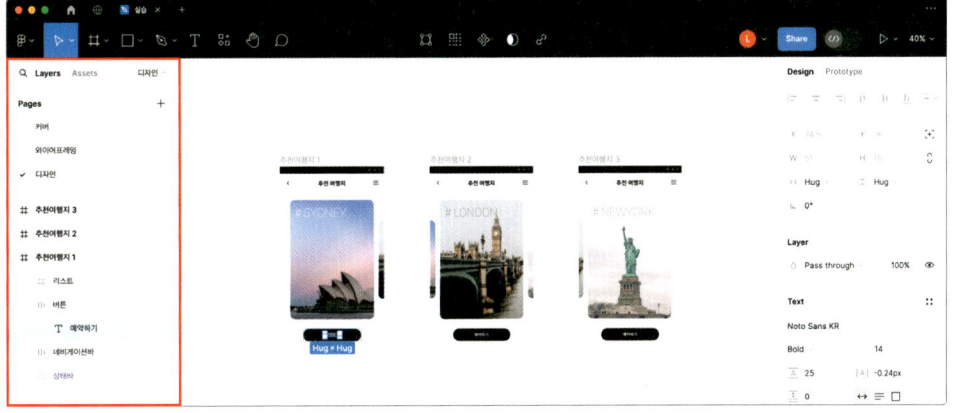

레이어 패널의 구성

3 에셋 패널

에셋 패널(Opt+2, Alt+2)은 자주 사용하는 버튼, 카드, 탭 등을 컴포넌트로 만들어 모아 둔 공간입니다. 유료 플랜을 사용할 경우 컴포넌트를 배포하고, 다른 파일에서 만든 컴포넌트도 불러와서 자유롭게 사용할 수 있습니다.

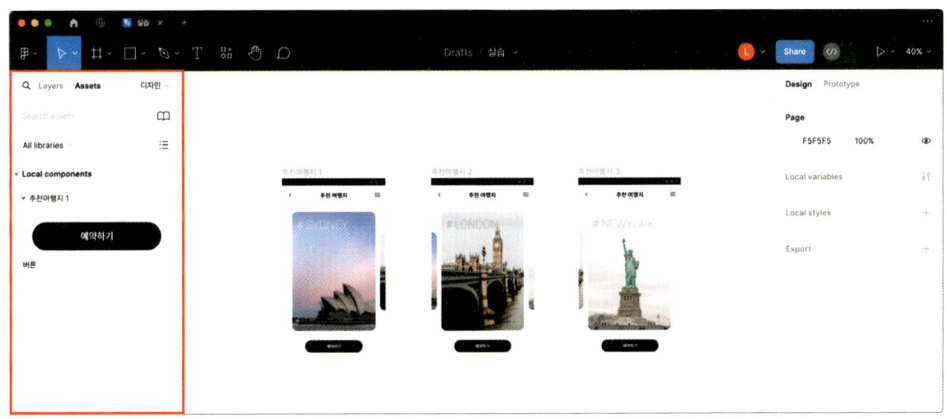

에셋 패널의 구성

4 디자인 패널

작업 화면 오른쪽에 보이는 디자인 패널(`Opt`+`8`, `Alt`+`8`)에서는 오브젝트의 속성을 보거나 추가, 제거, 변경하는 등의 작업을 할 수 있습니다. 아무 요소를 선택하지 않을 경우에는 배경색, 로컬 베리어블, 스타일 메뉴가 기본으로 보입니다.

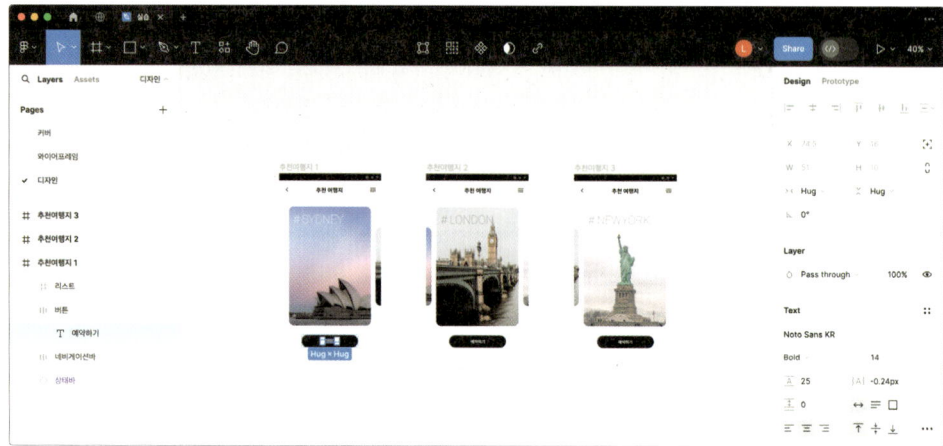

디자인 패널의 구성

5 프로토타입 패널

프로토타입 패널(`Opt`+`9`, `Alt`+`9`)에서는 디자인 완료 후 개발하기 전에 실제 서비스처럼 테스트할 수 있는 프로토타이핑을 설정합니다.

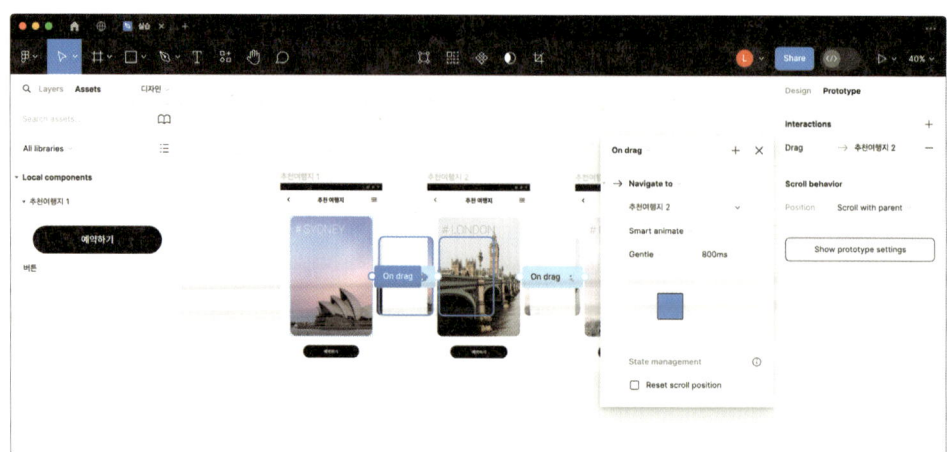

프로토타입 패널의 구성

6 개발 모드

개발 모드(`Shift`+`D`)는 완료된 디자인을 개발자가 코드로 변환하여 사용할 수 있는, 즉 개발을 위한 공간입니다. 여기에서는 오브젝트의 속성을 확인, 복사할 수 있습니다.

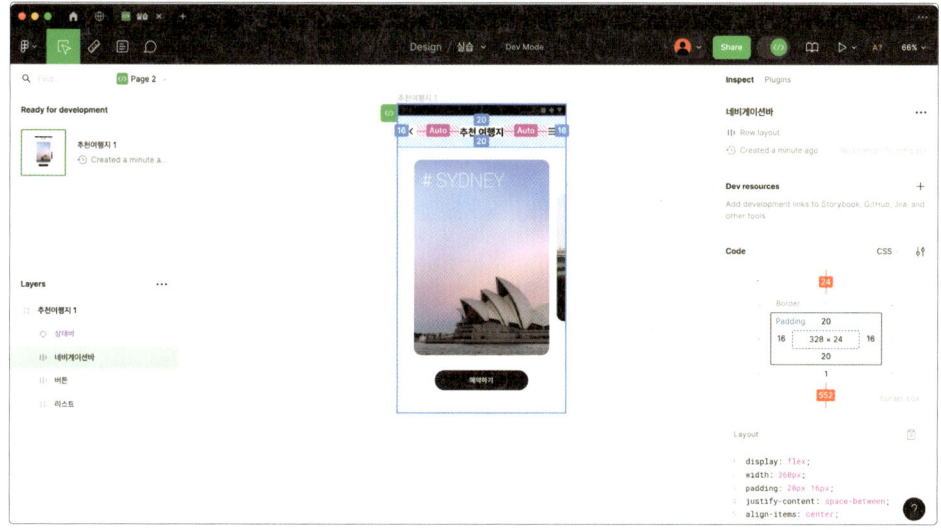

개발 모드 화면

작업 화면 테마 설정하기

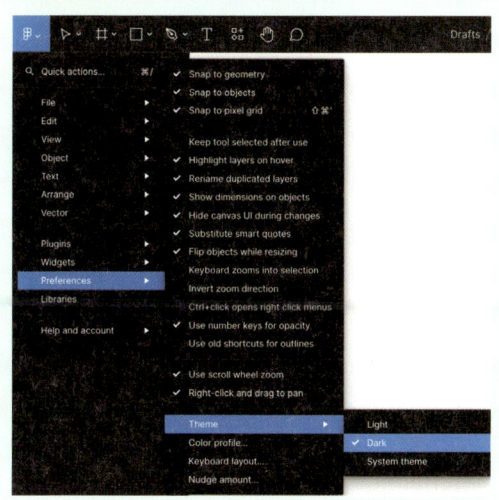

왼쪽 상단에 있는 피그마 로고를 클릭한 뒤 <Preferences>-<Theme> 메뉴에서 작업 화면의 밝기를 어두운 다크(Dark)과 라이트(Light) 테마 중에서 선택할 수 있습니다. 책에서는 라이트 모드로 설정된 환경에서 작업했습니다. 두 모드를 비교해 보고, 본인에게 맞는 환경을 선택하세요.

디자인 툴 이해하기

피그마에서 요소를 자유자재로 편집하고 나아가 감각적인 UI 화면을 디자인하려면 기본 툴을 능숙하게 다룰 수 있어야 합니다. 지금부터 피그마의 대표 작업 도구의 종류와 기능을 하나하나 살펴보겠습니다.

각 툴 옆에 있는 ⌄ 버튼을 클릭하면 다른 종류의 툴을 더 볼 수 있습니다.

1 메뉴

피그마 로고 모양 아이콘을 선택하면 메인 메뉴가 펼쳐집니다. 여기에는 검색, 파일, 편집, 오브젝트, 정렬 등의 다양한 하위 메뉴로 구성되어 있습니다. 각각의 하위 메뉴는 앞으로 다룰 예제들을 통해 자세히 알아봅니다.

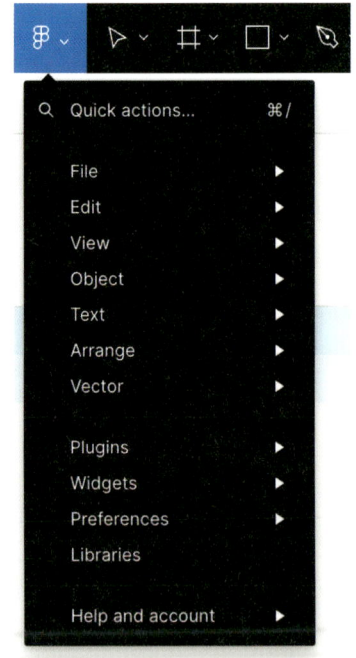

2 이동, 스케일 툴

▷ 이동(V): 선택한 오브젝트를 이동, 재배치할 때 사용합니다. 도형, 프레임 등을 그린 후에는 이동 툴로 자동 변경됩니다. 다른 툴을 사용하다가 ESC 를 누르면 이동 툴로 변경됩니다.

- 스케일(`K`): 오브젝트 크기를 비율에 따라 조정합니다. 폰트, 블러(blur), 테두리의 크기를 한번에 조정 할 수 있어 유용합니다.

3 프레임, 섹션, 슬라이스 툴

- 프레임(`F`, `A`): 피그마의 기본 작업 단위를 나타내며, 다른 UI 디자인 프로그램(스케치나 어도비 등)의 아트보드와 같은 의미입니다. 프레임은 피그마에서 중요한 개념이기 때문에 1.6절에서 더 자세히 다룹니다.
- 섹션(`Shift`+`S`): 아이디어나 프레임을 묶는(grouping) 용도로 사용합니다. 디자인 완료 후 개발이 준비된 상태를 알립니다.
- 슬라이스(`S`): 특정 영역을 지정해서 내보내기를 합니다.

4 도형 툴

- 사각형(`R`) / 원(`O`) / 다각형 / 별 도형 툴: 선택한 도형을 드래그해서 그립니다. 오른쪽에 있는 디자인 패널에서 가로(W), 세로(H) 사이즈를 직접 작성하거나, 사칙연산식으로도 입력할 수 있습니다.
- 선(`L`): 드래그해서 직선을 그립니다.
- 화살표(`Shift`+`L`): 드래그해서 화살표 모양을 그립니다.
- Place image(`Cmd⌘`+`Shift`+`K`): 이미지, 비디오 파일을 불러옵니다.

도형 툴의 기본 사용법과 실습은 2장에서 자세히 다룹니다.

5 펜 및 연필 툴

- 펜 툴(`P`): 정교한 곡선을 그립니다. `Enter`로 편집 모드에 들어가서 점, 선의 일부를 선택해서 모양을 수정합니다. `ESC`로 편집 모드를 종료할 수 있습니다.
- 연필 툴(`Shift`+`P`): 자연스러운 선 형태로 그립니다. `Shift`를 누르고 드래그하면 수직, 수평, 45도로 직선을 그릴 수 있습니다.

6 문자 툴

- 문자 툴(`T`): UI를 구성하는 중요한 요소인 글꼴을 설정하고 자간, 행간 등을 세밀하게 설정합니다. 문자 툴을 사용할 때 디자인 패널은 다음과 같이 나타납니다.

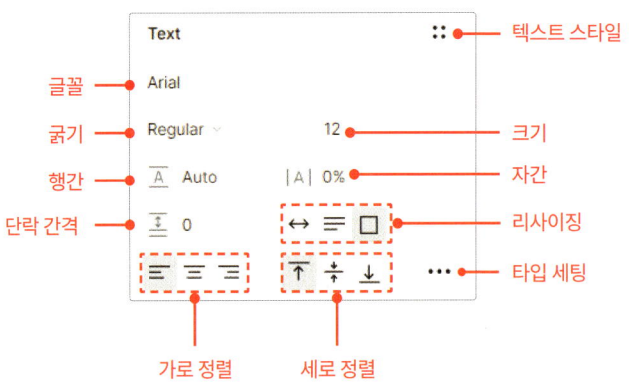

문자 툴의 디자인 패널

더 알아보기   텍스트 박스의 리사이징

텍스트 박스를 선택 후 리사이징(Resizing) 메뉴를 통해 박스의 크기를 줄이거나 늘릴 수 있습니다

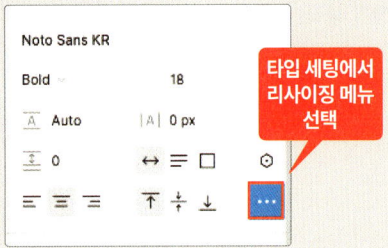

타입 세팅에서 리사이징 메뉴 선택

↔ Auto width: 내용에 맞게 너비가 자동 조절됩니다.

≡ Auto height: 내용에 맞게 높이가 자동 조절됩니다.

☐ Fixed size: 고정된 크기로 텍스트의 너비와 높이가 유지됩니다.

Truncation text: 텍스트 박스를 리사이징해서 넘친 일부 글자를 숨깁니다. 넘치는 글자는 텍스트 끝에 줄임표(…)로 표시됩니다.

7 기타 툴

- 🔲 리소스 툴(Shift + I): 컴포넌트, 플러그인, 위젯을 빠르게 찾고 가져옵니다.
- ✋ 핸드 툴(Spacebar): 작업 화면 안에서 빠르게 이동(패닝)할 때 사용합니다.
- 💬 코멘트 툴(C): 팀원과 간단한 지시 또는 의견을 나누는 기능입니다.

플러그인 실행하기

피그마에는 여러분의 디자인을 더 빠르고 쉽게 완성할 수 있도록 도와주는 무료 도구가 있습니다. 바로 플러그인(Plugins)입니다. 대표 무료 이미지 플러그인은 'Unsplash', 'Pexels'이며, 무료 아이콘 플러그인은 'Feather icon', 'Content reel'이 있습니다.

플러그인 창은 다음의 3가지 방법으로 열 수 있습니다. 편한 방법을 골라서 사용해 보세요.

1. 상단 툴에서 🔲를 선택하고 <Plugins>을 선택합니다.
2. 디자인 파일 내 빈 공간에서 마우스 우클릭 후 <Plugins> - <Manage plugins..>을 선택합니다.
3. 단축키 Shift + I 를 눌러서 선택합니다.

위 3가지 방법 중 하나로 플러그인 창을 열었다면, 'Unsplash'를 검색한 뒤 <Run> 버튼을 눌러서 플러그인을 실행해 보세요. 'Unsplash' 플러그인을 실행하고 나면, 검색된 여러 이미지를 작업 공간 안으로 쉽게 가져와서 사용할 수있습니다.

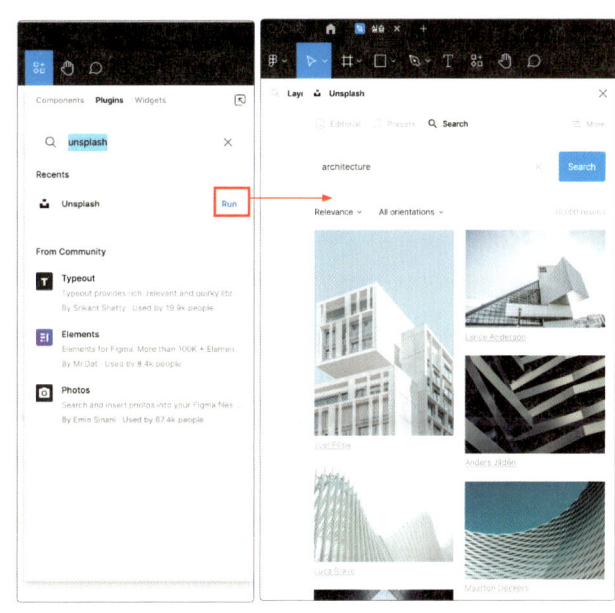

Unsplash 플러그인을 실행하는 방법

더 알아보기: 피그마의 유용한 플러그인 모음

분류	플러그인	분류	플러그인
아이콘	Iconduck	더미 데이터	Unsplash
	Icons8		Content Reel
	Material Design Icons		UI faces
	Font Awesome Icons		Pixabay
	Iconify		Vertary 3D
UX	Autoflow	공동 작업	Trello
	Arrow Auto		Slack
	Product Planner	디자인 시스템	Tailwind Color
	Wireframe		Figma token
	Handy Component		Design system organizer
생산성	Google Sheet	컬러	Foundation:Color Generator
	Chart		Coolors
	Calendar		Web gradients
	User Profile		Grainy Gradient
도형 생성	Shaper	기타	Insert Big image: 용량을 줄이지 않고 이미지 가져오기
	Blobs		Tinyimage Compressor: 이미지 압축
	Wave & Curve		Image Tracer: 이미지를 벡터 패스로 변환
AI	jambot: 브레인스토밍과 코드로 변환해 주는 생성형 AI		Rename It: 레이어 이름 변경
	Builder.io: 디자인을 코드로 변환해 주는 생성형 AI		Clean document: 불필요한 레이어 정리
	AI image generator by Freepik: 이미지 생성형 AI		GiffyCanvas: gif애니메이션으로 만들어 주는 플러그인
	Magician: 아이콘과 이미지 생성형 AI		Detach component: 컴포넌트 해제
코드 변환	Figma to Code: 디자인을 html코드로 변환	디자인	Morph, Noise & Texture
	html to design: 웹사이트를 피그마에 디자인 파일로 생성		Halftones, Color contrast

1.6 피그마의 기본 프레임 다루기

앞에서 설명한 대로 프레임은 피그마의 기본 단위를 의미합니다. 프레임은 문자, 도형, 이미지 등의 요소를 담는 컨테이너로 사용됩니다. 프레임을 기준으로 절대 좌표(absolute position)를 만들어서 요소의 위치를 X, Y 좌표로 정확하게 설정할 수 있습니다. 그래서 프레임으로 작업하면 코드에 쉽게 적용할 수 있습니다. 또한 프레임은 웹, 앱의 사용자 경험을 테스트하고 프로토타입을 만드는 기본 요소이기도 합니다. 프레임을 생성하면 디자인 패널에 관련된 기능들이 나타납니다.

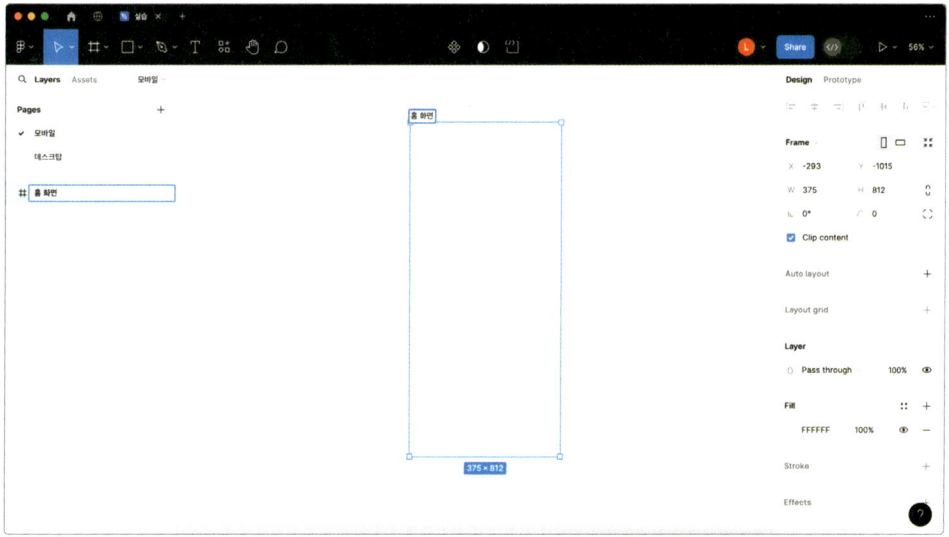

프레임 생성하기

먼저 <Frame>을 선택하면 다음처럼 프레임 프리셋 목록을 볼 수 있습니다. 이를 이용해서 스마트폰, 데스크톱, 태블릿, Paper 등의 사전 설정된 디바이스 화면 크기를 쉽게 가져올 수 있습니다.

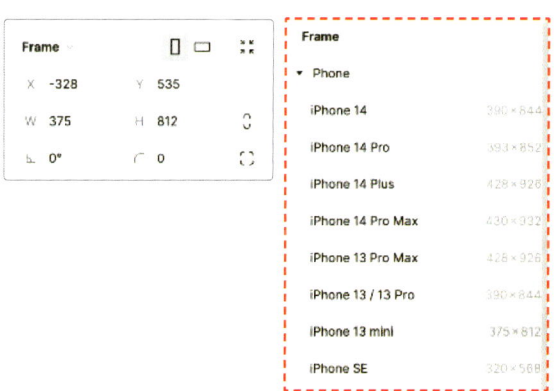

자주 쓰는 프레임의 상세 설정을 다음과 같이 정리했습니다.

❶ **Resize to fit**: 프레임의 크기를 프레임 안에 있는 오브젝트의 크기만큼 재설정합니다.

❷ **Position**: 프레임의 기준점을 절대 좌표로 잡아 프레임 내 요소의 포지션을 설정합니다.

❸ **Corner radius**: 프레임의 전체 모서리를 둥글게 지정합니다.

❹ **Individual corner**: 프레임의 모서리마다 둥글기를 다르게 설정합니다.

❺ **Clip content**: 프레임 밖에 있는 오브젝트를 감출 수 있습니다.

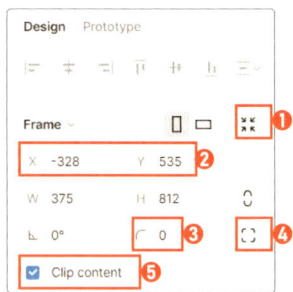

이외에도 <Auto Layout>을 통해 컨텐츠에 반응하는 레이아웃을 설정하거나, <Scroll Prototype>를 통해 스와이프 기능이 있는 카드 페이지나, 상하좌우의 드래그 기능이 필요한 지도 등 프로토타입의 스크롤을 설정할 수 있습니다. 또한 프레임 안에 프레임을 중첩해서 만들 수도 있습니다.

기본 예제 1-4 프레임 만들고 이름 변경하기

1.4절의 '기본 예제 1-3'에서 만든 '모바일'과 '데스크톱' 페이지를 가져와서 그 안에 프레임을 생성해 보겠습니다.

STEP 1 먼저 ❶'모바일' 페이지를 선택합니다. 상단 메뉴에서 ❷ ▦ 프레임 툴(F)을 클릭하고, 오른쪽 디자인 패널에서 <Frame Preset>을 선택합니다. 나열된 여러 디바이스 프레임 중에서 ❸<iPhone 13 mini>를 선택하면 375 × 812 크기의 프레임이 만들어집니다.

> 페이지를 선택하면 페이지 이름 옆에 체크 표시(✓)가 생깁니다. 현재 작업 중인 페이지가 무엇인지 확인하면서 실습해 보세요.

모바일 프레임 생성

STEP 2 프레임 생성 후 해당 프레임이 무엇인지 직관적으로 이해할 수 있도록 이름을 설정합니다. 단축키 `Cmd`+`R`을 누르거나 왼쪽 레이어 패널에서 프레임을 더블 클릭한 다음, '홈 화면'으로 변경하세요.

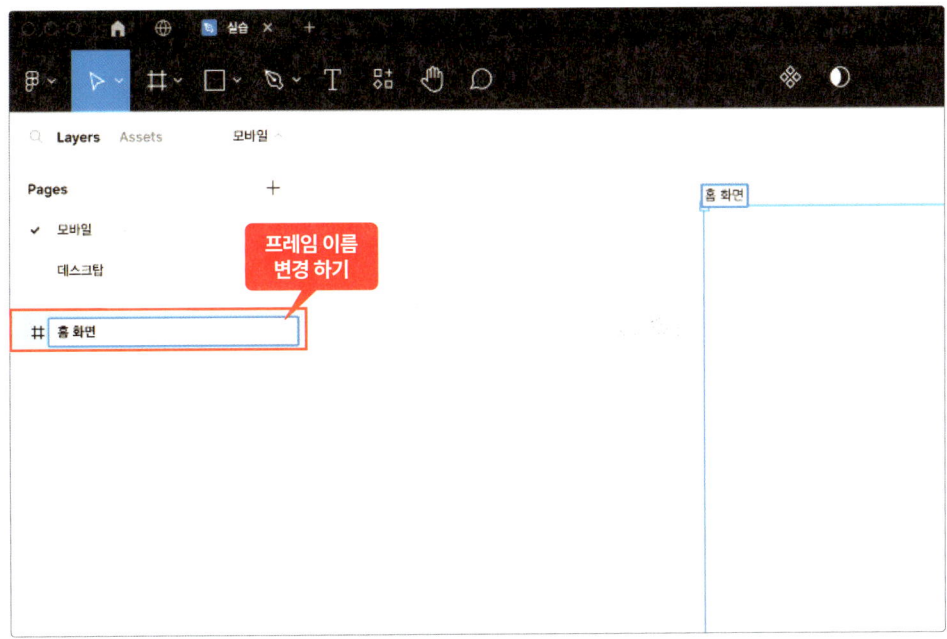

모바일 프레임 이름 변경

STEP 3 이번에는 데스크톱 크기의 프레임을 만들 차례입니다. ❶ '데스크톱' 페이지를 선택하고 ❷ 프레임 툴(F)을 선택합니다. 마찬가지로 <Frame Preset>에서 ❸ <Desktop(1440 × 1024)>을 선택하면 데스크톱 크기의 프레임이 쉽게 생성됩니다. 프레임 이름도 변경해 보세요.

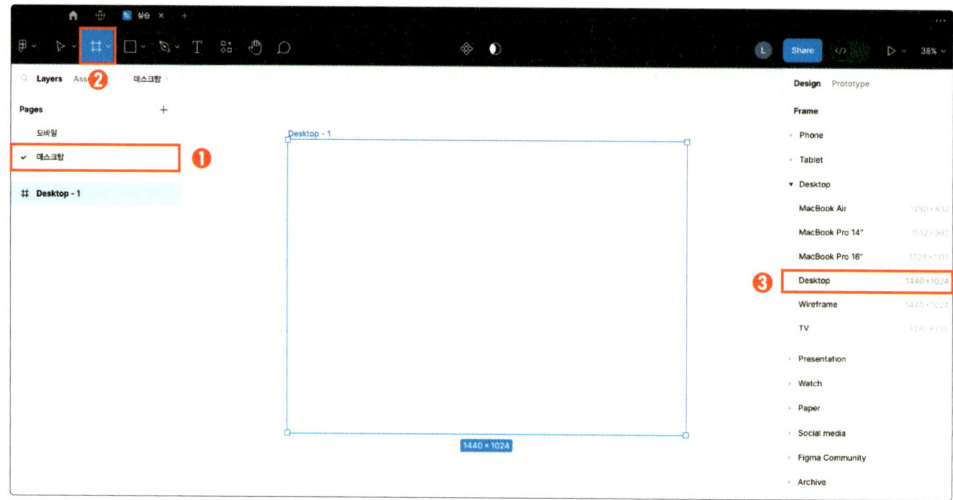

데스크톱 프레임 생성

프레임 사이즈 조정하기

프레임 사이즈를 조정하고 싶다면 디자인 패널의 가로(W), 세로(H)에 숫자를 입력 후 Enter 를 누르거나 또는 프레임의 모서리를 드래그하면 됩니다.

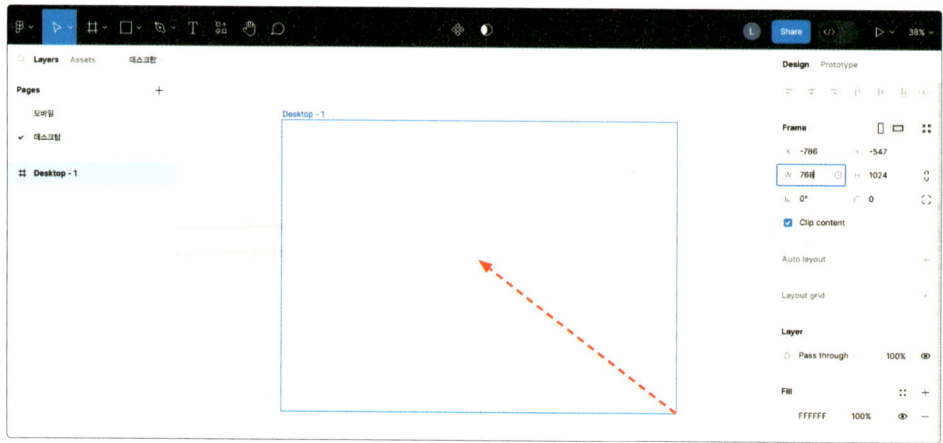

프레임 사이즈 조정

프레임 복제하기

프레임 복제 단축키는 `Cmd`+`D`(`Ctrl`+`D`)입니다. 또는 `Opt`(`Alt`) 키를 누른 채 마우스로 프레임을 이동시켜서 복제할 수도 있습니다. 다음 화면처럼 앞에서 만든 모바일 페이지의 '홈 화면' 프레임을 복제해서 '소개 화면' 프레임을 생성해 보세요.

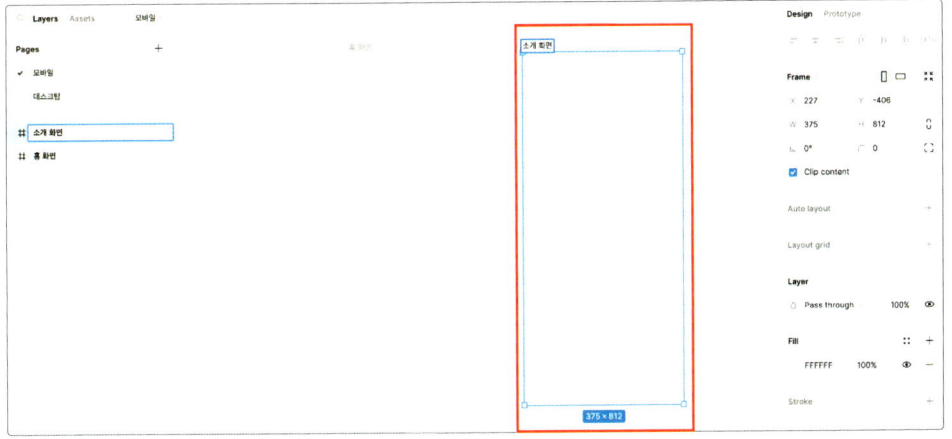

프레임 복제 후 이름 변경

프레임에 색상 채우기

프레임의 기본 배경색은 흰색인데, Fill을 통해 다른 색으로 쉽게 변경할 수 있습니다. 앞서 만든 '소개 화면' 프레임을 선택 후, 디자인 패널의 Fill에서 '#E7E7E7'을 입력하고 `Enter`를 눌러서 회색으로 채워 보세요.

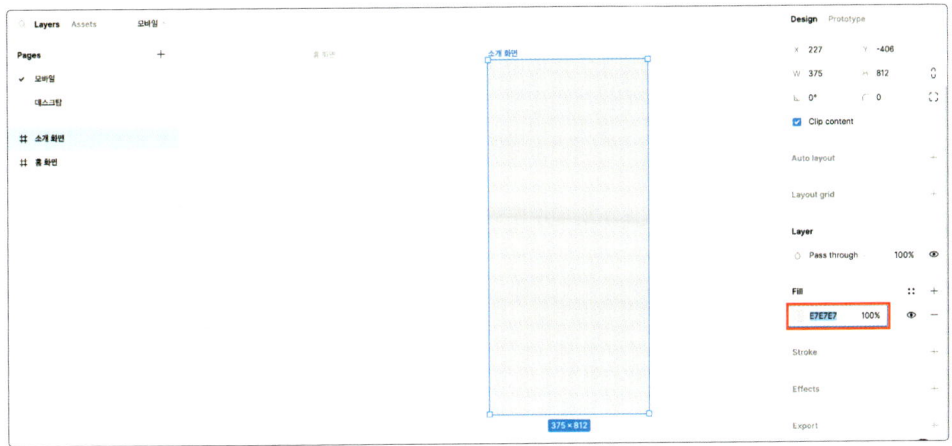

프레임 배경색 변경

프레임 모서리 변경하기

프레임의 모서리를 둥글게 지정할 수 있습니다. 디자인 패널에서 Corner radius를 선택 후 모서리 값으로 16을 입력합니다. 다른 디자인 툴과 다르게 프레임에 바로 곡률 설정이 가능합니다.

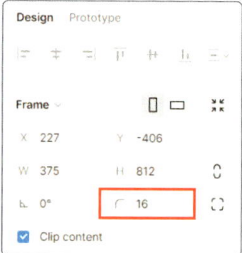

프레임 모서리 변경

프레임과 그룹의 차이

보통 피그마에서는 프레임으로 계층(레이어)을 구분해 사용합니다. 다른 디자인 툴의 아트보드와 비슷한 셈이죠. 또, 프레임 외에 그룹이라는 개념도 있습니다. 그룹은 주로 요소를 묶을 때 사용합니다. 두 개념은 비슷해 보이지만 다음과 같은 차이점이 존재합니다.

프레임과 그룹의 차이

기능	Frame	Group
Fill	배경 컬러 넣기 가능	오브젝트에 컬러가 들어 감
크기조정	스케일 툴로 가능	도형 그룹은 가능
Position	오브젝트의 X, Y좌표 설정	오브젝트의 X, Y좌표 설정 불가
Scroll	가로, 세로 스크롤 가능	스크롤 불가
Clip contents	프레임 밖의 컨텐츠 감추기 가능	그룹밖의 컨텐츠 감추기 불가
Resize to fit	요소에 맞춰서 프레임 리사이징 가능	요소에 맞춰서 그룹 리사이징 불가
모바일 화면 사이즈 변경	포트레이트, 랜드스케이프 변경 가능	포트레이트, 랜드스케이프 변경 불가
Overflow	Overflow 설정 가능	Overflow 설정 불가
Prototype 설정	Prototype 설정 가능	부모 프레임이 있어야 가능

1.7 레이아웃 그리드 설정하기

레이아웃 그리드는 웹, 앱 디자인을 구성하는 기본 틀입니다. 디바이스 화면마다 통일된 디자인을 위해서 그리드를 사용합니다. 그리드를 구성하는 기본 요소는 컬럼(column), 거터(gutter), 마진(margin)이 있습니다. 컬럼은 '열' 또는 '단'이라고 부르는데, 디자인을 구성할 때 컬럼을 기준으로 콘텐츠를 배치합니다. 거터는 컬럼과 컬럼 사이의 간격을 말하며, 마진은 프레임의 좌우 여백을 의미합니다.

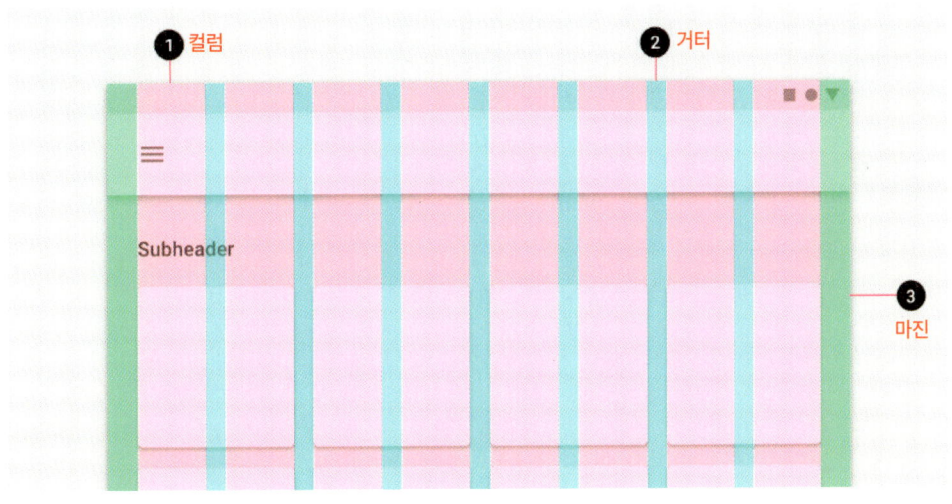

레이아웃 그리드의 기본 요소

구글 머티리얼 디자인의 반응형 레이아웃 설정을 살펴보면, 디바이스마다 컬럼의 개수를 다음처럼 사용할 것을 권장합니다.

- 모바일 화면(360px): 4컬럼 / 태블릿(600px 이상): 8컬럼 / 데스크톱 화면(1280px 이상): 12컬럼

이 권장 사항을 기준으로 모바일 프레임에 컬럼 4개, 데스크톱 프레임에 컬럼 12개를 설정해 보겠습니다.

기본 예제 / **1-5 모바일 레이아웃 그리드 만들기(4컬럼)**

반응형 레이아웃 같은 유동적인 화면을 디자인할 때는 4개의 컬럼을 많이 사용합니다. 보통 한 행에는 2개 또는 4개의 요소를 최적화하여 넣습니다.

STEP 1 '기본 예제 1-4'에서 만든 모바일 페이지의 '홈 화면' 프레임을 선택하세요. 디자인 패널의 Layout grid 에서 + 와 ⊞ - <Columns>을 순서대로 클릭하면 컬럼 설정 창이 나타납니다.

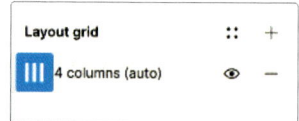

레이아웃 그리드를 생성 후 단축키 [Shift]+[G]로 빠르게 켜거나 끄세요.

STEP 2 Count는 4, Gutter는 12, Margin은 16으로 입력합니다. 그리고 Type을 'Stretch'로 설정하면 프레임을 늘렸을 때 레이아웃 그리드도 같이 늘어납니다.

모바일 레이아웃 그리드 설정

기본 예제 **1-6** 데스크톱 레이아웃 그리드 만들기(12컬럼)

STEP 1 '기본 예제 1-4'에서 만든 데스크톱의 프레임 사이즈는 1440px이지만, 실제 콘텐츠가 들어갈 컨테이너 사이즈는 1200px로 설정하겠습니다. 따라서 좌우 마진은 120px, 거터는 20px인 12개의 컬럼 그리드를 설정합니다.

데스크톱 레이아웃의 그리드 구조

STEP 2 데스크톱 페이지의 프레임을 선택합니다. 마찬가지로 디자인 패널의 Layout grid에서 ➕ 와 ▦ 버튼을 순서대로 선택합니다. 컬럼의 개수인 Count는 12, Gutter는 20, Margin은 120으로 입력합니다. Type을 'Stretch'로 두면 프레임을 늘렸을 때 레이아웃 그리드도 같이 늘어나서 반응형 디자인 형태에 적합합니다.

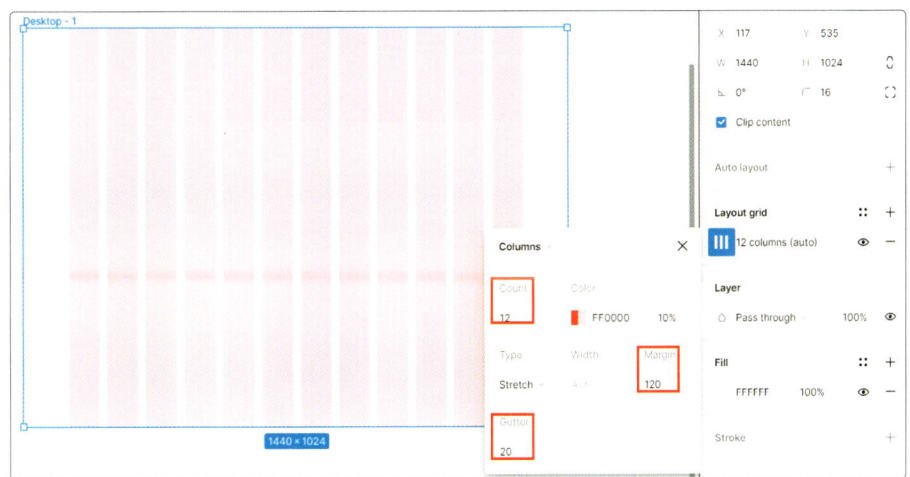

데스크톱 레이아웃 그리드 설정

Chapter 2

피그마 툴 이해하기

2.1 디자인 요소를 만드는 도형 툴

2.2 시각적인 화면을 구성하는 이미지 편집

2.3 디자인 작업 환경을 위한 스타일 만들기

2.1 디자인 요소를 만드는 도형 툴

도형 툴로 사각형, 원형, 다각형, 별 등의 요소를 자유롭게 그릴 수 있습니다. 도형은 벡터 방식이어서 확대, 축소해도 변형되지 않습니다. 디자인 완료 후 SVG 형태로 내보내기를 하면 개발 단계에서 다양한 크기로 설정해서 사용할 수 있습니다.

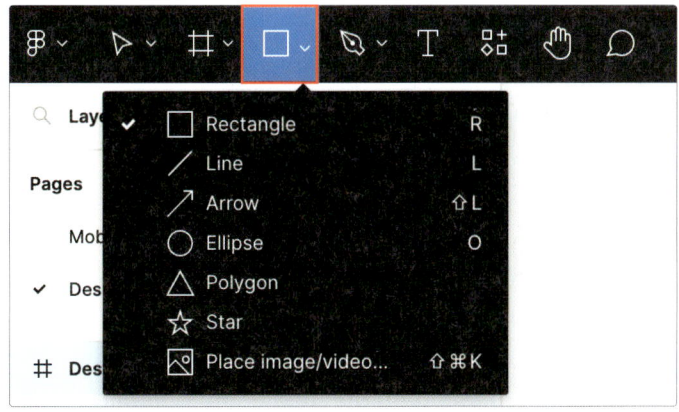

피그마의 도형 툴 메뉴

도형 툴의 기본

피그마에서 도형을 그리는 방법은 기존의 다른 디자인 UI 툴 사용법과 비슷합니다. 보통 도형을 드래그해서 그린 후에는 디자인 패널에서 정확한 수치를 입력해 크기를 설정합니다.

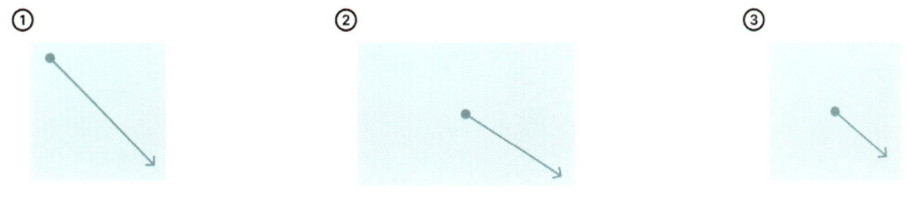

도형 툴로 그리는 방식

① 도형 툴을 선택하고 Shift 를 누른 상태로 도형을 드래그하면 정사각형(또는 정원)을 그릴 수 있습니다.

❷ `Opt`(`Alt`)을 누른 상태에서 드래그하면 클릭한 지점에서 도형을 키우면서 그릴 수 있습니다.

❸ `Shift`+`Opt`(`Shift`+`Alt`)을 동시에 누른 상태에서 드래그하면 클릭한 지점에서 정사각형(또는 정원)을 그릴 수 있습니다.

> 도형을 그리고 나면 마우스 커서가 자동으로 이동 툴(`V`)로 바뀝니다. 그러면 도형을 원하는 곳에 바로 배치할 수 있어서 편리합니다. 만약 자동으로 이동 툴로 변경되지 않으면 단축키 `V` 또는 `ESC`를 사용하세요.

도형 툴의 상태를 설정하는 디자인 패널을 살펴보겠습니다.

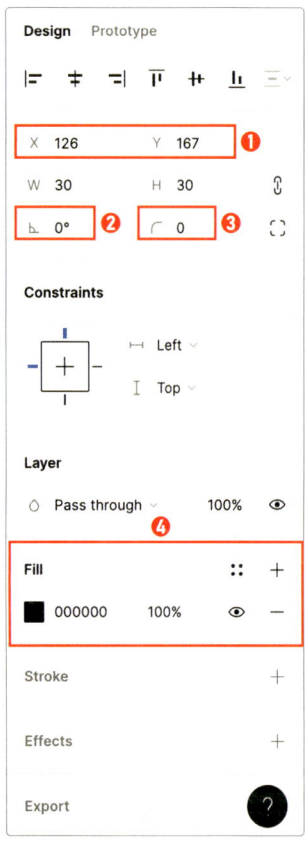

❶ Position: 도형의 위치를 수직(X), 수평(Y)에 따라 설정합니다.

❷ Rotation: 도형의 모서리를 드래그하거나 각도를 수치로 입력해 회전시킵니다.

❸ Corner radius: 도형의 모서리를 둥글게 조정합니다.

❹ Fill: 도형 툴을 통한 채우기 형태는 단색(Solid), 그레이디언트(Gradient), 이미지(Image), 비디오(Video)입니다. 프레임이나 문자, 도형을 그린 후 이 4가지 형태로 요소를 채울 수 있습니다.

- **Solid**: 단색 채우기입니다. HEX, RGB, CSS, HSL, HSB 코드로 입력이 가능합니다.
- **Gradients**: Linear(선형), Radial(방사형), Angular(각진 형태), Diamond(다이아몬드형)의 옵션을 사용하여 그레이디언트 효과를 주어 채울 수 있습니다.
- **Image**: 정적인 이미지 파일(*.png, *.jpeg, *.heic, *.gif, *.webp)과 동적인 애니메이션 이미지(*.gif) 파일로 채웁니다.
- **Video**: *.mp4, *.webM, *.mov 형식으로 100mb 이하의 동영상을 채웁니다.

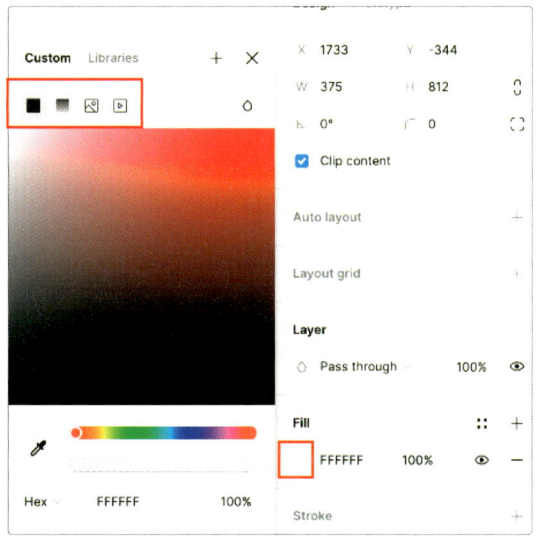

도형 툴의 채우기 종류

비디오로 채우기는 유료 또는 교육 플랜의 팀 프로젝트 내 파일에서만 사용할 수 있습니다.

사칙연산식으로 도형 크기 조정하기

피그마에서 도형의 가로(W), 세로(H) 크기를 사칙연산 계산식으로 입력할 수 있습니다. 다음처럼 W값에 '360/3'을 입력하면 가로 크기가 120으로 계산된 값으로 설정됩니다.

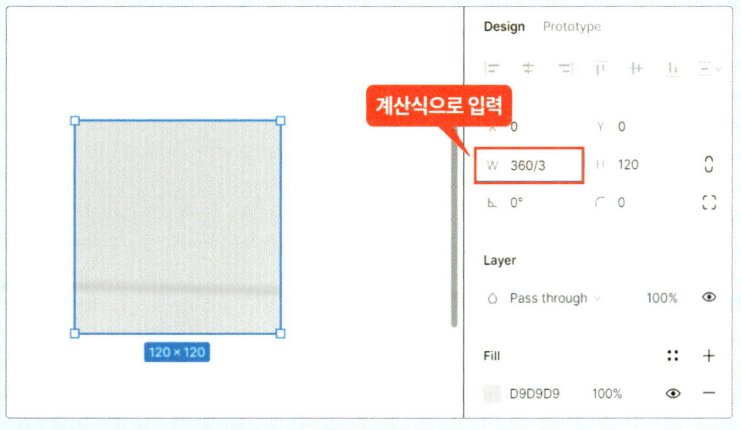

사칙연산 계산식으로 도형의 가로 크기 변경

활용 예제 **2-1** 도형 툴 사용하기

지금부터 검색, 홈, 메뉴, 사용자 4개의 아이콘을 만들면서 도형 툴을 더 자세히 알아봅시다. 이 실습에서 도형 툴과 불리언 연산 기능(boolean group)을 사용하겠습니다. 불리언 연산은 2개 이상의 도형을 결합하거나, 교차된 영역을 제거하는 등의 기능을 가지고 있습니다.

- Union selection: 2개 이상의 도형을 서로 결합함.
- Subtract selection: 2개 이상의 도형이 겹쳤을 때 위에 있는 요소의 영역을 제거함.
- Intersect selection: 2개 이상의 도형이 겹쳤을 때 교차한 부분만 남김.
- Exclude selection: 2개 이상 도형의 겹친 부분만 제거함.

① 도형 툴로 검색 아이콘 만들기

STEP 1 돋보기 모양의 검색 아이콘을 만들어 보겠습니다. 상단 메뉴에 있는 프레임(F) 툴을 이용해 가로, 세로 24 크기의 프레임을 만듭니다.

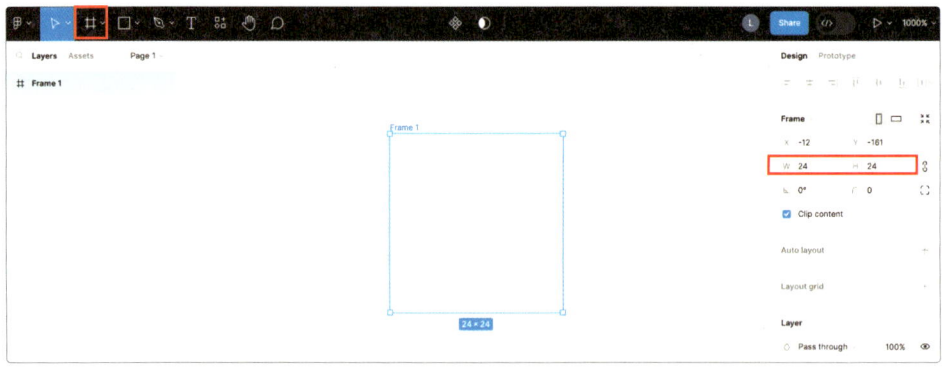

캔버스 확대 축소 단축키 +, -로 여러 요소를 빠르게 살펴볼 수 있으며, Space bar 를 누르고 드래그하면 캔버스 안을 자유롭게 이동할 수 있습니다.

STEP 2 원형(O) 툴을 이용해서 프레임 안에 가로 14, 세로 14 크기의 정원을 그립니다.

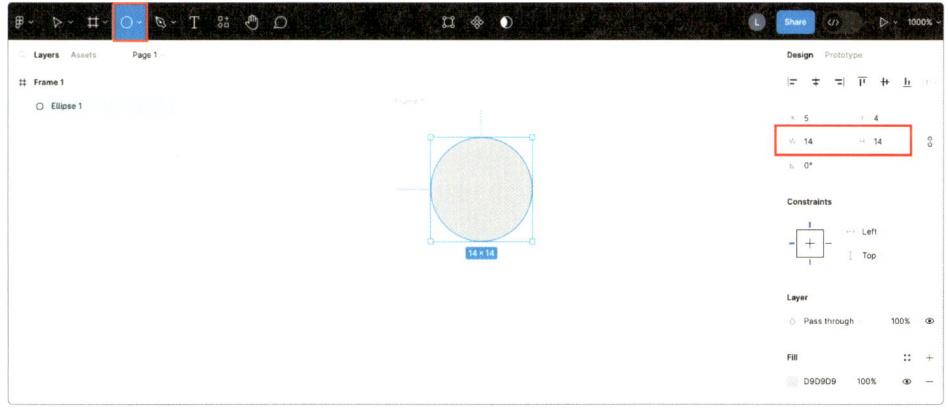

이 원 위에 가로 10, 세로 10 사이즈의 정원을 하나 더 그립니다.

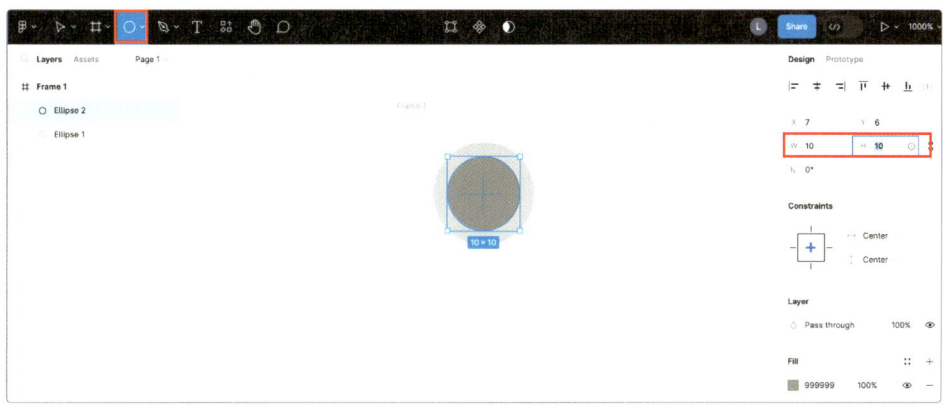

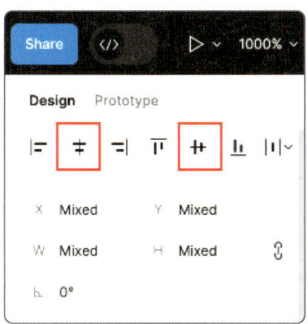

두 원을 모두 선택한 다음, 가운데 정렬시킵니다. 다음처럼 디자인 패널 상단에 있는 정렬 컨트롤 버튼을 클릭하거나, 단축키 Opt+H (Alt+H), Opt+V (Alt+H)를 사용하세요.

STEP 3 불리언 연산 기능을 이용해서 두 원의 겹친 부분을 빼겠습니다. 원을 모두 선택 후 상단 컨텍스추얼 툴의 <Boolean Groups> - <Subtract selection>을 순서대로 클릭합니다. Subtract selection은 서로 겹친 요소가 있을 때 위에 있는 요소의 영역을 뺍니다.

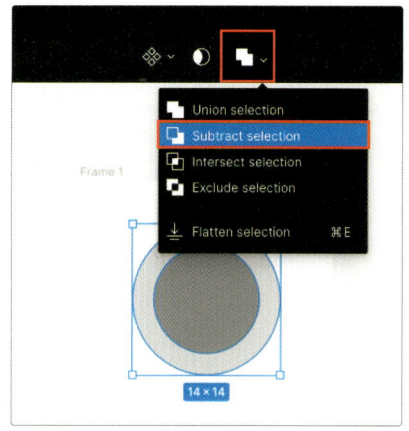

STEP 4 사각형(R) 툴을 선택해 가로 2, 세로 3 크기의 사각형 하나와, 가로 4, 세로 8 크기의 사각형을 원 아래쪽에 그립니다.

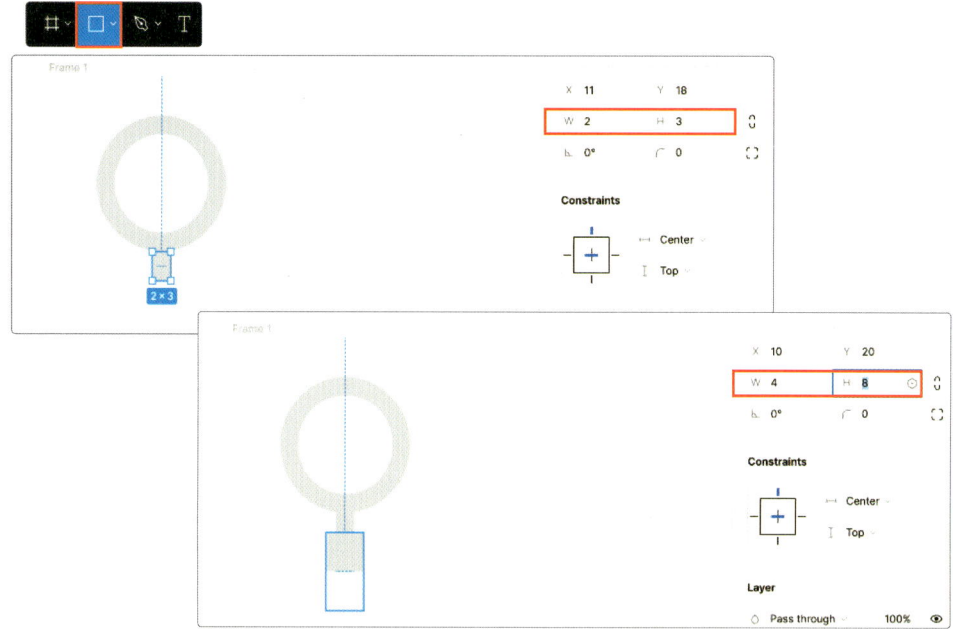

요소를 모두 선택한 다음, 수평 정렬 컨트롤 버튼을 클릭하거나, 단축키 Opt + H (Alt + H)를 사용해서 가운데 정렬합니다.

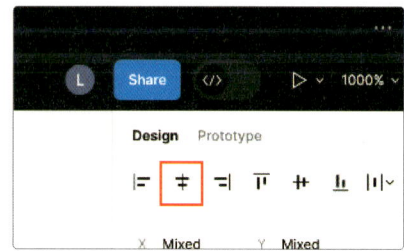

STEP 5 이제 모든 도형을 하나로 합칠 차례입니다. <Boolean Groups> - <Union selection>을 순서대로 클릭해서 도형을 합칩니다.

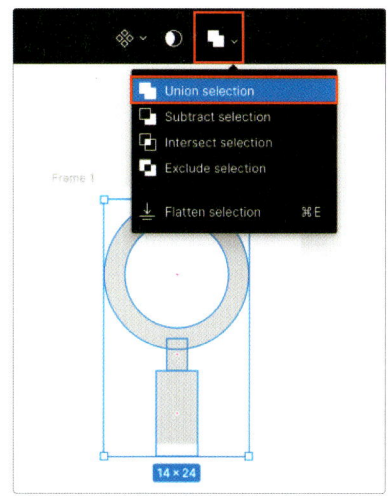

다음처럼 회전(Rotation)에 45를 입력하고 회전하고 프레임 중앙에 배치합니다.

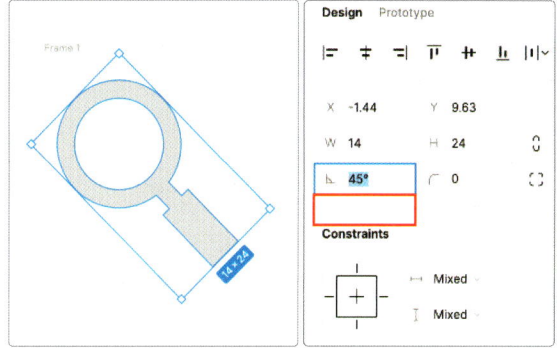

STEP 6 마지막으로 프레임 이름을 'Icon / Search'로 변경합니다. 언뜻 보면 하나의 도형인 것 같지만, 레이어 패널을 보면 원 2개, 사각형 2개의 요소로 각각 분리되어 있습니다. 이처럼 불리언 연산 기능을 사용하면 레이어가 분리되어 있어 수정, 관리가 용이합니다.

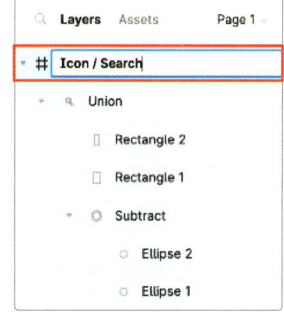

2 펜 툴로 홈 아이콘 만들기

STEP 1 이번에는 펜 툴을 사용해 집 모양의 홈 아이콘을 만들어 보겠습니다. 상단 메뉴에 있는 프레임(F) 툴을 이용해 가로 24, 세로 24의 프레임을 만듭니다.

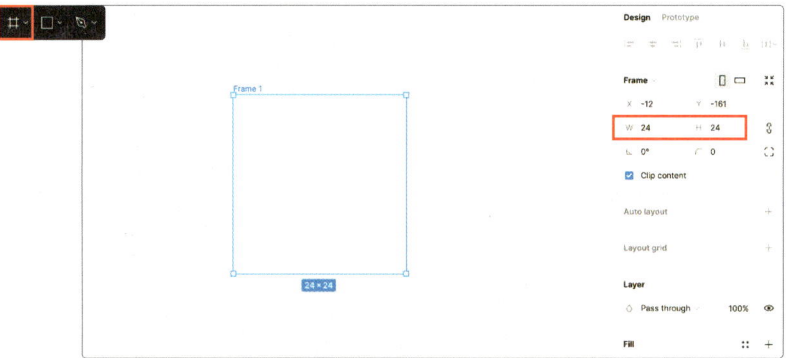

STEP 2 펜(P) 툴로 도형의 모서리마다 클릭해서 집 모양을 만듭니다. 그런 다음 디자인 패널에서 ❶Stroke의 – 버튼을 클릭해서 선을 없애고, ❷Fill의 + 버튼을 클릭해서 색을 채웁니다.

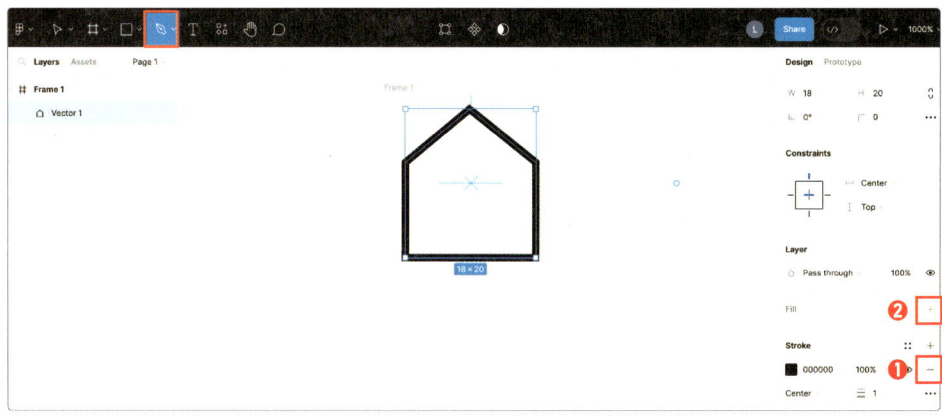

STEP 3 사각형(R) 툴로 가로 8, 세로 8 크기의 정사각형을 그립니다. 디자인 패널에서 ❶〈Independent corners〉를 클릭해 상단의 ❷모서리 값을 20으로 입력합니다.

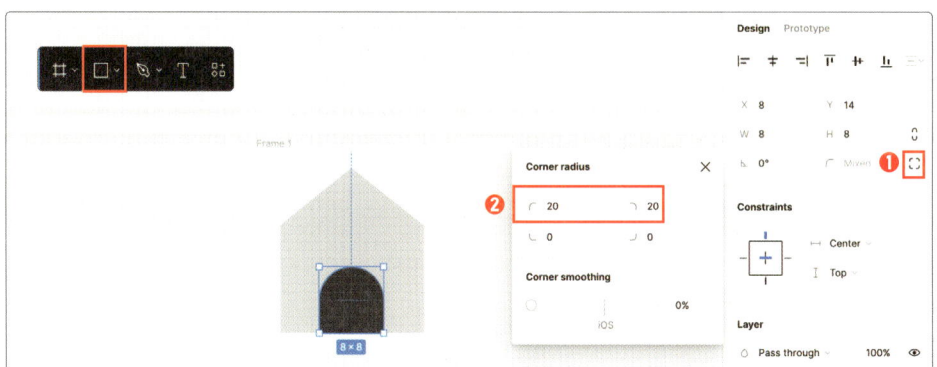

STEP 4 도형을 모두 선택한 다음 컨텍스추얼 툴의 <Boolean Groups> - <Subtract selection>을 차례대로 선택해서 위에 겹친 도형을 뺍니다.

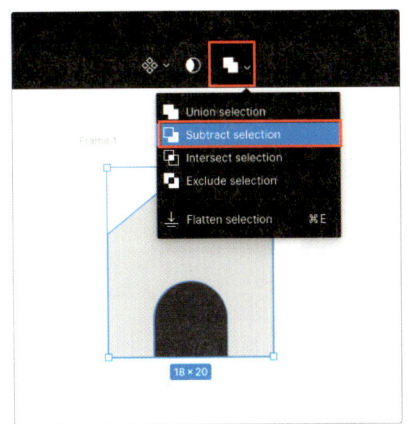

STEP 5 마지막으로 프레임의 이름을 'Icon / Home'으로 변경하세요.

3 사각형 툴로 햄버거 메뉴 아이콘 만들기

STEP 1 이번에 만들 아이콘은 웹 화면에서 흔히 볼 수 있는 햄버거 메뉴 아이콘입니다. 프레임(F) 툴로 가로 24, 세로 24 크기의 프레임을 만듭니다.

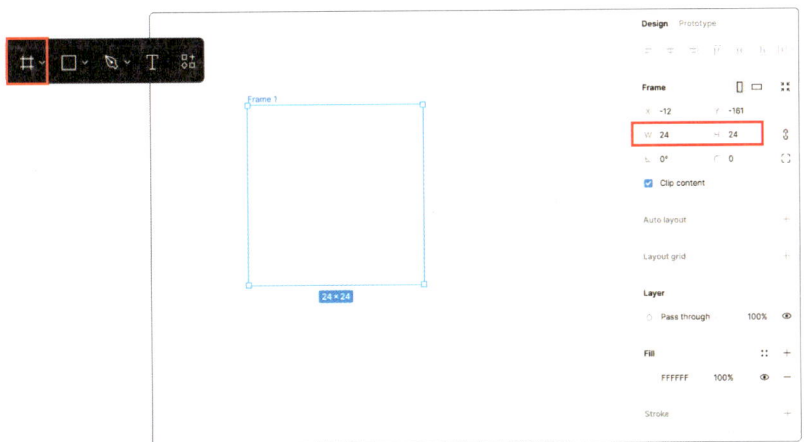

STEP 2 사각형(R) 툴로 ❶가로 18, 세로 2 크기의 사각형을 그리고, ❷Corner radius에 2를 입력해서 양끝을 둥글게 만듭니다.

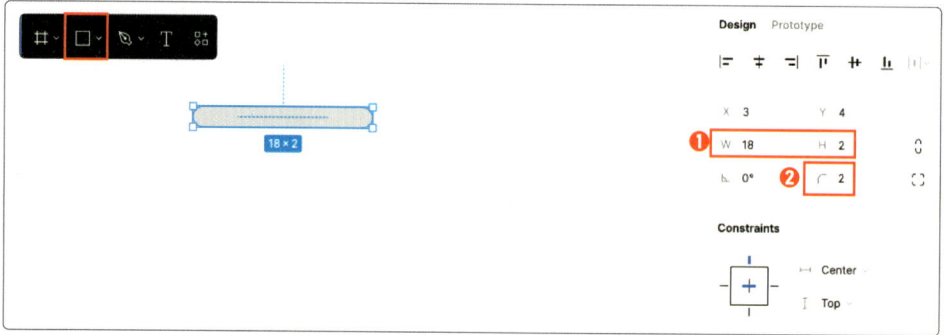

STEP 3 사각형을 선택한 다음 Opt(Alt)키를 누르면서 드래그를 하면 요소가 복사됩니다. 단축키 Cmd⌘+D(Ctrl+D)를 사용해도 됩니다. 똑같은 도형을 2개 더 만든 다음, 모든 요소를 선택해서 각 요소의 간격을 4로 지정합니다.

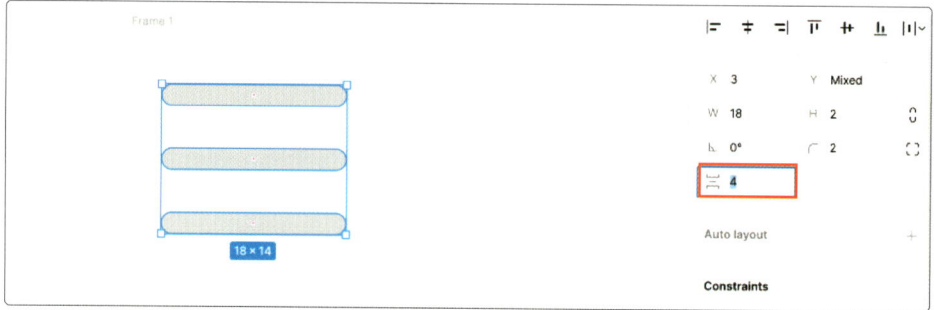

STEP 4 끝으로 프레임의 이름을 'Icon / Menu'로 변경합니다.

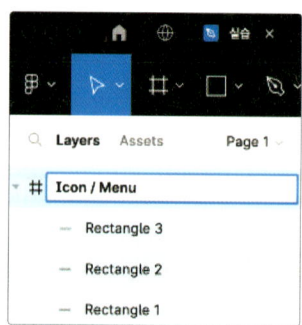

4 원형 툴로 사용자 아이콘 만들기

STEP 1 마지막으로 사용자 모양의 아이콘을 만들어 보겠습니다. 이번에도 프레임(F) 툴을 이용해 가로 24, 세로 24 크기의 프레임을 만듭니다.

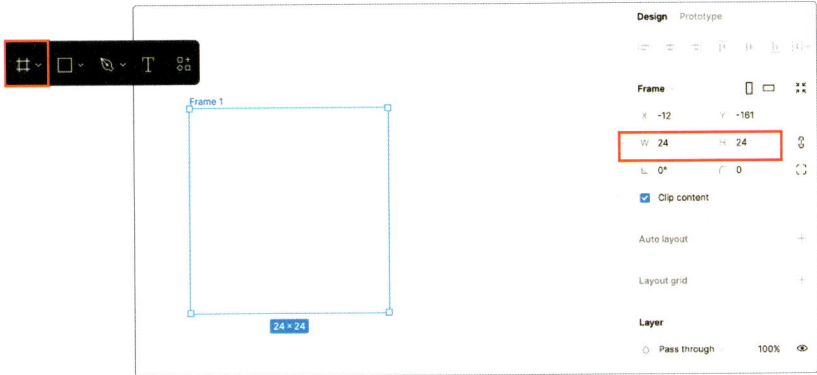

STEP 2 원형(O) 툴을 이용해서 8 × 8 크기의 원과 20 × 20 크기의 원을 그리고 다음과 같이 위아래로 배치해 보세요.

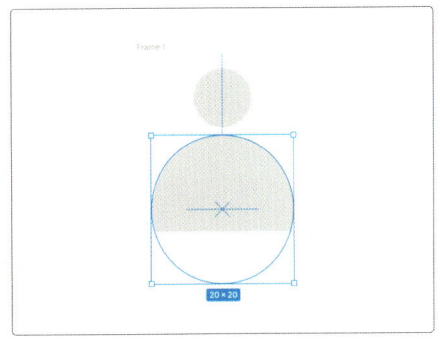

STEP 3 사각형(R) 툴로 가로 24, 세로 4 크기의 사각형을 그리고 큰 원 아래쪽에 겹치게 배치합니다.

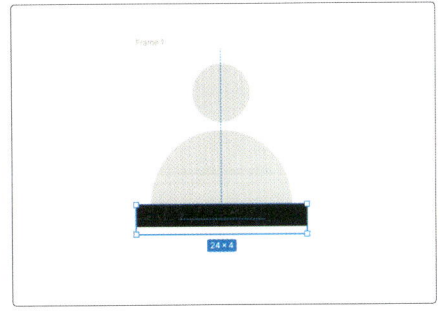

STEP 4 큰 원과 사각형을 같이 선택한 다음, <Boolean Groups> - <Subtract selection>을 순서대로 클릭해서 위쪽에 있는 도형을 빼 줍니다.

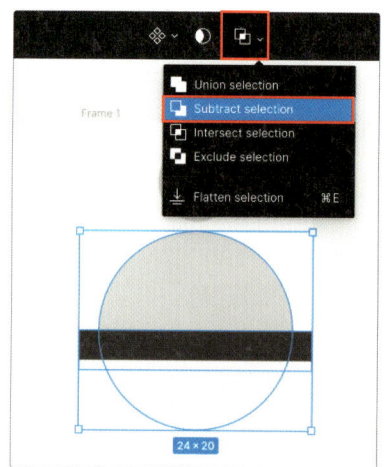

STEP 5 큰 원의 Corner radius 값을 2로 입력해 모서리를 둥글게 만들어 주세요.

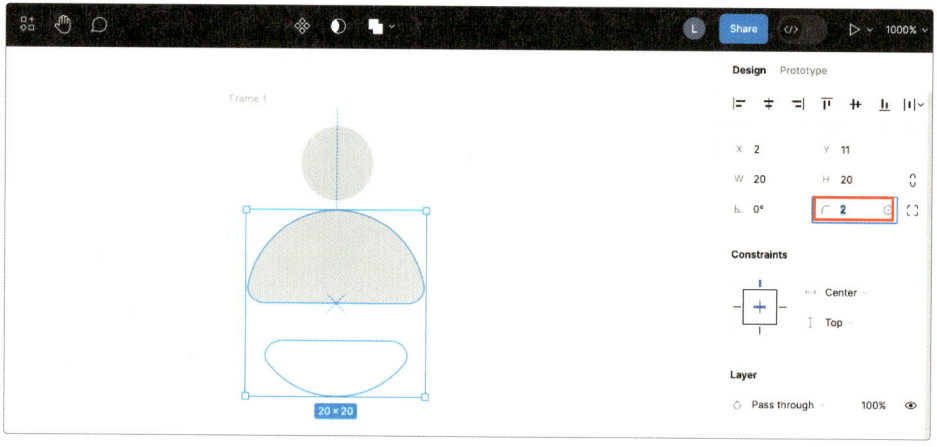

STEP 6 프레임의 이름을 단축키 'Icon / User'로 변경 합니다.

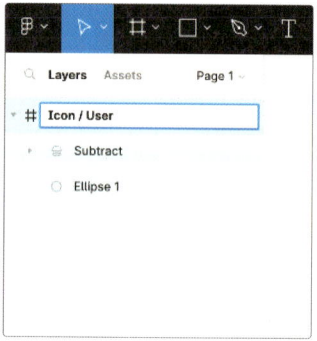

지금까지 도형, 펜 툴과 불리언 연산 기능을 사용해서 웹/앱 화면 제작 시 자주 사용하는 기본 아이콘 4개를 완성했습니다. 이처럼 간단한 도형 툴만으로 벡터 아이콘을 쉽게 제작할 수 있습니다.

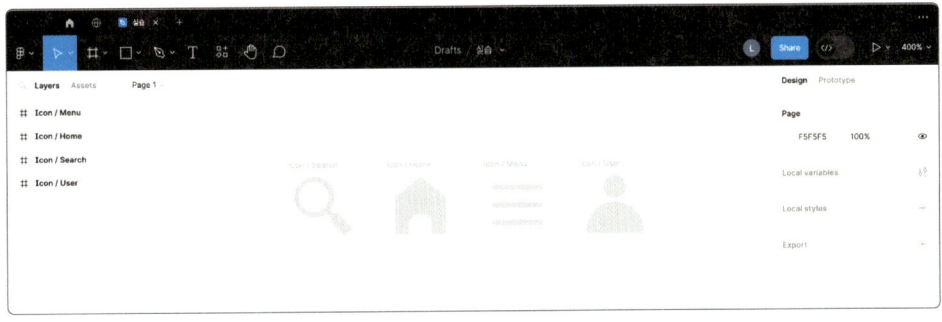

아이콘 UI 디자인 팁!

피그마에서 아이콘을 제작할 때 알아두면 좋을 4가지 기능을 소개합니다.

▸ **보기 옵션 설정하기**: 보기 옵션(View option)에서 <Pixel grid>와 <Snap to pixel grid>에 체크해 두면 픽셀 단위에 맞춰진 정수로 입력된 아이콘을 제작할 수 있습니다.

▸ **Pixel Perfection 맞추기**: 어떤 디바이스에서나 또렷하게 보일 수 있도록 Pixel Perfection에 맞춰서 작업해야 합니다. 픽셀이 정확하게 안 맞으면 요소가 잘려 보이는 계단 현상(Anti Alias)이 생기고, 완성된 아이콘도 깨끗하게 보이지 않을 수도 있으니 픽셀 단위로 만들어야 합니다.

▸ **Stroke Style 설정하기**: 아이콘의 크기를 조정할 때, 두께를 일정하게 유지하기 위해서 선(Stroke)을 모두 면(Fill)으로 만듭니다. 요소를 선택 후 마우스 우클릭 후 <Outline Stroke>를 선택하거나, 단축키 `Cmd⌘`+`Shift`+`O`(`Ctrl`+`Shift`+`O`)로 설정합니다.

▸ **레이어 병합**: 불리언 연산 기능으로 아이콘을 만들었다면 마우스 우클릭 후 <Flatten>을 선택하거나, 단축키 `Cmd⌘`+`E`(`Ctrl`+`E`)로 겹쳐진 부분의 코드를 삭제해서 정리해 주세요.

2.2 시각적인 화면을 구성하는 이미지 편집

이미지 파일을 가져오는 방법

이미지 파일을 가져오는 몇 가지 방법을 알아보겠습니다. 로컬 컴퓨터나 인터넷에 있는 이미지를 바로 가져와서 사용할 수 있고, 여러 파일을 한 번에 가져와서 원하는 도형 안에 넣을 수도 있습니다.

1 내 컴퓨터에 있는 이미지 가져오기

상단 메뉴에서 [figma] - \<File\> - \<Place image\>를 순서대로 선택하거나, 단축키 `Cmd⌘`+`Shift`+`K` (`Ctrl`+`Shift`+`K`)로 이미지를 가져옵니다.

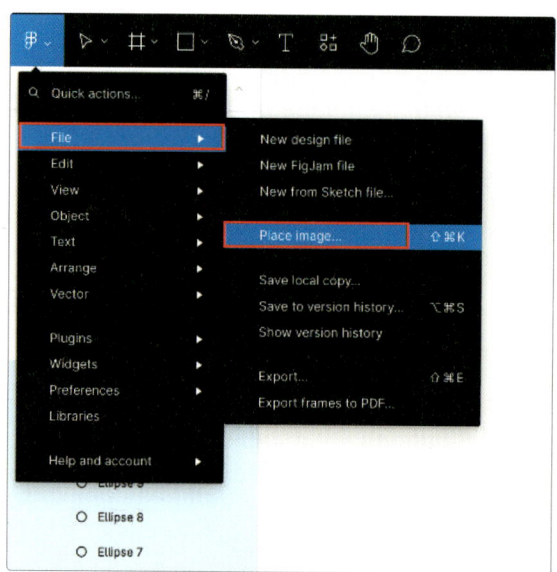

메뉴에서 파일 가져오기

또는 다음처럼 컴퓨터에 있는 이미지 파일을 드래그 앤 드롭으로 쉽게 가져올 수 있습니다.

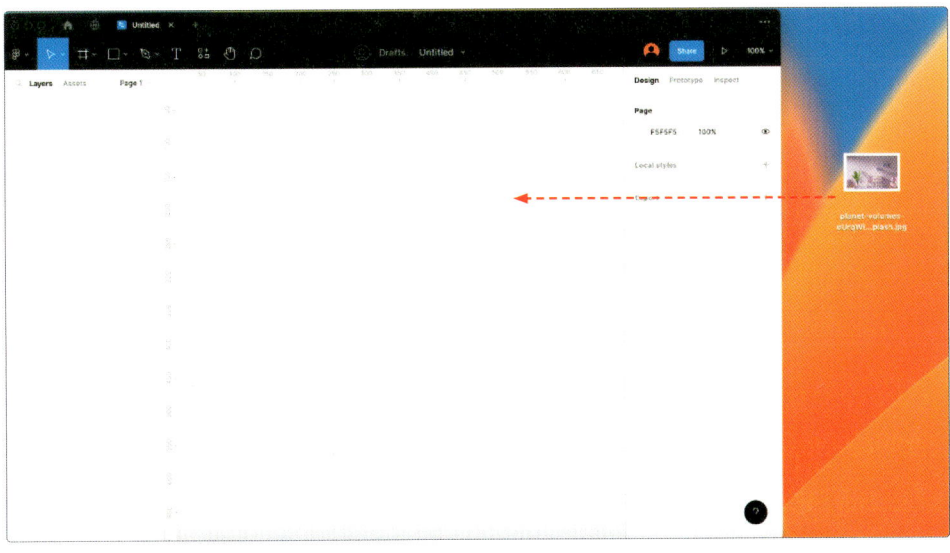

드래그 앤 드롭으로 파일 가져오기

2 웹 이미지 가져오기

인터넷에서 복사한 이미지를 피그마로 바로 가져올 수 있습니다. 웹 브라우저에서 마우스 우클릭으로 이미지를 복사한 후 피그마에 `Cmd⌘`+`V` (`Ctrl`+`V`)로 붙여 넣으면 됩니다.

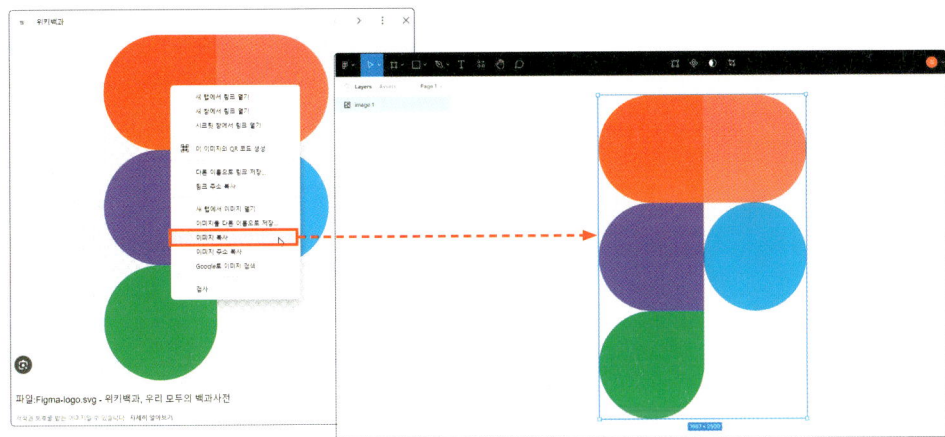

웹에서 이미지 파일 바로 가져오기

도형에 이미지를 채우는 방법

웹, 앱 요소를 제작할 때 원형이나 사각형 안에 프로필 사진 등의 이미지를 넣어야 하는 경우가 생깁니다. 이럴 때는 도형을 먼저 그린 다음, 이미지를 채우는 식으로 작업합니다. 일반적으로 다음 3가지 방법을 사용합니다.

1 플러그인을 이용한 이미지 채우기

플러그인 'Unsplash'를 사용하는 방법입니다. <Resource> - <Plugin> - <Unsplash>를 선택하고, <Run> 버튼을 클릭합니다. 도형을 선택한 다음, 'Presets' 탭에서 원하는 카테고리(또는 이미지)를 클릭하면 원이 자동으로 채워집니다. 'Search' 탭에서 원하는 사진을 검색해서 가져올 수 있습니다.

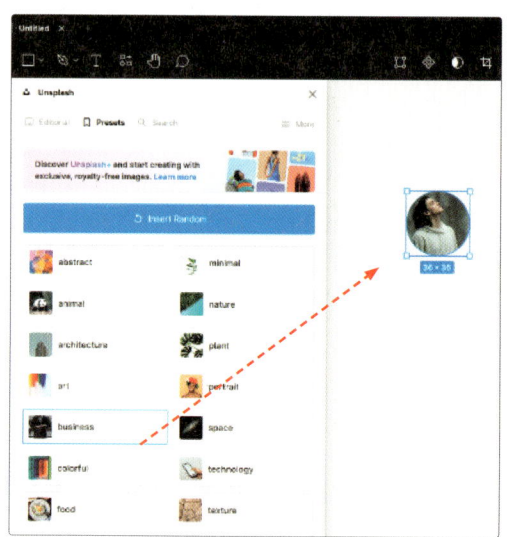

플러그인을 이용한 이미지 채우기

2 이미지 복사해서 채우기

디자인 파일에 삽입된 이미지를 [Cmd⌘]+[Shift]+[C] ([Ctrl]+[Shift]+[C]) 단축키로 복사한 후, 원하는 도형을 선택해서 [Cmd⌘]+[V] ([Ctrl]+[V])로 붙여 넣습니다.

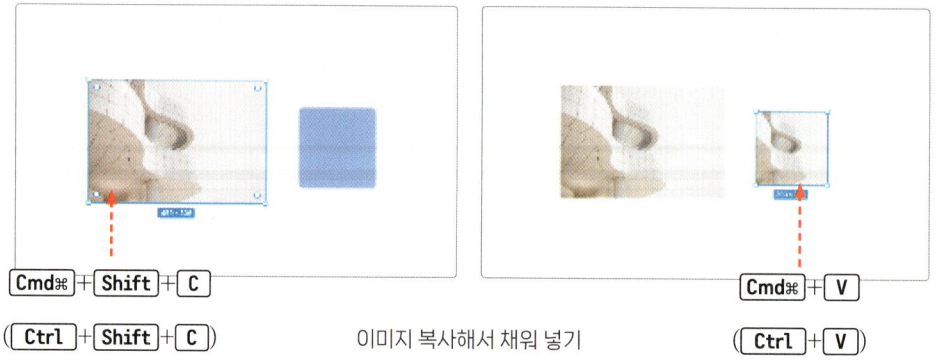

이미지 복사해서 채워 넣기

3 여러 개 이미지를 한 번에 채우기

단축키 `Cmd⌘`+`Shift`+`K` (`Ctrl`+`Shift`+`K`)로 컴퓨터에 있는 이미지를 `Shift`로 여러 장을 선택해서 도형에 하나씩 클릭해서 넣어줍니다.

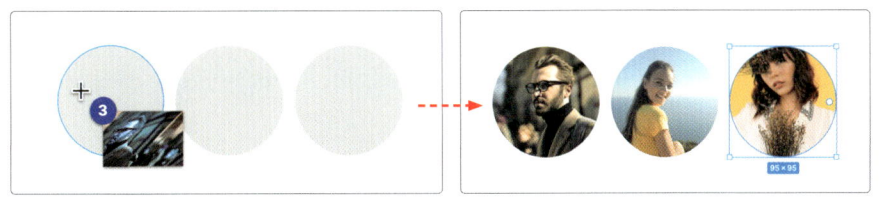

여러 개의 이미지 채우기

이미지 정렬하기

디자인 패널 상단에 있는 정렬 컨트롤을 사용하여 부모 프레임 내 요소를 정렬하거나 여러 요소의 간격을 조정할 수 있습니다.

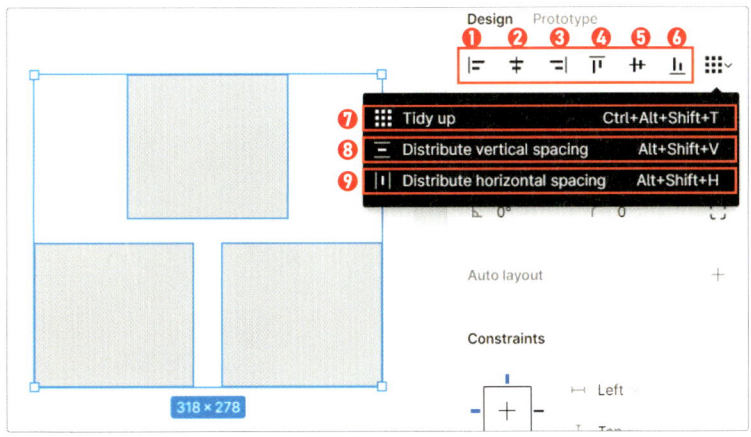

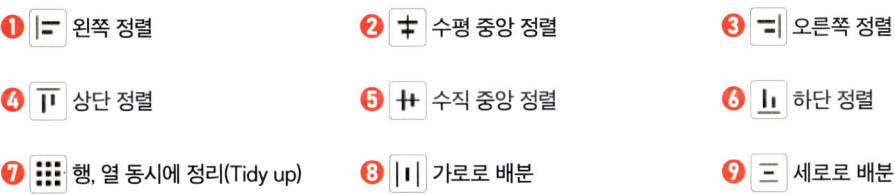

❶ 왼쪽 정렬　　❷ 수평 중앙 정렬　　❸ 오른쪽 정렬
❹ 상단 정렬　　❺ 수직 중앙 정렬　　❻ 하단 정렬
❼ 행, 열 동시에 정리(Tidy up)　　❽ 가로로 배분　　❾ 세로로 배분

다음처럼 정렬이 안 된 요소 여러 개를 'Tidy up' 기능으로 행과 열을 동시에 정리할 수 있습니다.

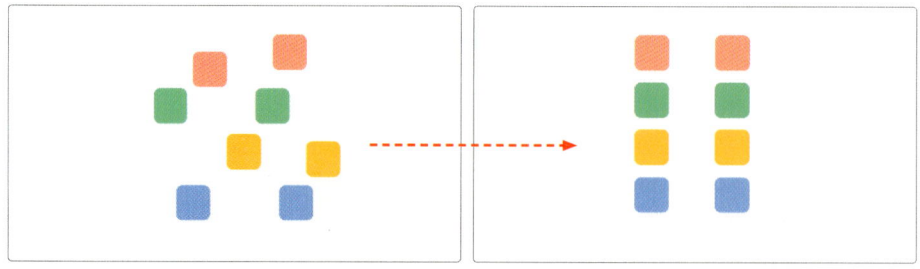

Tidy up으로 요소 정렬하기

이미지 자르기

이미지를 자르는 3가지 방법이 있습니다. 상단 컨텍스추얼 툴을 이용하거나, 디자인 패널의 Fill 상태 또는 단축키를 사용할 수 있습니다.

1 제일 간단한 방법으로는 이미지를 선택한 다음, 컨텍스추얼 툴에서 Crop 툴을 선택한 후 Crop 마크를 드래그해서 자릅니다.

2 이미지를 Opt (Alt) 키와 더블클릭으로 선택합니다. 그러면 다음처럼 모서리마다 파란색의 Crop 마크가 생기는데, 이 마크들을 드래그하면서 자를 수 있습니다.

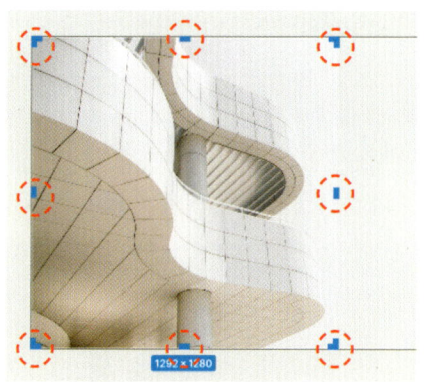

단축키로 이미지 자르기

3 디자인 패널의 'Fill'에서 <Image>를 선택한 다음, <Crop>을 클릭합니다. 마찬가지로 Crop 마크를 드래그해서 이미지를 자릅니다.

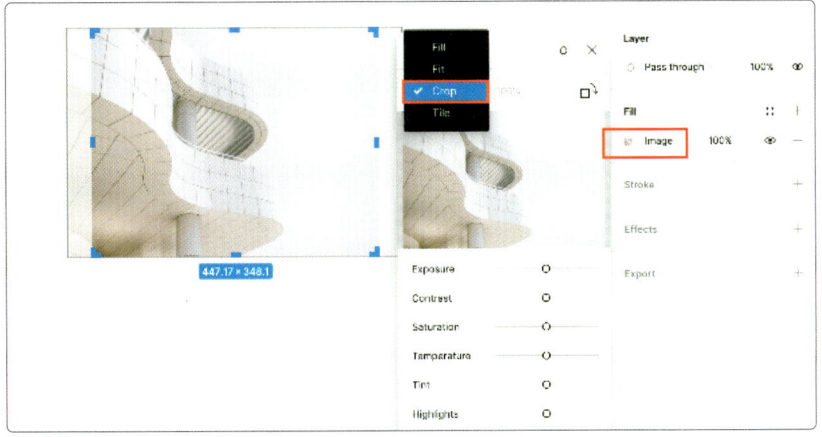

이미지의 간격 측정하기

첫 번째 이미지를 선택한 뒤 `Opt`(`Alt`) 키를 누른 상태에서, 두 번째 이미지 위에 마우스를 올려보세요. 두 이미지 사이에 빨간색 선과 포인트(pts) 단위의 측정값이 표시됩니다. 이미지뿐만 아니라 프레임, 레이어, 텍스트, 그룹 등 모두 같은 방법으로 오브젝트의 간격을 측정할 수 있습니다.

이미지 간격 측정

중첩된 프레임이나 그룹 안에 있는 오브젝트를 하나만 선택하려면, `Cmd⌘`(`Ctrl`)를 누른 채 오브젝트를 클릭하면 됩니다.

활용 예제 **2-2 소셜 미디어 앱의 메인 화면 만들기**

이번 실습은 사진과 동영상 기반의 SNS 화면을 만들어 보겠습니다. 지금까지 학습한 도형 툴과 문자 툴을 조금 응용하면 실감나는 UI 화면을 제작할 수 있습니다.

완성된 SNS 앱 화면

STEP 1 먼저 필자의 커뮤니티(figma.com/@designerlucy)에서 제공하는 예제 파일을 내 피그마로 복제해야 합니다. 다음 화면의 Open in Figma 버튼을 클릭해서 복제하세요.

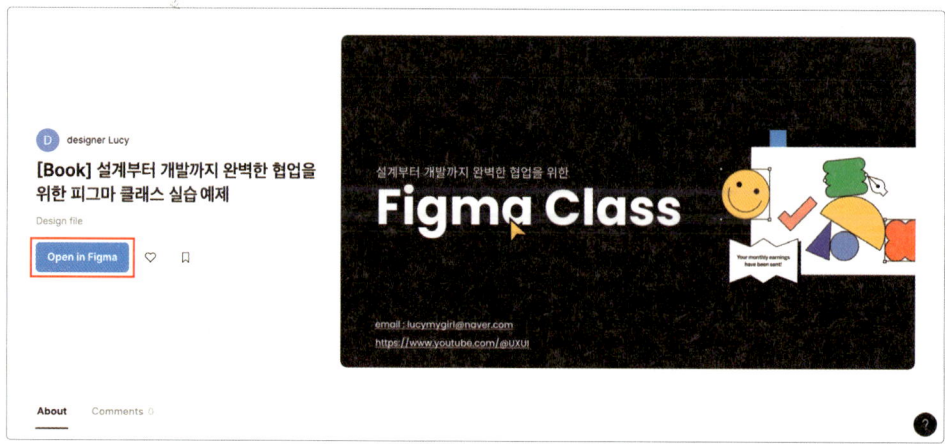

STEP 2 복제한 예제 파일을 열고, '2장 소셜 미디어 앱' 페이지를 선택해 보세요. 페이지 안에는 상태 바, 내비게이션 바, 스토리를 미리 만들어 둔 '앱 메인' 프레임이 있습니다. 지금부터 새로운 프레임에 '피드'를 만든 후 이 메인 프레임 안으로 옮겨 보겠습니다.

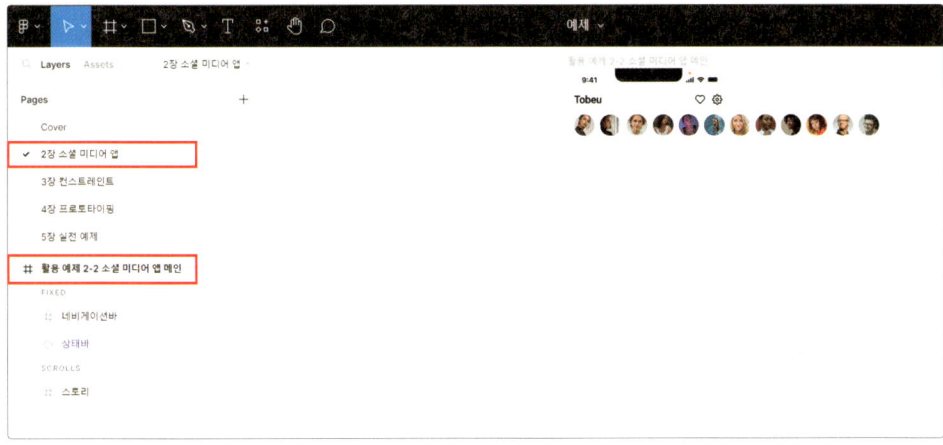

STEP 2 프레임(F) 툴을 사용해 375 × 370 사이즈의 새 프레임(Frame 1)을 만듭니다.

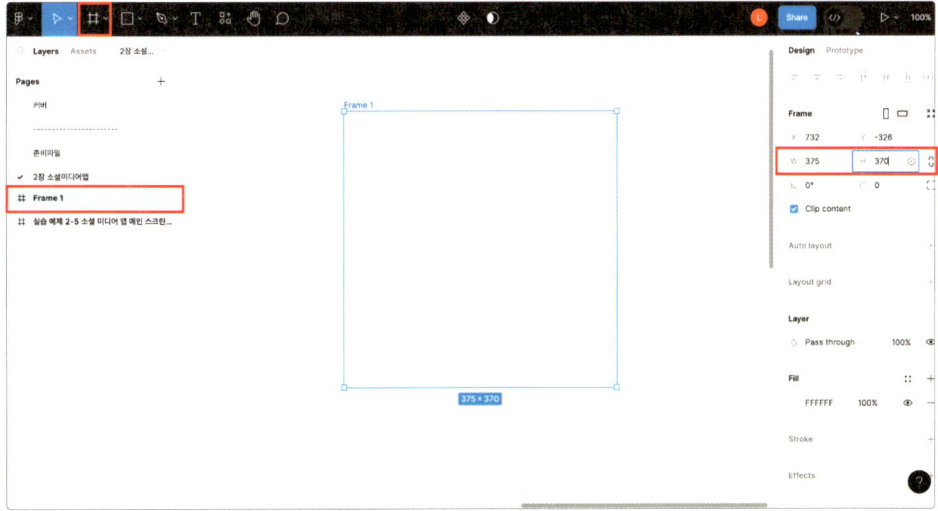

새로 생성한 프레임 안에 원형(O) 툴을 사용해 36 × 36 크기의 정원을 그립니다.

STEP 4 문자 툴(T)로 프레임 안쪽을 클릭해서 이름 텍스트를 입력합니다. 텍스트의 ❶ 글꼴은 Roboto, 굵기는 Bold, 크기는 18px로 입력합니다. ❷ 텍스트 색은 '#404040'으로 지정하세요.

STEP 5 문자 툴(T)을 사용해 다음과 같이 'Seoul, Korea'를 입력하고, ❶ 글꼴은 Roboto, 굵기는 Regular, 크기는 14px, ❷ 색상은 '#B8B8B8'을 입력해 연한 회색 텍스트로 만듭니다.

입력한 텍스트 아래쪽에 사각형(R) 툴을 사용해 375 × 250 크기의 박스를 그립니다.

STEP 6 플러그인에서 아이콘을 가져오겠습니다. 리소스 툴을 클릭한 다음 <Plugins>에서 'Feather Icon' 검색하고, 실행(Run)합니다. 순서대로 'more', 'heart', 'massage'를 검색해서 아이콘을 가져옵니다. more(점 3개) 아이콘은 오른쪽 위에, heart(하트)와 massage(메시지) 아이콘은 아래쪽에 적당히 배치해 보세요.

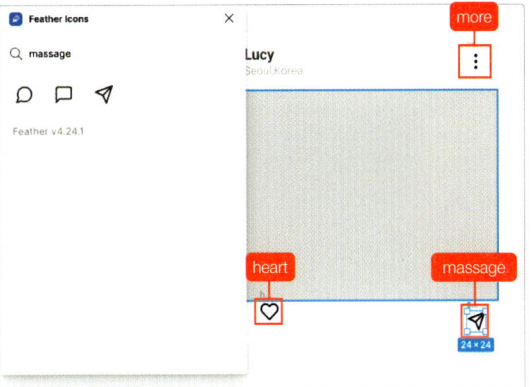

STEP 7 프레임 밖에 있는 아이콘을 선택해서 Frame 1 안에 넣고 프레임 이름을 '피드'로 변경합니다.

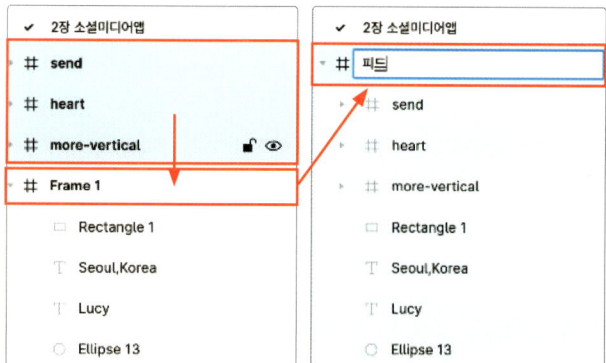

그리고 '피드' 프레임을 선택해서 '메인' 프레임 안으로 드래그해서 이동시킵니다.

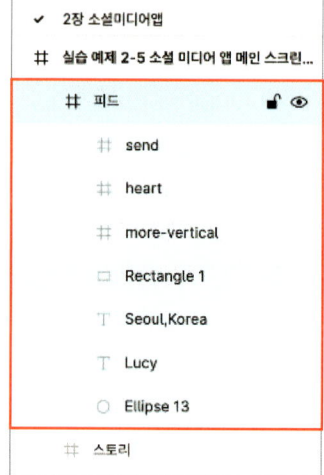

STEP 8 '피드' 프레임을 Opt (Alt)누른 상태로 아래로 드래그하면서 복사합니다. Cmd⌘ + D (Ctrl + D)로 한번 더 복제합니다.

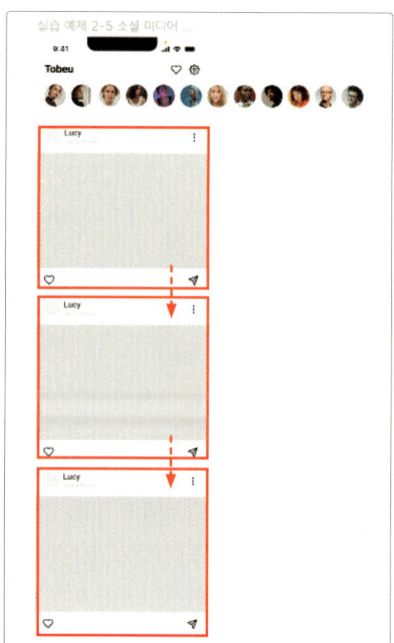

STEP 9 각 프레임 안에 사진이 들어갈 사각형을 `Cmd⌘` `Ctrl`로 모두 선택하고, `Shift`+`I`로 <Plugin>을 실행한 뒤 'Unsplash' 플러그인에서 적당한 사진들을 찾아 넣으세요. 다음처럼 SNS 메인 UI가 완성되었습니다.

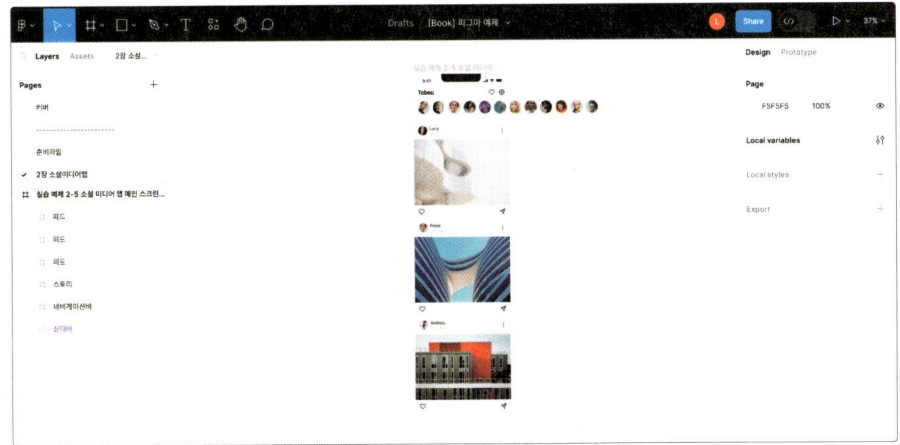

사진이 프레임 바깥쪽에도 보인다면 Frame 디자인 패널의 <Clip content> 옵션을 체크해 두세요. 여기서 제작한 앱 화면을 가지고 4장 프로토타이핑의 '활용 예제 4-2'에서 가로 스크롤 인터랙션을 만들어 봅니다.

2.3 디자인 작업 환경을 위한 스타일 만들기

스타일은 색상, 텍스트, 효과, 레이아웃 그리드를 저장하여 필요한 부분에 빠르게 적용하는 기능입니다. 제작한 스타일을 팀 라이브러리에 게시해서 프로젝트 전체에 일관된 스타일을 빠르고 편리하게 적용할 수 있으며, 프로젝트의 효율도 높일 수 있습니다. 서비스의 정체성과 일관된 디자인을 유지하기 위해선 스타일 제작을 통한 디자인 시스템을 구축해야 합니다. 이번 절에서는 레이아웃 그리드, 색상, 텍스트 스타일을 만들고 사용해 보겠습니다.

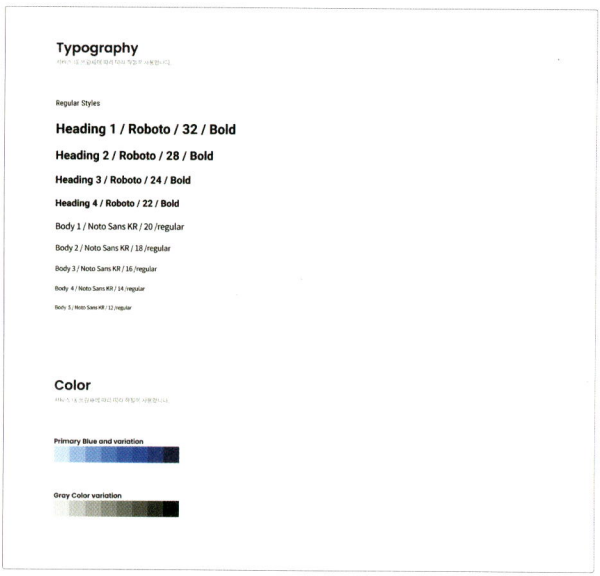

스타일 생성 예시

기본 예제 / 2-1 레이아웃 그리드 스타일 만들기

1.7절에서 만든 '모바일', '데스크톱'의 레이아웃 그리드를 스타일로 각각 정의해 보겠습니다.

STEP 1 먼저 '모바일' 페이지의 '홈 화면' 프레임을 선택합니다. 디자인 패널의 Layout grid 에서 ❶ [::] 버튼과 ❷ [+] 버튼을 차례대로 선택합니다. Create new grid style 창에서 ❸ 이름을 'mobile-375'로 입력하고 ❹ <Create style> 버튼을 눌러 그리드 스타일로 만듭니다.

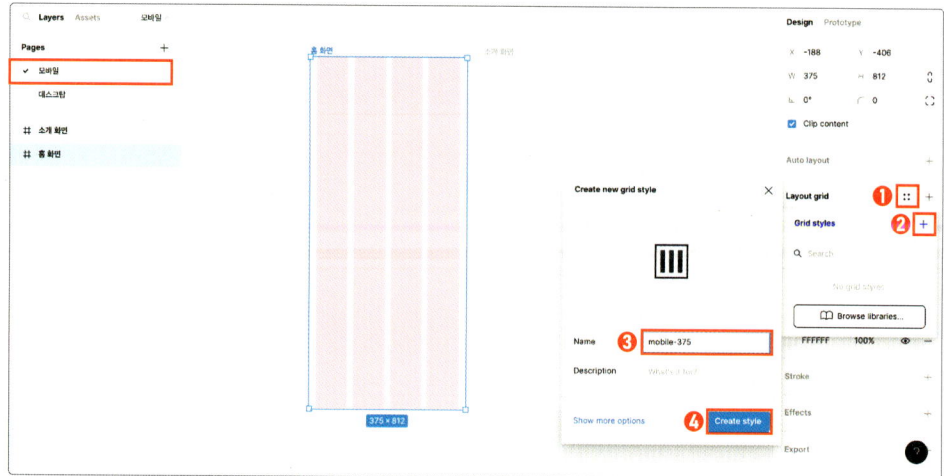

`STEP 2` 이번에는 데스크톱의 레이아웃 그리드도 스타일로 만들겠습니다. '데스크톱' 페이지의 Desktop-1 프레임을 선택합니다. 마찬가지로 디자인 패널의 Layout grid에서 ❶ 버튼과 ❷ 버튼을 차례대로 선택합니다. ❸ 그리드 이름을 'Desktop-1440'으로 입력하고, ❹ <Create style> 버튼을 눌러 그리드 스타일로 만듭니다.

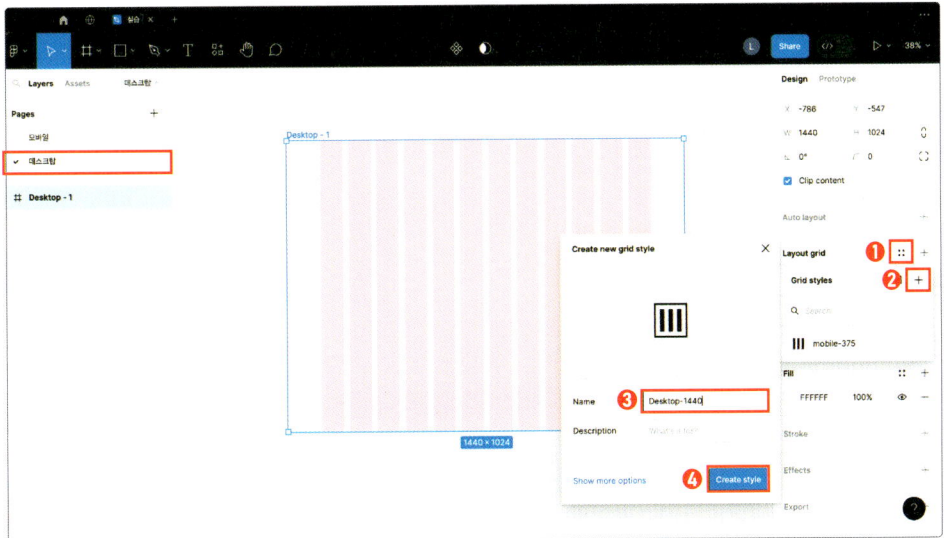

`STEP 3` 빈 공간을 눌러서 프레임 선택을 해제한 후, 디자인 패널의 Grid Styles을 보면 'mobile-375', 'desktop-1440' 그리드 스타일이 만들어진 것을 확인할 수 있습니다.

기본 예제 / **2-2** 컬러 스타일 만들기

프라이머리 컬러(Primary color)는 브랜드를 대표하는 서비스의 메인 색이기도 합니다. 메인 색은 자주 사용하기 때문에 컬러 스타일로 지정해 두면 편리합니다. 여기에서는 메인 색상 #007AFF와 #808080을 컬러 스타일로 정의해 보겠습니다.

STEP 1 사각형(R) 툴을 선택하고 사각형을 하나를 그립니다. 사각형의 컬러를 파란색의 '#007AFF'로 채웁니다.

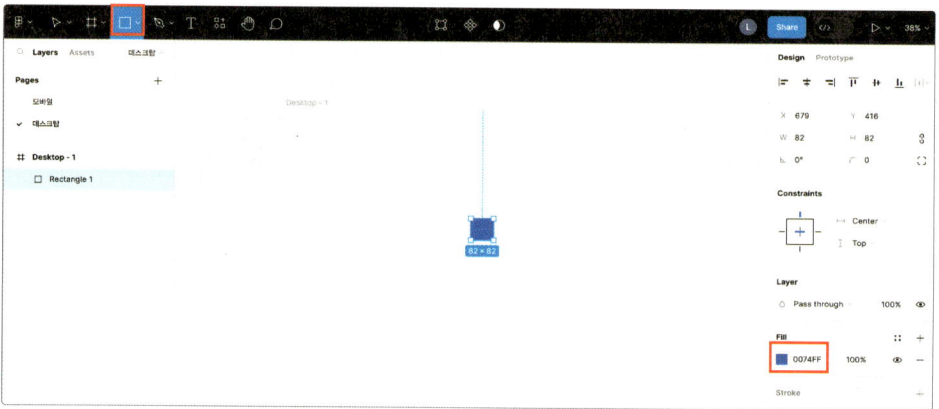

STEP 2 디자인 패널의 Fill에서 ❶ 버튼과 ❷ 버튼을 차례대로 선택합니다. 스타일 이름을 ❸ 'Blue-500'으로 입력하고 ❹ <Create style> 버튼을 눌러 컬러 스타일로 만듭니다.

STEP 3 사각형을 하나 더 그립니다. 이번에는 회색의 #808080으로 채웁니다.

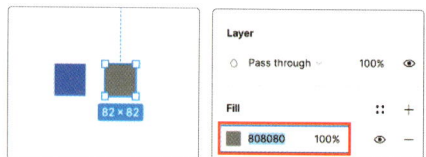

STEP 4 마찬가지로 컬러 스타일의 이름을 'Gray-500'으로 입력하고 <Create style> 버튼을 눌러 컬러 스타일로 생성합니다.

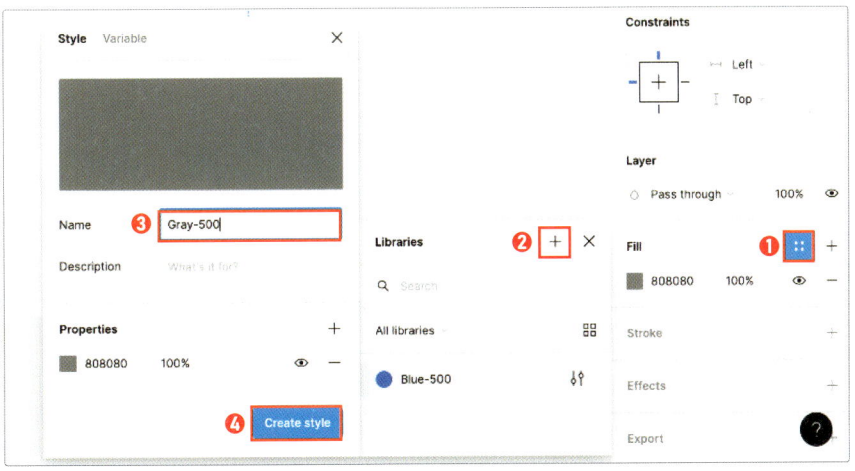

STEP 5 빈 공간을 눌러서 사각형을 선택 해제하고, 디자인 패널을 확인하면 'Blue-500', 'Gray-500' 2가지 컬러 스타일이 생성되었습니다.

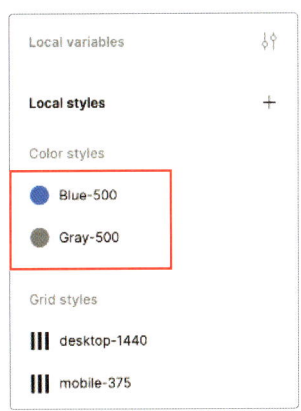

다음은 컬러 스타일을 추가해서 완성한 예시입니다. 명도를 조절한 컬러를 만들고, 스타일을 하나씩 추가해서 완성해 보세요. 타이포그래피, 컬러, 레이아웃 그리드 등의 스타일은 내부 디자인 시스템을 구축해 주는 토대가 됩니다.

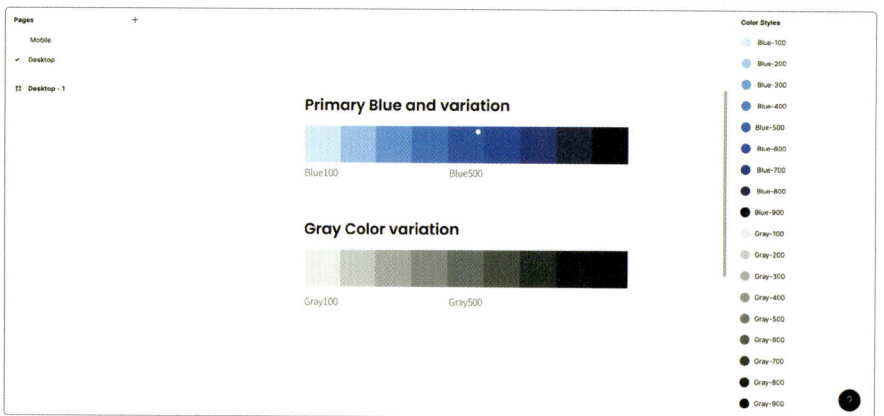

컬러 스타일 화면 예시

스타일 이름을 'Primary / Blue-100'처럼 슬래시(/)로 구분하면 파일 구조로 만들 수 있다는 장점이 있습니다. 특히 스타일이 많아질 경우 /로 구분하면 관리가 편하고, 개발 단위와 같은 구조로 만들어져 용이합니다. 더불어 컬러 스타일의 이름을 100~900로 만들면 중간에 추가되는 컬러의 이름을 짓기에도 편리합니다.

기본 예제 / 2-3 텍스트 스타일 만들기

타이포그래피(Typography)는 서비스와 사용자가 커뮤니케이션하는 주요 요소라고 할 수 있습니다. 목적과 기능에 따라 서체 및 스타일을 설정해야 합니다. 시스템 폰트는 각 OS에 최적화하여 안드로이드와 iOS를 다르게 하고, 국문과 영문, 숫자로 나뉘어 사용합니다. 일반적으로 Heading은 페이지의 타이틀로, Body는 본문으로 사용하는 텍스트 요소입니다. UI 디자인 구성 요소와 어울리는 타이포그래피 스타일을 설정하는 방법을 알아보겠습니다.

STEP 1 다음처럼 문자 툴(T)을 이용해 다음과 같이 'Heading1 / Roboto / 60 / Regular' 텍스트를 입력합니다. 글꼴은 Roboto, 굵기는 Regular, 크기는 60으로 설정합니다.

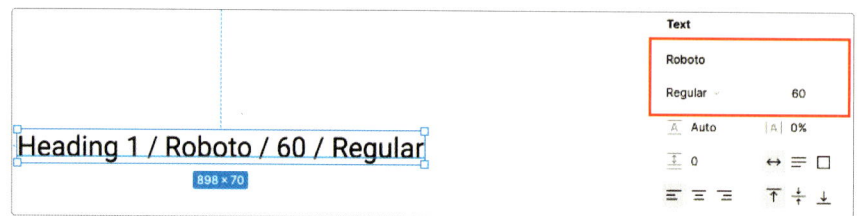

STEP 2 디자인 패널의 Text에서 ❶ ⁞⁞ 버튼과 ❷ + 을 순서대로 선택한 후, 스타일 이름을 ❸ 'Heading1'으로 입력합니다. ❹ <Create style> 버튼을 클릭하면 텍스트 스타일이 만들어집니다.

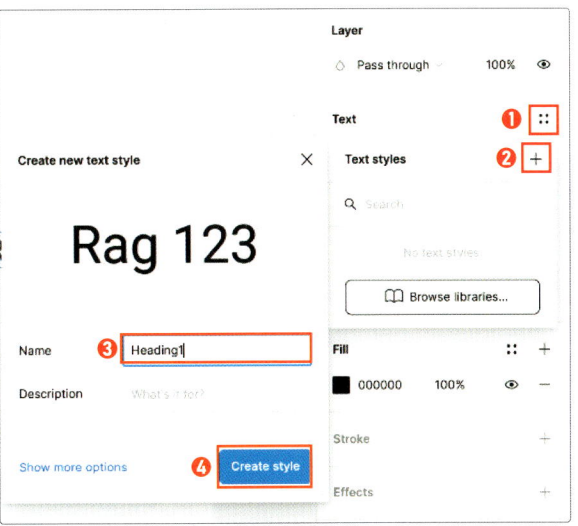

STEP 3 이번에는 문자 툴(T)을 이용해 'Body1 / Noto Sans KR / 16 / regular'라고 입력하세요. 글꼴은 Noto Sans KR, 크기는 16, 굵기는 regular로 설정합니다.

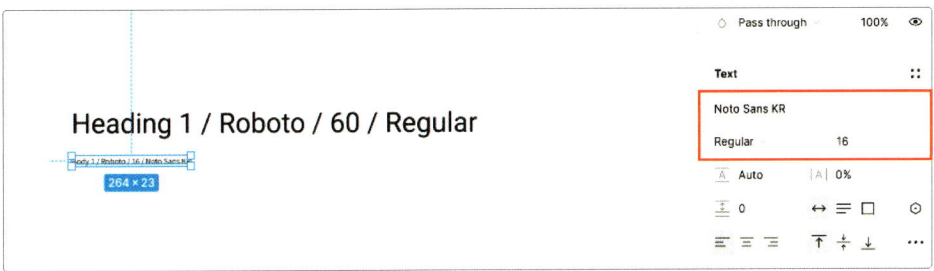

STEP 4 디자인 패널의 Text에서 ❶ ⁞⁞ 버튼과 ❷ + 버튼을 순서대로 선택합니다. 이번에는 스타일 이름을 ❸ 'Body1'로 입력하고, ❹ <Create style> 버튼을 눌러 텍스트 스타일로 만듭니다.

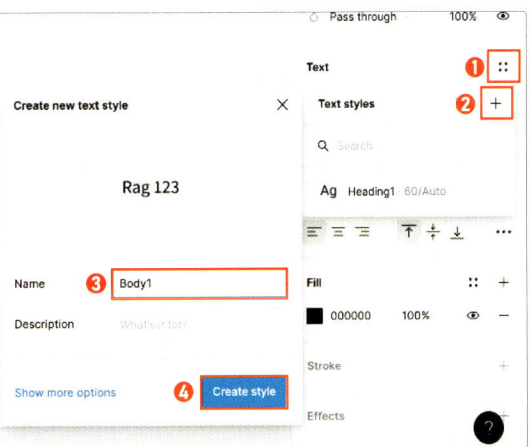

STEP 5 빈 공간을 눌러서 텍스트 선택을 해제하고 디자인 패널의 Text Styles에서 'Heading 1'과 'Body1'이 만들어진 것을 확인합니다.

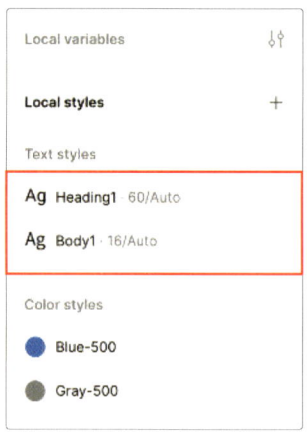

다음은 텍스트 스타일을 추가해서 만든 예시입니다. 이 화면처럼 텍스트를 만들고 스타일을 추가해서 텍스트 스타일을 완성해 보세요. 피그마로 디자인 시스템을 편리하게 사용할 수 있도록 도와주고, 다른 프로젝트에서 스타일을 가져와 쓸 수 있습니다.

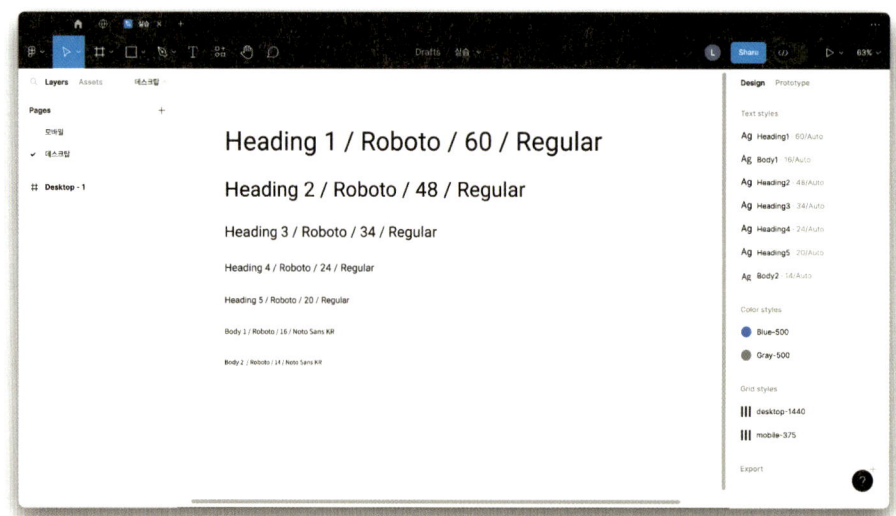

텍스트 스타일 화면 예시

스타일 수정하기

이번에는 스타일을 수정해 보겠습니다. 디자인 패널의 Text Styles에서 ❶ ↕↕ (Edit style) 아이콘을 클릭해서 ❷ 텍스트 크기를 64, Bold로 수정해서 스타일을 변경합니다.

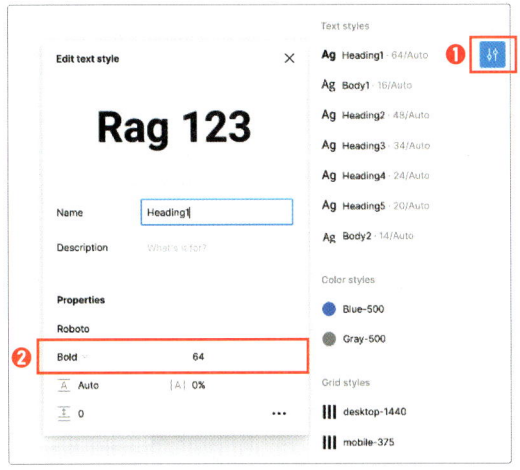

텍스트 스타일 수정

스타일을 빠르게 적용하기

앞에서 실습한 '모바일' 페이지 내 '소개 화면' 프레임에 그리드 스타일을 적용해 보겠습니다. 다음과 같이 '소개 화면' 프레임을 선택한 다음, 디자인 패널의 Layout grid에서 ❶ ⋮⋮ 버튼을 클릭 하면 Grid styles 창이 뜹니다. ❷ 'mobile-375'를 선택하면 설정해 둔 그리드 스타일이 쉽게 적용됩니다.

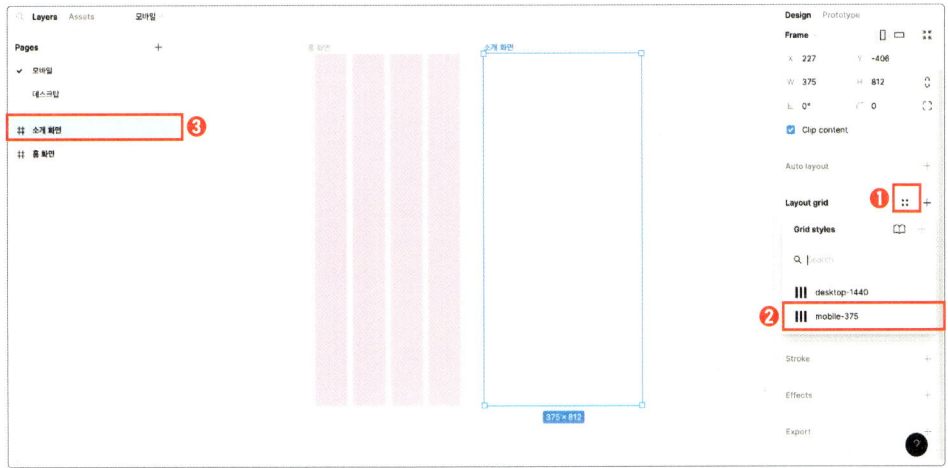

이처럼 피그마에서 여러 스타일을 만들어 두고 디자인하면 작업 시간이 단축되며 수정도 간편합니다. 그리드 스타일뿐만 아니라 컬러, 텍스트 스타일들도 같은 방법으로 수정하면서 사용해 보세요.

피그마에는 작업자를 위한 편리한 기능이 곳곳에 탑재되어 있습니다. 특히 반복적인 디자인 작업을 줄이고 업무 효율을 높여 주는 디자인 시스템을 구축할 수 있습니다. 이번 파트에서는 피그마의 여러 고급 기능들을 통해 디자인 시스템을 구축하고, 이론뿐만 아니라 다양한 예제를 실습하며 현장에서 응용할 수 있는 방법도 알아봅니다.

01 오토 레이아웃과 콘스트레인트 설정하기

02 디자인 설계를 위한 컴포넌트와 베리어블 다루기

03 감각적인 인터랙션, 애니메이션 사용하기

04 작업 단계를 줄여 주는 프로토타이핑 구현하기

part

for Designer

02

피그마
활용 클래스

Chapter 3

피그마 기능 익히기

3.1 반응형 레이아웃을 위한 오토 레이아웃과 리사이징

3.2 다양한 디바이스에 대응하는 콘스트레인트

3.3 디자인 시스템 구축을 위한 컴포넌트

3.4 복잡한 디자인 시스템도 깔끔하게 정리하는 컴포넌트 프로퍼티

3.5 컴포넌트를 논리적으로 그룹핑하는 베리언트

3.6 디자인 설계를 도와주는 베리어블

3.1 반응형 레이아웃을 위한 오토 레이아웃과 리사이징

반응형 레이아웃은 다양한 디바이스 크기에 대응하여 최적의 화면을 제공해 사용자에게 일관된 디자인을 보여줍니다. 작업자 입장에서도 디바이스별로 빠르게 만들어 시간과 비용을 줄이고 효율적으로 작업할 수 있습니다. 피그마에서 반응형 레이아웃을 제작하려면 오토 레이아웃과 리사이징 기능이 필수입니다. 오토 레이아웃은 반복 작업을 간소화시키고 디자인의 일관성을 유지할 수 있도록 도와줍니다. 또 UI 구성 요소를 효과적으로 배치하고 관리할 수 있어 협업과 프로젝트 관리에도 유용합니다. 이번 절에서는 오토 레이아웃과 리사이징 기능을 이용해 텍스트 길이에 반응하는 버튼과 카드를 만들어 보겠습니다.

오토 레이아웃이란?

오토 레이아웃은 말 그대로 '자동으로 변하는 레이아웃'을 의미합니다. 콘텐츠를 감싸는 프레임이 변경된 콘텐츠 크기에 맞춰 자동으로 확대, 축소됩니다. 가령 텍스트 길이에 따라 가로 폭이 늘어나거나 줄어드는 버튼, 화면 크기에 맞춰 유연하게 움직이는 레이아웃을 만들 수 있습니다. 실무에서는 버튼, 카드, 내비게이션, 웹 사이트 헤더 등의 가변형 요소를 제작할 때 활용됩니다.

오토 레이아웃을 만들 때는 다음의 3가지 방법을 사용할 수 있습니다.

- 단축키 [Shift] + [A] 로 오토 레이아웃을 만듭니다.
- 마우스 우클릭 후 <Add auto Layout>을 클릭합니다.
- 디자인 패널의 <Auto layout>에서 [+] 버튼을 선택합니다.

오토 레이아웃을 해제할 때는 다음 2가지 방법을 사용합니다. 오토 레이아웃을 해제하면 레이어는 프레임으로 변경됩니다.

- 단축키 Shift + Opt + A (Shift + Alt + A)로 오토 레이아웃을 해제합니다.
- 디자인 패널의 〈Auto layout〉에서 ― 버튼을 선택합니다.

오토 레이아웃 설정 옵션

오토 레이아웃의 설정 옵션을 하나씩 살펴보겠습니다. 다음처럼 'Auto layout' 옵션은 오브젝트를 오토 레이아웃으로 만들고 나면 디자인 패널에 나타납니다. 여기에서는 오브젝트의 방향을 정하고 아이템 사이의 간격과 패딩 등을 설정할 수 있습니다.

- 방향 설정: 오토 레이아웃으로 만든 후 수직(vertical), 수평(horizontal), 자동 줄 바꿈(wrap)으로 설정합니다.
- 아이템 간격: 오토 레이아웃 안에 있는 아이템의 간격을 조정합니다.
- 정렬: 오토 레이아웃 내에서 아이템을 정렬할 때 9가지 방법으로 설정할 수 있습니다.
- 패딩: 오토 레이아웃 안 여백을 설정합니다. 상하(ㅁ) 또는 좌우(|ㅁ|)로 지정하거나, 상하좌우( )의 개별 패딩으로 설정할 수 있습니다.

활용예제 3-1 텍스트 길이에 반응하는 버튼 만들기

일반적으로 버튼은 텍스트 길이에 따라 크기별로 다르게 디자인해야 합니다. 하지만 오토 레이아웃 기능을 사용하면 버튼의 크기를 하나하나 제작할 필요가 없습니다. 이번 예제에서는 오토 레이아웃을 이용해 글자 수에 맞춰서 자동으로 반응하는 버튼을 만들어 보겠습니다.

STEP 1 상단 메뉴에 있는 ❶문자 툴(T)을 이용해 '자세히 보기'를 입력하고, 우측 디자인 패널에서 ❷글꼴은 Noto Sans KR, ❸크기는 14로 지정합니다.

STEP 2 입력한 문자를 마우스 우클릭 후, <Add Auto Layout>을 선택하거나 단축키 Shift + A 를 눌러 오토 레이아웃으로 만듭니다.

STEP 3 오토 레이아웃 만들고 나서 레이어 패널을 살펴보면 새로운 프레임 레이어가 생성됩니다. 생성된 ❶ 'Frame1'을 선택하고 프레임의 ❷배경색을 Fill: #183CFB로 지정합니다. 기존에 있던 텍스트 레이어는 새로 생긴 프레임 레이어 하위에 들어가게 됩니다.

STEP 4 텍스트 레이어를 선택한 다음, 색상을 Fill: #FFFFFF(흰색)로 변경합니다.

STEP 5 'Frame 1'을 선택하고 디자인 패널의 Frame에서 Corner radius: 8을 지정해 버튼의 모서리를 둥글게 변경합니다.

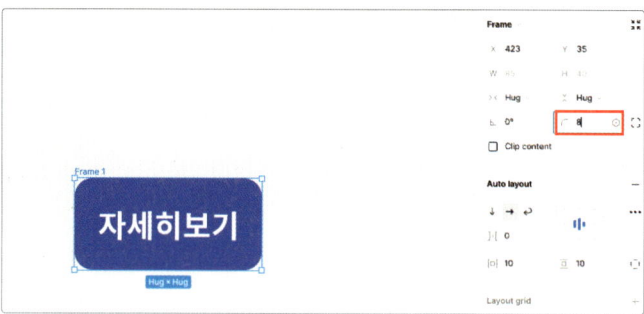

STEP 6 이번에는 패딩값을 입력해 버튼의 여백을 설정하겠습니다. 다음처럼 Auto layout의 ❶좌우 패딩은 Horizontal padding: 24, ❷상하 패딩은 vertical padding: 12로 지정합니다.

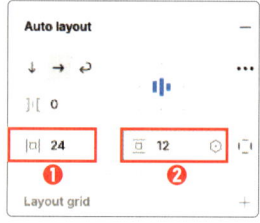

STEP 7 'Frame 1' 레이어를 더블 클릭하거나 단축키 [Cmd⌘]+[R]([Ctrl]+[R])을 통해 레이어의 이름을 '버튼'으로 변경하면 오토 레이아웃 버튼이 완성됩니다.

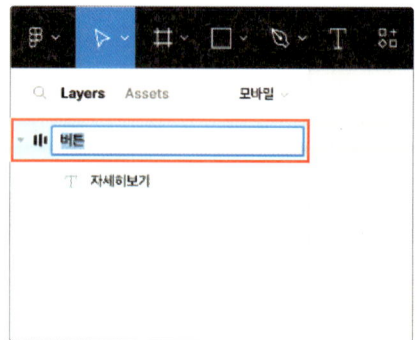

다음처럼 텍스트를 길게 입력해서 글자 수가 늘어나면 버튼의 가로 폭도 자동으로 변경되는지 확인해 보세요.

오토 레이아웃의 방향 설정

앞서 살펴본 것처럼 오토 레이아웃의 방향은 다음 3가지 형태로 설정할 수 있습니다.

- ↓ **수직**(vertical): 요소를 세로 방향으로 정렬합니다.
- → **수평**(horizontal): 요소를 가로 방향으로 정렬합니다.
- ↪ **자동 줄 바꿈**(wrap): 요소가 수평인 상태에서 부모 프레임이 작아질 경우 요소를 자동으로 줄 바꿈해서 정렬합니다. wrap은 부모 프레임에 설정합니다.

자동 줄 바꿈은 7장 반응형 웹 사이트 디자인에서 더 자세히 알아봅니다.

오토 레이아웃의 리사이징

리사이징은 오토 레이아웃의 크기를 조정하는 옵션입니다. HTML의 기본 구조는 부모 요소(parent element)와 자식 요소(child element)로 구성되어 있습니다. 마찬가지로 피그마도 부모와 자식 요소로 이뤄져 있습니다. 오른쪽 그림처럼 파란색 테두리의 오토 레이아웃은 부모 요소이며, 안에 자식 요소가 있습니다. 리사이징은 부모와 자식 요소 모두 설정할 수 있으며, Hug contents, Fixed, Fill container 3가지 상태가 있습니다.

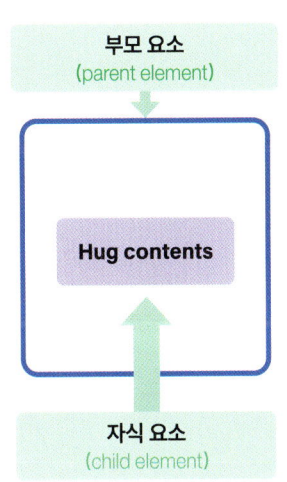

리사이징의 3가지 상태

- **Hug contents**: 자식 요소 크기에 따라 부모의 오토 레이아웃이 늘거나 줄어듭니다. 오토 레이아웃을 만들면 기본 'Hug'로 설정됩니다.

- **Fixed width/height**: 가로 또는 세로의 고정된 값으로 크기를 유지합니다.

- **Fill container**: 자식 요소를 부모 크기에 가득 차게 합니다. 자식 요소에만 설정할 수 있으며, 부모 프레임이 없다면 해당 옵션은 안 보입니다.

다음 예시 그림과 함께 자세히 살펴보겠습니다. 1번은 Hug contents로 글자 수만큼 요소의 크기를 갖습니다. 2번은 부모 요소의 높이만큼 자식 요소(노란색 상자)의 높이도 늘어납니다. 3번은 가로세로 모두 부모 크기에 가득 차도록 자식 요소(하늘색 상자)가 늘어납니다.

리사이징의 활용

3가지 리사이징을 통해 다음과 같이 활용할 수 있습니다. 리사이징의 상세 설정은 드롭다운 버튼(∨)을 클릭한 다음, 원하는 옵션을 선택하면 됩니다.

- **Hug contents**는 자식 요소의 콘텐츠만큼 크기를 갖기 때문에 주로 글자 수에 따라 늘어나고 줄어드는 버튼을 만들 때 사용합니다.

- **Fixed width/height**는 부모 프레임과 상관없이 고정된 크기로 유지하는 요소를 만들 때 사용합니다.

- **Fill container**은 부모의 크기만큼 자식 요소의 크기가 변하는 카드나 웹 사이트의 헤더를 만들 때 사용합니다.

최소/최대 크기 설정

반응형 레이아웃을 만들 때 오토 레이아웃 안에 있는 자식 요소의 최소/최대 크기를 다음과 같이 설정할 수 있습니다. 디자인 패널에서 크기를 설정하는 W와 H의 드롭다운 버튼(∨)을 클릭하면 최소/최대 크기를 각각 입력할 수 있는 옵션이 나타납니다.

- Min width, Max width: 최소 또는 최대 가로 폭을 설정합니다.

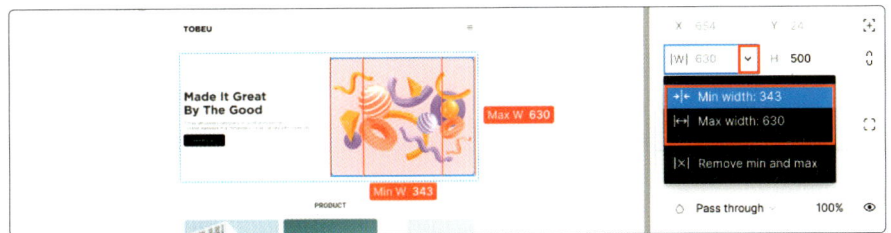

- Min height, Max height: 최소 또는 최대 세로 폭을 설정합니다.

오토 레이아웃의 간격

오토 레이아웃 안에 2개 이상의 요소가 있을 경우 요소의 간격을 조정하는 옵션으로, Auto를 선택하거나 고정된 값을 입력할 수 있습니다.

- Auto: 부모 프레임 폭에 맞춰 자식 요소를 균일하게 배분합니다. 부모 프레임이 늘어나면 자식 요소의 간격이 자동으로 벌어집니다. 기존에 입력된 값을 삭제하면 Auto로 기본 변경되며, CSS의 flex와 같은 개념으로 반응형 레이아웃을 만들 때 주로 사용합니다.

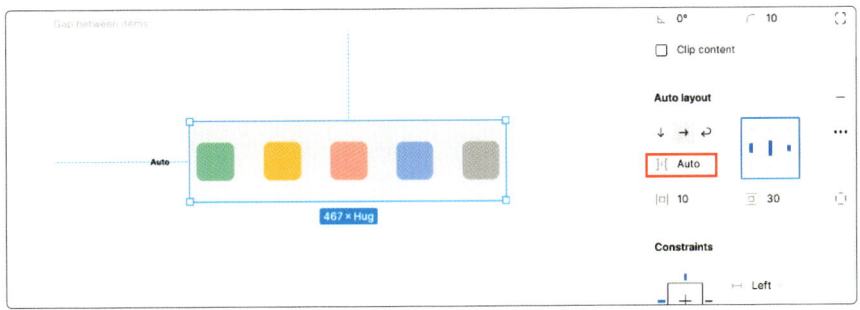

- **A specified gap**: 프레임 안 요소의 간격이 숫자로 표시되어 그룹화가 됩니다. 부모 프레임의 크기가 늘거나 줄어도 자식 요소의 간격은 변하지 않습니다.

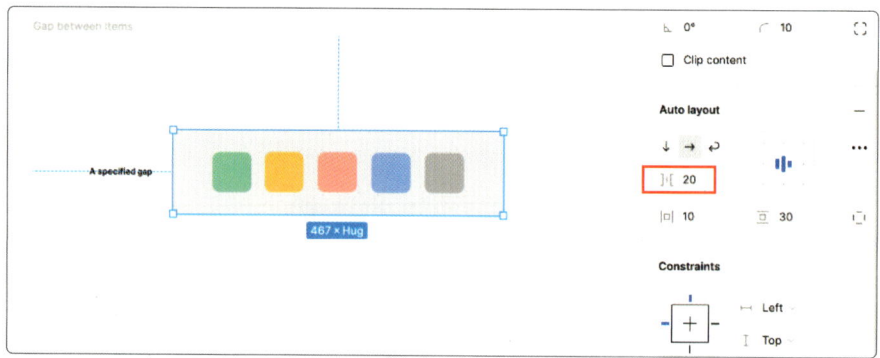

활용 예제 3-2 카드 UI 제작하기

오토 레이아웃과 리사이징을 활용하여 UI 디자인에서 가장 많이 쓰는 카드를 제작해 보겠습니다. 카드는 웹과 앱 화면 모두 자주 사용되는 요소로, 글자 수가 늘어나고 줄어드는 것을 고려해 유동적으로 크기가 조절되도록 만드는 것이 중요합니다.

STEP 1 사각형 툴(R)을 선택해 ❶W: 268, H: 192 크기의 사각형을 그리고, ❷Corner radius: 8을 입력해 모서리를 둥글게 만듭니다.

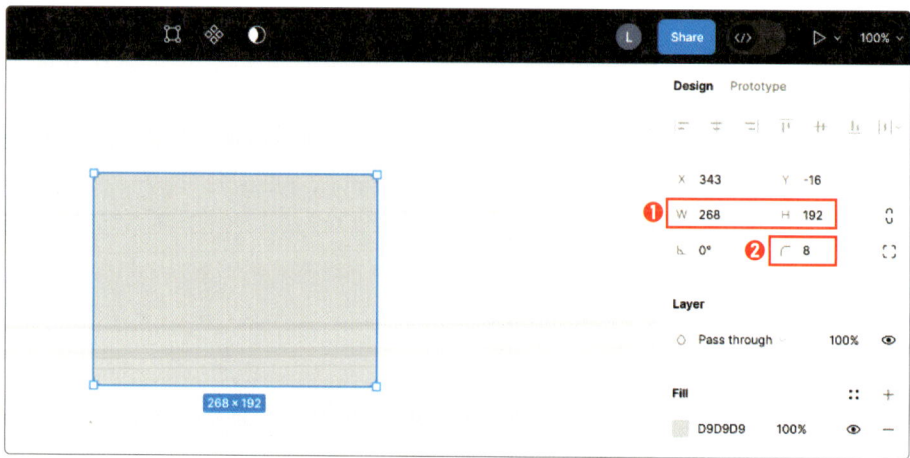

STEP 2 문자 툴(T)을 사용해 사각형 하단에 타이틀 'UX UI 디자인 과정'을 입력하고, ❶글꼴은 Noto Sans KR, ❷글자 크기는 16으로 입력합니다.

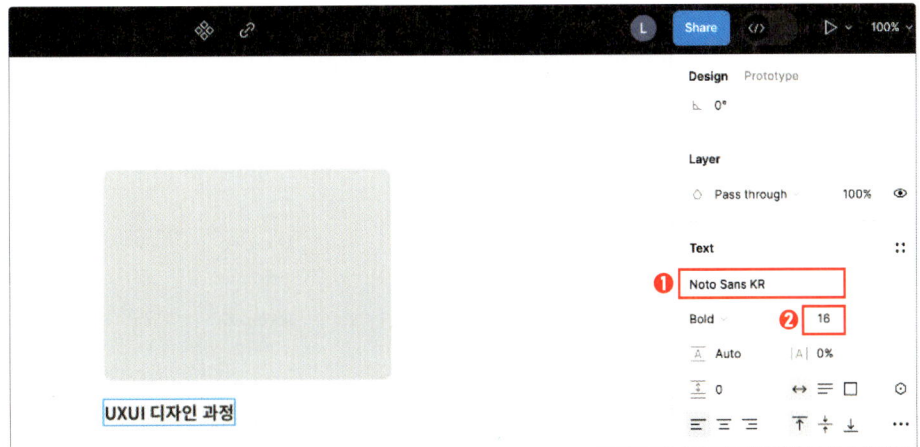

STEP 3 다음처럼 '활용 예제 3-1'에서 만들었던 버튼을 타이틀 밑에 배치해 보세요.

STEP 4 사각형과 타이틀, 버튼 요소를 모두 선택해서 단축키 Shift + A 를 사용해 오토 레이아웃으로 만듭니다. 생성된 'Frame 1'이 카드 프레임입니다. 다음처럼 오토 레이아웃의 방향은 기본 세로로 지정되는데, 만약 요소를 가로로 배치했다면 가로 방향으로 만들어집니다.

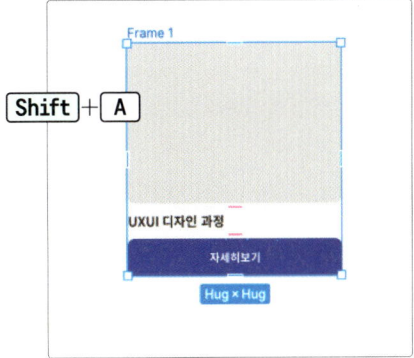

STEP 5 카드의 ❶배경은 Fill: #FFFFFF 흰색으로 지정하고, ❷테두리는 Stroke: #525252 회색으로 설정합니다.

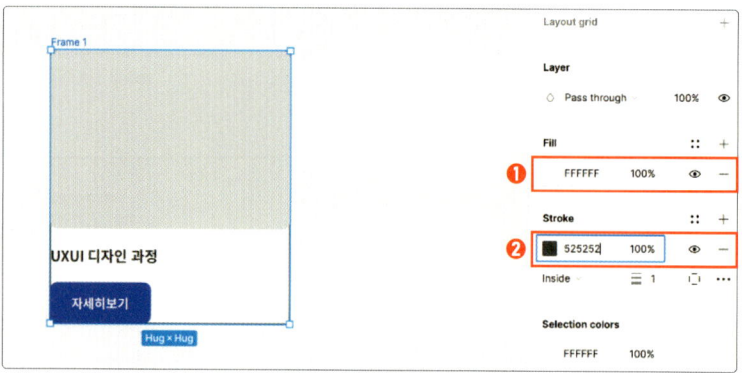

STEP 6 카드의 모서리를 둥글게 만들어 주는 ❶Corner radius: 8을 입력합니다. 카드 안쪽 여백을 주기 위해 Individual Padding 버튼을 클릭하고, ❷상하좌우 패딩 값을 16, 16, 16, 32로 지정합니다.

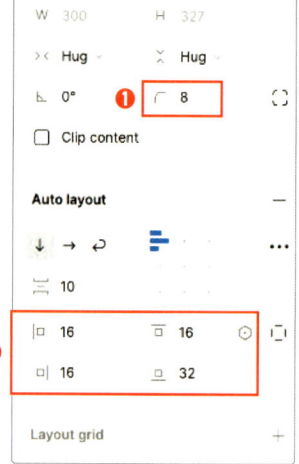

STEP 7 오토 레이아웃의 이름을 '카드'로 변경합니다.

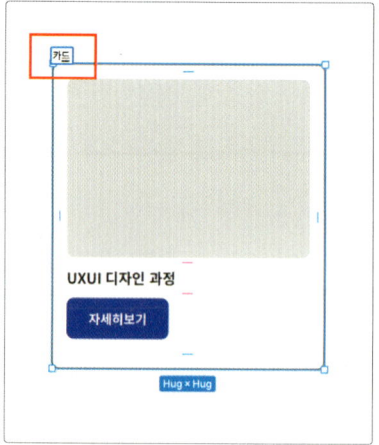

STEP 8 카드의 리사이징을 설정하겠습니다. 카드 프레임이 선택된 상태에서 ❶Horizontal resizing: Fixed로 지정하고, 값은 300으로 입력해 가로 폭을 고정합니다. ❷Vertical resizing: hug contents로 선택해 콘텐츠가 늘어나면 자동으로 프레임의 높이가 늘어나도록 합니다.

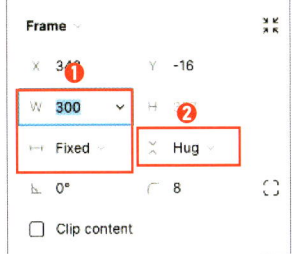

STEP 9 다음처럼 사각형을 선택한 후 카드 크기가 늘어날 때 사각형도 같이 커지도록 가로와 세로의 리사이징 옵션은 모두 Fill container로 지정합니다.

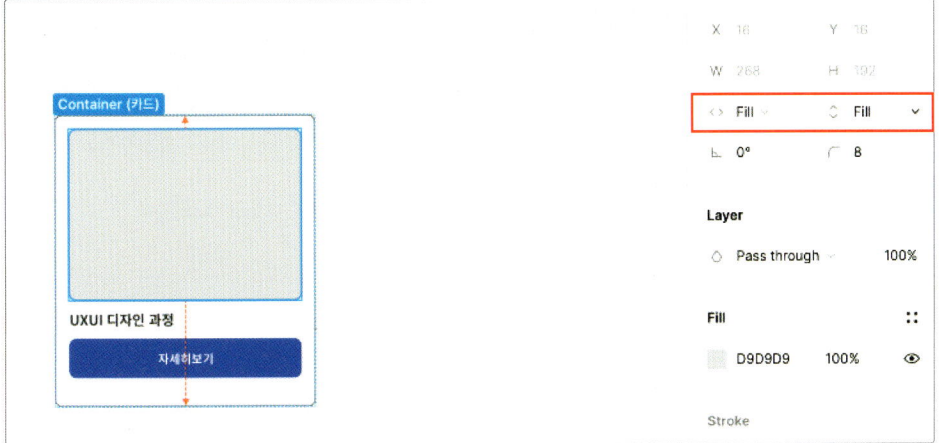

STEP 10 타이틀과 버튼을 동시에 선택한 다음, ❶Horizontal resizing: Fill container, ❷Vertical resizing: Hug contents로 설정합니다.

STEP 11 기본적으로 활용할 수 있는 카드 디자인이 완성되었습니다. 다음처럼 여러 개의 카드를 만들어서 사각형 안에 사진을 넣어 보고, 타이틀을 길게 입력해서 카드의 리사이징이 제대로 작동하는지 확인해 보세요.

카드 UI 완성 화면

UI 디자인에서 오토 레이아웃을 꼭 사용해야 하나요?

반응형 웹을 제작하려면 오토 레이아웃은 필수이며, 다음과 같은 다양한 장점을 가지고 있습니다.

- 다양한 디바이스 크기에 맞춰 화면 구성이 용이합니다.
- 글자 수에 반응하는 버튼을 빠르게 만들고 수정해서 작업 속도를 높일 수 있습니다.
- 오브젝트의 패딩을 쉽게 설정할 수 있습니다.
- 아이템의 간격을 정확하고 빠르게 지정할 수 있습니다.

필자는 포토샵에서 콘텐츠를 그룹(Group)으로 묶었다면, 피그마에서는 오토 레이아웃으로 묶거나 위계를 설정합니다.

3.2 다양한 디바이스에 대응하는 콘스트레인트

콘스트레인트(Constraints)는 '제약, 통제'라는 뜻을 가지는데, 피그마에서는 '오브젝트의 위치를 통제'하는 기능을 의미합니다. 오토 레이아웃과 마찬가지로 부모와 자식 요소의 위치를 정할 수 있고, 반응형 디자인을 제작할 때 주로 활용하는 기능입니다. 콘스트레인트를 활용하면 오브젝트 위치를 쉽게 관리할 수 있으며, 다양한 디바이스 크기로 빠르게 변경할 수 있어 디자인 작업의 효율성을 크게 높일 수 있습니다.

단, 콘스트레인트는 부모 프레임이 있어야 자식 요소에 콘스트레인트를 설정할 수 있다는 점을 기억하세요. 부모 프레임의 크기가 늘어나거나 줄어들 때, 포함된 요소들의 위치와 크기를 어떻게 변경할지 결정할 수 있습니다. 또한 수평(horizontal)/수직(vertical) 콘스트레인트를 따로 설정할 수 있습니다.

수평 콘스트레인트

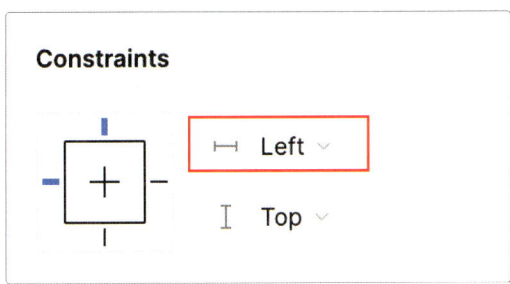

수평 제약 조건은 가로축을 따라 부모 프레임 크기를 조정할 때 자식 요소의 위치와 사이즈를 설정합니다.

- **Left**: 부모 프레임 왼쪽에 자식 요소를 고정합니다.
- **Right**: 부모 프레임 오른쪽에 자식 요소를 고정합니다.
- **Left and Right**: 부모 프레임 좌우를 기준으로 자식 요소의 크기와 위치를 상대적으로 유지합니다 (오브젝트가 가로축을 따라 늘거나 줄어들 수 있습니다).
- **Center**: 부모 프레임을 기준으로 가로 중앙에 자식 요소를 고정합니다.
- **Scale**: 오브젝트의 크기와 위치를 백분율로 정의합니다. 부모 프레임의 크기를 조정할 때, 해당 오브젝트의 비율을 유지합니다.

Left and Right는 자식 요소 크기에 프레임이 늘어난 만큼 더해지는 것을 의미하고, Scale은 원래 자식 요소 크기에 프레임이 늘어난 만큼 곱해집니다.

수직 콘스트레인트

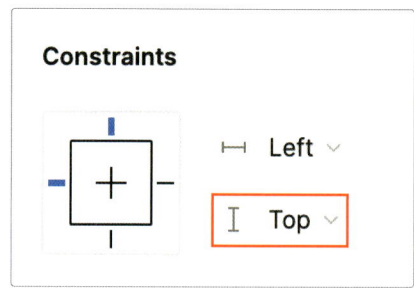

수직 제약 조건은 세로축을 따라 부모 프레임 크기를 조정할 때 자식 요소의 위치와 사이즈를 설정합니다.

- **Top**: 부모 프레임 위쪽에 자식 요소를 고정합니다.
- **Bottom**: 부모 프레임 아래쪽에 자식 요소를 고정합니다.
- **Top and Bottom**: 부모 프레임의 위, 아래를 기준으로 자식 요소의 크기와 위치를 상대적으로 유지합니다(크기가 조정될 때 오브젝트가 세로축을 따라 늘거나 줄어들 수 있습니다).
- **Center**: 부모 프레임을 기준으로 세로 중앙에 자식 요소를 고정합니다.
- **Scale**: 오브젝트의 크기와 위치를 백분율로 정의합니다. 부모 프레임의 크기를 조정할 때 해당 오브젝트의 비율을 유지합니다.

프레임 또는 레이어의 크기를 조정할 때 콘스트레인트를 무시하고 프레임을 변경하려면 `Cmd⌘`(`Ctrl`) 누르고 프레임을 드래그합니다.

활용예제 / **3-3** **UI 요소마다 콘스트레인트 설정하기**

① **내비게이션 바의 콘스트레인트 설정**

내비게이션 바는 상단에 타이틀과 메뉴로 구성되어 있어서 웹 사이트와 앱에서 가장 많이 클릭하는 영역입니다. 디바이스의 가로 폭이 늘어날 때 로고와 아이콘의 간격이 유동적으로 반응하는 콘스트레인트를 설정하겠습니다.

STEP 1 예제 파일의 '3장 콘스트레인트' 페이지를 열고, 내비게이션 바 프레임을 선택합니다.

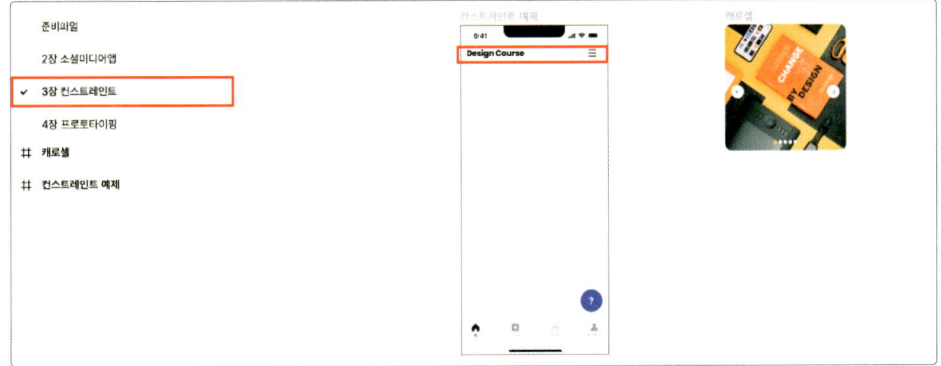

STEP 2 내비게이션 바를 구성하는 타이틀과 햄버거 메뉴의 간격을 최상위 프레임이 늘어날 때 자동으로 늘어나고 줄어들 수 있도록 Auto layout에서 Gap between items: Auto로 설정합니다.

STEP 3 부모 프레임이 늘어날 때 가로 폭이 자동으로 늘어나고 위쪽에 고정되도록, 디자인 패널에서 Constraints의 수평을 Left and Right, 수직은 Top으로 설정합니다.

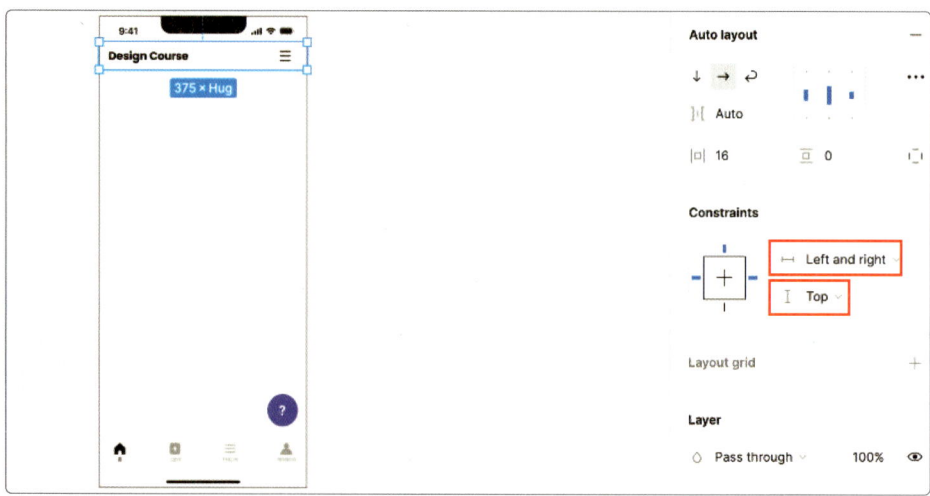

보통 상단 내비게이션은 '아이템의 간격을 Auto', '콘스트레인트를 left and right'로 같이 설정해서 반응형 레이아웃으로 만듭니다.

2 FAB의 콘스트레인트 설정

FAB(Floating Action Button)는 주로 우측 하단 화면에 둥실 떠 있는 원형 버튼으로 '도움말, Top, 작성하기' 버튼 등을 넣습니다. 디바이스의 크기가 변경되어도 우측 하단에 버튼이 고정되는 방법을 알아보겠습니다.

STEP 1 예제 파일의 '3장 콘스트레인트' 페이지에서 하단 'FAB' 프레임을 선택합니다. 다음처럼 Constraints의 수평은 right, 수직은 bottom으로 설정합니다.

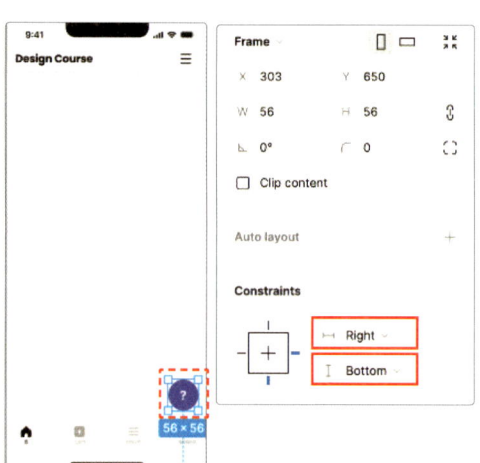

3 탭 바의 콘스트레인트 설정

탭 바는 화면의 하단에 있는 메뉴를 말합니다. 기본 카테고리 메뉴를 빠르게 이동할 수 있어 탭 바를 많이 사용합니다. 디바이스의 가로 폭이 늘어날 때 탭 바의 아이템 간격이 늘어나고 전체 프레임의 하단에 고정되도록 콘스트레인트를 설정하겠습니다.

STEP 1 '탭 바' 프레임을 선택합니다. ❶ Auto layout에서 Gap between items: Auto로 설정해서 최상위 프레임이 늘어날 때 메뉴 간격이 자동적으로 반응하게 만듭니다. ❷ Constraints의 수평은 left and right, 수직은 bottom으로 설정합니다.

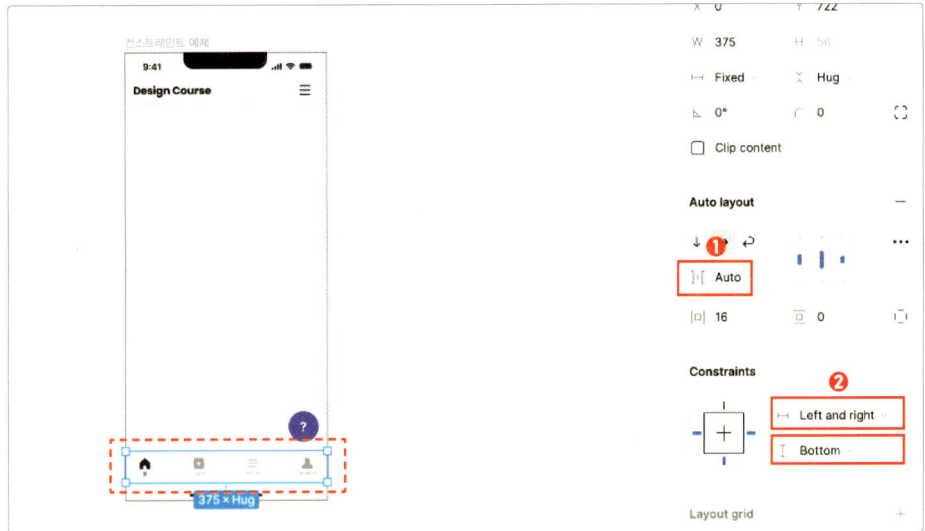

4 캐러셀의 콘스트레인트 설정

캐러셀(Carousel)은 회전목마가 돌아가는 것처럼 여러 콘텐츠를 슬라이드 방식으로 보여주는 UI를 말합니다. 웹 사이트의 히어로 섹션이나 쇼핑 앱의 상단에 여러 제품을 돌아가면서 보여줄 때 많이 사용합니다. 이번 예제에서는 캐러셀 안에 이미지, 오른쪽 화살표, 페이지네이션 세 요소의 콘스트레인트를 설정하겠습니다. 이미지는 부모 프레임 크기에 따라 늘어나도록 만들고, 오른쪽 화살표는 오른쪽 중앙에, 페이지네이션은 하단 중앙에 배치되도록 만듭니다.

STEP 1 예제 파일에서 '3장 콘스트레인트' 페이지의 캐러셀을 엽니다. '이미지' 레이어를 선택 후 수평, 수직 콘스트레인트를 모두 Scale로 설정해서 캐러셀 부모 프레임이 늘어나면 비율에 맞게 이미지의 크기도 늘어나게 합니다.

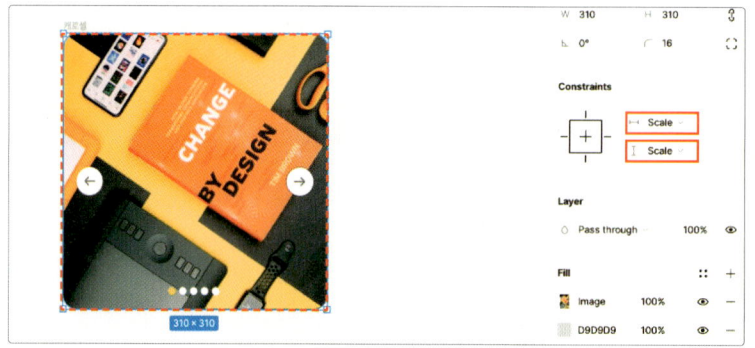

STEP 2 '다음 버튼'의 수평은 Right, 수직은 Center로 설정해서 최상위 프레임이 늘어나도 오른쪽 중앙에 배치되도록 합니다.

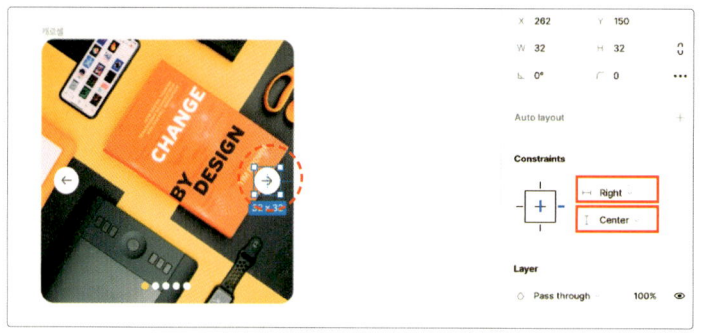

STEP 3 '페이지네이션'의 수평은 Center, 수직은 Bottom으로 설정해서 프레임이 늘어나도 하단 중앙에 고정되도록 설정합니다.

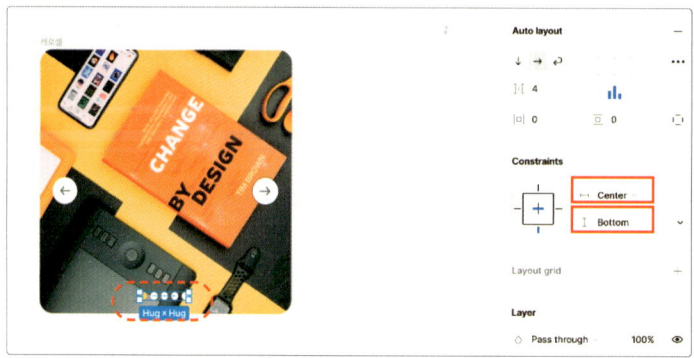

STEP 4 최상위 프레임인 '캐러셀'을 선택하고, 다음처럼 캐러셀 프레임의 크기를 늘려서 보면 두 화살표는 양쪽에, 페이지네이션은 하단 중앙에 고정된 것을 확인할 수 있습니다.

복제한 프레임의 크기를 늘려서 확인

 여기서 잠깐

태블릿 크기로 변경해서 반응형 디자인 확인하기

일단 앞의 3가지 예제를 통해 내비게이션 바, FAB, 탭 바의 콘스트레인트를 모두 설정했습니다. 반응형 디자인으로 잘 만들어졌는지 확인하기 위해, 최상위 프레임을 복사해(Cmd⌘ + D , Ctrl + D) 프레임의 크기를 'iPad mini5 - 768x1024'로 변경한 다음, 메뉴의 간격이 자동으로 늘어나는지 살펴보세요.

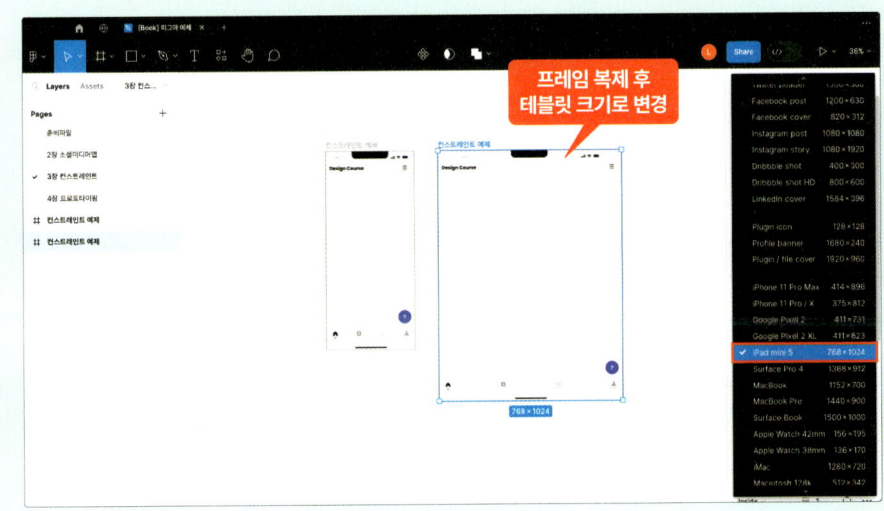

프레임 복제 후 태블릿 크기로 변경

여기서 잠깐

스케치에 아트보드가 있다면 피그마에는 프레임이!

필자는 피그마를 처음 시작할 때 아트보드가 없어서 당황했습니다. 다른 디자인 툴과는 다르게 피그마는 프레임이 기본 틀이며, 기존에 알고 있던 아트보드와는 기능적인 차이가 있습니다. 다음처럼 피그마는 프레임과 그룹, 섹션별로 오브젝트에 적용할 수 있는 기능이 다릅니다.

- 프레임 안에 있는 오브젝트에는 position, prototype, scroll, constraint를 모두 설정할 수 있습니다.
- 그룹 안에 있는 오브젝트에는 prototype, constraint는 설정이 가능하지만, position, scroll은 설정할 수 없습니다.
- 섹션 안에 있는 오브젝트에는 position 설정이 가능하고, prototype, scroll, constraint는 설정할 수 없습니다.

3.3 디자인 시스템 구축을 위한 컴포넌트

UI 디자인을 계속하다 보면 요소를 여러 번 사용하거나, 수정해야 하는 반복 작업들이 생깁니다. 이때 컴포넌트를 사용하면 반복해서 쓰는 디자인 요소를 저장해 두었다가 바로 재사용할 수 있습니다. 버튼, 카드, 아이콘, 레이아웃 등의 UI 요소를 디자인할 때 재사용할 요소를 컴포넌트로 저장해 두고 쓰면 반복된 작업을 줄이고 업무의 효율도 높일 수 있습니다. 무엇보다 전체적으로 통일된 제품과 서비스의 디자인을 제작할 수 있고, 디자인 시스템 구축 및 관리에도 용이합니다.

컴포넌트를 사용하는 목적을 다음과 같이 정리해 볼 수 있습니다.

1. 공동 에셋을 만들어 생산성을 높이고, 기존에 만들어 둔 디자인을 활용하므로 작업 시간을 줄일 수 있습니다.
2. 디자인 시스템 구축이 용이하고, 요소의 통일성 및 화면 안정감을 줄 수 있습니다.
3. 프로젝트 구성원과 원활한 커뮤니케이션을 돕고, 협업 효율을 높입니다.
4. 체계적으로 에셋을 관리해 프로덕트 전체의 톤 앤 매너가 일정하게 유지됩니다.

컴포넌트 설정/해제하기

컴포넌트를 설정할 때는 다음의 3가지 방법을 사용할 수 있습니다. 컴포넌트는 UI 디자인 작업 시 자주 사용하는 기능이니, 단축키나 아이콘을 기억해 두면 편리하게 쓸 수 있습니다.

- 단축키 `Cmd⌘` + `Opt` + `K` (`Ctrl` + `Alt` + `K`)를 사용해 설정합니다.
- 마우스 우클릭 후 <Create component>를 선택합니다.
- 상단 컨텍스추얼 툴의 컴포넌트 아이콘(◈)을 클릭 후 <Create component>를 선택합니다.

컴포넌트를 해제하는 방법은 따로 없습니다. 대신 메인 컴포넌트를 복사하고 단축키 `Cmd⌘` + `Opt` + `B` (`Ctrl` + `Alt` + `B`)로 인스턴스를 해제한 후, 메인 컴포넌트를 삭제하면 됩니다. 또 다른 방법으로는 플러그인 'detach component'을 활용해 컴포넌트를 해제할 수 있습니다.

컴포넌트 사용하기

컴포넌트를 만든 후에는 다음의 3가지 방법으로 컴포넌트를 사용할 수 있습니다.

- 메인 컴포넌트를 단축키 `Cmd⌘` + `D` (`Ctrl` + `D`)로 복사해서 인스턴스를 사용합니다.
- 에셋 패널에서 컴포넌트를 드래그해서 사용합니다.
- <Resources> 메뉴의 <Component>에서 컴포넌트를 클릭해서 사용합니다.

메인 컴포넌트를 복사한 요소를 인스턴스(instance)라고 부릅니다.

활용 예제 / 3-4   버튼 컴포넌트 만들기

버튼을 간단하게 디자인해서 컴포넌트로 만들어 보겠습니다. 이번 예제를 통해 버튼 컴포넌트의 기본 설정 방법을 익힐 수 있습니다.

STEP 1 사각형 툴(R)을 이용해 ❶가로 200, 세로 60 크기로 직사각형을 그립니다. ❷배경색으로 Fill: #0079FE를 입력합니다. ❸둥근 모서리를 위해 Corner Radius: 8을 설정합니다.

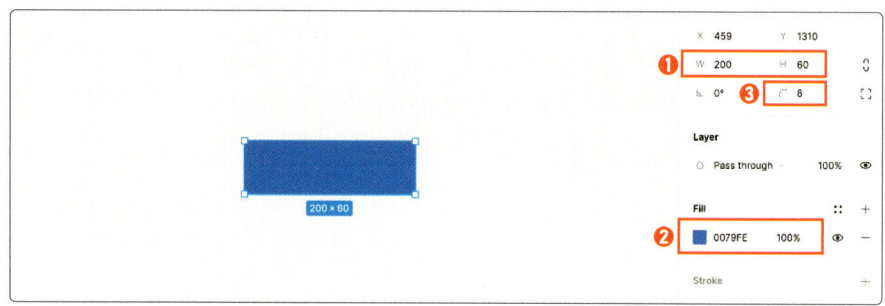

STEP 2 사각형에 그림자 효과를 주기 위해 ❶Effects 패널의 ＋ 버튼을 클릭한 뒤, ❷Drop shadow 아이콘을 선택하여 ❸blur: 4를 입력합니다.

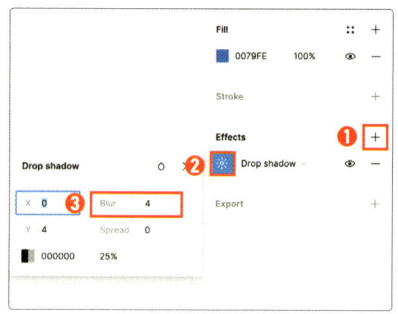

STEP 3 이번에는 문자 툴(T)을 이용해 사각형 위에 '메인 컴포넌트'라고 입력합니다. ❶폰트의 크기는 16, ❷색상은 #FFFFFF로 설정합니다.

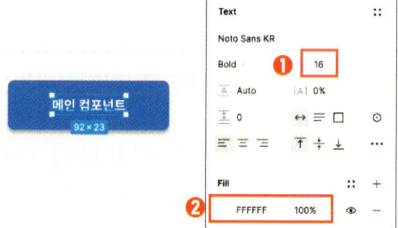

STEP 4 ❶사각형과 글자를 선택한 후 디자인 패널에서 ❷<Align horizontal centers>와 <Align vertical centers>를 선택해 가운데 정렬합니다. 단축키는 `Opt`+`H`(`Alt`+`H`)와 `Opt`+`V`(`Alt`+`V`)입니다.

STEP 5 ❶사각형과 글자를 선택하고 ❷컨텍스추얼 툴의 ◈ 아이콘을 클릭한 다음, <Create component>를 선택하거나 단축키 `Cmd⌘`+`Opt`+`K`(`Ctrl`+`Alt`+`K`)로 컴포넌트로 만듭니다.

STEP 6 레이어 패널에서 컴포넌트의 이름을 '메인 컴포넌트'로 변경합니다. 컴포넌트로 만들면 레이어 앞에 4개의 다이아몬드 ◈ 아이콘이 생깁니다.

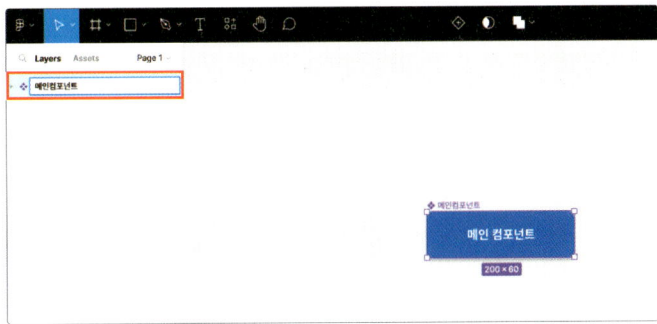

STEP 7 에셋 패널 `Opt`+`2`(`Alt`+`2`)에 버튼 컴포넌트가 만들어진 것을 확인합니다.

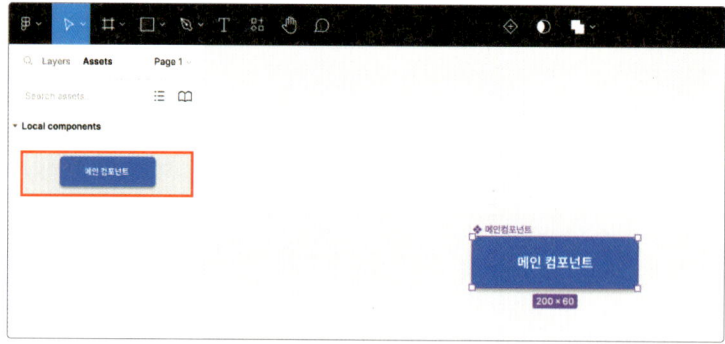

활용 예제 3-5 컴포넌트를 복사한 인스턴스 사용하기

앞의 예제에서 만든 버튼 컴포넌트는 메인 컴포넌트입니다. 이 메인 컴포넌트를 복사한 요소를 인스턴스(instance)라고 합니다. 즉, 처음 만든 메인 컴포넌트가 원본이라면, 이를 복사해 만든 인스턴스는 복제본인 셈이죠. 그래서 복제된 인스턴스는 원본 컴포넌트의 영향을 받습니다. 메인 컴포넌트의 컬러, 크기, 효과 등을 수정하면 인스턴스에 자동으로 반영됩니다. 하지만 인스턴스의 디자인을 변경하면 오버라이드(Override)가 되고, 오버라이드된 인스턴스는 메인 컴포넌트의 영향을 받지 않습니다.

이번에는 메인 컴포넌트를 복사해 인스턴스를 만들고, 메인 컴포넌트의 색상을 변경하면 인스턴스에도 반영되는지 알아보겠습니다.

STEP 1 메인 컴포넌트를 단축키 `Cmd⌘`+`D`(`Ctrl`+`D`)를 사용해 복사합니다. 다음처럼 복사된 인스턴스의 레이어에는 1개의 다이아몬드 ◇ 아이콘이 생깁니다.

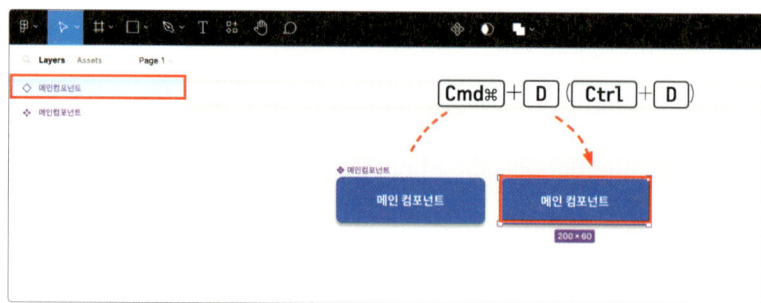

STEP 2 ❶ 버튼 안에 글자를 더블 클릭해서 '인스턴스'로 변경하고, ❷ 인스턴스 레이어의 이름도 '인스턴스'로 변경합니다.

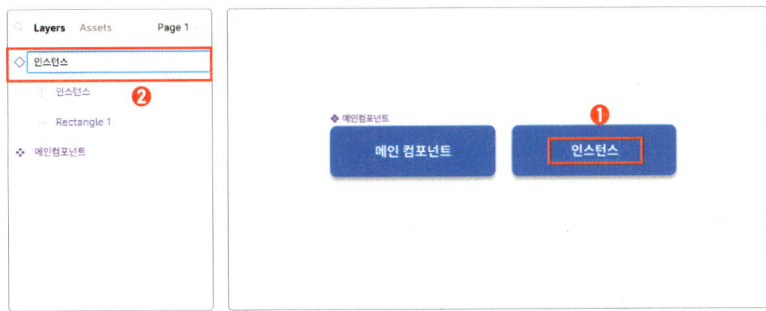

STEP 3 메인 컴포넌트의 사각형을 선택해서 Fill: #7E5BEF로 색상을 변경해 보세요. 그러면 메인 컴포넌트의 영향을 받은 인스턴스도 보라색으로 자동 변경되는 것을 확인할 수 있습니다.

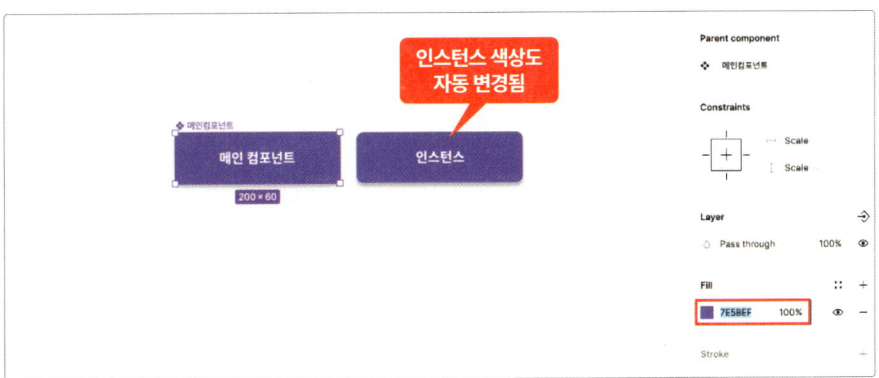

활용 예제 / 3-6 인스턴스를 오버라이드하기

이전 예제를 통해 컴포넌트를 복제한 인스턴스는 컴포넌트와 유기적으로 연결되어 있는 것을 확인했습니다. 하지만 인스턴스의 디자인을 수정하면 오버라이드(Override), 즉 연결이 중단되어 메인 컴포넌트의 영향을 받지 않습니다. 이번에는 인스턴스의 디자인을 변경해 오버라이드하고, 해당 인스턴스는 메인 컴포넌트의 영향을 받지 않는지 확인해 보겠습니다.

STEP 1 이전 예제와 마찬가지로 ❶메인 컴포넌트를 Cmd⌘+D(Ctrl+D)로 복사해서 인스턴스로 만들고, 텍스트를 '오버라이드'로 변경합니다. 그리고 ❷레이어 이름도 '오버라이드'로 변경합니다.

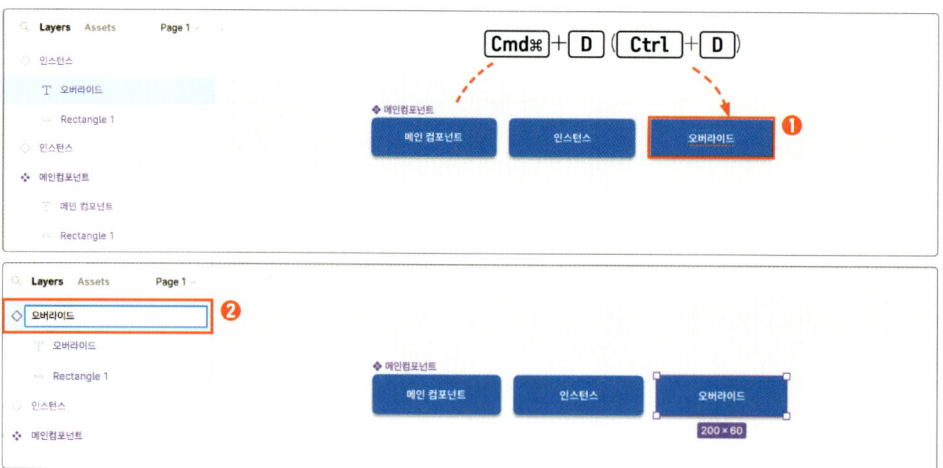

STEP 2 '오버라이드' 사각형의 색상을 Fill: #000000으로 변경합니다.

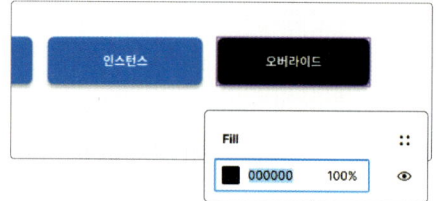

STEP 3 그리고 메인 컴포넌트의 색상을 Fill: #7E5BEF로 변경했을 때, 인스턴스는 같은 보라색으로 변경되는데, 오버라이드는 메인 컴포넌트의 영향을 받지 않아 검은색으로 유지됩니다.

레이어 패널에서 메인 컴포넌트의 아이콘은 4개의 다이아몬드(◈), 인스턴스와 오버라이드 아이콘은 1개의 다이아몬드(◇) 아이콘으로 구별합니다.

3.4 복잡한 디자인 시스템도 깔끔하게 정리하는 컴포넌트 프로퍼티

컴포넌트 프로퍼티는 컴포넌트에 이름(name)과 값(value)을 부여해 사용자 정의를 할 수 있는 기능입니다. 레이어의 보이기/숨기기는 토글 기능으로 온(on)/오프(off)를 할 수 있습니다. 예를 들어 하나의 버튼을 두고 아이콘만 변경해서 여러 버전의 버튼을 디자인할 수 있습니다. 컴포넌트 프로퍼티를 사용하면 복잡하고 규모가 큰 프로젝트라도 디자인 시스템을 쉽게 구축할 수 있습니다.

프로퍼티의 형태

- **불린(Boolean) 프로퍼티**: 레이어의 보이기/숨기기 상태를 토글합니다.
- **텍스트(text) 프로퍼티**: 디자인 패널에서 텍스트를 재정의합니다.
- **인스턴스 스왑(instance swap) 프로퍼티**: 디자인 패널에서 인스턴스를 교체합니다.
- **베리언트(variant) 프로퍼티**: 색상, 크기, 상태 등의 속성을 정의합니다.

활용 예제 3-7 버튼 컴포넌트 프로퍼티

버튼을 디자인할 때는 아이콘이 있는 경우와 없는 경우, 아이콘만 교체, 버튼 글자만 변경하는 등의 여러 작업이 필요합니다. 이런 경우 디자인을 컴포넌트로 만들어서 아이콘 보이기/숨기기, 교체, 텍스트 변경 등 필요할 때마다 버튼을 조합해서 사용할 수 있는 컴포넌트 프로퍼티를 설정해 보겠습니다.

STEP 1 문자 툴(T)을 이용해 ❶ '검색하기'를 입력합니다. 다음처럼 ❷ 글꼴은 Noto sans KR, 글자 크기는 16을 입력합니다.

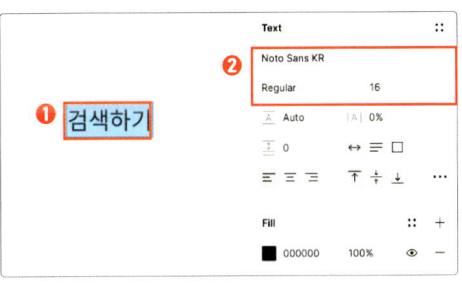

STEP 2 텍스트 앞에 넣을 아이콘을 플러그인에서 가져오겠습니다. 리소스 툴(Shift +I)을 선택 후 ❶ Plugin 탭에서 'Feather Icons'를 검색한 다음, <Run> 버튼을 클릭해 플러그인을 실행합니다. 다음처럼 해당 플러그인에서 ❷ 'search, heart, rotate, send'를 하나씩 검색해서 4개의 아이콘을 가져옵니다.

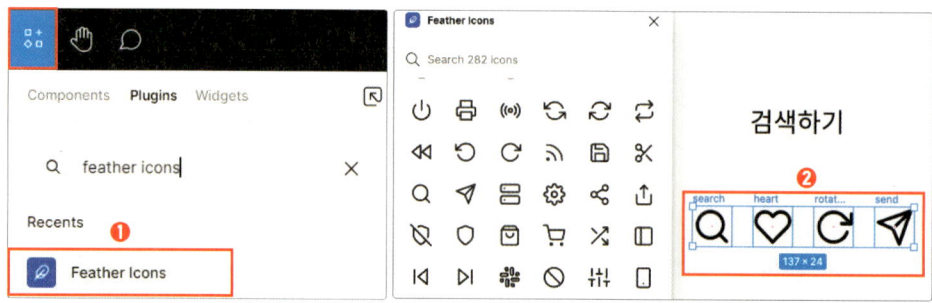

STEP 3 가져온 4개의 아이콘은 모두 선택하고 상단 컨텍스추얼 컴포넌트 메뉴에서 ❶ <Create multiple components>를 선택해 아이콘 여러 개를 컴포넌트로 한 번에 만듭니다.

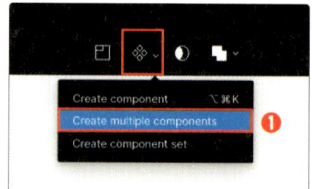

레이어 패널을 확인하면 ❷ 아이콘 4개가 각각의 컴포넌트로 만들어졌습니다.

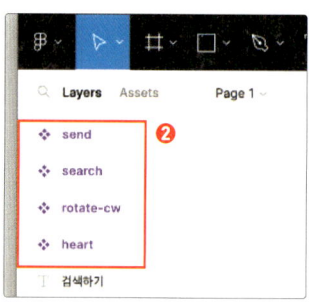

STEP 4 다음처럼 텍스트 앞에 검색 아이콘을 배치합니다. 두 요소를 함께 선택하고 단축키 Shift + A 로 오토 레이아웃으로 만듭니다.

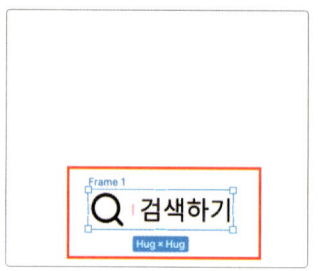

STEP 5 프레임을 선택해 버튼의 ❶ 색상을 Fill: #0079FE, ❷ 모서리 곡률을 Corner radius: 8로 설정합니다. ❸ 좌우 패딩은 Horizontal padding: 16, 상하 패딩은 Vertical padding: 8로 설정합니다.

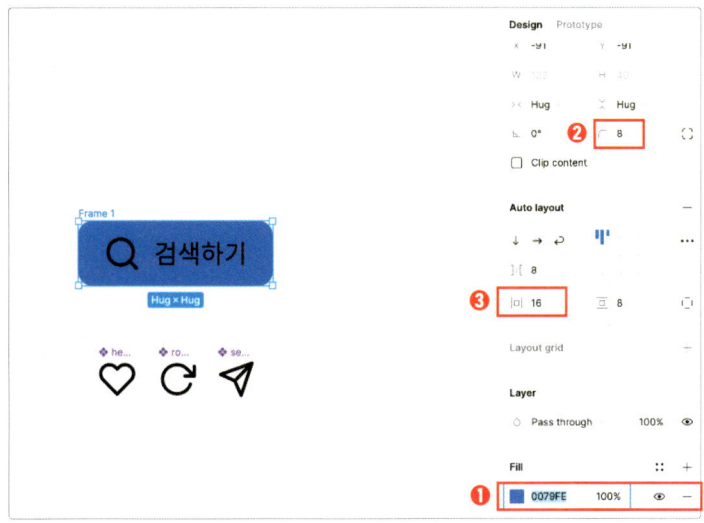

STEP 6 글자와 아이콘의 색상을 Fill: #FFFFFF로 설정해서 버튼 디자인을 완성하고, 나머지 아이콘 색상도 Fill: #FFFFFF로 변경해 흰색으로 지정합니다.

STEP 7 완성한 '검색하기' 버튼을 단축키 [Cmd⌘]+[Opt]+[K] ([Ctrl]+[Alt]+[K])를 통해 컴포넌트로 만듭니다. 컴포넌트 레이어의 이름을 '버튼'으로 변경합니다.

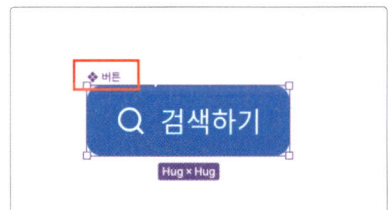

STEP 8 컴포넌트 프로퍼티로 아이콘의 보이는 상태를 설정해 보겠습니다. 검색 아이콘만 선택 후 디자인 패널의 Layer에서 ◈ 아이콘을 클릭해서 Create boolean property 설정 창을 띄웁니다.

STEP 9 불린 프로퍼티의 ❶이름을 Name: Show icon으로 입력하고, 값을 Value: True으로 선택해 아이콘이 보이게 설정합니다. False로 선택하면 아이콘이 안 보입니다. ❷<Create property> 버튼을 클릭해서 만듭니다.

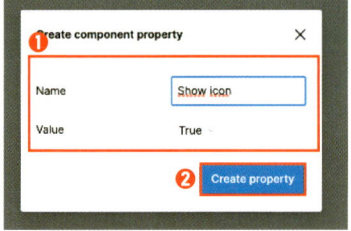

STEP 10 이번에는 텍스트 프로퍼티를 설정하겠습니다. '검색하기' 문자 레이어를 선택 후 디자인 패널의 Text에서 ◈ 아이콘을 클릭해서 Create text property 설정 창을 띄웁니다.

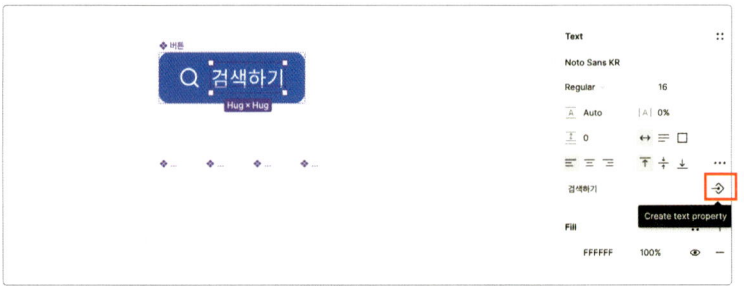

STEP 11 텍스트 프로퍼티의 ❶이름을 Name: Label로, 값은 Value: 검색하기로 입력하고 ❷<Create property> 버튼을 클릭해서 만듭니다.

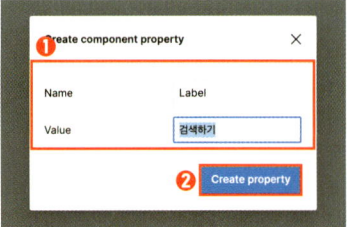

STEP 12 이번에는 인스턴스 스왑 프로퍼티를 설정하겠습니다. 검색 아이콘만 선택 후 디자인 패널의 search에서 ⇆ 아이콘을 클릭해서 Create instance swap property 설정 창을 띄웁니다.

STEP 13 인스턴스 스왑 프로퍼티의 ❶이름을 Name: Swap icon으로, 값은 Value: search로 설정하고, ❷<Create property> 버튼을 클릭해서 만듭니다.

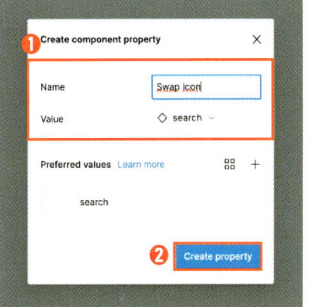

버튼 컴포넌트의 프로퍼티 설정이 완료되었습니다. 디자인 패널의 Properties에서 'Show icon, Label, Swap icon' 3가지 프로퍼티가 보입니다. Show icon은 아이콘의 보이기/숨기기 상태, Label은 버튼의 텍스트 변경, Swap icon은 아이콘을 교체하는 프로퍼티입니다.

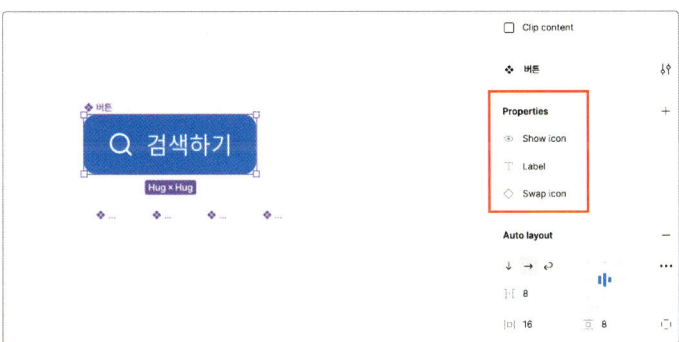

STEP 14 버튼 컴포넌트를 `Cmd⌘`+`D` (`Ctrl`+`D`)로 복사해서 인스턴스를 만들고 디자인 패널에서 버튼 컴포넌트의 ❶ Label 프로퍼티를 '새로보기'로 변경합니다. ❷ Swap icon 프로퍼티는 'rotate'로 선택해 아이콘을 교체해 봅니다.

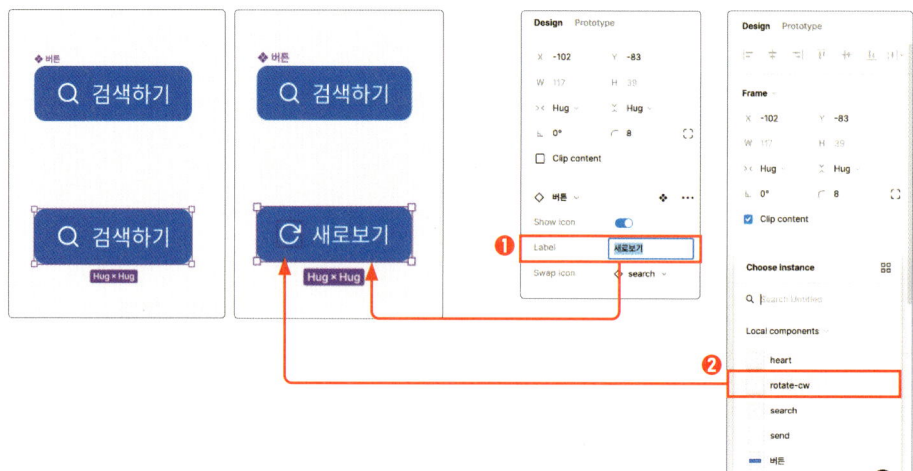

STEP 15 같은 방식으로 Label과 Swap icon의 프로퍼티를 변경해서 아이콘을 다양하게 제작해 보세요. 컴포넌트 프로퍼티를 사용할 때 주의할 점은 아이콘을 먼저 컴포넌트로 만들어야 아이콘의 교체가 가능합니다.

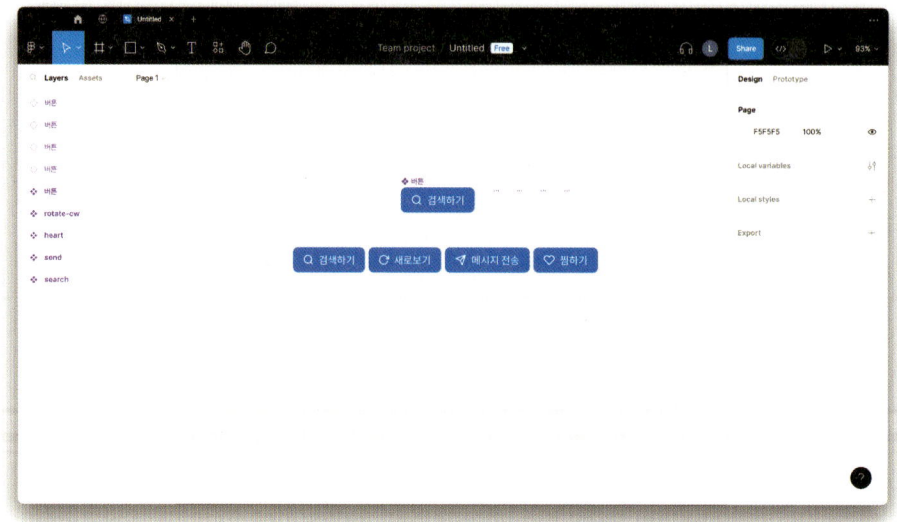

3.5 컴포넌트를 논리적으로 그룹핑하는 베리언트

베리언트(variant)는 변형이라는 뜻을 가지고 있는데요, 피그마에서 베리언트는 동일한 컴포넌트지만 디자인이 다른 컴포넌트를 논리적으로 그룹핑해서 에셋 패널을 간결하게 정리해 주는 기능으로 사용합니다. 예를 들면 버튼을 Default(기본 상태), Hover(마우스를 올렸을 때), Pressed(버튼을 눌렀을 때), Disable(비활성화 상태) 등의 상태로 지정할 수 있습니다. 이때 4개의 컴포넌트를 1개의 컴포넌트 세트로 만들어서 각 상태를 베리언트로 논리적으로 그룹핑합니다. 베리언트와 컴포넌트 프로퍼티를 통해 디자인 시스템과 라이브러리의 크기를 줄일 수 있습니다.

컴포넌트 베리언트를 만드는 3가지 방법을 소개합니다.

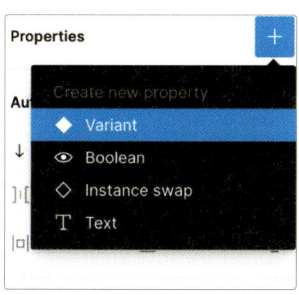

- 상단 컨텍스추얼 툴에서 〈Add Variant〉 ◆ 아이콘을 클릭합니다.
- 마우스 우클릭 후 〈Main component〉를 선택하고 〈Add variant〉를 선택합니다.
- 디자인 패널의 Properties에서 + 버튼을 클릭하고 〈Variant〉를 선택합니다.

활용예제 3-8 베리언트를 활용한 텍스트 필드 만들기

텍스트 필드는 사용자의 정보를 입력받는 가장 기본적인 요소입니다. 회원 가입이나 로그인 화면에서 입력된 정보 상태에 따라 기본, 에러, 호버, 포커스, 성공 등의 상태로 나뉩니다.

이번 예제에서는 4개의 텍스트 필드를 만들어서 프로퍼티는 State로 지정하고, 베리언트는 기본(Default), 에러(Error), 활성(Active), 성공(Success) 총 4가지 상태로 만들어 보겠습니다.

STEP 1 프레임 툴(F)을 사용해서 ❶가로 300, 세로 48의 사각형을 그린 후, ❷Corner radius: 4를 지정해 모서리를 살짝 둥글게 만듭니다.

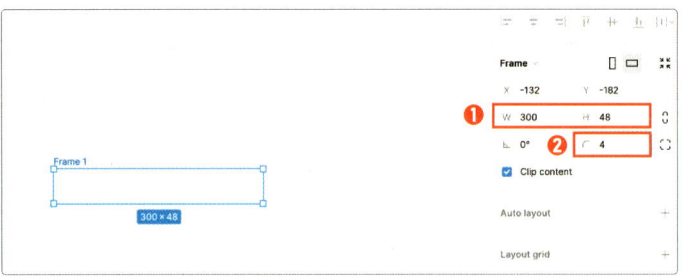

STEP 2 프레임 ❶테두리에 Stroke: #D3D3D3(회색)을 넣고, ❷1px 두께로 만듭니다. 그리고 ❸프레임 이름을 '텍스트 필드'로 변경합니다.

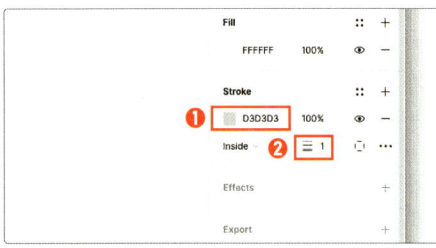 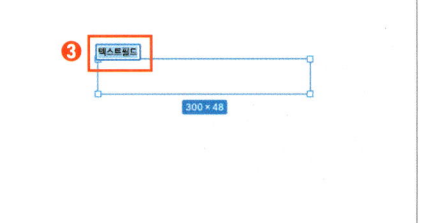

여기서 잠깐

컴포넌트 세트와 베리언트의 관계

피그마에서는 레이어 이름으로 속성과 값을 표현합니다. 다음 예시를 보면 보라색 점선으로 된 '버튼' 컴포넌트 세트가 있습니다. 그 안에는 4개의 베리언트인 default, hover, pressed, disable이 지정되어 있습니다. 첫 번째 버튼 레이어를 살펴보면 'State=default'로 되어 있는데, 여기서 State는 Property를, default는 Values를 의미합니다. 이처럼 각 버튼 상태에 맞는 레이어의 이름으로 속성과 값을 지정할 수 있습니다.

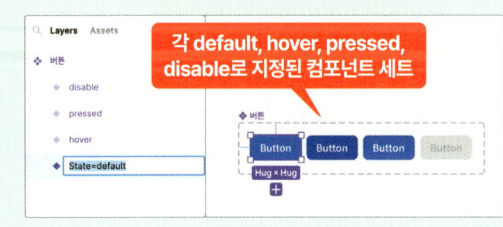 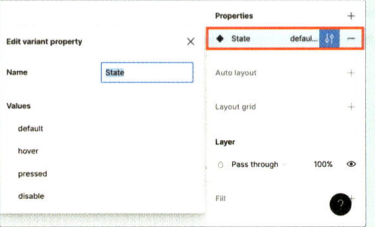

STEP 3 프레임 안에 문자 툴(T)로 'Placeholder'라고 입력합니다. 웹, 앱 UI 화면에서 사용자에게 입력할 내용을 미리 알려주는 것을 '플레이스 홀더'라고 합니다. 다음처럼 ❶ Text: Noto Sans KR, 16, ❷ Fill: #777777로 설정합니다.

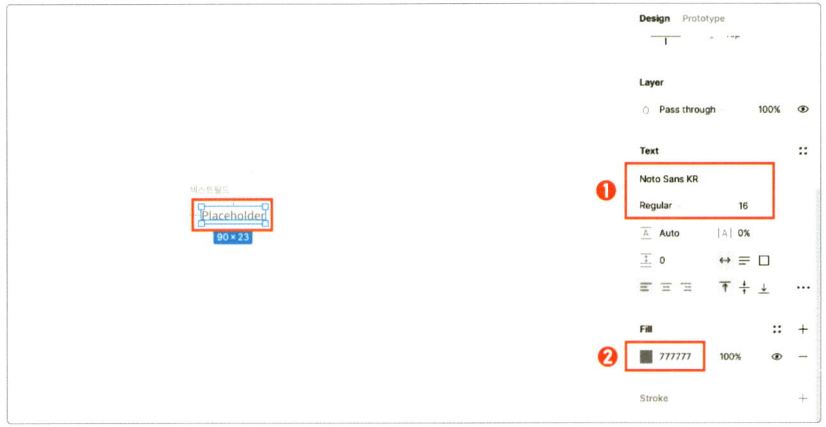

STEP 4 '텍스트 필드' 프레임을 선택해서 컨텍스추얼 툴의 <Create Component> 버튼 또는 단축키 Cmd⌘ + Opt + K (Ctrl + Alt + K)를 사용해 컴포넌트로 만듭니다.

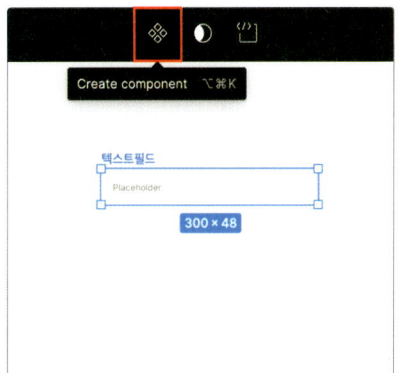

그리고 나서 상단 컨텍스추얼 툴의 <Add Variant> 를 클릭해 베리언트를 추가합니다.

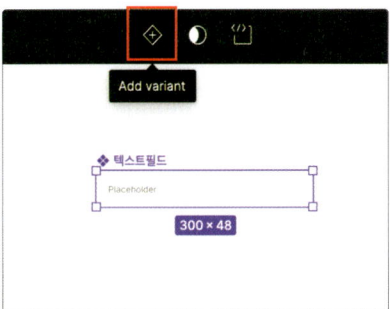

STEP 5 보라색 점선으로 된 컴포넌트 세트가 만들어졌습니다. 다음처럼 ❶Property의 'Variant2'를 'Error'로 변경합니다. 그리고 ❷ 'Error'의 테두리 색을 #E75B5B(빨간색)로 변경합니다.

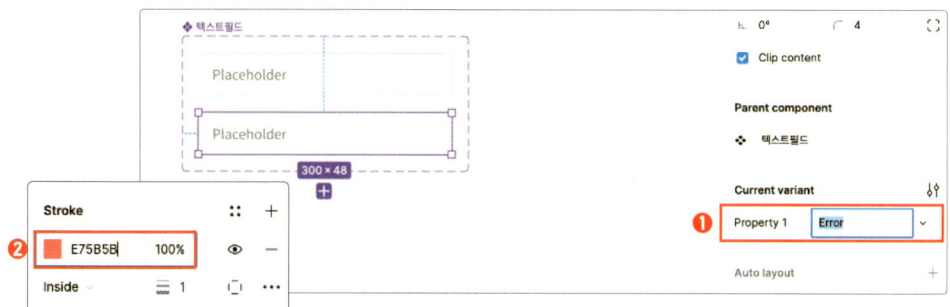

STEP 6 컴포넌트 세트 하단의 ➕ 아이콘 클릭해서 베리언트를 추가합니다. 마찬가지로 ❶Property를 'Success'로 바꾸고, ❷테두리 색상을 #18BD3D(녹색)로 지정합니다.

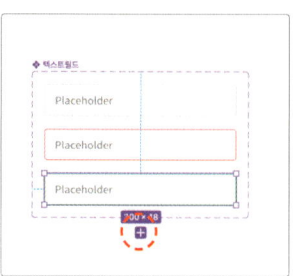
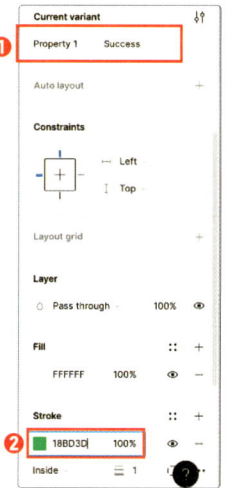

STEP 7 컴포넌트 세트 하단의 ➕ 아이콘 클릭해서 베리언트를 하나 더 추가합니다. ❶Property를 'Active'로 변경하고, ❷테두리 색은 #313131(진한 회색)으로 지정합니다.

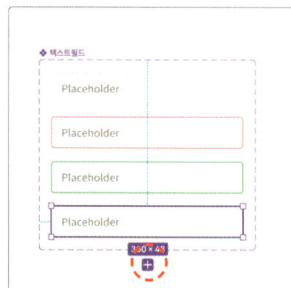
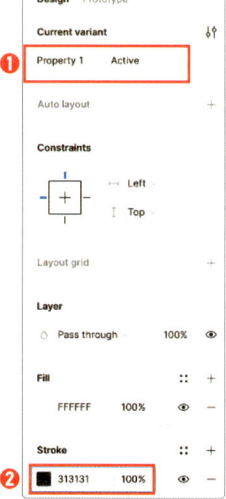

STEP 8 '텍스트 필드' 컴포넌트를 선택하고 프로퍼티의 이름을 'Property 1'에서 'State'로 변경합니다. 이렇게 해서 Default, Error, Success, Active까지 총 4개의 베리언트를 만들었습니다.

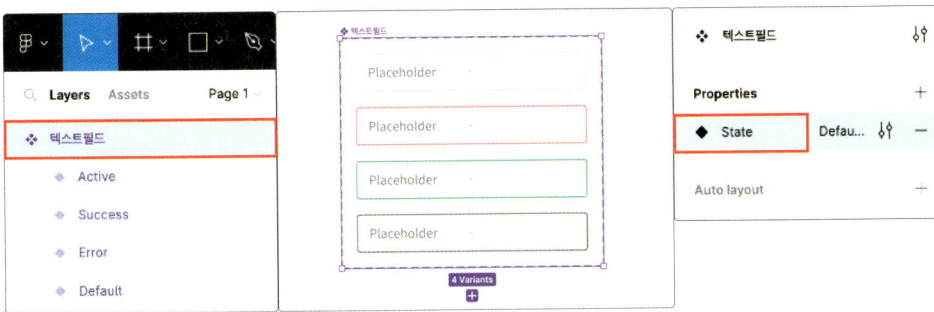

STEP 9 생성한 컴포넌트는 에셋 패널(Opt + 2 (Alt + 2))의 Local components 목록에서 가져와서 필요한 곳에 사용할 수 있습니다.

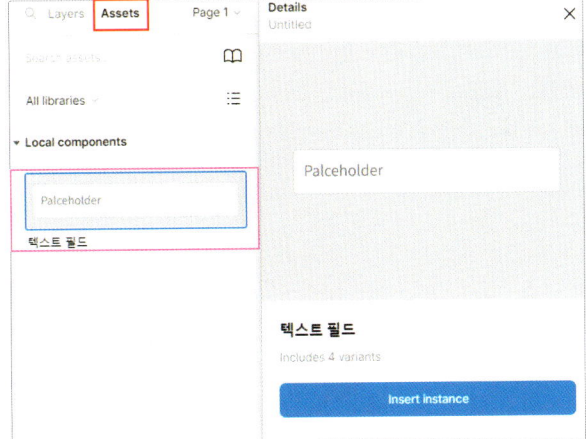

다음처럼 미리 생성한 텍스트 필드 컴포넌트를 가져오면 로그인 화면도 쉽게 제작할 수 있습니다.

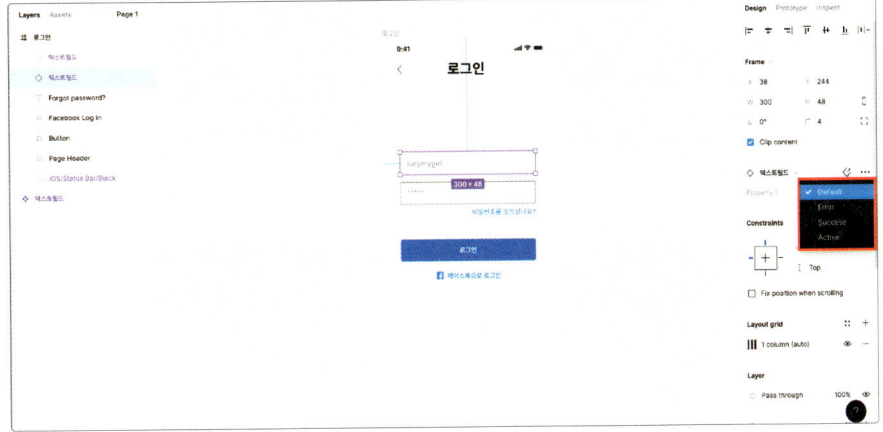

> **더 알아보기** — 베리언트를 더 잘 쓰기 위한 팁!

1. 베리언트 네이밍 노하우
베리언트를 잘 정리해 두면 디자인 시스템을 간결하고 논리적으로 만드는 데 도움이 됩니다. 잘 정리되어 있는 디자인 시스템을 참고해서 많이 연습해 보세요. 어도비 스펙트럼, 라인 디자인 시스템, 지마켓 디자인 시스템을 추천합니다. 각 컴포넌트의 용어와 네이밍을 참고하기 좋습니다.

2. 파일 구조와 베리언트의 관계
만약 레이어 이름을 button/primary/default 로 구분하고, 이를 컴포넌트 세트로 만들면 button은 컴포넌트 이름으로 'property 1=primary', 'property 2=default'가 생성됩니다.

3. 컴포넌트 세트를 만드는 이유
동일한 컴포넌트이지만 다양한 상태, 컬러, 사이즈가 있을 때 그룹핑해서 컴포넌트를 정리하는 것이 좋습니다. 구조 또는 계층을 설정해 두면 파일의 레이어를 훨씬 쉽게 관리할 수 있습니다.

3.6 디자인 설계를 도와주는 베리어블

베리어블은 프로그래밍에서 변수와 같습니다. 값이 변경되는 동적인 요소로 다양한 디자인 속성과 프로토타입에 색상, 숫자 등의 재사용 가능한 정보를 저장합니다. 스타일도 색상, 텍스트, 이펙트, 레이아웃 그리드 등 재사용하는 정보를 저장하는 것은 동일한데 왜 베리어블을 사용할지? 베리어블과 스타일의 다른 점은 무엇일지? 의문이 생길 것입니다.

스타일과 베리어블의 가장 큰 차이점을 들자면, 스타일은 시각적인 측면에 사용되는 반면, 베이어블은 동적인 데이터를 사용할 때 다양한 상황에 맞게 대응하며 즉각적인 설계를 할 수 있습니다. 예를 들면 디자인 시스템 구축을 위한 디자인 토큰 구현, 라이트/다크 모드의 전환, 영어/한글로 언어 전환, 플랫폼 전환 등 각 상황에 맞는 디자인으로 빠르고 직관적으로 보여줍니다. 또한 장바구니 버튼을 클릭할 때마다 상품의 개수 변경, 상품의 총 합계 등 사용자의 반응을 프로토타입으로 만들어서 실제 개발된 환경처럼 테스트할 수 있습니다.

정교하게 디자인을 설계하고 프로토타입과 결합해서 서비스가 개발된 듯 인터랙션을 미리 만들 수 있습니다. 다른 플러그인의 도움 없이 점차 강력해지는 네이티브 시스템을 활용해서 피그마 안에서 디자인 시스템까지 간편하게 구축합니다.

베리어블의 사용 예시

- 디자인 시스템을 관리할 때 디자인 토큰 생성
- 라이트 모드와 다크 모드로 테마 전환
- 디바이스 크기에 따라 간격 조정
- 한국어와 영어로 언어 전환
- 제품을 장바구니에 추가하면 주문 합계 계산
- 테마에 따른 버튼의 보이기/숨기기 설정
- 모바일과 데스크탑 모드에서 헤더 전환

베리어블의 유형

- **Color** **색상 베리어블**: 단색, 테두리 색
- **# Number** **숫자 베리어블**: 문자 레이어/모서리 둥글기/최소 가로 폭/최대 가로 폭/패딩/아이템 사이 간격
- **T String** **문자 베리어블**: 문자, 베리언트 이름
- **Boolean** **불린 베리어블**: 레이어의 보이기/숨기기, 베리언트 인스턴스의 참/거짓

베리어블을 그룹핑하는 컬렉션

컬렉션은 베리어블 세트와 모드의 그룹입니다. 프라이머리 색상이나 시맨틱 색상, 또는 디자인 시스템의 간격 값 등 색상, 숫자, 문자열 또는 불린 베리어블 등 유형에 맞게 그룹핑하는 것입니다.

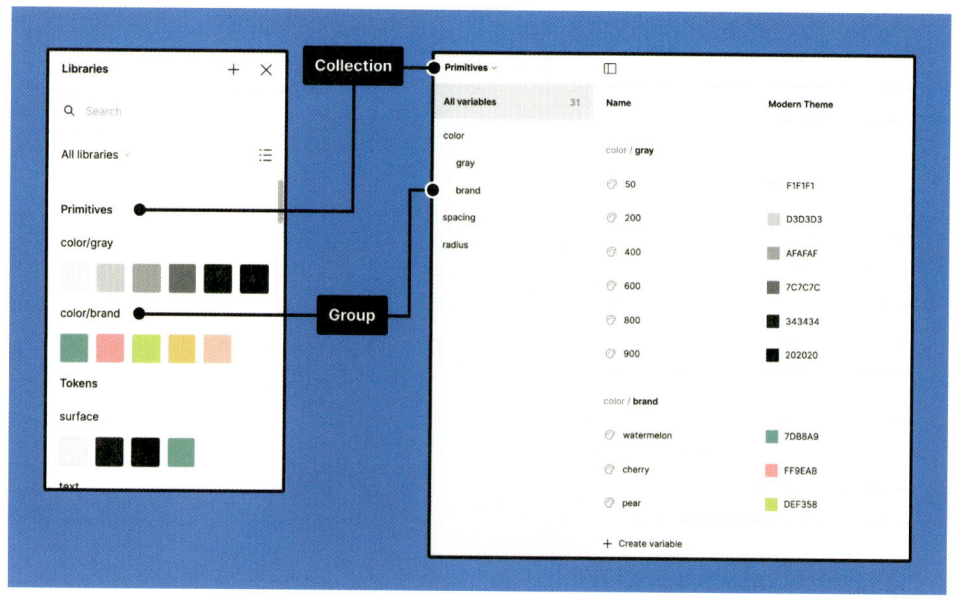

출처: help.figma.com/hc/article_attachments/15455006796823

기본 예제 / 3-1 베리어블 만들기

STEP 1 캔버스에 아무것도 선택 되지 않은 상태에서 우측 디자인 패널의 Local variables에서 <Open variables>를 선택해서 베리어블 창을 엽니다.

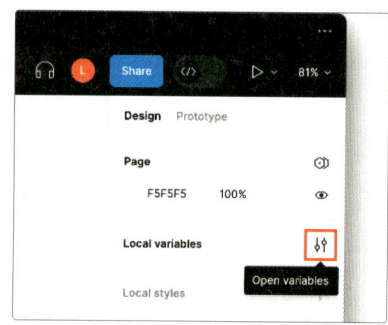

STEP 2 <Create variable> 버튼을 클릭해서 베리어블의 유형을 선택합니다.

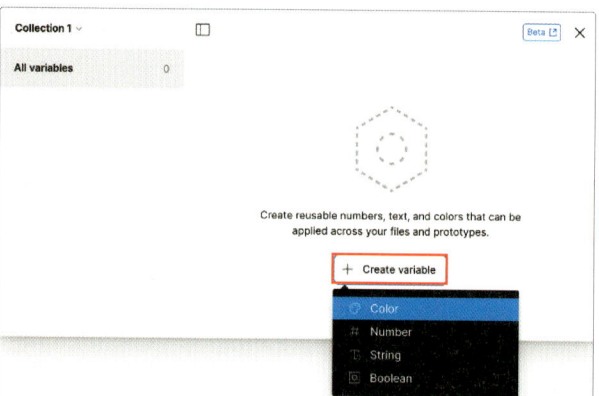

STEP 3 이름(Name)과 값 (Value)을 입력해서 베리어블을 만듭니다.

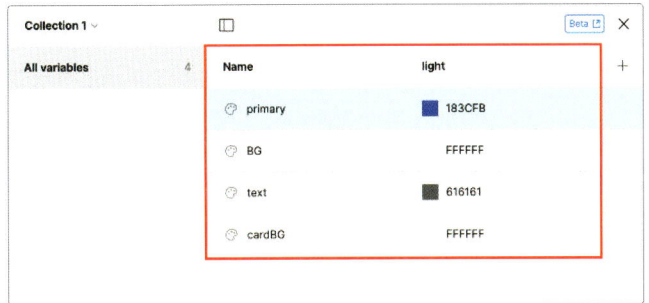

베리어블 유형과 적용

- 색상 베리어블은 Fill에서 :: 스타일 아이콘으로 베리어블을 적용합니다.

- 숫자 베리어블은 ⬢ 아이콘으로 베리어블을 적용합니다.

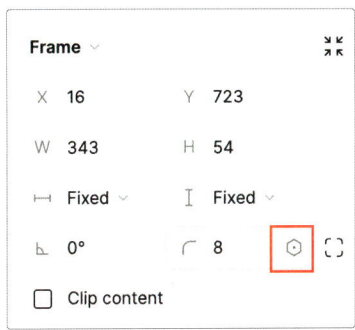

- 문자 베리어블은 Text 패널에서 ⬢ 에서 버튼을 클릭해 적용합니다.

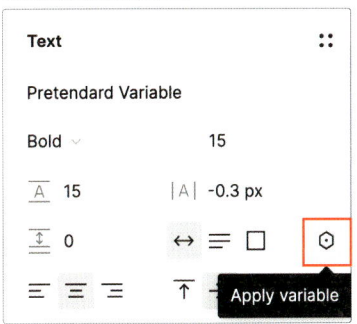

- 불린 베리어블은 Layer 패널의 👁 아이콘을 마우스 오른쪽 클릭해서 적용합니다.

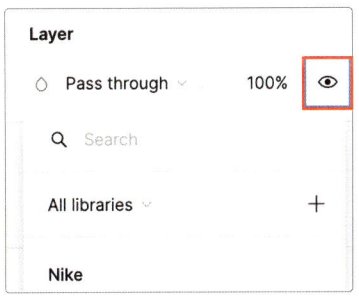

활용예제 **3-9** 컬러 베리어블을 활용한 라이트/다크 테마 구현하기

라이트/다크 2가지 모드의 카드 UI를 만들겠습니다. 베리어블의 유형은 색상 베리어블로 만들고 모드를 추가하여 라이트와 다크 모드로 테마를 구현하겠습니다.

> 베리어블은 플랜에 따라 사용 제한이 있으며 팀 프로젝트에서 만들 수 있습니다. 파일을 팀 프로젝트로 이동하여 실습을 진행하세요. 모드 추가는 유료 플랜에서만 가능하여 스타터 플랜에서는 베리어블을 사용할 수 있지만 모드는 추가할 수 없습니다. 팀 프로젝트 만드는 자세한 방법은 8장을 참고하세요.

STEP 1 3장에서 만든 '오토 레이아웃 카드'를 불러와 실습을 진행합니다. 상단 컨텍스추얼 툴의 ❶ ⌄ 드롭다운 메뉴를 클릭해서 ❷ <Move to project> ❸ <Team project> 팀 프로젝트로 이동합니다.

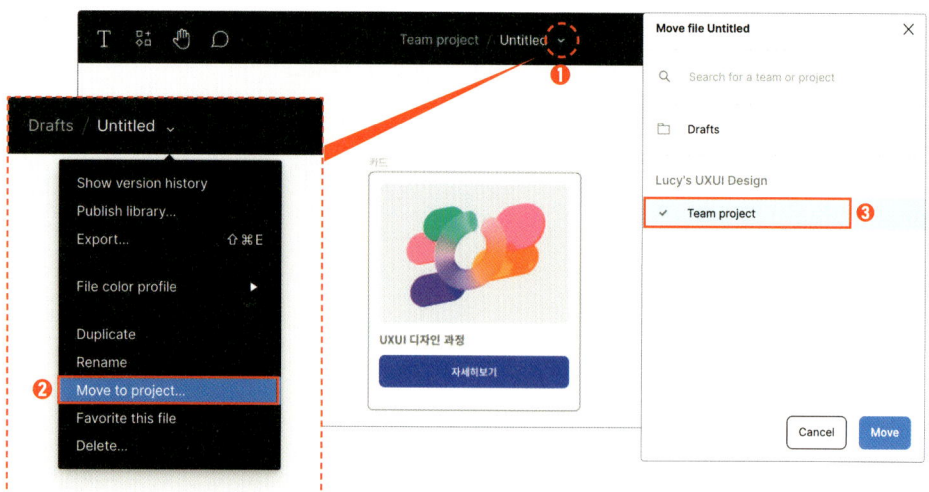

STEP 2 모든 요소를 선택 해제한 후 디자인 패널에서 Local variables의 <Open variables> 아이콘을 클릭해서 베리어블 패널을 엽니다. 베리어블 창에서 ❶ <+Create variable>을 선택 후 ❷ <Color>를 클릭해서 색상 베리어블을 만듭니다.

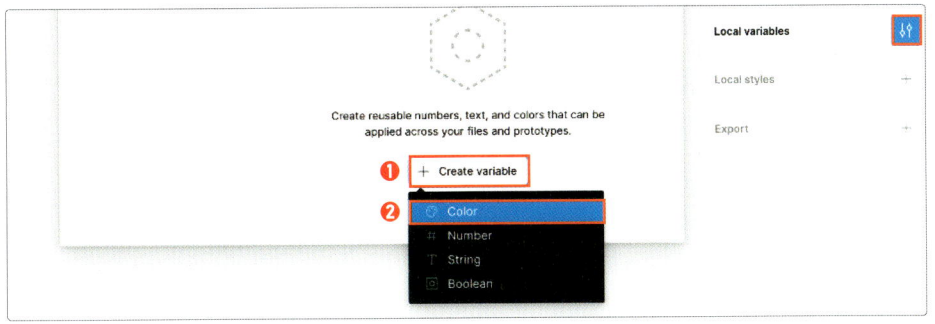

STEP 3 라이트 모드일 때의 색상 베리어블을 만들겠습니다. ❶첫 번째로 'Name: primary', 'Value: #183CFB'를 입력하고, ❷모드의 이름을 'light'로 변경합니다. 마찬가지로 <+Create variable> - <Color>를 선택해서 다음처럼 ❸'BG / #FFFFFF, 'text / #616161', 'cardBG / #FFFFFF' 항목을 추가하고, 총 4개의 색상을 만들어 둡니다.

STEP 4 이번에는 ❶오른쪽 상단의 + 버튼을 클릭해 모드를 추가합니다. (모드 추가는 유료 플랜에서만 가능합니다.) ❷추가된 모드 이름은 'dark'로 변경하고, ❸다음과 같이 색상을 입력해서 다크 모드의 색상을 완성합니다.

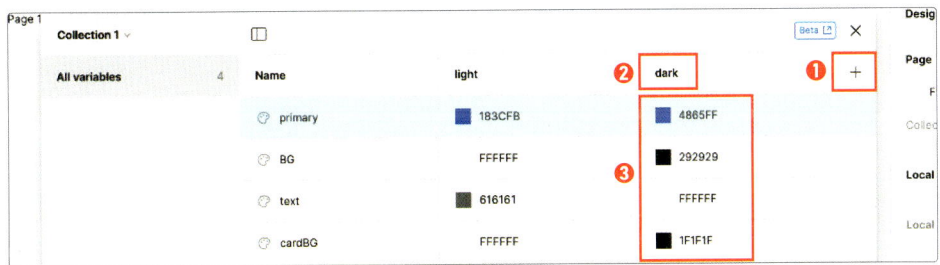

STEP 5 생성한 색상 베리어블을 적용해 보겠습니다. '카드 오토 레이아웃'을 선택한 다음, Fill에서 아이콘을 선택 후 'cardBG'를 적용합니다.

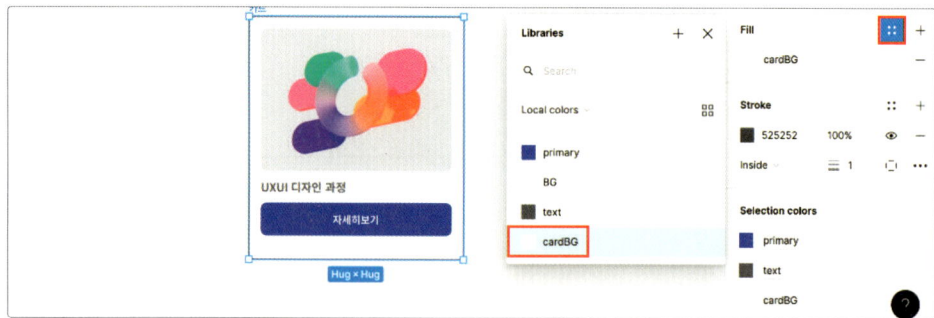

STEP 6 마찬가지로 '자세히 보기' 버튼을 선택하고 'primary'를 적용해 파란색으로 지정합니다.

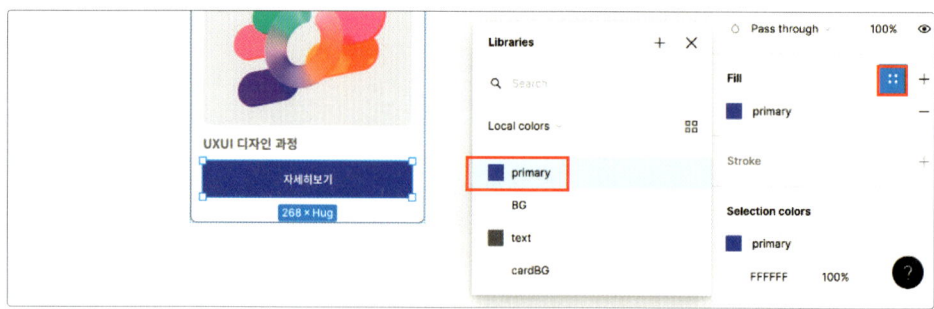

그리고 'UXUI 디자인 과정' 텍스트를 선택한 다음, 'text'를 적용합니다.

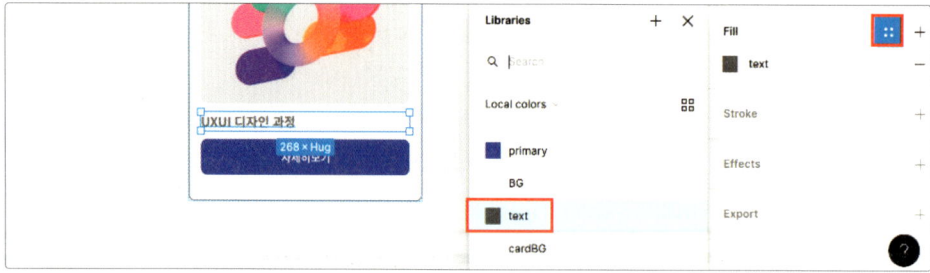

STEP 7 다음처럼 적당한 프레임을 만들고 프레임 안에 카드를 배치합니다. 프레임의 배경색은 'BG'로 설정합니다.

STEP 8 프레임을 선택한 다음 디자인 패널의 Layer에서 ❶ 아이콘을 클릭 후 ❷ <Collection1> - <light>를 선택해 라이트 모드로 설정합니다.

STEP 9 라이트 모드 프레임을 Cmd⌘+D (Ctrl+D)로 복사한 다음, 같은 방법으로 'dark' 베리어블을 적용해서 다크 모드를 완성합니다. 다음처럼 프레임 이름 옆에 # 라이트 모드 light 와 # 다크 모드 dark 표시가 있는지 확인해 보세요. 이처럼 베리어블의 모드를 활용하면 플랫폼, 언어, 테마 등을 빠르게 전환할 수 있으며 큰 프로젝트나 수많은 페이지 관리도 수월합니다.

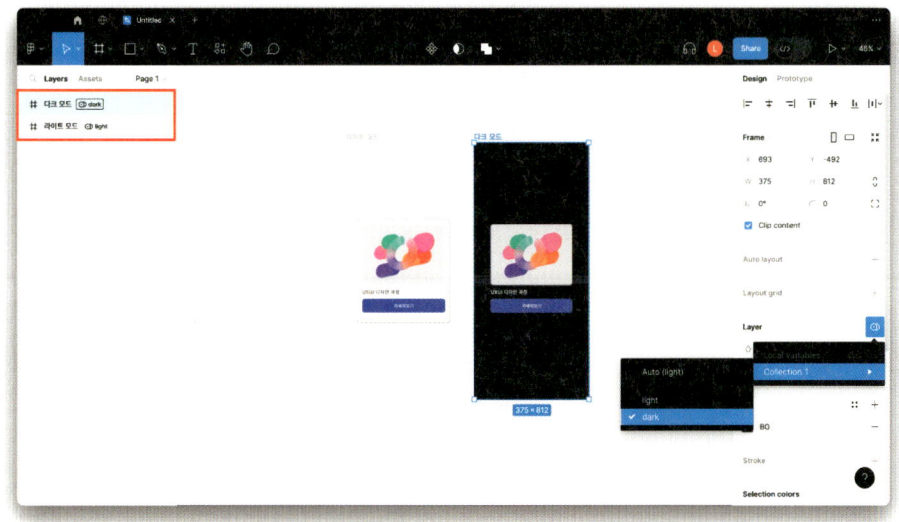

Chapter 4

프로토타이핑

4.1 프로토타이핑 알아보기

4.2 플로와 스타팅 포인트 다루기

4.3 인터랙션의 기본과 활용

4.4 스크롤 비헤비어 다루기

4.5 인터랙션 실습하기

4.6 인터랙티브 컴포넌트 사용하기

4.1 프로토타이핑 알아보기

프로토타이핑은 웹 사이트 또는 어플리케이션을 개발할 때 실제 서비스가 원하는 방식으로 작동하는지 테스트하고 기능을 추가, 변경하는 과정입니다. 사용하기 불편하거나 빠진 기능을 추가하는 등 서비스를 다듬고 보완하는 것이죠. 실제 제품을 사용하는 것처럼 프로토타입을 만들고, 사용자의 행동과 흐름을 예상하며 사용자들의 다채로운 감성과 경험 등의 사용성을 테스트합니다.

프로토타이핑을 왜 해야 하나요?

프로토타이핑을 하는 가장 큰 장점은 프로젝트 완성 전에 서비스를 보완해서 개발 시간과 비용을 절약할 수 있다는 것입니다. 당연한 소리지만 개발이 모두 끝난 후에 사용자 테스트를 진행하면 수정, 보완 단계에 많은 시간이 필요합니다. 또, 디자이너와 개발자 또는 기획자의 원활한 협업과 커뮤니케이션을 위해 프로토타이핑을 자주 할수록 서비스의 완성도는 높아집니다. 직관적인 프로토타이핑을 통해 커뮤니케이션의 오류를 줄이고, 업무 효율도 올릴 수 있습니다. 프로토타이핑 테스트로 서비스의 확고한 정체성(identity)을 만들고, 사용자가 편리하게 이용할 수 있는 더 나은 서비스로 만들어 줍니다.

> 프로토타이핑이 구체적일수록 더 의미 있는 결과를 얻을 수 있습니다.

트리거의 종류

트리거는 특정한 동작을 실행하는 것을 의미합니다. 피그마에는 다양한 트리거가 있어서 여러 상황을 예상해서 프로토타이핑을 정교하게 만들 수 있습니다.

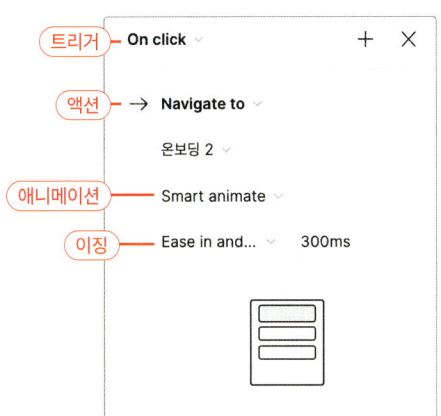

더 알아보기 | 알면 유용한 프로토타이핑 용어 모음

처음 프로토타이핑을 공부하는 분을 위해 실무에서 자주 사용하는 용어들을 정리했습니다. 이미 용어를 알고 있다면 넘어가도 좋습니다.

- 핫스팟(hotspot): 인터랙션이 일어나는 지점입니다. 버튼, 아이콘, 카드에 핫스팟을 만들 수 있습니다.
- 커넥션(connections): 파란색 화살표와 선으로 핫스팟과 대상 프레임이 연결된 것입니다.
- 플로(flow): 프로토타입을 통해 연결된 프레임 네트워크로 여러 플로를 만들 수 있습니다. 로그인 플로, 상품 구매 플로 등 시나리오에 따라 사용자의 여정을 생성합니다.
- 스타팅 포인트(starting point): 플로의 시작점을 설정합니다. 여러 시작점을 만들어 사용자 테스트를 진행합니다.
- 트리거(trigger): 핫스팟과 어떤 형태의 인터랙션으로 프로토타입이 진행되는지 결정합니다. 탭, 드래그, 호버, 클릭 등이 있습니다.
- 데스티네이션(destination): 전환해서 가는 목적지입니다. 만약 A에서 B로 이동할 경우 A는 핫스팟이고 B는 데스티네이션입니다.
- 액션(action): 프로토타입에서 발생하는 진행 형태를 정의합니다.
- 애니메이션(animation): 이동하는 방식입니다. 유형, 속도, 방향 등을 설정합니다.
- 이징(easing): 애니메이션 가속 형태입니다. 가속 형태를 마음대로 사용자 지정할 수 있습니다.
- 오버레이(overlays): 현재 화면 위에 나타나는 프레임입니다. 툴 팁, 메뉴, 경고 창, 확인 창 등을 만듭니다.
- 스크롤 비헤비어(scroll behavior): 스크롤할 때 방향과 포지션을 설정합니다.
- 프리뷰(preview): 만들어진 프로토타입의 인터랙션과 디자인을 미리 봅니다.

트리거	설명
onClick(On Tap)	데스크탑에서 클릭 또는 모바일 탭할 때 실행합니다. 사용자가 버튼을 클릭하거나, 페이지를 열 때, 메뉴를 탭할 때 다양하게 사용할 수 있습니다.
onDrag	드래그할 때 실행됩니다. 모든 방향에서 좌우, 상하 방향으로 드래그할 때, 스와이프 제스처에서 사용할 수 있습니다.
While hovering	마우스를 올렸을 때 실행합니다. 툴 팁, 섬네일, 버튼, 메뉴 등 오브젝트 위에 마우스를 올리는 상황에서 사용할 수 있습니다. 사용자가 핫스팟에서 벗어나면 원래의 프레임으로 돌아갑니다.
While pressing	마우스를 누르고 있는 동안에 실행합니다. 드롭 다운 메뉴, 모바일에서 길게 누르는 롱 프레스 인터랙션에서 사용할 수 있습니다. 마우스 클릭을 떼면 원래 프레임으로 돌아갑니다.
Key/gamepad	키보드 단축키나 Xbox, 닌텐도 등의 컨트롤러에서 입력할 때 실행합니다. 사용자가 컨트롤러에서 [Enter] 키 또는 →, ↓ 버튼을 누르면 실행되도록 설정할 수 있습니다.
Mouse Enter	마우스가 핫스팟 영역 안에 들어갈 때 대상 프레임이 보여집니다. 버튼 또는 화면 전체를 영역으로 만들 수도 있습니다. 마우스가 영역 안에 들어갈 때 드롭다운 메뉴가 보이도록 만들 때 사용합니다.
Mouse Leave	마우스가 핫스팟 영역을 벗어났을 때 대상 프레임이 보여집니다.
Mouse down(Touch down)	마우스나 터치 패드를 처음 누를 때 대상 프레임이 실행됩니다. 모바일 경우 사용자의 손가락이 핫스팟에 처음 닿을 때입니다.
Mouse up(Touch up)	마우스나 터치 패드의 손가락을 떼는 순간 대상 프레임이 실행됩니다. 모바일 경우 사용자의 손가락이 더 이상 핫스팟에 닿지 않는 경우입니다.
After Delay	시간차를 두고 실행합니다.

액션의 유형

액션은 프로토타입에서 발생하는 다양한 트리거를 진행하는 유형입니다. 다른 프레임으로 이동하거나, 모달 창이 열리는 액션, 이전 화면으로 놀아가는 등의 작업을 연출할 수 있습니다.

액션	설명
Navigate to	다른 프레임으로 이동합니다. 전체 화면이 전환될 때 주로 사용합니다.
Change to	인터랙티브 컴포넌트에서만 활성화되는 이동 액션입니다.
Back	이전 화면으로 돌아갑니다.
Set Variable	트리거의 값으로 베리어블을 설정합니다.
Set Variable mode	베리어블의 모드를 설정합니다.
Conditional	if, else 조건문을 사용하여 실행 전에 조건이 충족되는지 확인합니다.
Scroll to	같은 프레임 내에 이동합니다. 하단 Top 버튼이 상단으로 이동 시, GNB 메뉴를 누르면 하단으로 이동하는 액션에 사용합니다(HTML의 앵커와 같습니다).
Open Link	외부 URL을 엽니다.
Open Overlay	현재 프레임 위에 다른 프레임을 엽니다. 드로어, 팝업, 모달, 툴 팁, 알림을 표시할 때 버튼 또는 오브젝트에 사용합니다.
Swap Overlay	현재 프레임을 다른 프레임으로 교체합니다. 오버레이로 열린 프레임을 다른 프레임으로 교체할 때 사용합니다.
Close Overlay	원래 프레임 위에 나온 프레임을 닫거나 해제합니다.

애니메이션의 여러 방식

서비스를 사용하면서 클릭, 드래그, 마우스 오버 등 다양한 인터랙션이 발생합니다. 애니메이션은 한 프레임에서 다른 프레임으로 이동할 때 움직이는 방식입니다. 적합한 애니메이션으로 사용성을 개선하고 사용자가 서비스를 사용하기 쉽고 편리하게 만듭니다.

애니메이션	설명
Instant	현재 프레임에서 대상 프레임으로 즉시 이동합니다.
Dissolve	현재 프레임 위에 대상 프레임을 서서히 전환합니다.
Smart Animate	레이어를 인지해서 크기, 위치, 불투명도, 회전 등 자연스럽게 전환합니다.
Move in	현재 프레임 위에 대상 프레임이 들어옵니다.

애니메이션	설명
Move out	현재 프레임이 고정되면서 대상 프레임이 빠져나갑니다.
Push	현재 프레임을 밀어내면서 대상 프레임이 들어옵니다.
Slide in	현재 프레임이 디졸브되면서 대상 프레임이 천천히 들어옵니다.
Slide out	현재 프레임이 디졸브되면서 대상 프레임이 천천히 나갑니다.

> Duration은 애니메이션이 지속되는 시간을 말합니다. 100ms는 0.1s(0.1초)입니다. 모바일은 일반적으로 300ms(0.3초) 정도로 설정합니다.

스마트 애니메이트의 다양한 이징 유형

스마트 애니메이트는 같은 레이어를 찾고, 차이를 인지해서 프레임 간의 레이어를 애니메이션으로 만듭니다. 이징(easing) 유형은 11개이며, 사용자가 만들 수도 있습니다. 패럴렉스 스크롤(parallax scrolling), 터치 제스처, 롱 프레스, 슬라이더, 토글, 스위치 등 다양한 스마트 애니메이트를 사용할 수 있습니다.

이징	설명
Linear	일정한 속도로 움직입니다.
Ease in	천천히 시작하다 끝날 때 가속화합니다.
Ease out	빠르게 시작하다 느려집니다.
Ease in & out	느리게 시작해서 빨라졌다 끝에서 다시 느려집니다.
Ease in back	천천히 시작한 후 점점 빨라집니다. 시작할 때 살짝 바운스가 있습니다.

이징	설명
Ease out back	ease in back의 반대로 빠르게 시작하고 점점 느려집니다. 끝날 때 살짝 바운스가 있습니다.
Ease in & out back	뒤로 갔다 출발하고 밀려난 뒤 도착합니다.
Gentle	부드러운 애니메이션입니다.
Quick	튕기는 것이 조금 더 강한 애니메이션입니다.
Bouncy	공이 바닥에 튕기는 듯한 애니메이션을 만듭니다.
Slow	부드럽고 천천히 진행되는 애니메이션입니다.
Custom	나만의 스프링 애니메이션 곡선으로 사용자 설정합니다.

스마트 애니메이트의 적용

레이어, 그룹, 프레임, 컴포넌트 모두 스마트 애니메이트를 적용할 수 있습니다. 이때 주의할 점은 이름과 계층 구조가 같아야 자연스러운 애니메이션이 가능합니다. 예를 들면 프레임의 이름이 'image'이라면 대상 프레임도 'image'로 이름이 같아야 합니다. 또는 'Movie/image'라면 대상 프레임도 'Movie/image'로 폴더 구조가 같아야 합니다.

4.2 플로와 스타팅 포인트 다루기

프로토타이핑을 사용해서 모바일 앱 또는 웹 사이트의 플로를 만들어서 사용자 여정을 설계할 수 있습니다. 예를 들면 로그인 성공/실패, 비밀번호 찾기, 회원 가입하기, 장바구니 담기, 결제하기 등 사용자 특정 작업에 따른 플로를 만들어서 사용자의 여정을 테스트하거나 설계합니다.

스타팅 포인트 만들기

두 프레임 사이에서 연결할 첫 번째 프레임에 스타팅 포인트를 만듭니다. 스타팅 포인트는 다음과 같이 2가지 방법으로 만들 수 있습니다.

- 시작할 프레임을 선택하고 프로토타입 패널 `Opt` + `9` (`Alt` + `9`)에서 Flow starting point의 `+` 아이콘을 클릭합니다.

- 시작할 프레임을 선택하고 마우스 우클릭 후 <Add starting point>를 선택합니다.

'Flow 1'의 스타팅 포인트가 만들어졌습니다.

스타팅 포인트 제거하기

스타팅 포인트를 제거하는 방법은 다음 2가지 방법이 있습니다.

- 프로토타입 패널 `Opt` + `9` (`Alt` + `9`)에서 Flow starting point 의 `-` 아이콘을 클릭합니다.

- 시작점 프레임을 선택하고 마우스 우클릭 후 <Delete starting point>를 선택합니다.

프로토타입 설정하기

프로토타입 패널에서 목업, 디바이스의 방향, 플로 등 설정하거나 조정할 수 있습니다.

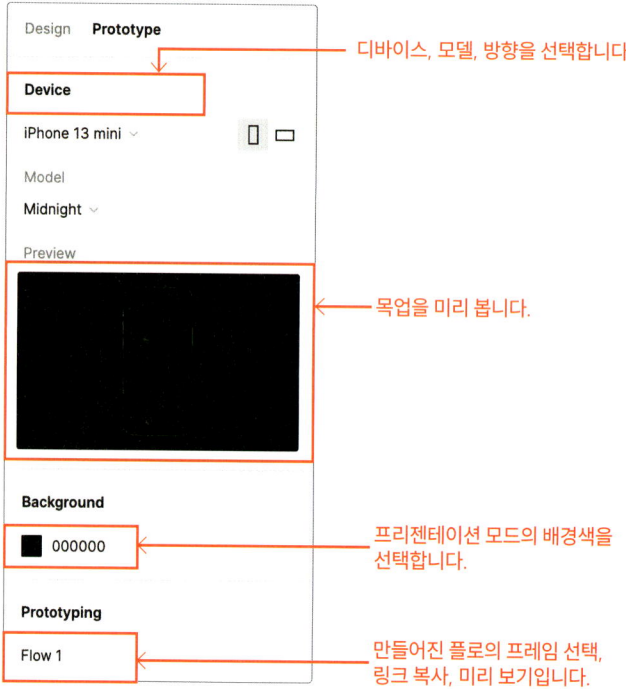

프로토타입 재생

인터랙션을 확인하는 방법으로 프로토타입 미리 보기와 프리젠테이션 모드 2가지가 있습니다.

- 프로토타입 미리 보기(Shift + Spacebar): 디자인을 보면서 인라인 미리 보기로 재생합니다.

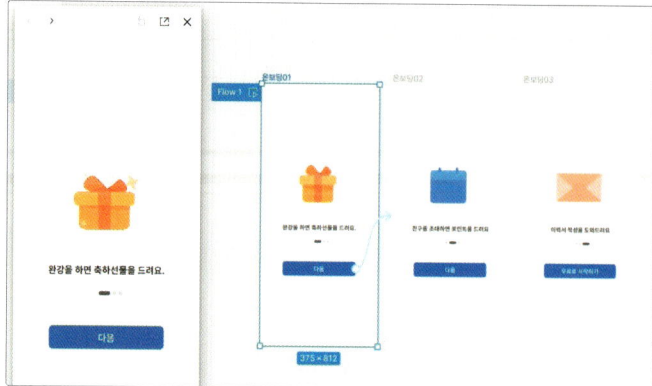

- 프리젠테이션: 별도의 탭에서 프리젠테이션 보기로 프로토타입을 재생합니다. 프리젠테이션을 다른 팀원과 공유하거나 디바이스에서 어떻게 보이는지 확인합니다.

4.3 인터랙션의 기본과 활용

기본 예제 / 4-1 인터랙션 연결하기

프레임, 메뉴, 버튼, 이미지 등 원하는 오브젝트를 클릭하면 다음 페이지로 연결되는 인터랙션을 만들어보겠습니다.

STEP 1 연결할 버튼의 핫스팟 을 선택합니다.

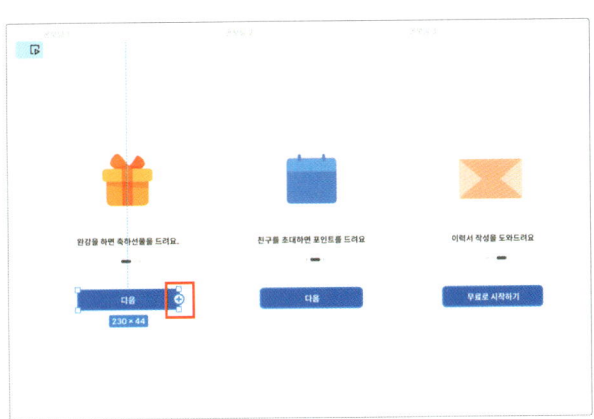

STEP 2 핫스팟을 대상 프레임으로 드래그해서 인터랙션을 만듭니다. 또는 인터랙션 모달에서 대상 프레임을 destination에서 선택해도 됩니다. 파란색의 화살표가 생기면서 연결되었습니다.

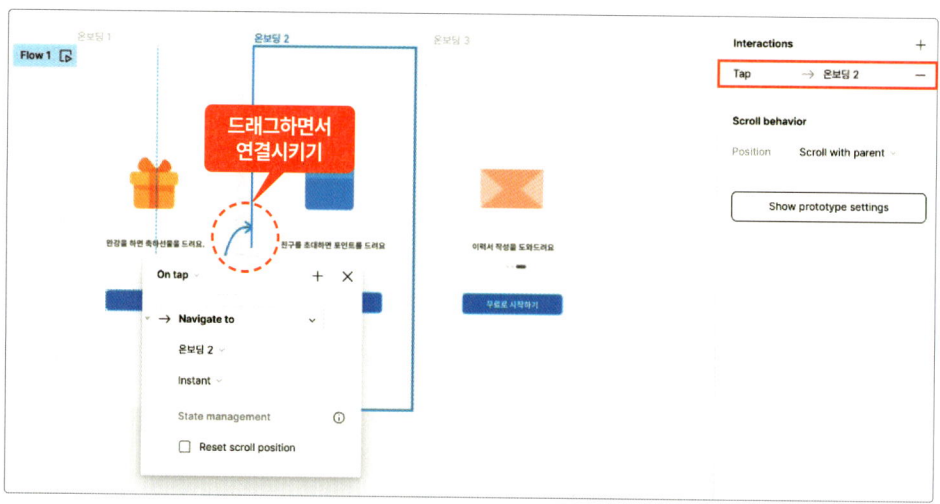

활용 예제 4-1 인터랙션과 애니메이션으로 온보딩 화면 만들기

온보딩은 제품을 처음 사용할 때 사용자에게 안내하는 과정을 말합니다. 서비스의 기능, 서비스의 혜택, 개인 맞춤 서비스 제공 등 신규 사용자가 혼란스럽지 않게 서비스를 사용할 수 있도록 도와줍니다. 버튼을 클릭하면 다음 페이지로 전환되는 프로토타입을 만들어 보겠습니다.

STEP 1 상단 메뉴에서 프레임 툴(F)을 선택합니다. 디자인 패널의 Frame에서 <iPhone 13 mini>를 선택해서 ❶ 375×812의 프레임을 만듭니다. ❷ 프레임의 이름을 '온보딩 1'로 변경합니다.

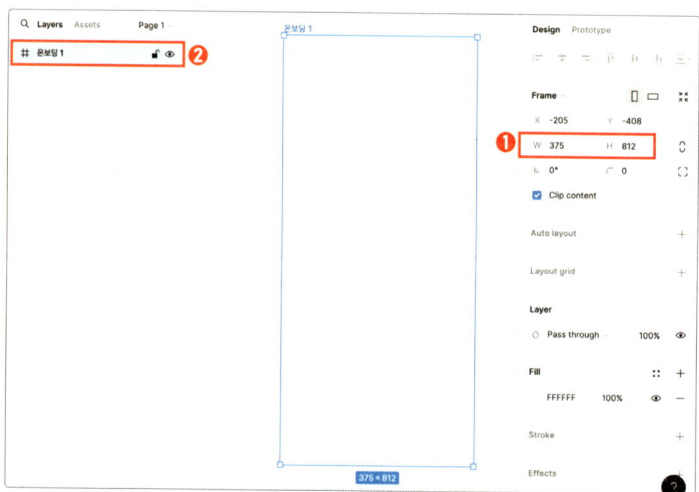

STEP 2 문자 툴(T)를 선택하고 프레임 안을 클릭해서 '완강을 하면 축하 선물을 드려요'를 입력해 보세요.

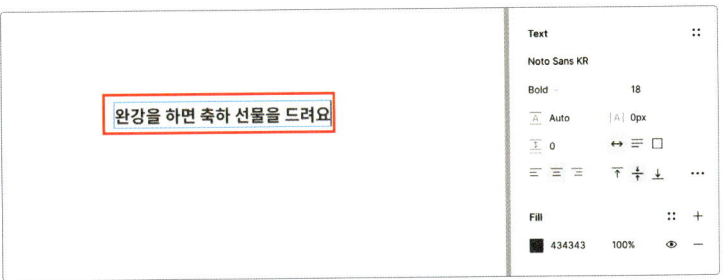

STEP 3 사각형 툴(R)로 ❶230×44 크기의 사각형을 그립니다. ❷Corner radius: 8로 지정해 모서리를 둥글게 만들고, ❸Fill: #007AFF로 파란색을 설정합니다.

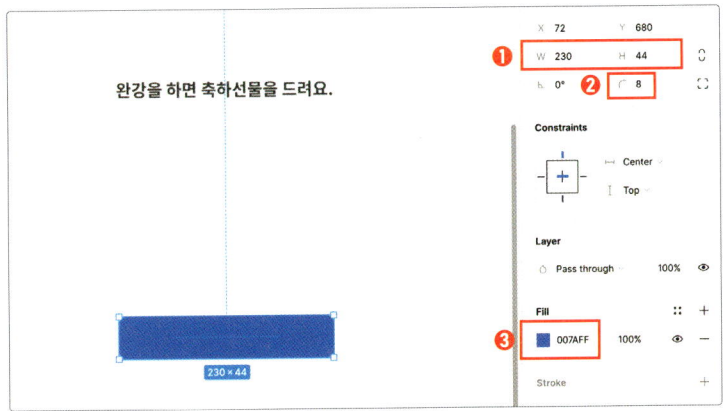

STEP 4 사각형 위에 문자 ❶툴(T)로 '다음'을 입력하고, ❷글자 색을 Fill: #FFFFFF(흰색)로 설정합니다.

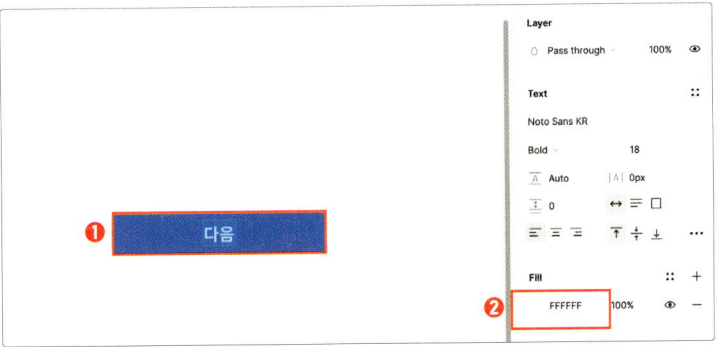

STEP 5 프레임을 선택하고 단축키 Cmd⌘+D, Ctrl+D)를 눌러 프레임을 복사합니다.

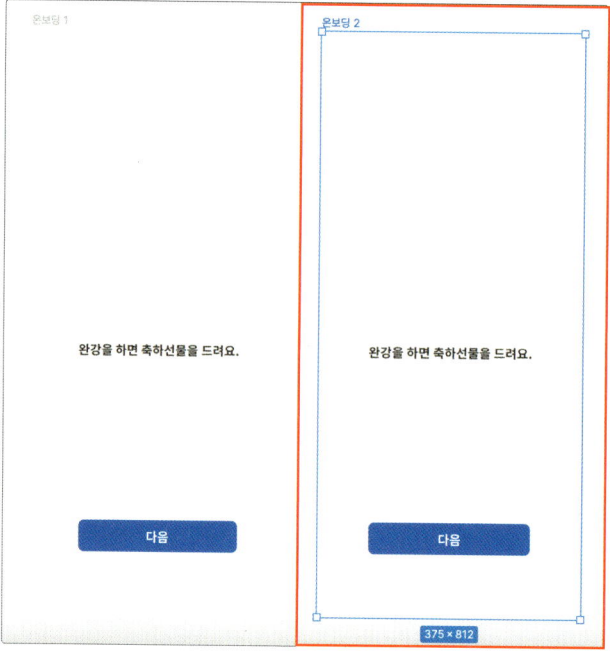

STEP 6 복사해서 만든 '온보딩 2' 프레임의 글자를 ❶ '친구를 초대하면 포인트를 드려요', 버튼은 ❷ '무료로 시작하기'로 변경합니다.

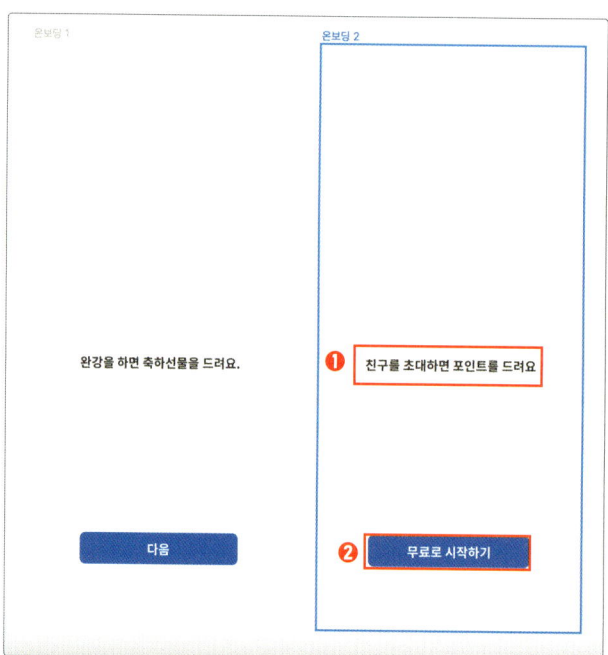

STEP 7 선물과 포인트 애니메이션을 'LottieFiles' 플러그인에서 가져오겠습니다. Resources 툴에서 'LottieFiles'을 검색한 후 <Run> 버튼을 클릭해서 실행합니다. 로티 웹 사이트에서 회원 가입을 한 후 사용 가능합니다.

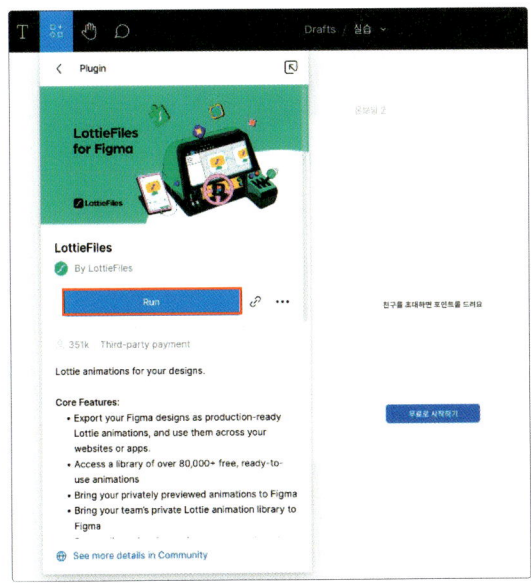

로티는 에어비앤비에서 개발한 벡터 기반의 애니메이션 라이브러리입니다. gif, png, svg, json 등 형태로 내보내기해서 사용할 수 있습니다. 용량이 작고 벡터 기반이기 때문에 해상도의 제한이 없습니다. 풍부한 사용자 경험을 위해 네이버, 배달의 민족, 카카오, 토스 등 국내 서비스에서도 로티 애니메이션을 종종 볼 수 있습니다. 로티 웹 사이트(lottiefiles.com)에서 회원 가입한 후에 피그마에서 'LottieFiles' 플러그인을 로그인하고 사용하세요.

STEP 8 검색 바에 'gift', 'coin'을 검색해서 원하는 애니메이션을 선택하고 <Insert as Gif> 버튼을 클릭해서 Gif 파일을 가져옵니다.

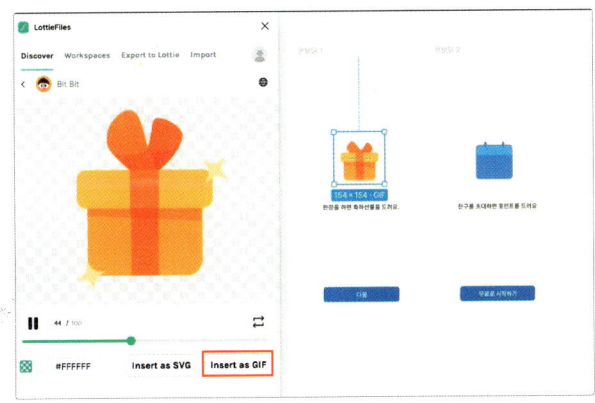

STEP 9 오른쪽 프로토타입 패널을 선택하거나 단축키 (Opt)+(9), (Alt)+(9))로 프로토타입 패널을 엽니다. '온보딩 1' 프레임에서 ❶<다음> 버튼의 핫스팟을 '온보딩 2' 프레임으로 드래그해서 프로토타입을 설정합니다.

> 또는 'Interactions'에서 [+] 버튼을 클릭해서 설정해도 됩니다.

그리고 ❷트리거는 'On Click(tap)'으로 사용자가 클릭했을 때 동작이 되도록 만들고, ❸액션은 'Navigate to'로 대상 프레임으로 이동하도록 설정합니다. ❹데스티네이션(대상 프레임)을 '온보딩 2'로 설정합니다. ❺애니메이션은 'Smart animate'와 'Ease in and out'으로 느리게 시작해서 빨라졌다 서서히 느려지게 설정합니다.

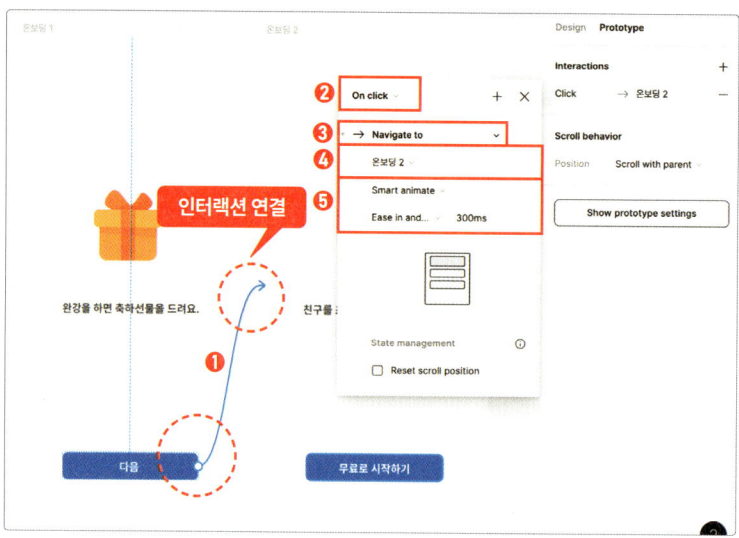

STEP 10 모든 요소를 선택 해제한 후 프로토타입 패널에서 ❶디바이스 세팅을 'iphone 13 mini' 목업으로 선택합니다. 선택합니다. '온보딩 1' 프레임을 선택하고 ❷오른쪽 상단의 <present> 아이콘을 클릭하거나 단축키 (Cmd⌘)+(Opt)+(Enter)((Ctrl)+(Alt)+(Enter))로 프로토타이핑을 미리 보기합니다.

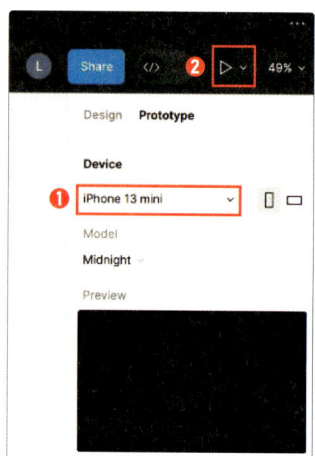

'다음' 버튼을 클릭했을 때 페이지가 이동되는지 인터랙션을 확인해 보세요.

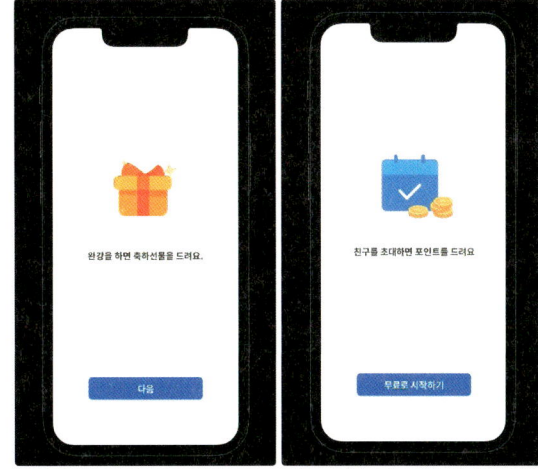

4.4 스크롤 비헤이비어 다루기

스크롤 비헤이비어(scroll behavior)는 사용자가 디바이스를 사용할 때 확장된 영역의 콘텐츠를 스와이프로 사용할 수 있도록 돕는 기능입니다. 긴 페이지를 스크롤할 경우, 좌우로 스와이프할 경우, 지도를 패닝 또는 스크롤로 보는 경우에 사용합니다. 스크롤 비헤이비어는 오버플로 비헤이비어와 스크롤 포지션으로 구성됩니다.

오버플로 비헤이비어

사용자가 프레임 밖의 확장된 영역에 있는 콘텐츠를 볼 때 인터랙션 방법을 정의합니다. 4가지의 오버플로 비헤이비어(Overflow behavior)를 지원합니다.

- **No scrolling**: 스크롤 없는 상태입니다.
- **Horizontal**: 가로방향으로 스크롤합니다.
- **Vertical**: 세로방향으로 스크롤합니다.
- **Both directions**: 프레임 내 상하좌우 모두 이동하며, 지도나 큰 이미지를 볼 때 사용합니다.

스크롤 포지션

스크롤 포지션은 사용자가 스크롤할 때 오브젝트가 어디에 위치하는지 정의합니다. 다음의 3가지를 지원합니다.

- **Scroll with parent**: 오브젝트가 부모 프레임과 함께 스크롤 되면서 이동하여 페이지가 긴 스크롤에서 사용합니다.
- **Fixed**: 오브젝트를 특정 위치에 고정합니다. 상단의 상태 바나 하단의 탭 바에 사용합니다.
- **Sticky**: 스크롤하다가 오브젝트가 프레임의 상단에 도달하면 고정되는 인터랙션에서 사용합니다. 수직 스크롤만 가능합니다.

> **여기서 잠깐**
>
> **스크롤 비헤비어를 다룰 때 주의할 점**
>
> - 스크롤은 프레임만 가능합니다. 그룹은 스크롤을 설정할 수 없으니 프레임으로 변경한 후 스크롤을 설정해주세요.
> - 프레임 안의 콘텐츠가 프레임 보다 커야 스크롤이 제대로 작동합니다.
> - Clip Content 체크해서 프레임 밖의 요소를 감춰줍니다.

활용 예제 / 4-2 소셜 미디어 앱 스크롤 설정하기

2장에서 만든 '활용 예제 2-2 소셜 미디어 앱'의 상태 바와 헤더는 고정시키고, 프로필은 좌우로 스와이프되도록 스크롤을 설정해 보겠습니다.

STEP 1 2장의 '소셜 미디어 앱' 예제 파일을 열어 주세요. ❶상태 바와 내비게이션 바를 선택 후 레이어 순서를 제일 위로 올려줍니다. 프로토타입 패널을 선택하고 ❷Scroll behavior의 Position: Fixed로 설정합니다.

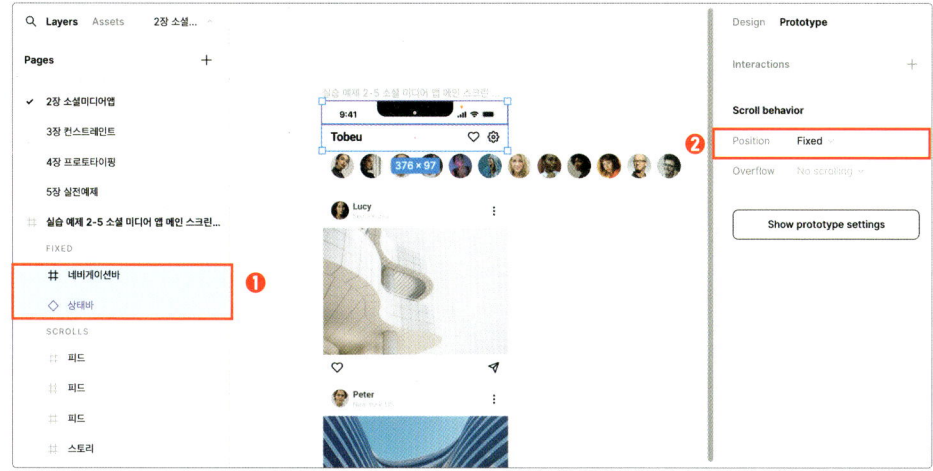

> **STEP 2** 이번엔 '스토리' 프레임을 선택 후 Scroll behavior의 Overflow: Horizontal로 선택합니다.

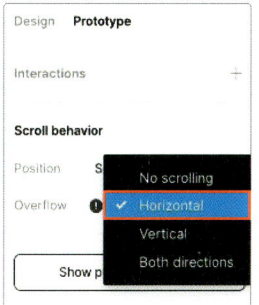

> **STEP 3** 스토리 프레임의 ❶ 가로 폭을 W: 375로 설정해 프레임이 콘텐츠보다 작게 만들고 ❷ 'Clip content'를 체크해서 프레임 밖의 요소를 감춥니다.

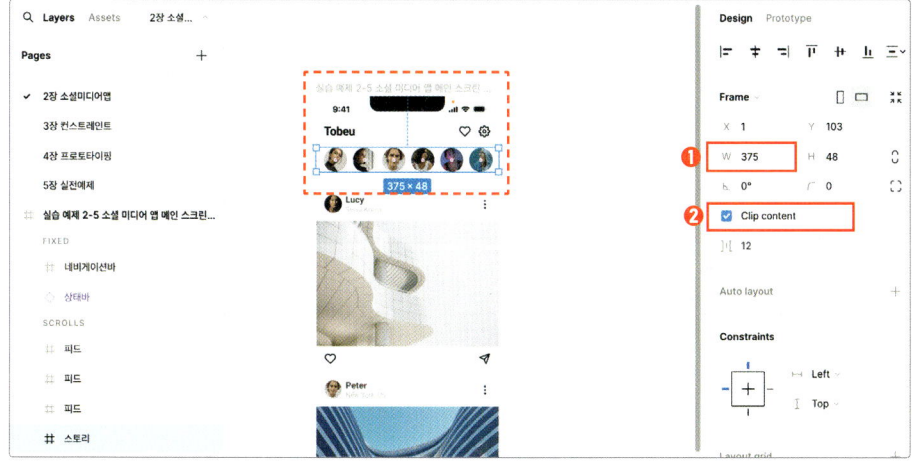

STEP 4 최상위 프레임을 선택하고 <Preview> 아이콘을 눌러서 인라인 미리 보기에서 상태 바 와 내비게이션은 고정되면서 프로필은 가로 방향으로 스크롤이 되는지 확인합니다.

활용 예제 / **4-3 지도에 양방향 스크롤 설정하기**

이번에는 양방향 스크롤을 이용해서 지도 보기 페이지를 만들겠습니다.

STEP 1 상단 메뉴에서 프레임 툴(F)을 선택합니다. 디자인 패널의 Frame에서 Preset - <IPhone 13 mini>를 선택하거나, 375 × 812 사이즈의 프레임을 만듭니다.

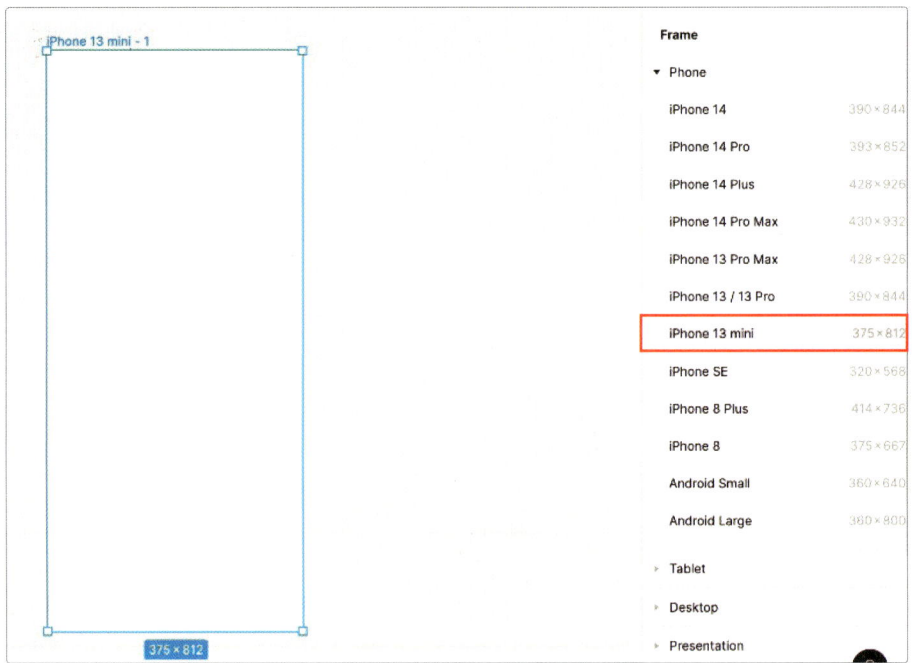

STEP 2 Resources 툴을 선택 후 Plugin에서 'Map Maker'를 검색한 다음, <Run> 버튼을 클릭해서 실행합니다.

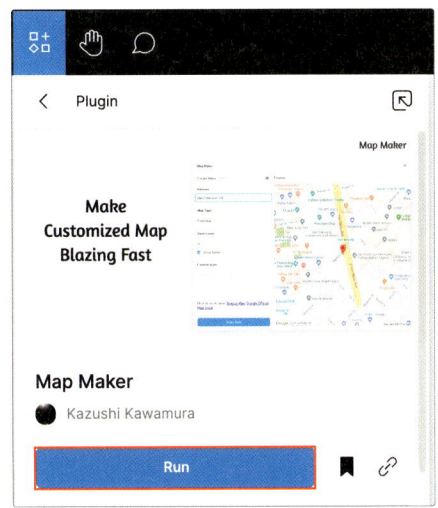

Map Maker 플러그인이 실행되지 않으면 Content reel, Google maps 등 다른 플러그인을 사용해 보세요.

STEP 3 플러그인에서 'Seoul'을 검색 후 <Make Map> 버튼을 눌러 프레임에 지도를 넣습니다. 이미지 사이즈가 작다면 프레임보다 크게 늘려줍니다.

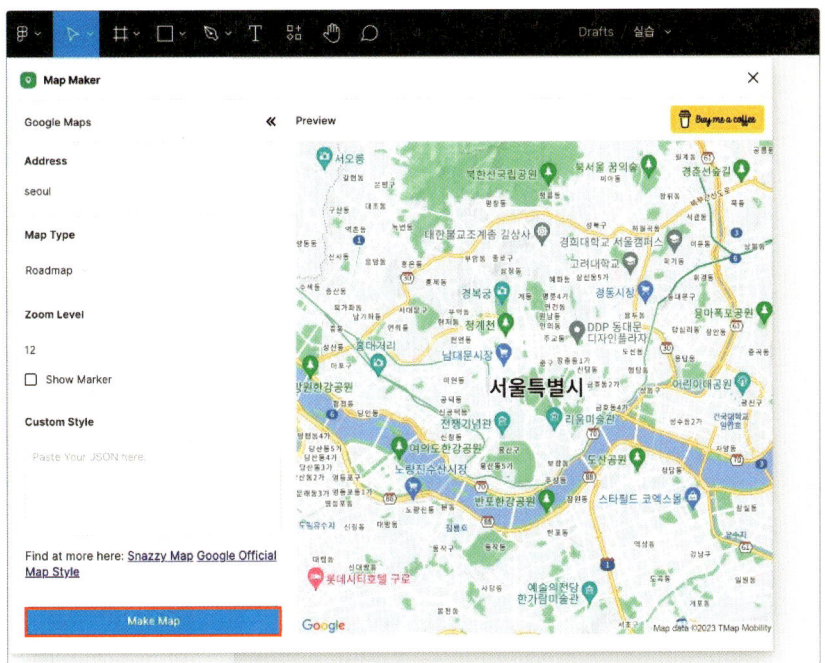

STEP 4 지도 이미지가 프레임 밖에 보이지 않도록 Frame의 'Clip content'를 체크합니다.

STEP 5 프로토타입 패널을 열어서 Scroll behavior의 Overflow behavior: Both direction으로 선택해 양방향 스크롤로 지정합니다.

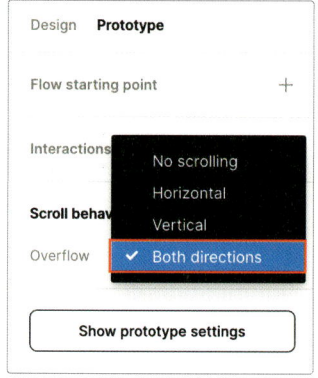

STEP 6 단축키 Cmd⌘ + Opt + Enter (Ctrl + Alt + Enter)를 눌러서 프리젠테이션 모드에서 가로세로 방향으로 스크롤되는지 확인합니다.

4.5 인터랙션 실습하기

활용 예제 / 4-4 카드 슬라이딩 스마트 애니메이션 만들기

카드를 디자인하고, 스마트 애니메이트를 이용해서 자연스럽게 다음 화면으로 스와이프 되는 인터랙션을 만들어 보겠습니다. 가로 스크롤은 중앙에 이미지가 올 때 정지되지 않으므로 각 사진이 중앙에 오는 프레임을 만든 후 스마트 애니메이트로 자연스럽게 이동시켜야 합니다.

STEP 1 예제 파일의 '4장 프로토타이핑' 페이지를 준비합니다.

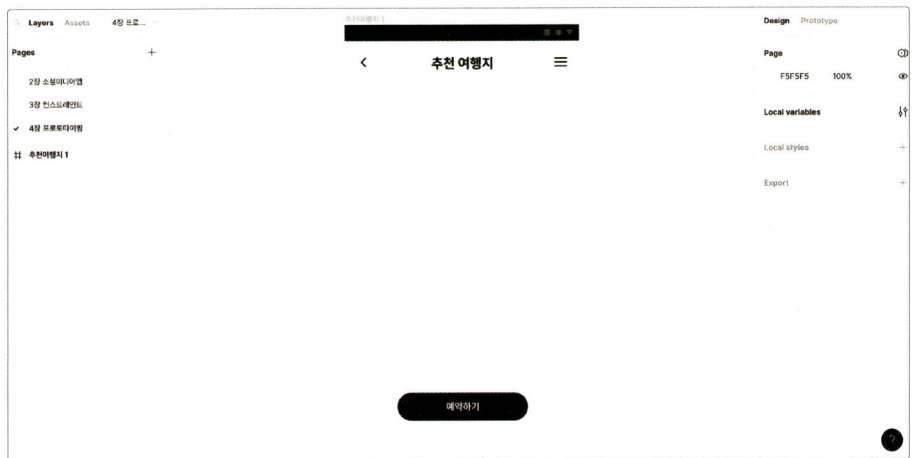

STEP 2 사각형 툴(R)로 W: 190, H: 266, Corner radius: 16을 지정해 둥근 사각형을 그립니다.

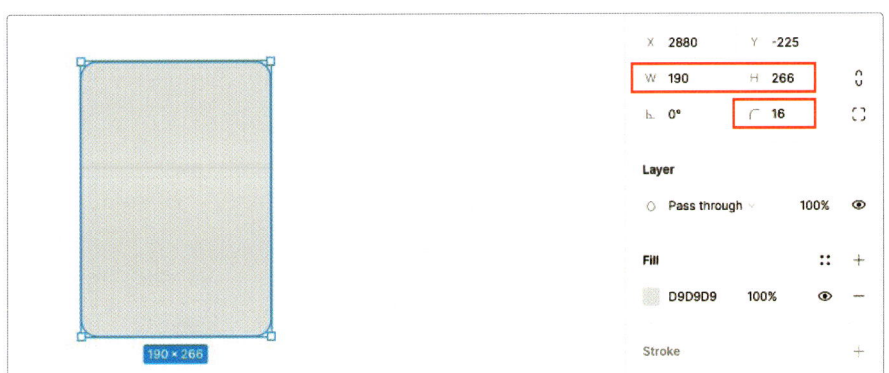

STEP 3 사각형 위에 문자 툴(**T**)로 여행지를 입력하고 글꼴은 Roboto, 크기는 20으로 설정합니다.

STEP 4 사각형과 문자를 선택하고 단축키 **Cmd⌘**+**D** (**Ctrl**+**D**)를 2번 눌러서 총 3개의 카드를 만들고 배치합니다.

STEP 5 첫 번째 카드의 글자 크기는 40, 사각형은 290 × 406 사이즈로 크게 늘립니다.

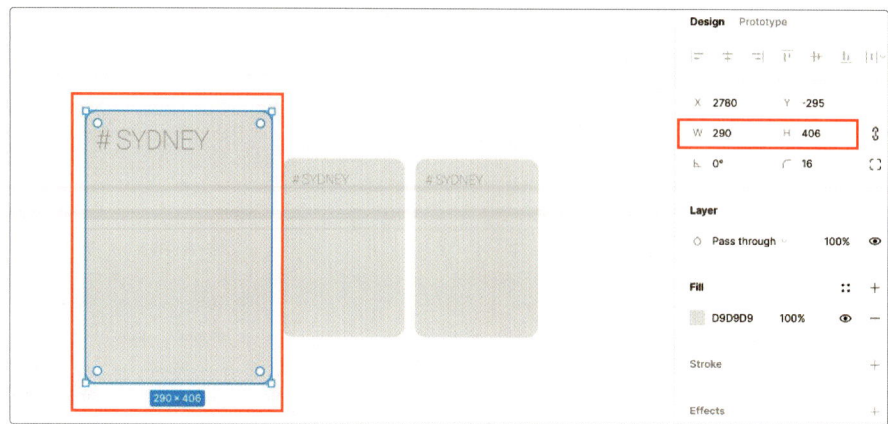

STEP 6 세 카드를 모두 선택 후 단축키 `Cmd⌘`+`Opt`+`G` (`Ctrl`+`Alt`+`G`)를 사용하거나, 마우스 우클릭 후 <Frame selection>을 선택해서 프레임으로 만들고 '리스트'로 프레임 이름을 변경합니다.

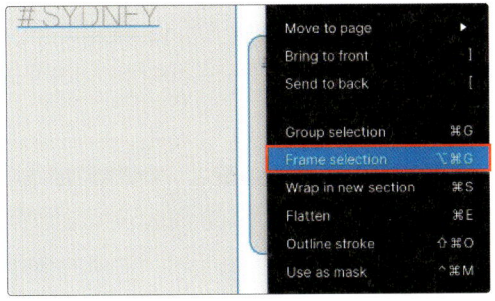

STEP 7 Plugin에서 'Unsplash'를 실행합니다. 원하는 여행 사진을 3개 검색해서 사각형 안에 넣고, 여행지 이름도 변경해 보세요.

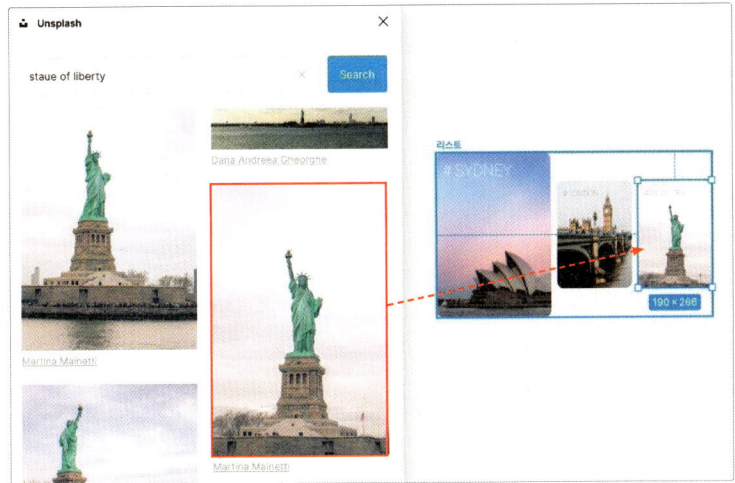

STEP 8 '리스트' 프레임을 '추천 여행지 1' 프레임 안으로 넣습니다.

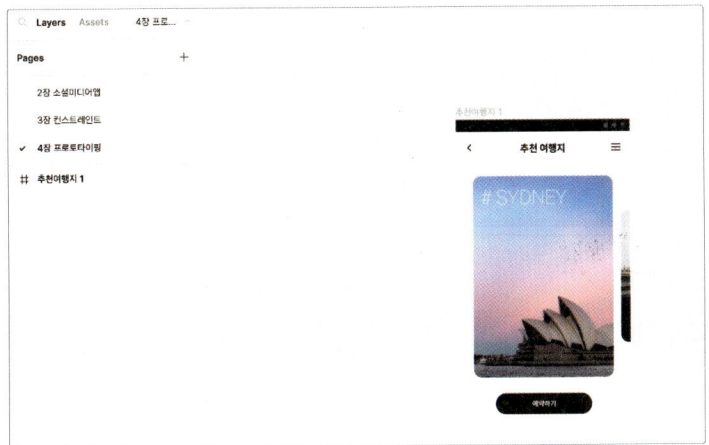

STEP 9 '추천 여행지 1' 프레임을 2개 더 복사합니다. 그리고 새로 복사해서 만든 프레임의 이름을 '추천 여행지 2'와 '추천 여행지 3'으로 변경하세요.

STEP 10 '추천 여행지 2' 프레임은 2번째 사진이 중앙에 오도록 '리스트' 프레임을 가운데로 이동합니다. 가운데 사진의 크기는 290 × 406로, 1번째 사진은 190 × 266로 조정합니다. 글자 크기는 20으로 줄입니다. '추천 여행지 3' 프레임도 동일하게 변경합니다.

STEP 11 카드를 드래그하면 부드럽게 스와이프되도록 인터랙션을 설정해 보겠습니다. 프로토타입 패널을 선택한 다음, '추천 여행지 1' 프레임에 있는 사진의 핫스팟을 '추천 여행지 2' 프레임으로 드래그합니다. 그리고 트리거는 On drag, 액션은 Navigate to, Destination은 추천 여행지2, 스마트 애니메이트는 Gentle, 800ms(0.8초)로 설정합니다.

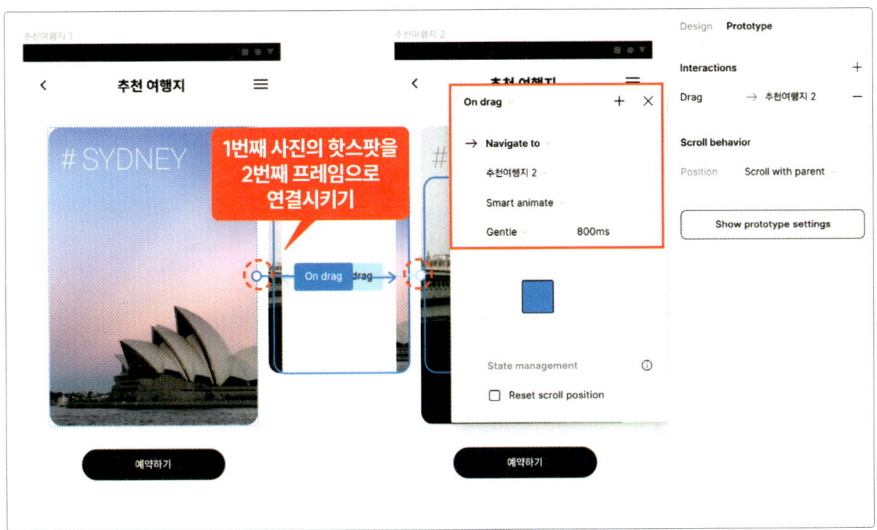

STEP 12 '추천 여행지 2' 프레임의 사진을 '추천 여행지 3' 프레임과 인터랙션을 연결합니다. 마찬가지로 트리거는 On drag, 액션은 Navigate to, Destination은 추천 여행지3, 스마트 애니메이트는 Gentle, 800ms(0.8초)로 설정합니다.

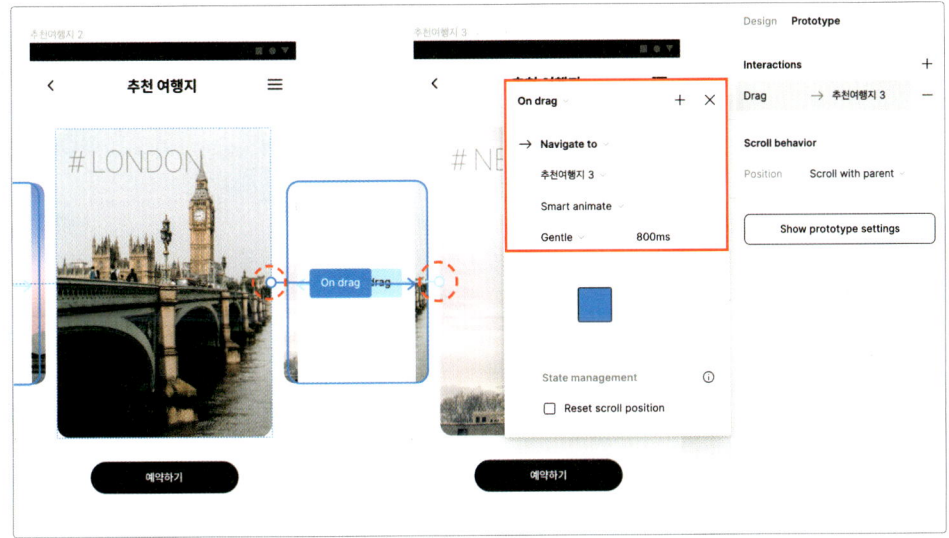

STEP 13 이번에는 '추천 여행지 2'의 사진을 '추천 여행지 1'로 드래그해서 인터랙션을 설정합니다. 그래야 카드가 좌우로 스와이프될 수 있습니다. 트리거는 On drag, 액션은 Navigate to, Destination은 추천 여행지 1, 스마트 애니메이트는 Gentle, 800ms(0.8초)로 설정합니다.

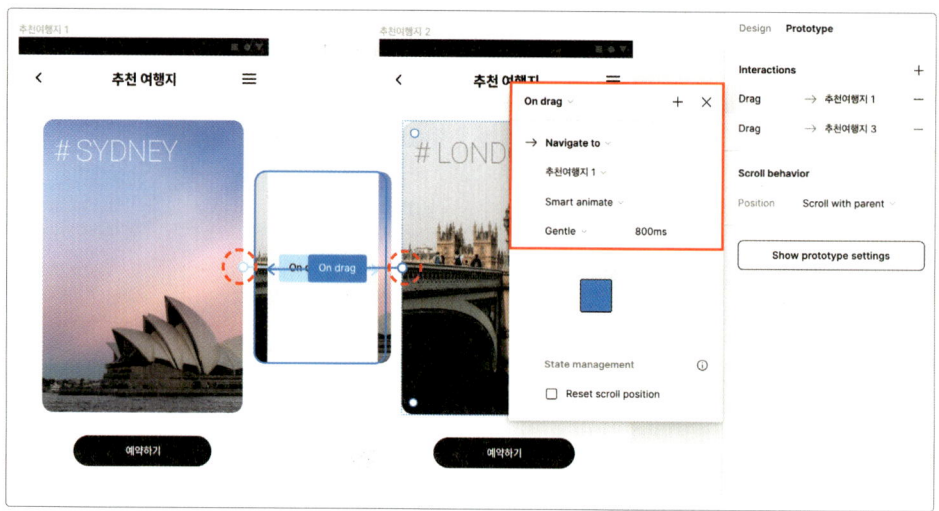

STEP 14 마지막으로 '추천 여행지 3' 프레임의 사진을 '추천 여행지 2'로 드래그해서 인터랙션을 설정합니다. 트리거는 On drag, 액션은 Navigate to, Destination은 추천 여행지 2, 스마트 애니메이트는 Gentle, 800ms(0.8초)로 설정합니다.

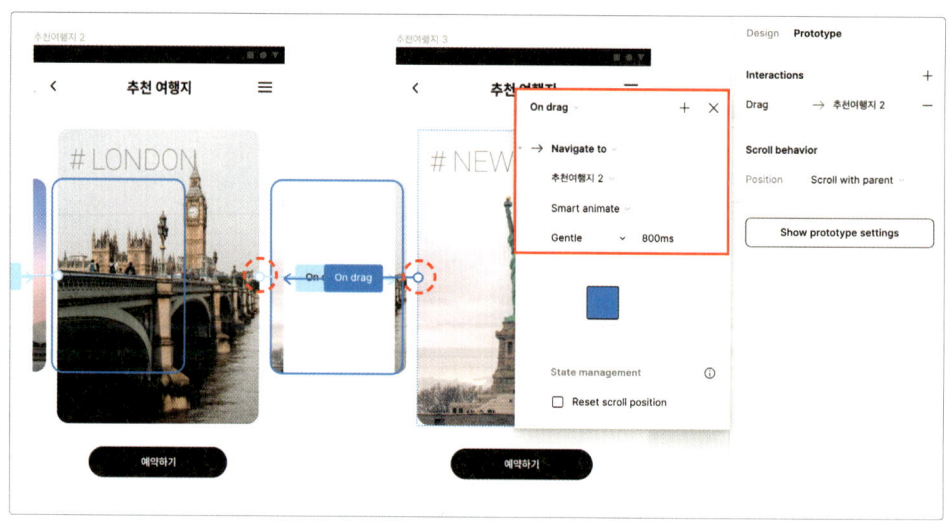

STEP 15 '추천 여행지 1' 프레임을 선택하고 오른쪽 상단의 <present> 아이콘 또는 단축키 Cmd⌘ + Opt + Enter (Ctrl + Alt + Enter)를 사용해 프리젠테이션 모드에서 인터랙션을 확인합니다.

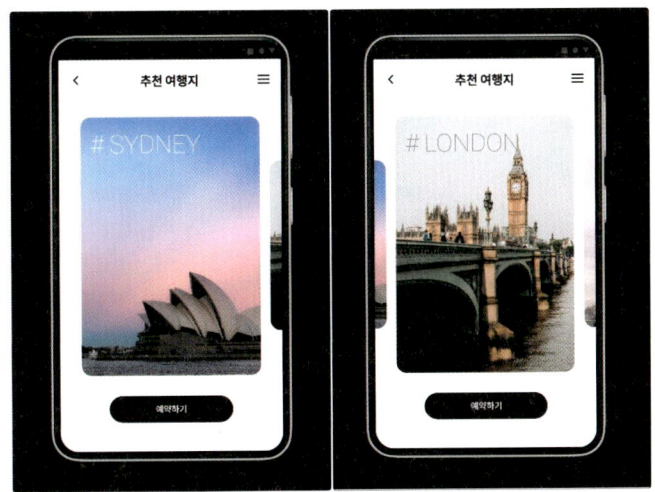

4.6 인터랙티브 컴포넌트 사용하기

인터랙티브 컴포넌트는 컴포넌트 세트 안의 베리언트 사이에 인터랙션을 걸어 주는 기능입니다. 토글, 메뉴 호버, 체크박스 등 베리언트 사이에서 인터랙션을 적용해서 프레임을 추가로 만들지 않고 연결함으로 작업 시간을 줄이고 프로토타입을 간결하게 만드는 효과가 있습니다. 디자인이 추가될 때마다 베리언트 사이의 프로토타입을 따로 만들지 않고 컴포넌트 세트 안에서만 프로토타이핑을 만들면 충분합니다.

> 인터랙티브 컴포넌트는 탭, 토글 버튼, 내비게이션 바, 메뉴 호버, 체크박스 등 마우스 호버 디자인에 다양하게 활용할 수 있습니다.

활용예제 4-5 스위치 만들기

스위치 디자인을 'On/Off' 2가지로 만들고 베리언트 사이에 프로토타이핑을 설정해 인터랙티브 컴포넌트로 만들어 보겠습니다.

STEP 1 비활성 상태의 Off 스위치를 먼저 만들겠습니다. 사각형 툴(R)을 이용해 ❶ 가로 50, 세로 30의 사각형을 그립니다. 디자인 패널의 ❷ Corner radius: 30을 넣어서 모서리를 둥글게 만듭니다.

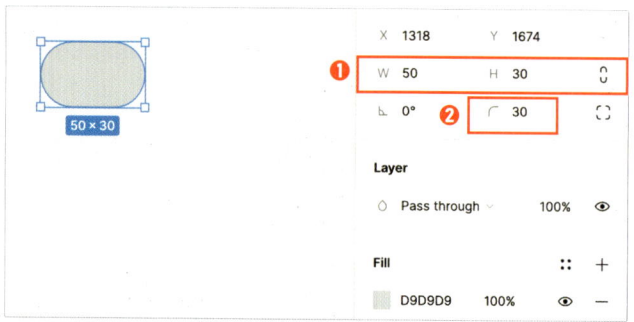

STEP 2 원형 툴(O)을 사용해 ❶ 가로, 세로 26 크기의 정원을 만듭니다. 디자인 패널에서 ❷ Fill: #FFFFFF(흰색)으로 지정합니다.

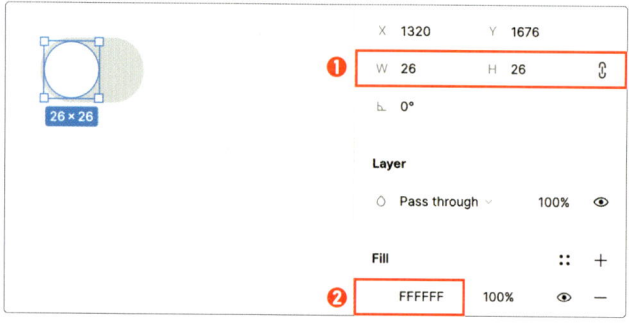

STEP 3 다음과 같이 Effect에서 원에 그림자를 지정합니다. Drop Shadow에서 X: 0, Y: 3, blur: 1, opacity: 6%로 입력합니다.

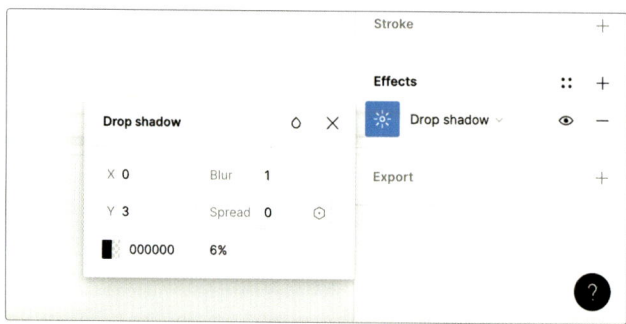

STEP 4 사각형과 원을 선택하고 마우스 우클릭 후 Frame selection을 선택합니다. 프레임의 이름을 'Off'로 변경합니다.

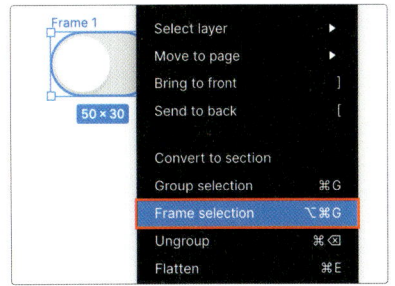

STEP 5 off를 선택한 후 단축키 `Cmd⌘`+`D` (`Ctrl`+`D`)로 복사해서 프레임의 이름을 'On'으로 변경하고 원을 오른쪽에 배치합니다. 사각형의 색상을 Fill: #34C759로 변경합니다.

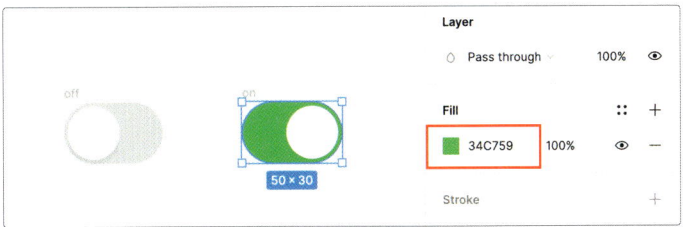

STEP 6 off와 on을 모두 선택하고 컨텍스추얼 툴의 <Create component Set>를 선택해 컴포넌트 세트로 만듭니다.

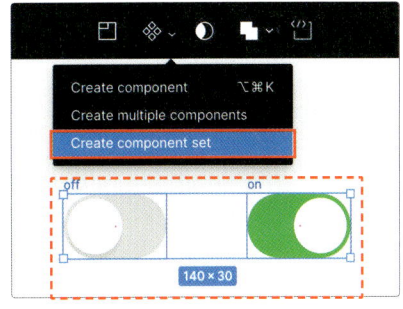

STEP 7 보라색 점선의 컴포넌트 세트로 만들어지면서 베리언트가 On과 Off가 되었습니다. ❶ 컴포넌트 세트의 이름은 '스위치'로, ❷ Property의 이름을 'State'로 변경합니다.

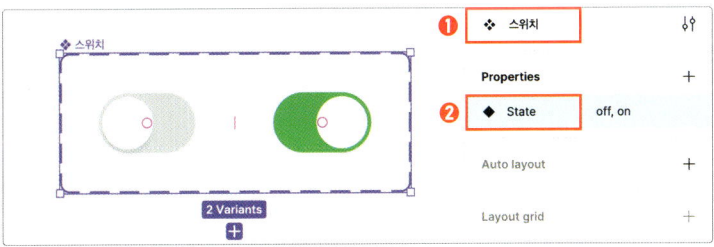

STEP 8 두 베리언트 사이에 인터랙션을 설정하겠습니다. 프로토타입 패널을 열고 'Off'의 핫스팟을 'On'으로 드래그해서 프로토타입을 연결합니다. 트리거는 On click(On tap), 액션은 Change to, 애니메이션은 Smart Animate, Ease out, 300ms로 설정합니다. Off를 터치하면 On으로 바뀌고 스마트 애니메이트로 서서히 끝내는 인터랙션을 설정했습니다. Change to 액션은 인터랙티브 컴포넌트에서만 활성화됩니다.

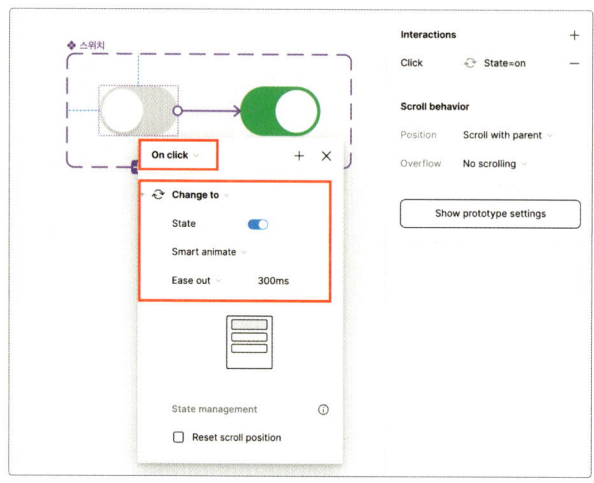

STEP 9 이번엔 반대로 'On'의 핫스팟을 'Off'로 드래그해서 프로토타입을 연결합니다. 트리거는 On click(On tap), 액션은 Change to, 애니메이션은 Smart Animate, Ease out, 300ms(0.3초)으로 설정합니다.

STEP 10 이제 만들어진 스위치를 프레임에 배치하여 사용해 보겠습니다. 프레임 단축키 (F)로 가로 375, 세로 812 크기의 프레임을 만듭니다. 단축키 Opt + 2 (Alt + 2)를 사용해 에셋 패널을 열고 '스위치' 컴포넌트를 프레임으로 드래그해서 배치합니다.

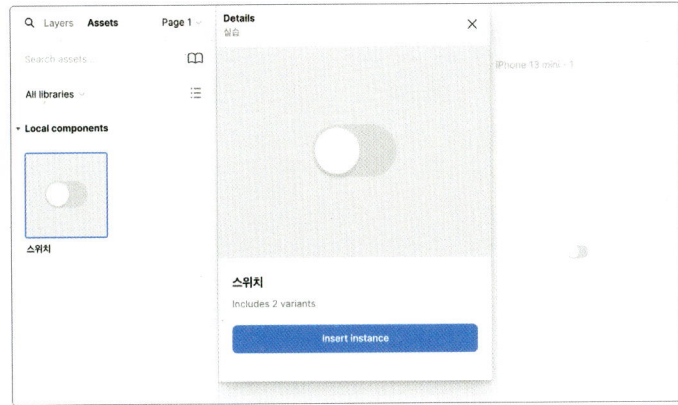

STEP 11 마지막으로 단축키 Shift + Spacebar 미리 보기를 통해 인터랙션을 확인합니다.

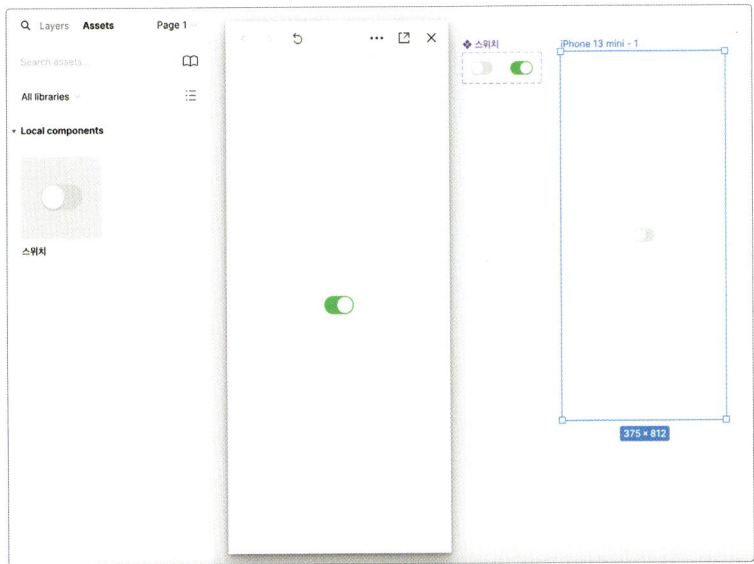

실무에서 자주 사용하는 웹/앱 서비스의 메뉴와 기능, 그리고 인터랙션이 담긴 UI 화면과 반응형 웹 사이트를 디자인해 보겠습니다. 인터랙션 기능을 통해 단일 화면이 아닌 여러 페이지를 서로 연결하고, 실제 서비스처럼 동작하는 프로토타이핑까지 구현할 수 있습니다.

01   **02**   **03**   **04**

- 사용자를 생각하는 인터랙션 화면 디자인하기
- 클래스 앱 서비스 제작하기
- 반응형 웹 사이트 쉽게 만들기
- 피그마에서 다같이 협업하기

part

for Designer

03

피그마 실전 프로젝트

| 01 02 03

Chapter 5

실무에서 바로 쓰는
인터랙션 디자인

5.1 고정 탭 만들기

5.2 상품 갤러리 스크롤 인터랙션 만들기

5.3 GNB 메뉴 구성하기

5.4 웹 사이트 헤더 만들기

5.5 섬네일 크기를 조정하는 인터랙션 만들기

5.1 고정 탭 만들기

탭은 유사한 콘텐츠를 그룹화해서 빠르게 이동하는 기능입니다. 그룹화에 따라 2~3개의 고정된 탭이 있으며, 더 많을 때는 스크롤이 가능한 탭으로 바뀝니다. 사용자가 선택된 상태를 쉽고 빠르게 인지 할 수 있어 많이 사용합니다. 지금부터 2개의 그룹으로 된 고정된 탭을 만들어 보겠습니다.

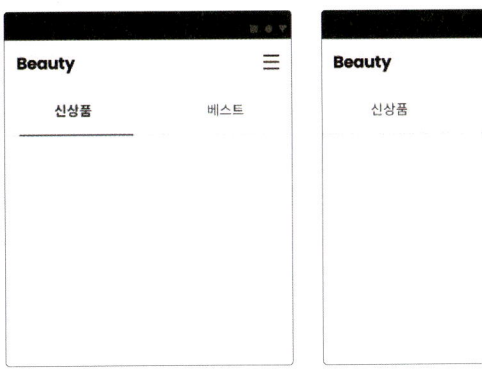

완성 화면 미리 보기

1 탭 만들기

STEP 1 '5장 실전 예제' 페이지를 가져와서 '탭 만들기 시작' 프레임을 열어 주세요.

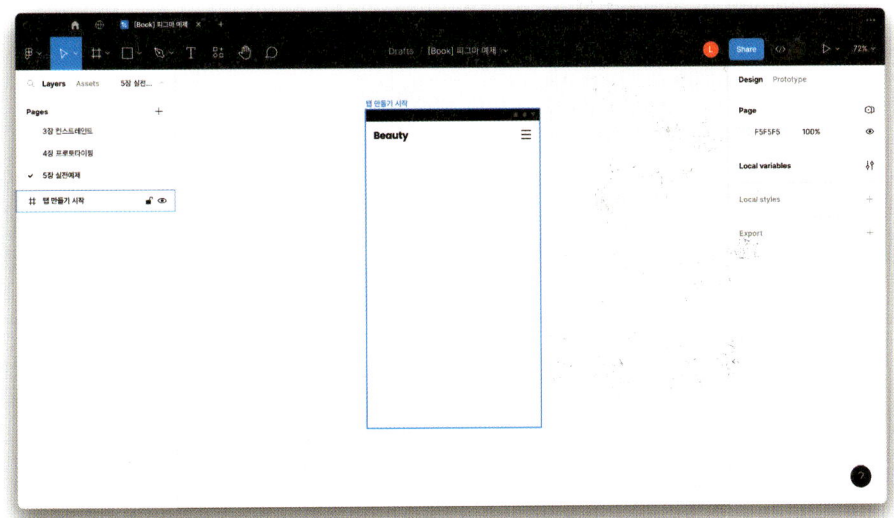

STEP 2 다음과 같이 문자 툴(T)을 이용해 ❶ '신상품'을 입력한 다음, ❷ Text: Noto Sans KR, Bold, 17로 지정하고, ❸ Fill: #333D4B로 설정합니다.

STEP 3 텍스트 요소를 마우스 우클릭으로 선택하고, <Auto layout>을 클릭하거나 단축키 Shift + A 로 오토 레이아웃으로 만듭니다. 오토 레이아웃의 이름을 '신상품'으로 변경하세요.

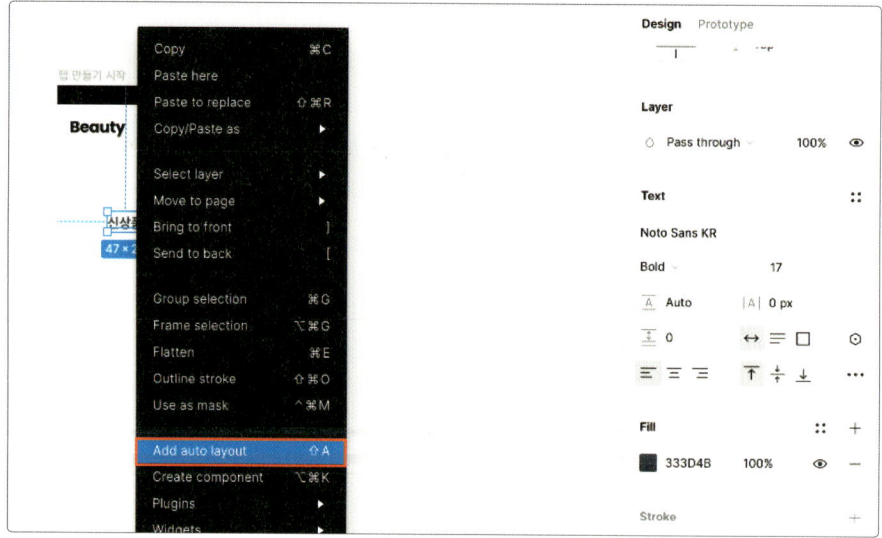

STEP 4 오토 레이아웃을 Cmd⌘ + D (Ctrl + D)로 복제하고 옆쪽에 배치합니다. 텍스트와 레이어 이름을 ❶ '베스트'로 입력하고, ❷ 폰트 두께는 Regular로 변경합니다.

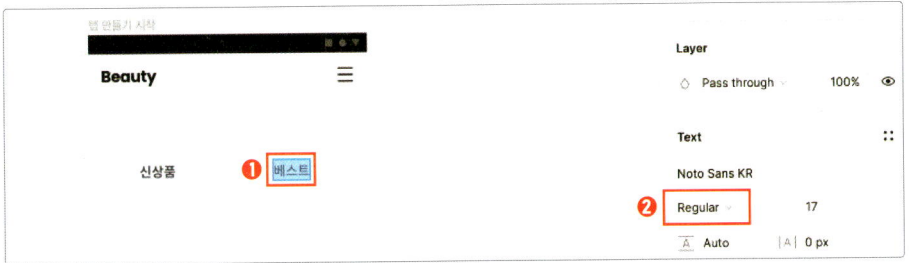

STEP 5 신상품과 베스트를 모두 선택하고 단축키 Shift + A 로 오토 레이아웃으로 만듭니다. 오토 레이아웃의 이름을 '제목'으로 변경합니다.

2 인디케이터 만들기

STEP 1 하단 인디케이터를 만들기 위해 프레임 툴(F)로 W: 360, H: 3 크기의 프레임을 만듭니다.

STEP 2 프레임 안에 ❶사각형(R) 툴을 사용해 W: 141, H: 3 크기의 사각형을 그린 다음, ❷Corner radius: 3, ❸Fill: #333D4B로 설정합니다.

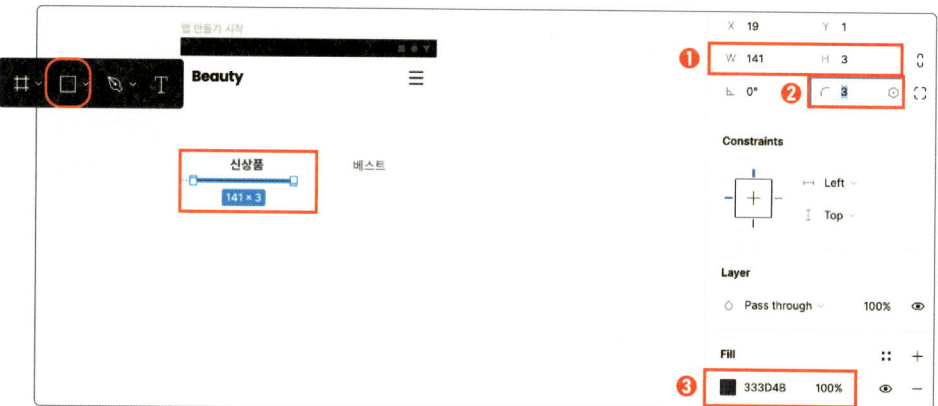

STEP 3 프레임의 이름을 ❶'인디케이터'로 변경합니다. 인디케이터와 제목 모두 선택해서 단축키 Shift + A 로 오토 레이아웃으로 만듭니다. ❷오토 레이아웃의 이름을 '탭스'로 변경합니다.

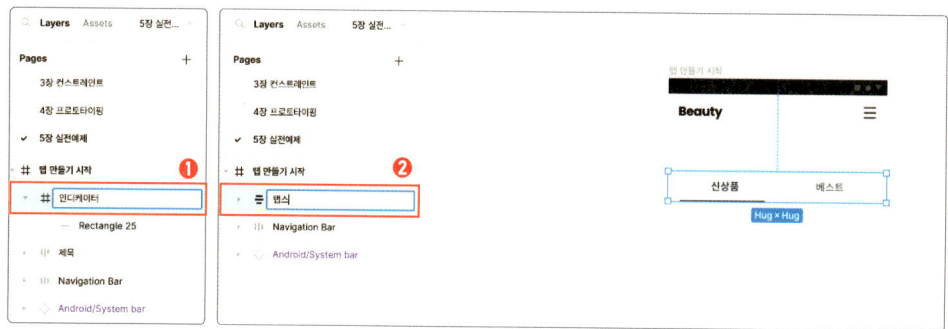

STEP 4 '탭스' 안 아이템 사이의 간격은 ❶Vertical gab between items: 8로 설정하고, ❷ Stroke: 1px, #CACACA, Bottom으로 하단 부분만 테두리를 추가합니다.

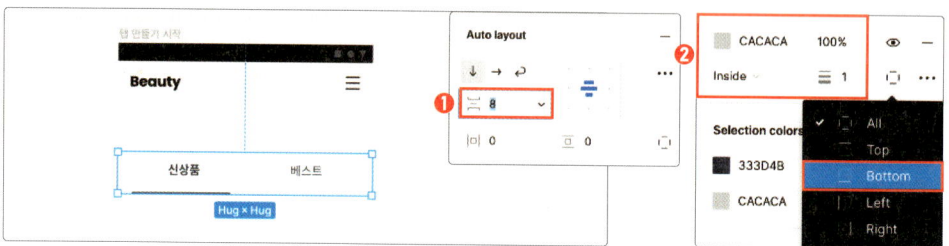

STEP 5 '제목'을 ❶horizontal resizing: Fill container로 설정해 부모 프레임에 가득 차게 만들고, ❷아이템 사이 간격은 Auto layout - Horizontal gab between items: 19로 설정합니다.

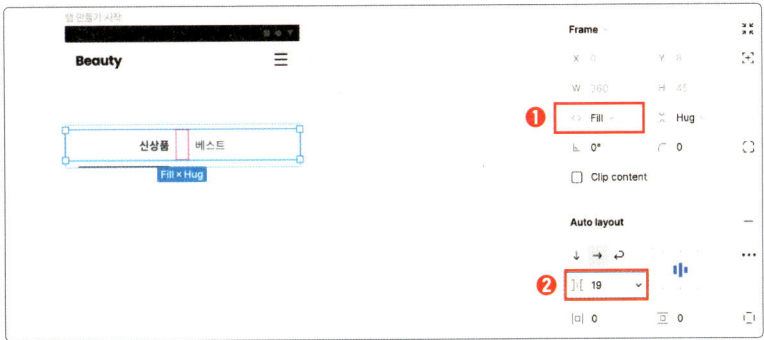

STEP 6 '신상품'과 '베스트' 오토 레이아웃을 선택하고 ❶horizontal resizing: Fill container 로, ❷vertical padding: 8으로 설정합니다.

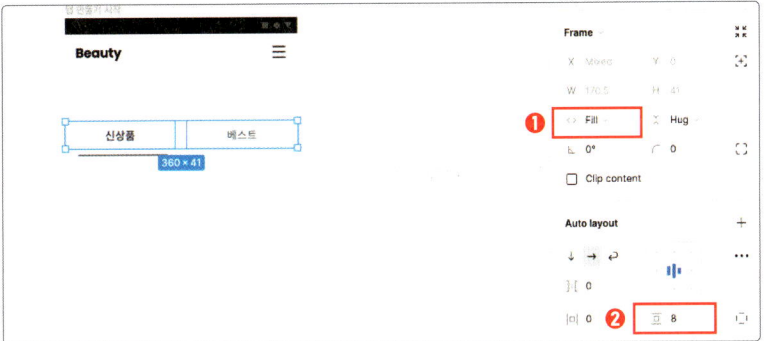

3 컴포넌트 만들기

STEP 1 '탭스'를 선택한 뒤, 상단의 컴포넌트 아이콘을 클릭해서 컴포넌트로 만듭니다.

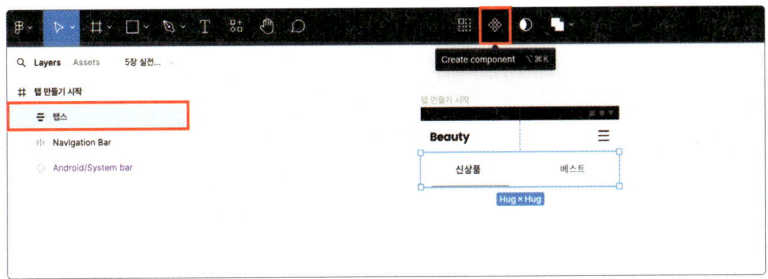

STEP 2 상단 가운데 베리언트 아이콘을 클릭해서 베리언트를 추가합니다. 컴포넌트 세트로 만들어지면서 보라색 점선으로 바뀝니다.

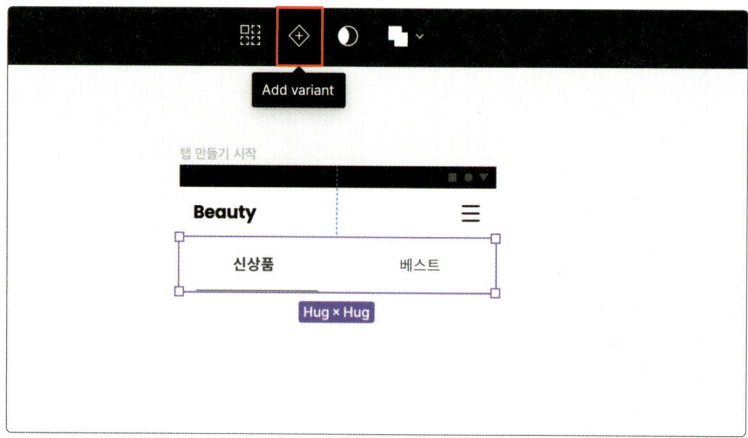

STEP 3 추가된 베리언트의 이름을 'right'로 변경합니다. 첫 번째 베리언트는 'left'로 변경합니다.

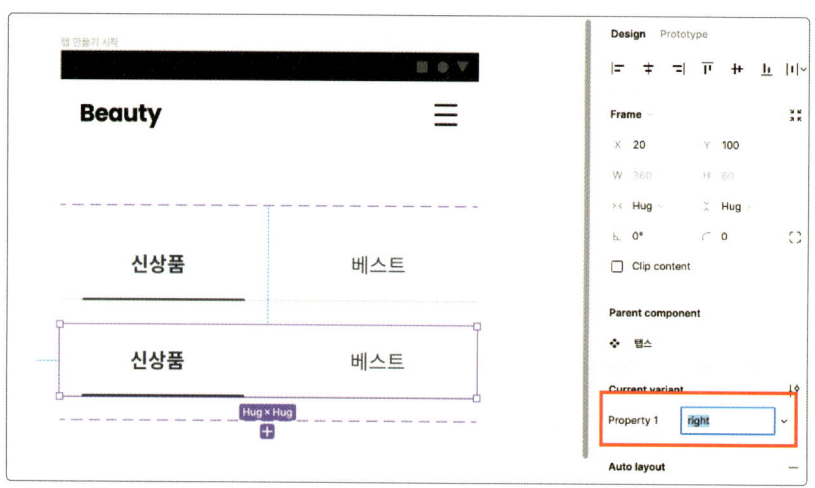

STEP 4 right 베리언트의 글자 '베스트'는 Bold로, '신상품'은 Regular로 폰트 두께를 변경하고, 인디케이터의 사각형을 오른쪽으로 배치해서 사용자가 선택한 것을 알 수 있도록 디자인합니다.

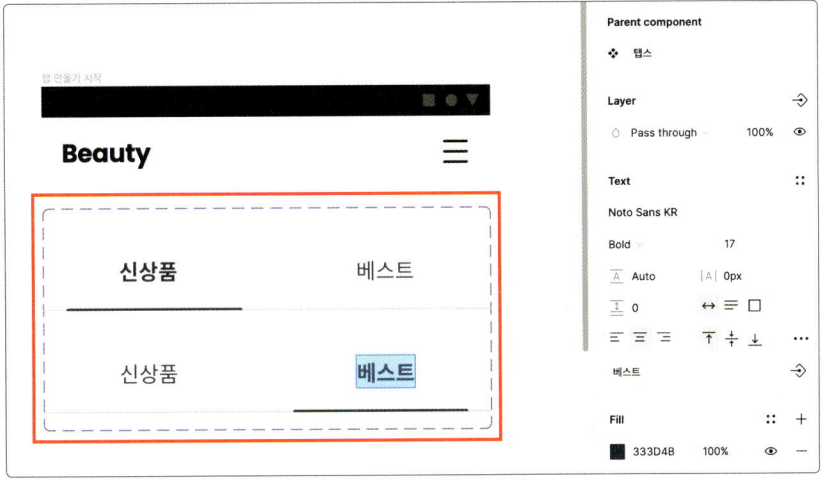

4 인터랙션 설정하기

STEP 1 프로토타입 패널로 가서 ❶left의 '베스트' 핫스팟을 right 베리언트로 드래그해서 인터랙션을 연결하고 ❷트리거: On Click(On Tap), 액션: Change to, 애니메이션: Smart Animate, Ease out, 300ms(0.3초)로 설정합니다. 터치했을 때 right로 이동하고 서서히 끝나는 애니메이션으로 설정했습니다.

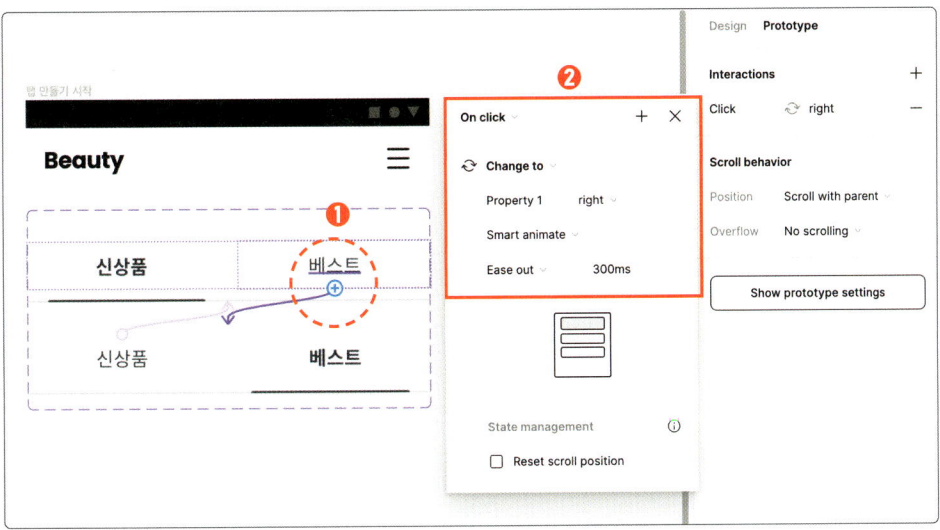

STEP 2 이번엔 ❶right 베리언트 '신상품'의 핫스팟을 left 베리언트로 드래그해서 인터랙션을 연결하고 ❷트리거: On Click(On Tap), 액션: Change to, 애니메이션: Smart Animate, Ease out, 300ms(0.3초)로 설정합니다.

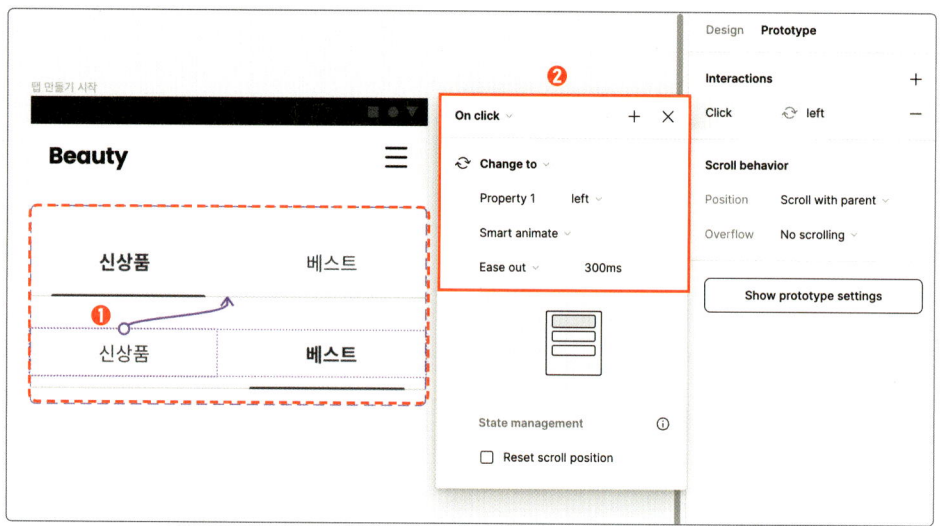

STEP 3 만들어진 탭을 프레임 밖에 배치하겠습니다. 리소스 툴(Shift + I)을 사용해 검색 바에 '탭스' 컴포넌트를 검색해서 프레임 안에 배치합니다. 오른쪽 상단의 <present>로 프레젠테이션 모드(▶)에서 인터랙션을 확인합니다.

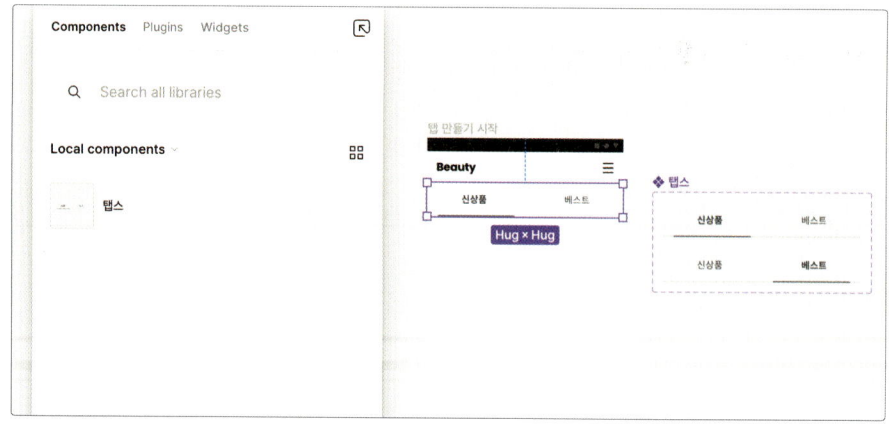

다음처럼 탭을 터치하면 탭 메뉴가 활성화된 모습을 확인할 수 있습니다.

5.2 상품 갤러리 스크롤 인터랙션 만들기

Horizontal scroll과 Scroll to 액션을 활용해서 제품 섬네일을 클릭하면 해당 제품으로 이동하는 인터랙션을 제작해 보겠습니다. Horizontal scroll은 프레임으로 설정할 수 있으며, scroll to는 프레임 내에서 이동하는 액션입니다.

완성 화면 미리 보기

1 섬네일 만들기

STEP 1 사각형 툴(R)을 이용해 ❶ W, H: 60의 정사각형을 그려서 섬네일을 만들고 모서리를 둥글게 해 주는 ❷ Corner radius: 8을 넣어 줍니다.

STEP 2 사각형을 Cmd+D (Ctrl+D)로 4번 복사해서 나란히 배치합니다.

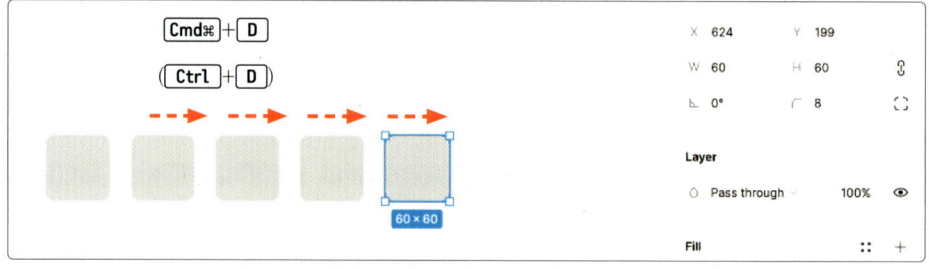

STEP 3 큰 제품 사진이 들어갈 사각형을 만듭니다. 사각형 툴(R)로 ❶ W: 328, H: 253, ❷ Corner radius: 8로 지정합니다.

STEP 4 섬네일과 마찬가지로 큰 사각형을 `Cmd⌘`+`D` (`Ctrl`+`D`)로 4개 더 복사해서 나란히 배치합니다.

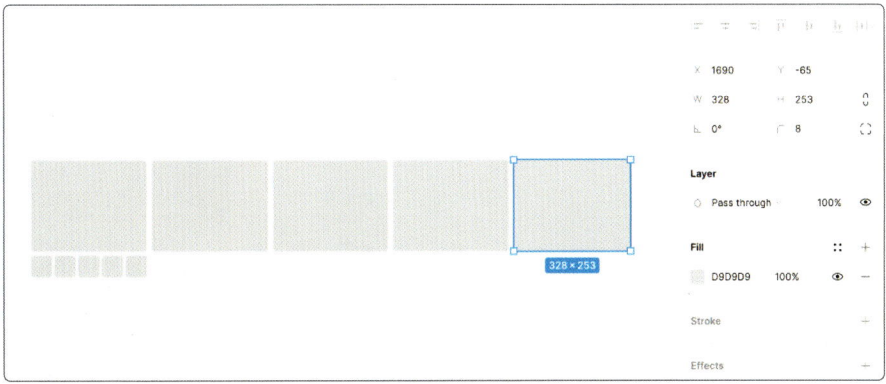

2 플러그인으로 이미지 삽입하기

STEP 1 상단 메뉴에서 Resources - Plugin에서 'Pexels'을 검색 후 <Run> 버튼을 클릭해서 실행합니다. 사진을 검색해서 각 섬네일과 사각형에 같은 사진을 넣어줍니다.

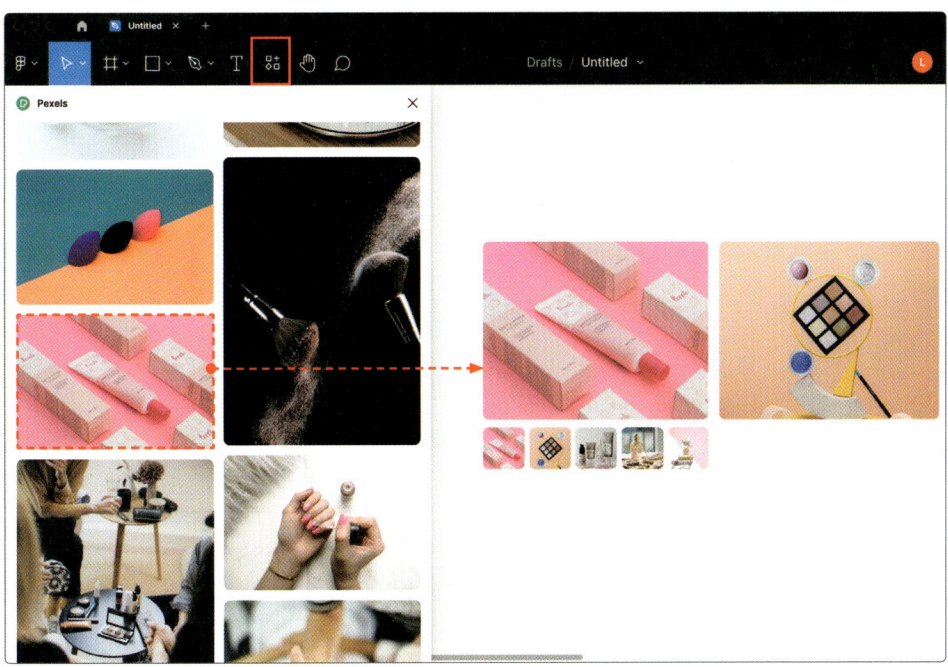

STEP 2 큰 사각형 이미지 5개를 선택하고 마우스 우클릭 후 <Frame selection>을 선택해 프레임으로 만듭니다. 같은 방법으로 섬네일 5개를 선택하고 <Frame selection>을 선택해 프레임으로 만듭니다.

STEP 3 상품 갤러리로 사용할 모바일 크기의 프레임이 필요합니다. 앞에서 실습한 '5.1절 탭 만들기'의 프레임을 가져오겠습니다.

STEP 4 섬네일과 제품 확대 이미지(큰 사각형)을 모두 선택해서 '탭 만들기 시작' 프레임 안에 넣습니다.

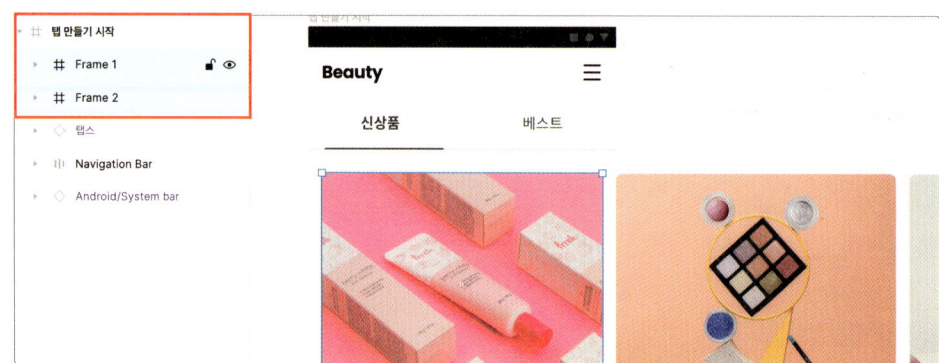

3 인터랙션 설정하기

STEP 1 프로토타입 패널에서 인터랙션을 설정합니다. ❶1번째 섬네일의 핫스팟을 1번째 제품 확대 이미지와 연결합니다. ❷트리거: On Click(On Tap), 액션: Scroll to, 애니메이션: Smart animate-Slow, 600ms(0.6초)로 설정합니다. Scroll to 액션의 의미는 같은 프레임 내에서 이동하는 것입니다.

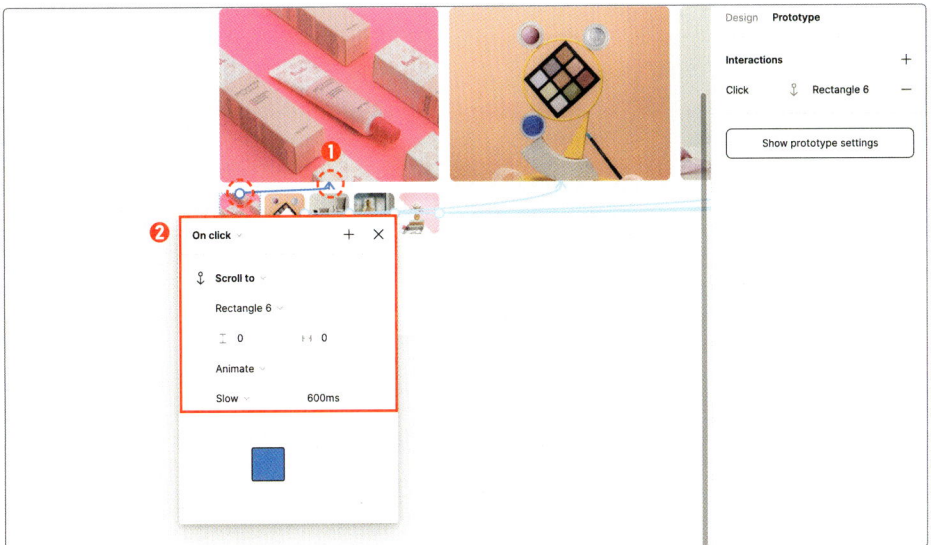

STEP 2 같은 방법으로 나머지 섬네일도 각 제품 이미지와 인터랙션을 연결하고 설정합니다.

STEP 3 제품 확대 이미지가 있는 프레임 'Frame1'을 Scroll Behavior에서 Overflow: Horizontal로 설정합니다. 스크롤 인터랙션은 프레임으로 만든 후 가능합니다. 그리고 Horizontal scroll과 Scroll to 액션을 같이 설정해야 섬네일을 클릭하면 해당 제품으로 이동하는 인터랙션이 작동합니다.

STEP 4 Overflow에 [Horizontal] 아이콘이 나타나는 이유는 콘텐츠와 프레임의 크기가 같기 때문입니다. 'Frame1'의 가로 폭을 제품 확대 이미지 크기와 동일하게 ❶ W: 328로 줄이고 ❷ Clip content에 체크해서 프레임 밖 사진을 감춥니다.

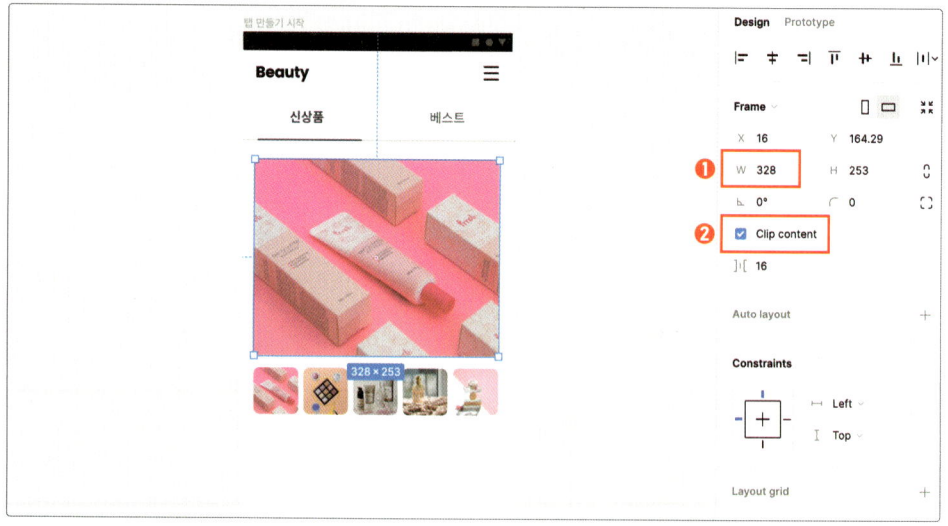

이제 단축키 Cmd⌘ + Opt + Enter (Ctrl + Alt + Enter)로 프리젠테이션 모드를 실행해서 섬네일을 터치하면 각 제품의 사진이 보이는지 인터랙션을 확인해 보세요.

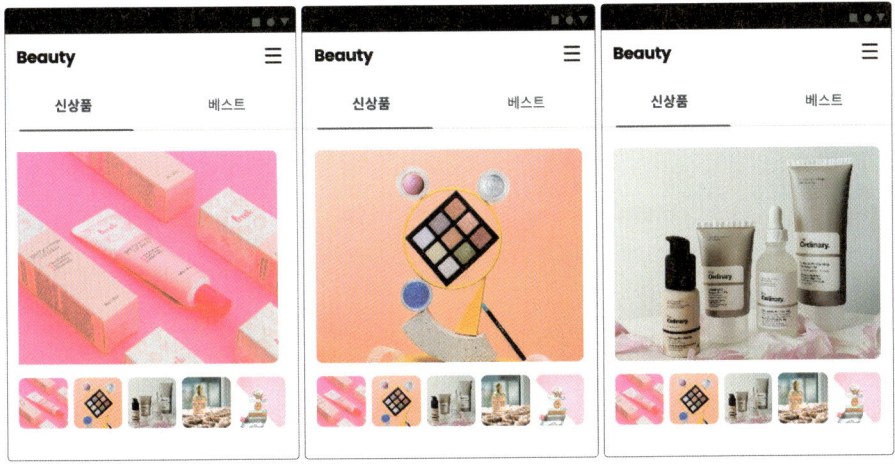

5.3 GNB 메뉴 구성하기

웹 사이트 화면에서 자주 볼 수 있는 GNB(Global Navigation Bar) 메뉴를 제작해 봅니다. 인터랙티브 컴포넌트를 이용해서 기본 상태(default)와 마우스 올렸을 때(hover) 2가지 상태로 만들겠습니다.

1 메뉴 만들기

STEP 1 문자 툴(T)로 'menu' 텍스트를 입력합니다. Text: Noto Sans KR, 18로 설정합니다.

STEP 2 단축키 Shift + A 로 오토 레이아웃으로 변경합니다.

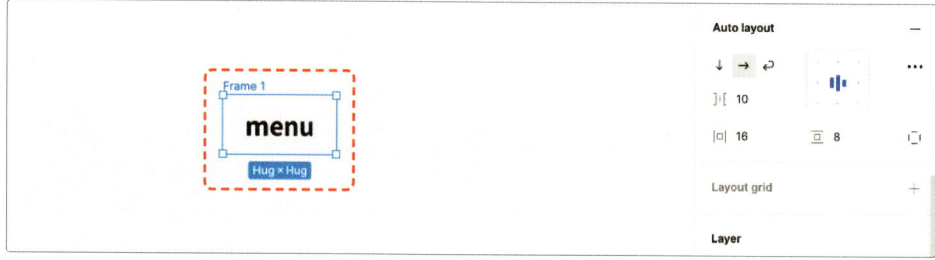

STEP 3 오토 레이아웃의 패딩과 테두리를 지정합니다. ❶ Horizontal Padding: 16, Vertical Padding: 8, ❷ Stroke: 1px , Bottom으로 지정합니다.

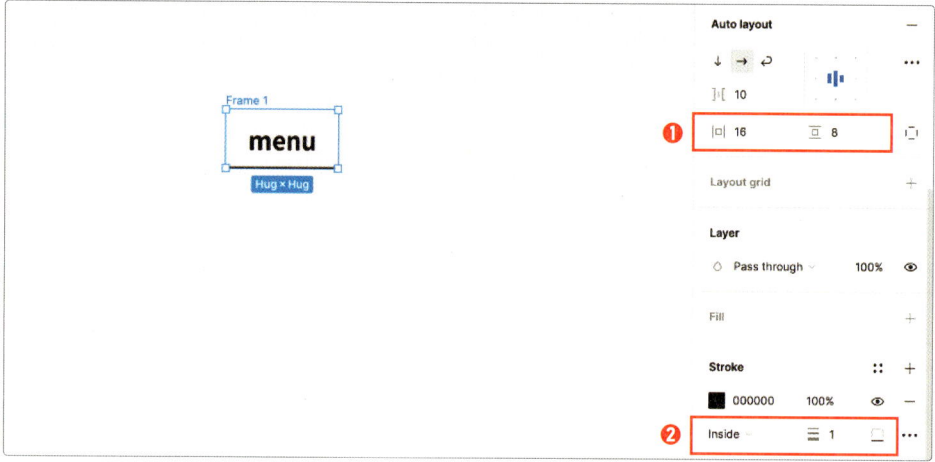

STEP 4 마우스 우클릭 후 〈Create Component〉를 선택해 컴포넌트로 만듭니다.

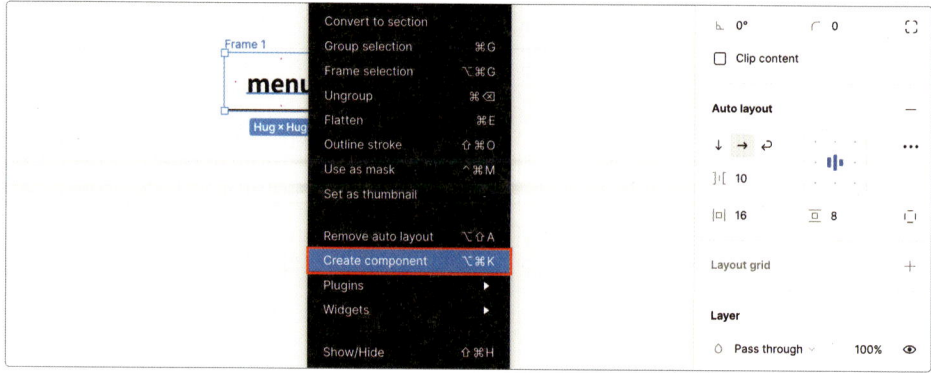

2 베리언트 만들기

STEP 1 Properties에서 + 버튼을 클릭하고 <Variant>을 선택해 베리언트를 추가합니다.

STEP 2 컴포넌트 세트가 되면서 보라색 점선이 나타나고, 이름은 'Default'로 만들어집니다. + 버튼을 선택해 베리언트를 추가합니다.

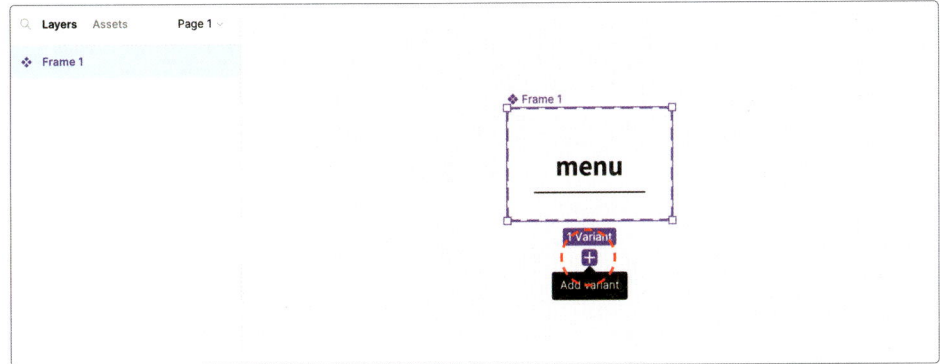

STEP 3 추가된 베리언트의 이름을 'Hover'로 변경합니다. 'Default'와 'Hover' 2가지의 베리언트가 만들어졌습니다.

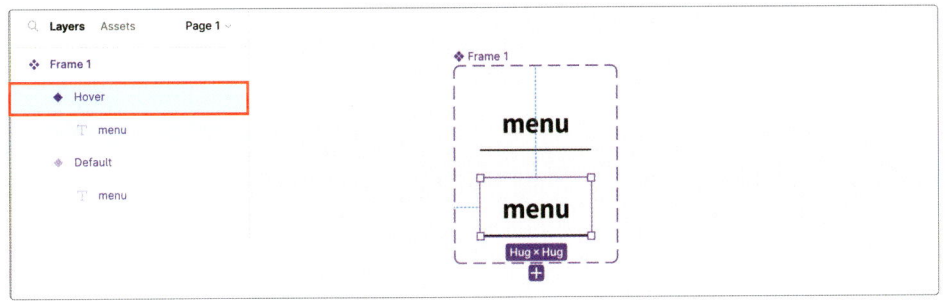

STEP 4 Properties에서 'Property 1'을 'State(상태)'로 변경하고 컴포넌트의 이름은 '메뉴'로 지정합니다.

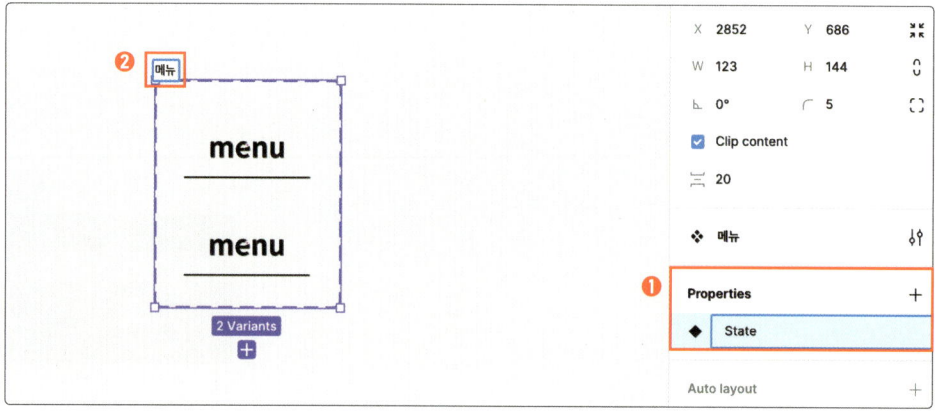

STEP 5 Default의 Stroke는 삭제합니다. 기본 상태는 하단 라인이 없다가 마우스를 올리면 보이는 디자인으로 완성합니다.

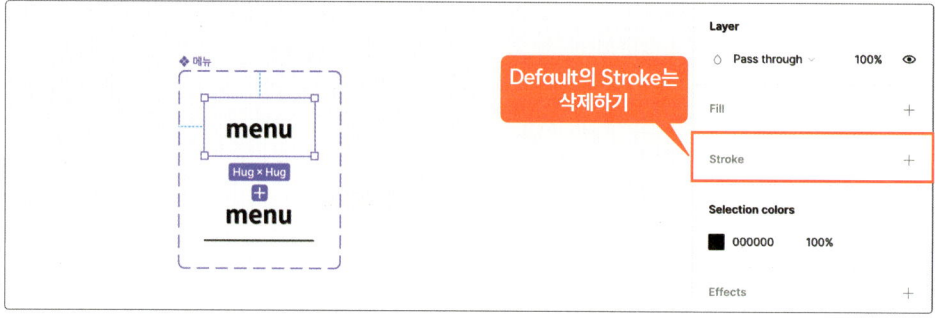

3 인터랙션 설정하기

STEP 1 컴포넌트 사이에 인터랙션을 설정하겠습니다. ❶ 'Default'의 핫스팟을 'Hover'로 드래그합니다. ❷ 트리거: While Hovering, 액션: Change to, Smart animate: Ease out으로 설정해서 메뉴를 완성합니다.

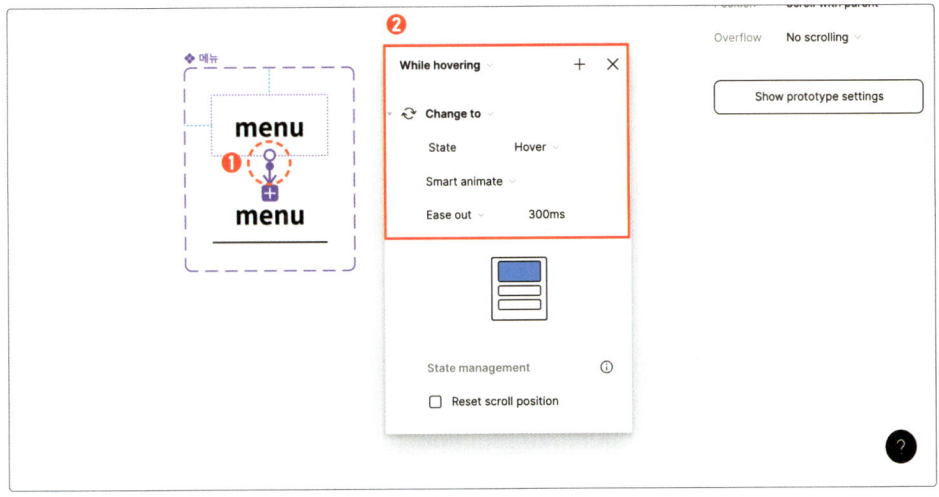

5.4 웹 사이트 헤더 만들기

'5.3절의 GNB 메뉴 구성하기'에서 만든 메뉴를 가지고 반응형 웹 사이트 제작에 필요한 헤더를 만들어 보겠습니다. 다음처럼 왼쪽은 로고, 오른쪽은 GNB 메뉴로 구성된 화면입니다. 다양한 크기의 디바이스에서 사용할 수 있도록 로고와 메뉴의 간격을 자동으로 유연하게 만드는 것이 중요합니다. 오토 레이아웃으로 전체 프레임 사이즈에 반응하는 헤더를 만들어 보겠습니다.

완성 화면 미리 보기

1 메뉴 만들기

STEP 1 '5.3절 GNB 구성하기'에서 제작한 '메뉴' 컴포넌트를 에셋 패널에서 캔버스로 드래그해 가져옵니다.

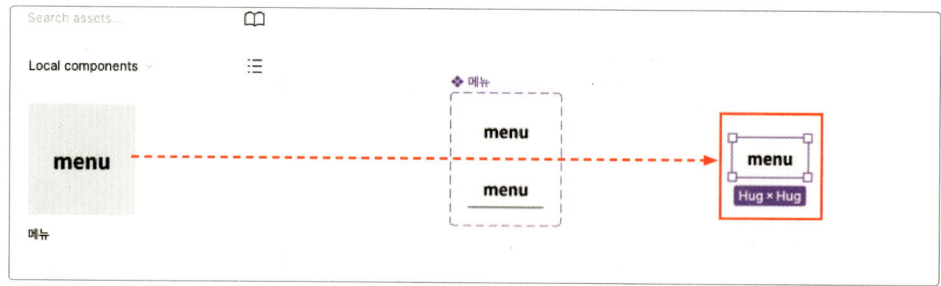

STEP 2 Cmd⌘+D (Ctrl+D)로 메뉴를 3개 더 복사해서 배치합니다.

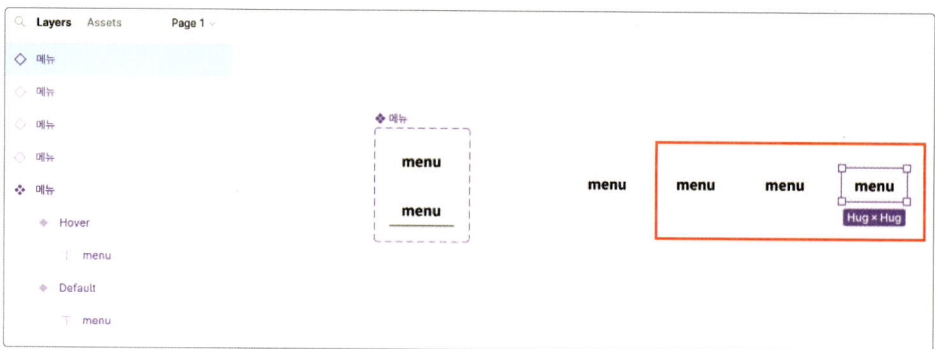

STEP 3 메뉴명을 '브랜드', '제품', '서비스', '고객센터'로 변경합니다.

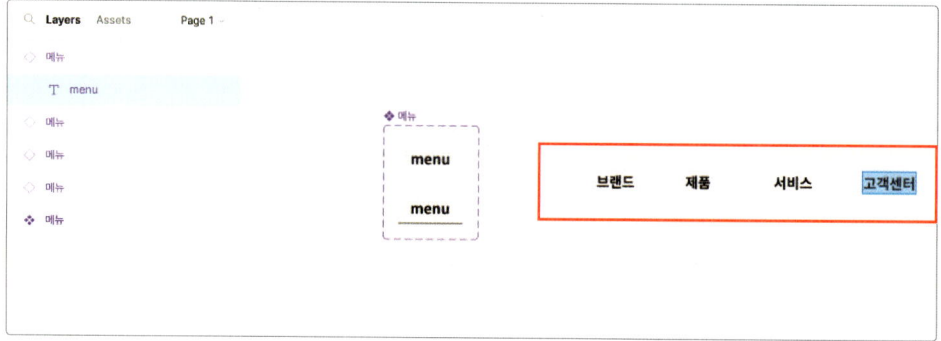

STEP 4 메뉴를 모두 선택하고 단축키 Shift + A 로 오토 레이아웃을 만듭니다. 오토 레이아웃의 이름을 'GNB'로 변경합니다. 아이템의 간격을 Horizontal gab between items: 16으로 설정합니다.

2 가변 폰트로 로고 만들기

STEP 1 문자 툴(T)을 사용해 왼쪽에 로고를 ❶ Text: Roboto, 30으로 입력합니다. 로고를 가변 폰트로 설정하겠습니다. ❷ ··· 아이콘을 클릭 후, ❸ Variable에서 Weight(두께): 800, Width(장평): 80으로 설정합니다.

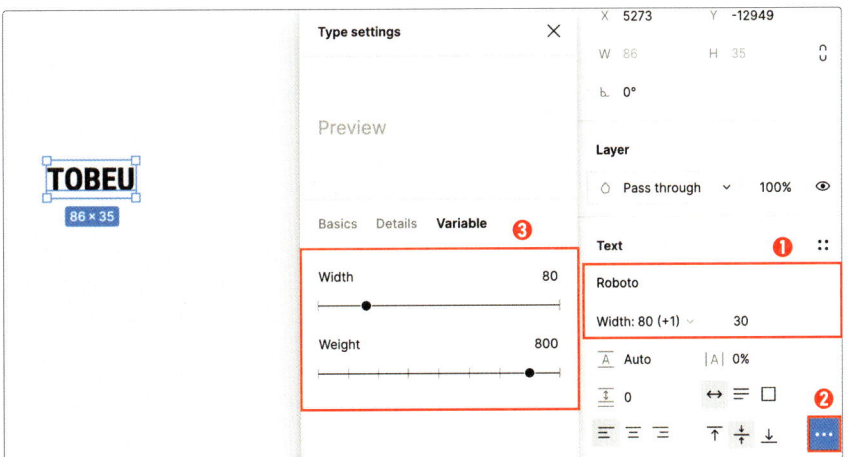

> 가변 폰트란, 축(axis)을 기준으로 폰트의 두께를 정한 것입니다. width는 문자의 장평, weight는 문자의 두께를 나타냅니다. 가변 폰트는 단일 폰트 내에 장평, 두께 또는 스타일에 대해 일괄적으로 설정합니다. 가변 폰트를 사용하면 웹 페이지가 로딩될 때까지 기다리는 시간과 파일 용량을 줄일 수 있습니다. Light, Regular, Bold, Black, Italic 등 최소 5~6개의 폰트를 줄이기 때문에 용량이 상당히 줄어듭니다.

STEP 2 ❶ 로고와 GNB를 모두 선택하고 단축키 `Shift`+`A`로 오토 레이아웃을 만듭니다. ❷ 아이템의 간격은 Horizontal gab between items: Auto로 부모 프레임의 크기가 늘어나면 로고와 GNB 사이의 간격이 자동으로 늘어나도록 설정합니다.

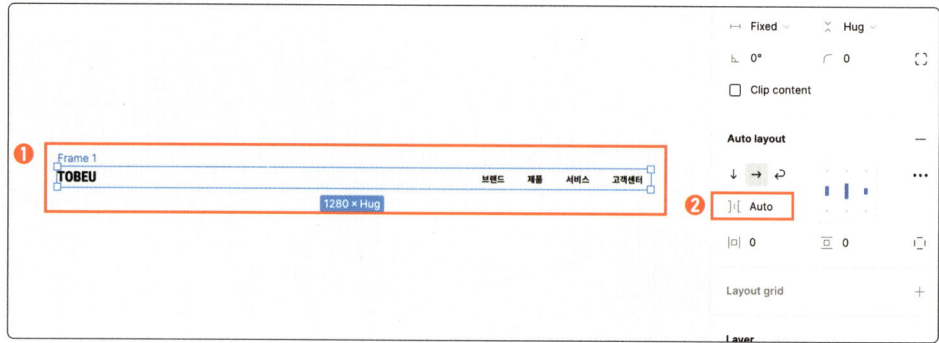

STEP 3 오토 레이아웃의 ❶ 이름을 '헤더'로 변경합니다. ❷ W: 1300으로 설정해서 헤더를 완성합니다.

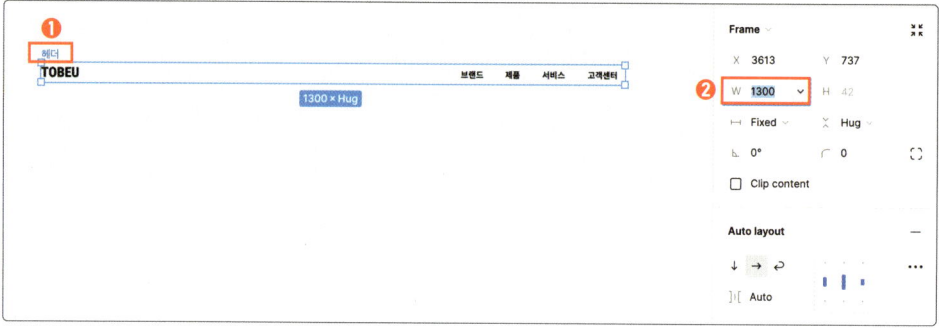

3 반응형 디자인으로 제작하기

STEP 1 데스크톱 크기(1440 × 1024)의 프레임을 만들어서 '헤더'를 중앙에 배치합니다. 다음처럼 콘스트레인트(Constraints)를 설정하여 반응형 디자인으로 만들겠습니다. 수평: Horizontal - Left & Right, 수직: Vertical - Top으로 설정합니다. 로고와 GNB 사이의 간격이 유동적으로 움직이면서 부모 프레임의 가로 폭에 반응하게 됩니다.

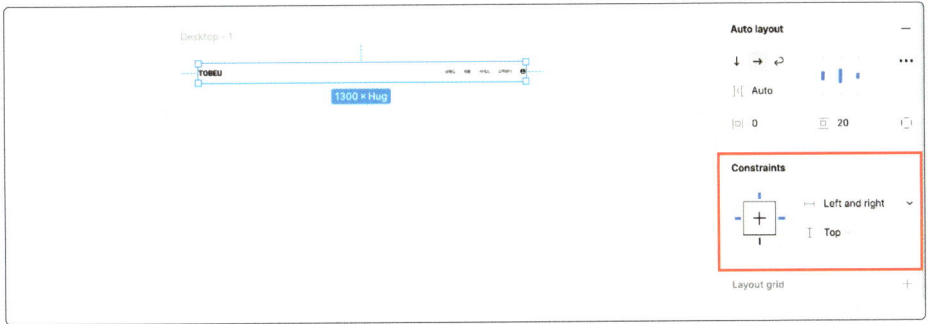

STEP 2 ❶ `Cmd⌘`+`D`(`Ctrl`+`D`) 단축키로 프레임을 복사한 후 ❷프레임의 크기를 iPad mini 5(768×1024)의 태블릿 크기로 변경해서 로고와 GNB 사이의 간격이 자동으로 변하는지 확인합니다.

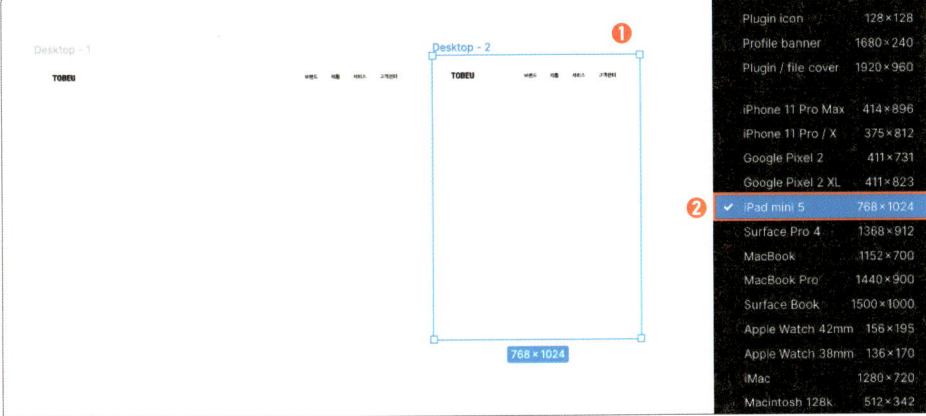

STEP 3 단축키 `Cmd⌘`+`Opt`+`Enter`(`Ctrl`+`Alt`+`Enter`)로 프리젠테이션 모드를 실행해 메뉴 위에 마우스를 올리면 호버 디자인으로 바뀌는지 인터랙션을 확인해 보세요.

5.5 섬네일 크기를 조정하는 인터랙션 만들기

온라인 쇼핑몰에서 많이 사용하는 인터랙션으로, 사용자가 상품에 마우스를 올렸을 때 사진이 확대되는 인터랙션을 만들어 보겠습니다. 기본 디자인과 마우스 올렸을 때의 호버 디자인을 만들고 컴포넌트 세트로 만들어 2개의 베리언트 안에서 인터랙션을 설정하는 방법입니다.

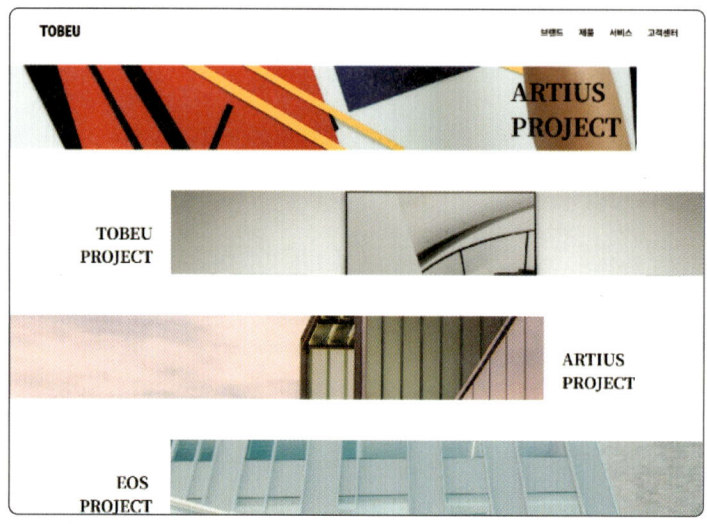

완성 화면 미리 보기

1 기본 디자인하기

STEP 1 ❶ 사각형 툴(R)로 1100 × 165 크기의 사각형을 만들고 ❷ 이름을 '사진'으로 변경합니다.

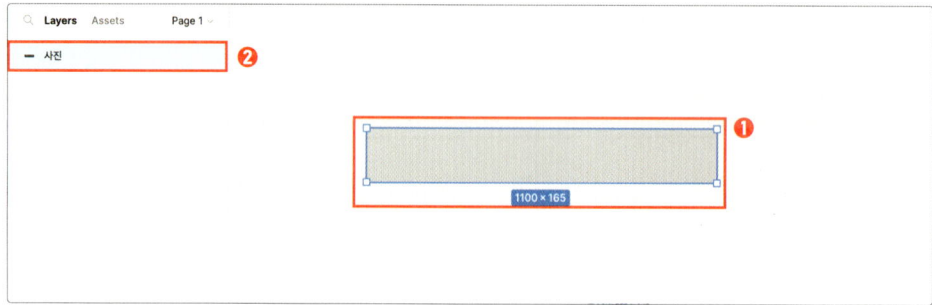

STEP 2 ❶문자 툴 (T)로 'PROJECT'를 입력하고 ❷Text: Noto Serif KR, 32로 글꼴을 설정합니다.

STEP 3 ❶사각형과 텍스트를 같이 선택한 후 마우스 우클릭하여 <Frame Selection>을 선택하거나, 단축키 Cmd⌘ + Opt + G (Ctrl + Alt + G)을 사용해 프레임으로 변경하고, ❷프레임의 이름을 '기본'으로 변경합니다.

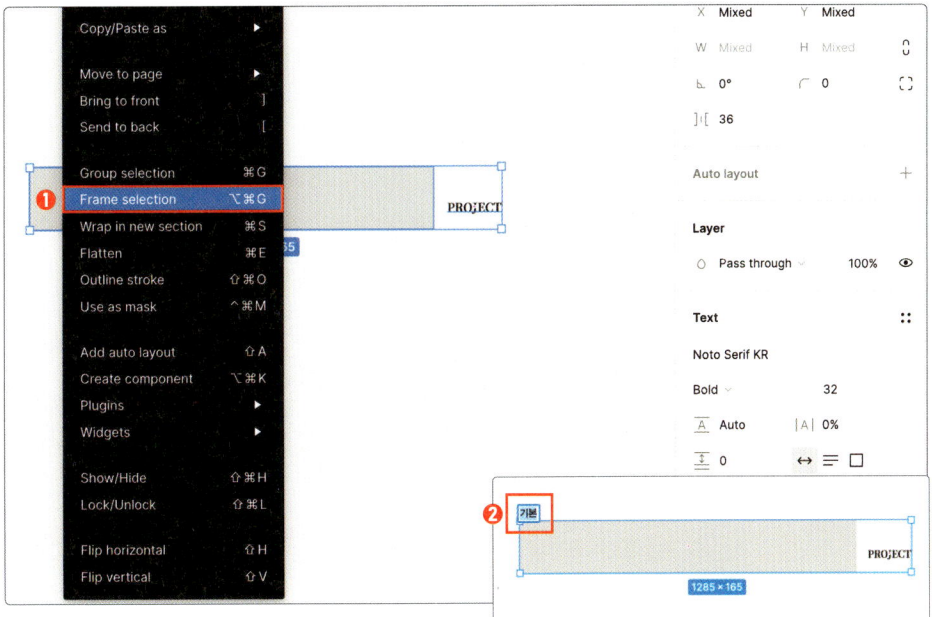

STEP 4 ❶ 프레임을 `Cmd⌘`+`D`(`Ctrl`+`D`)로 복사하고 ❷ 프레임의 이름을 '호버'로 변경합니다.

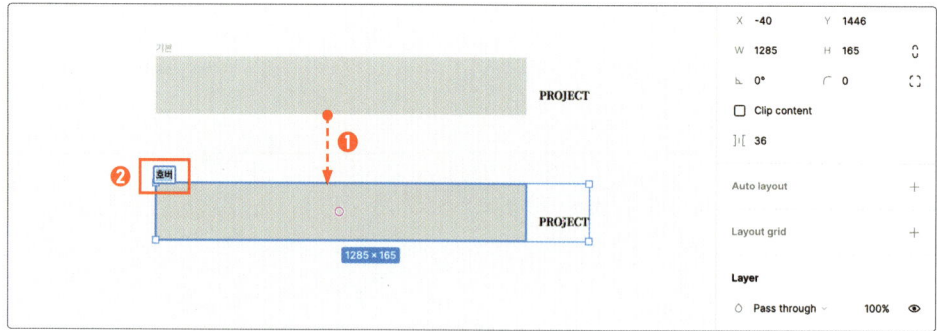

2 호버 디자인하기

STEP 1 '호버' 프레임의 폰트 크기를 48로 변경해서 마우스 올리면 글자 커지는 디자인으로 만듭니다.

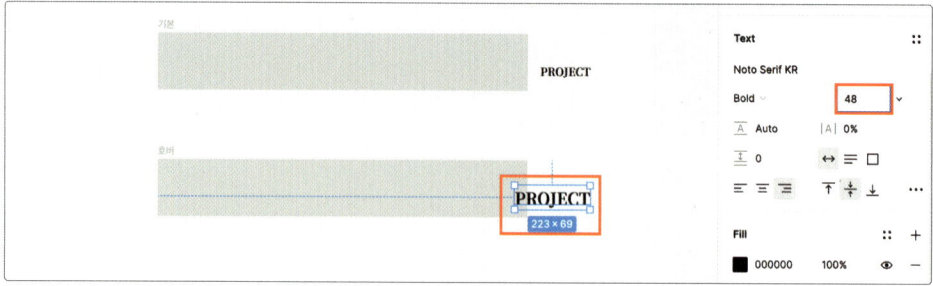

STEP 2 '호버' 프레임 안에 있는 '사진' 레이어의 모서리를 밖으로 드래그해서 확대합니다.

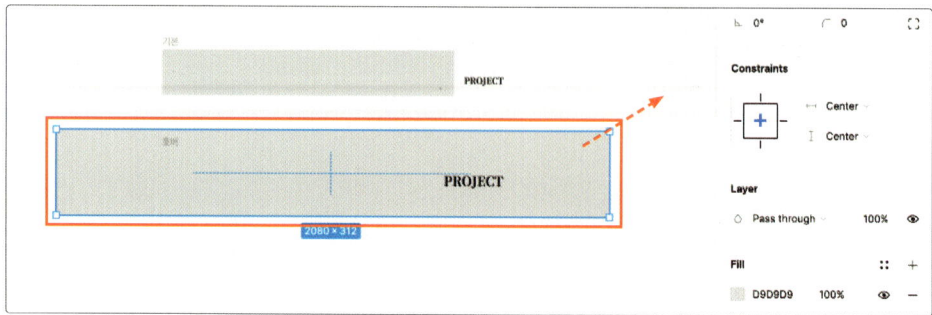

STEP 3 ❶ '기본', '호버' 두 프레임을 선택하고 ❷ Frame의 Clip Content를 체크해서 프레임 밖으로 나가는 것을 감춥니다.

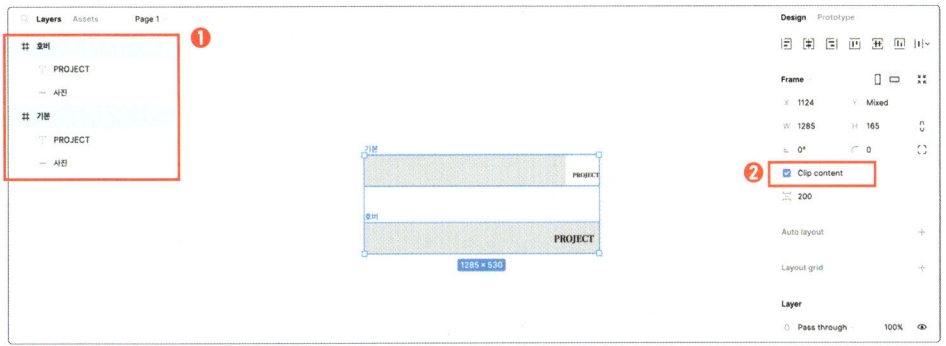

STEP 4 '기본', '호버' 두 프레임을 선택한 다음 컴포넌트의 ❶ 드롭다운 메뉴를 눌러서 ❷ <Create Component set>로 하나의 컴포넌트 세트로 만듭니다.

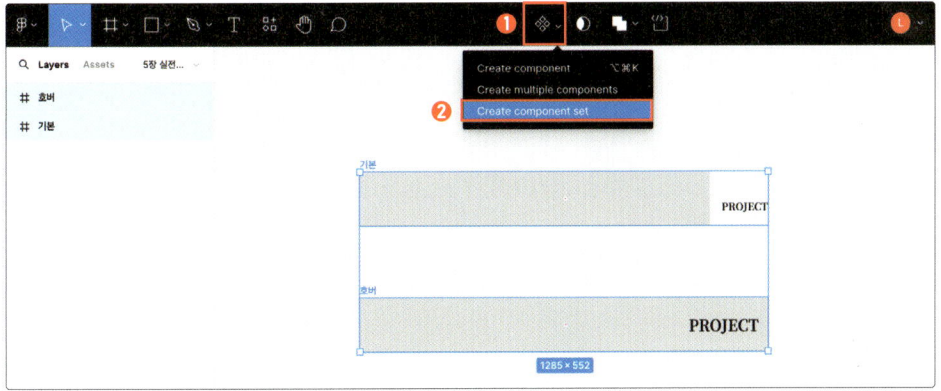

STEP 5 컴포넌트 세트의 이름을 ❶ '섬네일'로 변경하고 ❷ 'Property1'을 '상태'로 변경합니다. 베리언트는 기본과 호버입니다.

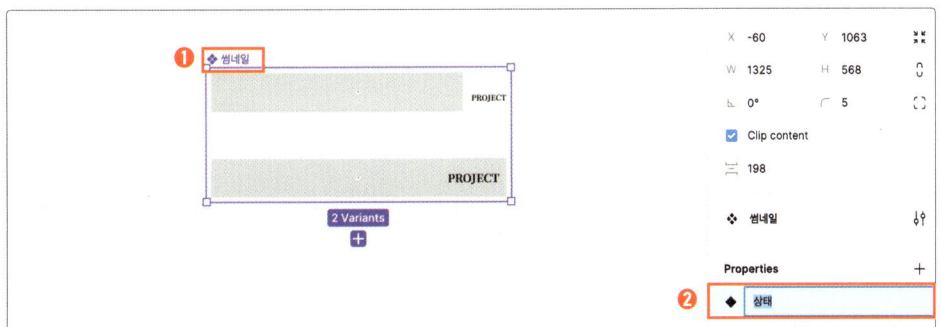

3 인터랙션 설정하기

STEP 1 두 베리언트 사이에 인터랙션을 설정하겠습니다. Shift + E 로 프로토타입 패널을 열어 줍니다. ❶ '기본'의 핫스팟을 '호버'로 드래그해서 프로토타입을 연결하고, ❷ 트리거: While hovering, 액션: Change to, 애니메이션: Smart Animate, Slow, 800ms(0.8초)로 설정합니다. '기본'에 마우스를 올리면 '호버'로 천천히 크기가 커지는 인터랙션을 설정합니다.

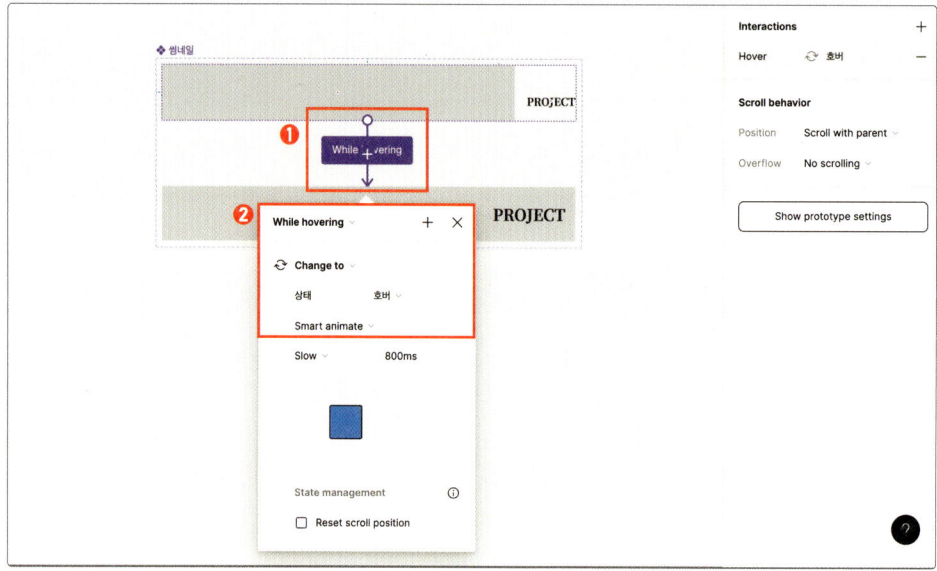

STEP 2 앞에서 만든 '5.4절 웹 사이트 헤더 만들기'의 프레임을 가져옵니다. 에셋 패널에서 '썸네일' 컴포넌트를 드래그해서 중앙에 배치합니다.

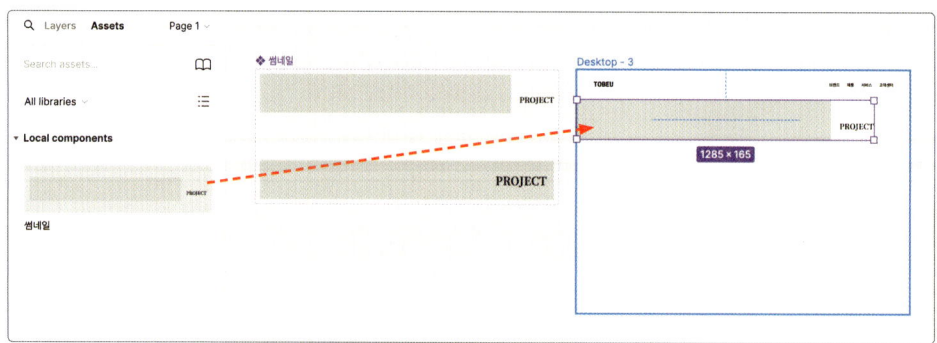

STEP 3 '사진' 레이어를 선택하고 리소스 툴에서 'Pexels' 플러그 인을 실행해서 원하는 사진을 넣어줍니다.

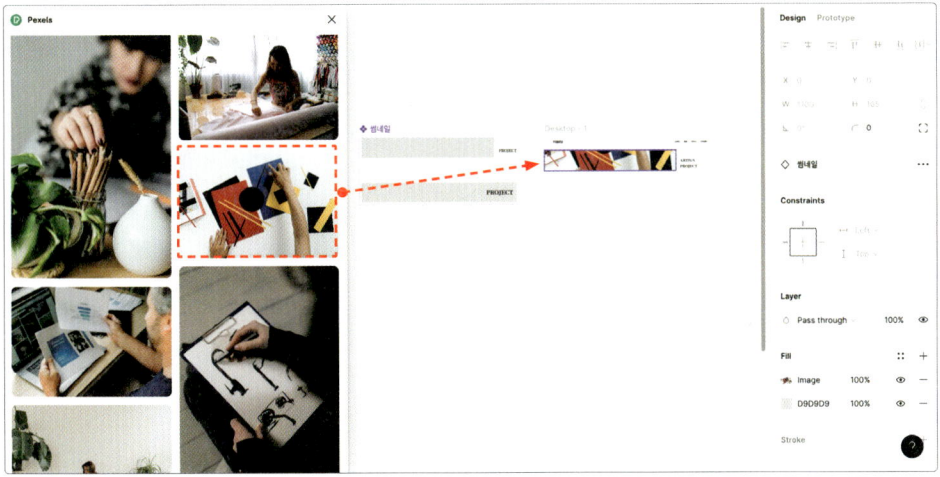

STEP 4 프로젝트 이름을 변경하고 섬네일을 복사해서 완성합니다. 최상위 프레임을 선택하고 오른쪽 상단의 ▷ 아이콘을 클릭한 다음, 프리젠테이션 모드에서 제품에 마우스를 올리면 사진이 커지는 인터랙션을 확인해 보세요.

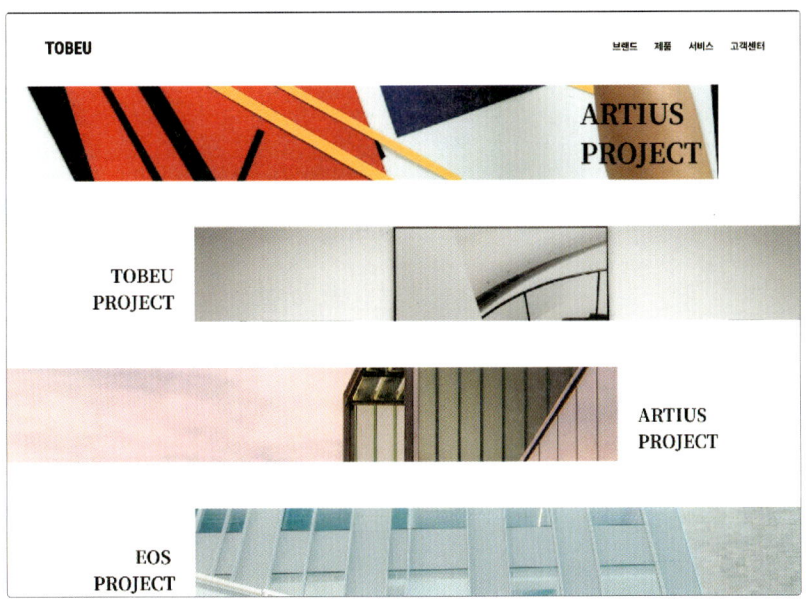

Chapter 6

클래스 앱 디자인

6.1 클래스 앱의 홈 화면 디자인하기

6.2 베스트 클래스 리스트 디자인하기

6.3 클래스 상세 페이지 디자인하기

6.4 드로어 만들기

6.5 질문 모달 만들기

6.6 프로토타이핑 설정하기

6.1 클래스 앱의 홈 화면 디자인하기

6장에서는 피그마의 다양한 기능을 활용하여 클래스 앱을 만들고 프로토타이핑을 설정해 봅니다. 먼저 클래스 앱의 홈 화면을 디자인해 보겠습니다. 내비게이션, 추천 강좌, 신규 클래스, 오픈 강좌, 하단 탭 바로 구성합니다. 탭은 인터랙티브 컴포넌트를 이용해서 만들고, 추천 강좌 슬라이딩 배너는 스와이프 인터랙션으로, 탭 바는 컴포넌트 프로퍼티로 지정합니다.

완성 화면 미리 보기

1 내비게이션 배치하기

STEP 1 예제 파일의 '6장 클래스 앱' 페이지에서 '홈 시작' 프레임을 엽니다.

STEP 2 프레임에 레이아웃 그리드를 설정하고 스타일로 등록하겠습니다. 디자인 패널에서 ❶ Layout grid는 Columns으로 지정하고, Count: 4, Margin: 16, Gutter: 12로 입력합니다. 이렇게 만든 그리드는 Layout grid에서 ❷ :: 와 + 버튼을 순서대로 클릭해 ❸ '클래스 앱' 스타일로 등록합니다.

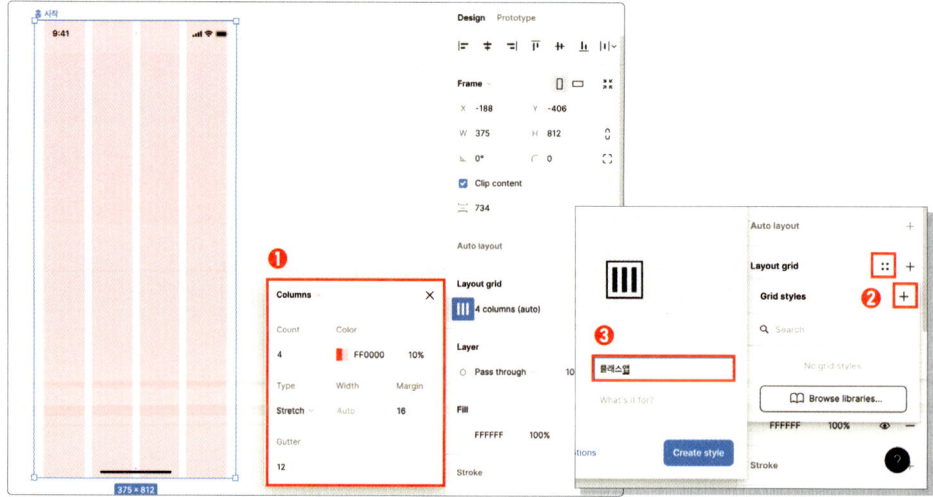

STEP 3 내비게이션 바를 만들겠습니다. 프레임 툴(F) 선택하고 W: 375, H: 48의 프레임을 만듭니다. 내비게이션 바를 완성한 후에 '홈 시작' 프레임 안으로 넣겠습니다.

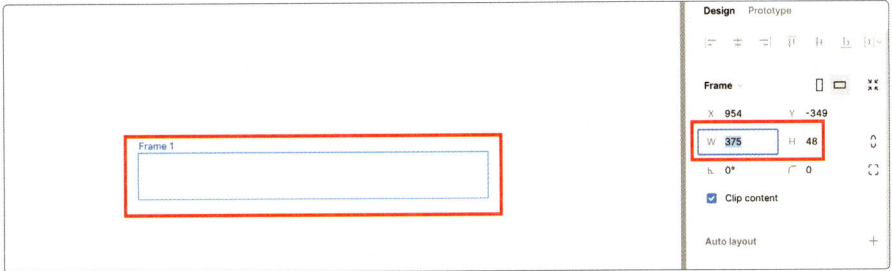

STEP 4 프레임의 이름을 '탑 내비게이션'으로 변경합니다.

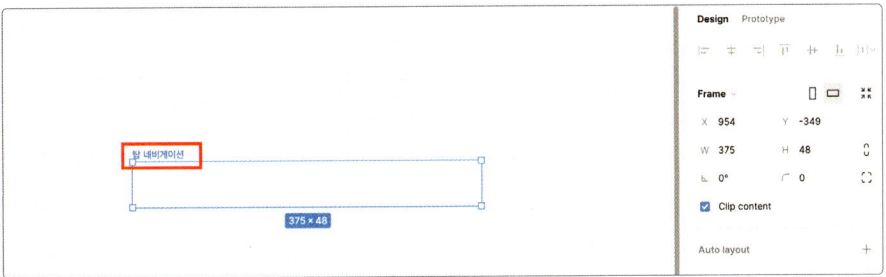

STEP 5 'Step 2'에서 등록해 둔 '클래스 앱' 레이아웃 그리드를 적용합니다.

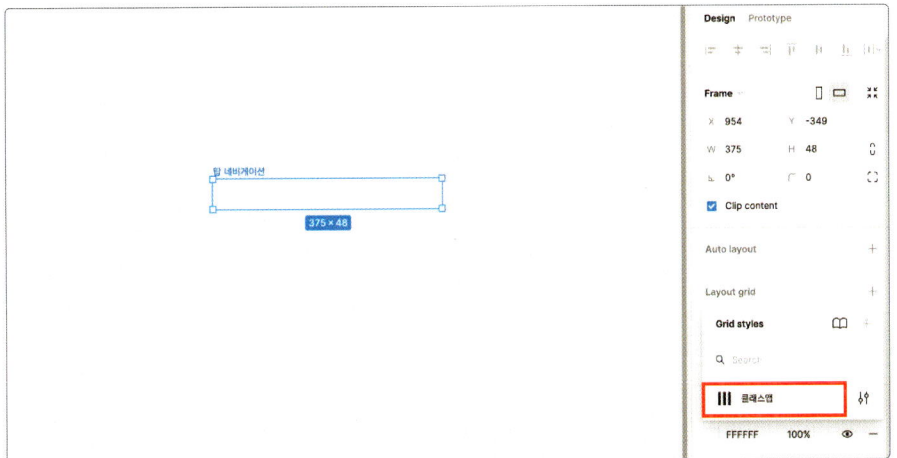

레이아웃 그리드 단축키 Shift + G 로 빠르게 켜고 끄면서 디자인해 보세요.

STEP 6 문자 툴(T)를 선택하고 ❶ 'Design Academy'를 입력한 다음, ❷ Text: Roboto, Bold, 20으로 설정합니다.

STEP 7 오른쪽에 메뉴 아이콘을 플러그인에서 가져와서 배치합니다. 리소스 툴(Shift +I)에서 'Feather icon' 플러그인을 실행한 다음 'menu'를 검색해서 메뉴 아이콘을 클릭해서 가져옵니다. 플러그인에서 아이콘을 가져올 때는 프레임 밖에 배치됩니다. 메뉴 아이콘 레이어를 드래그해서 '탑 내비게이션' 프레임 안에 넣어 주세요.

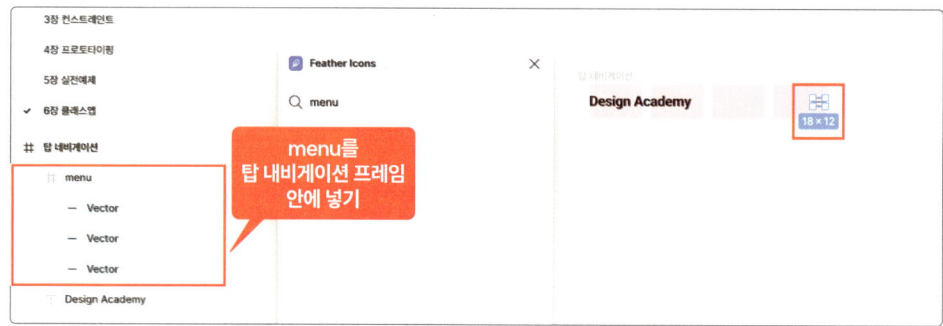

STEP 8 '탑 내비게이션' 프레임을 '홈 시작' 프레임 안으로 드래그해서 상태 바 밑에 배치시킵니다.

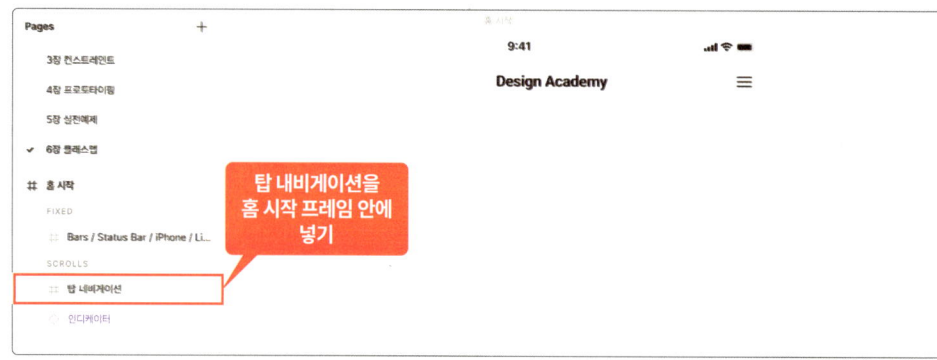

2 탭 구성하기

STEP 1 프레임 툴(F) 선택하고 W: 375, H: 50의 프레임을 만듭니다.

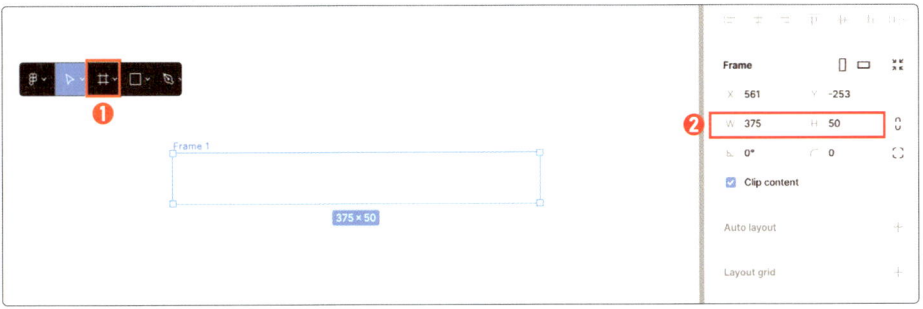

STEP 2 앞서 등록해 둔 '클래스 앱' 레이아웃 그리드를 적용합니다.

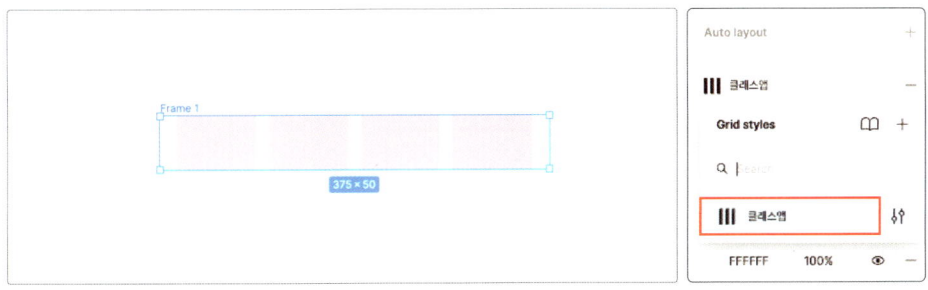

STEP 3 문자 툴(T)을 사용해 '전체' 텍스트를 ❶Text: Noto Sans KR, Bold, 16으로 입력하고, ❷Fill: #222222로 설정합니다.

STEP 4 텍스트 요소를 `Opt`(`Alt`)을 누른 채로 옆으로 드래그해서 복사합니다. 텍스트는 '베스트'로 입력합니다. ❶굵기는 Regular, ❷색상은 #888888로 변경합니다.

STEP 5 마찬가지로 텍스트 요소를 2개 더 복사해서 '신규'와 '오픈 예정'을 만듭니다. 4개 메뉴 모두 선택하고 `Shift`+`A` 단축키를 눌러 오토 레이아웃으로 만듭니다.

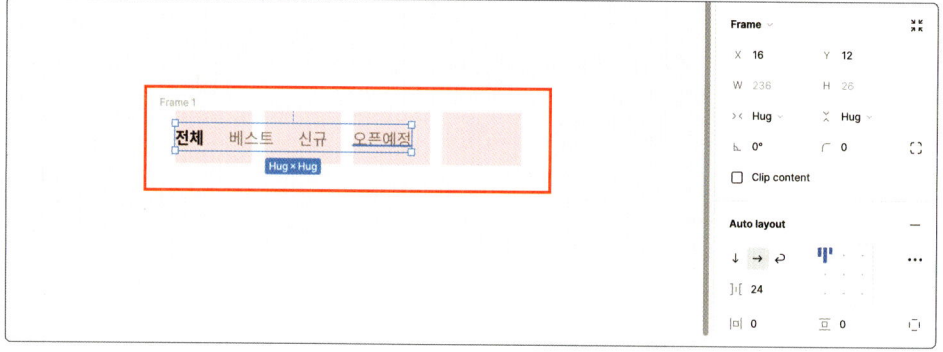

STEP 6 오토 레이아웃의 이름을 ❶ '메뉴'로 변경하고, 요소 간격을 ❷Horizontal gab between items: 24로 설정합니다.

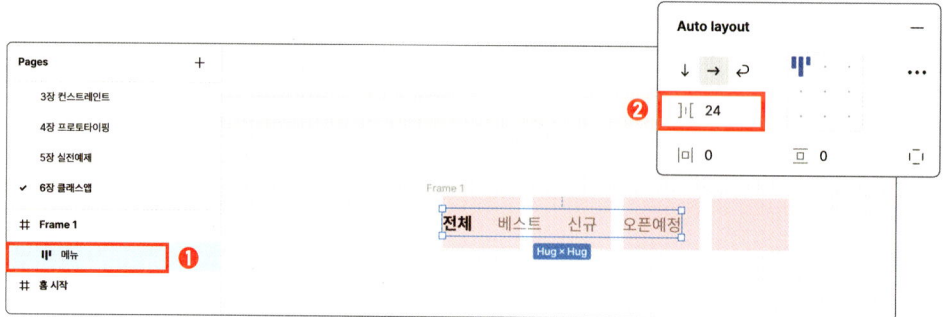

STEP 7 탭을 감싸는 'Frame 1' 아래쪽에 선을 만들기 위해, 디자인 패널에서 Stroke: 1px, Bottom, #E7E7E7로 설정합니다.

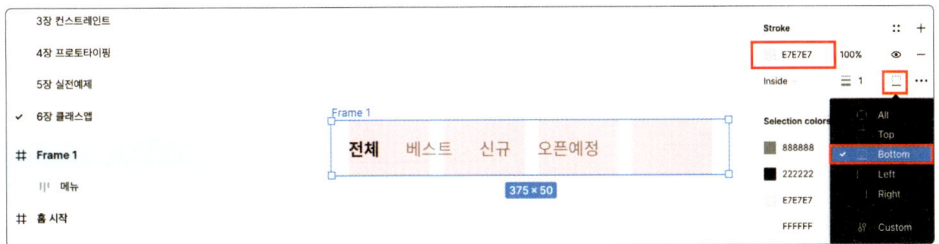

STEP 8 사각형 툴(R)로 ❶W: 40, H: 3 크기의 사각형을 그리고 Fill: #222222를 넣어서 '전체' 텍스트 아래에 배치합니다. 이때 사각형 요소가 '메뉴' 오토 레이아웃에 들어가지 않게 주의하세요. ❷사각형의 이름을 '인디케이터'로 변경합니다.

STEP 9 'Frame 1'을 컴포넌트 아이콘 또는 단축키 Cmd⌘ + Opt + K (Ctrl + Alt + K)를 사용해 컴포넌트로 만듭니다.

STEP 10 컨텍스추얼 툴의 <Add Variant>를 선택해 베리언트를 추가하면 보라색 점선의 컴포넌트 세트로 변경됩니다.

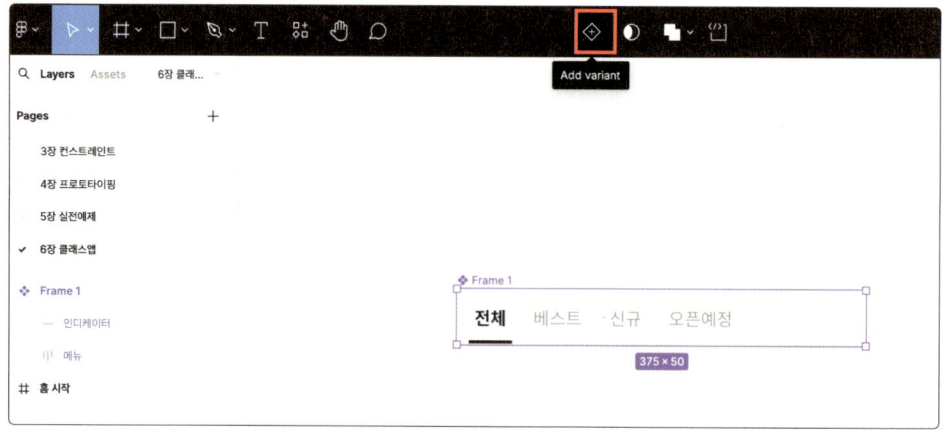

STEP 11 ❶총 4개의 탭 메뉴를 만든 다음 각 베리언트의 이름을 '탭 1', '탭 2' '탭 3', '탭 4'로 지정합니다. ❷'Frame 1' 컴포넌트 세트의 이름을 '탭'으로 변경합니다. ❸Property의 이름을 '탭 카운트'로 변경합니다.

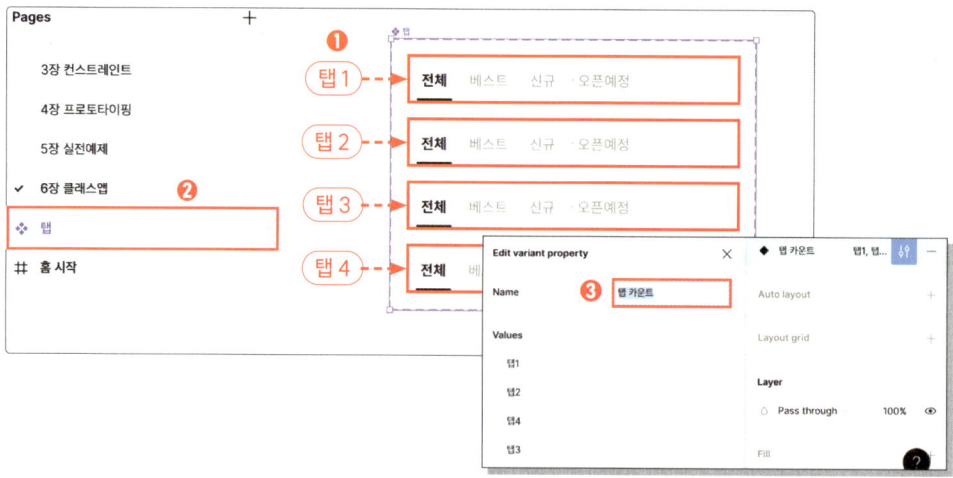

STEP 12 탭 2에서 '베스트'의 ❶텍스트 굵기는 Bold, ❷색상은 #222222로 변경합니다. 그리고 '전체' 텍스트의 굵기는 Regular, 색상은 #888888로 변경합니다. 인디케이터를 '베스트' 밑으로 이동하고 가로 크기를 50으로 변경합니다.

STEP 13 마찬가지로 탭 3, 탭 4의 텍스트 굵기는 Bold, 색상은 #222222로 변경하고, 다음처럼 인디케이터의 크기와 위치를 각각 수정해서 완성합니다.

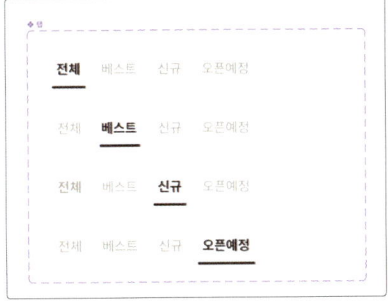

STEP 14 에셋 패널에 있는 '탭'을 드래그해서 '내비게이션' 밑에 배치합니다.

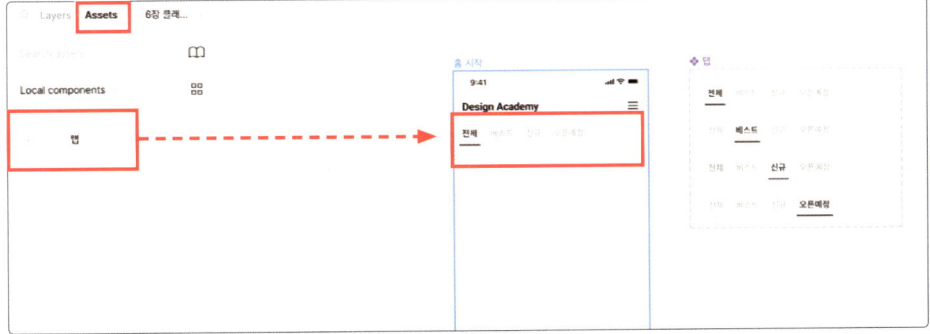

3 검색 바 만들기

STEP 1 상단 메뉴에서 프레임 툴(F)을 선택하고 ❶W: 343, H: 40 사이즈의 프레임을 만들어서 ❷'검색 바'로 이름을 변경합니다.

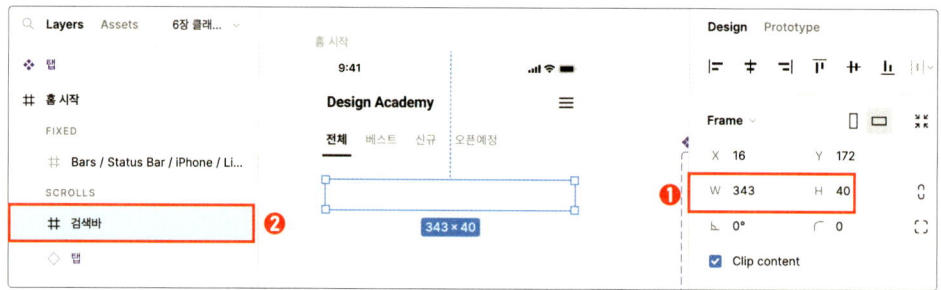

STEP 2 ❶ Corner radius: 8을 지정해서 모서리를 둥글게 만들고, ❷색상은 Fill: #F0F0F0로 설정합니다.

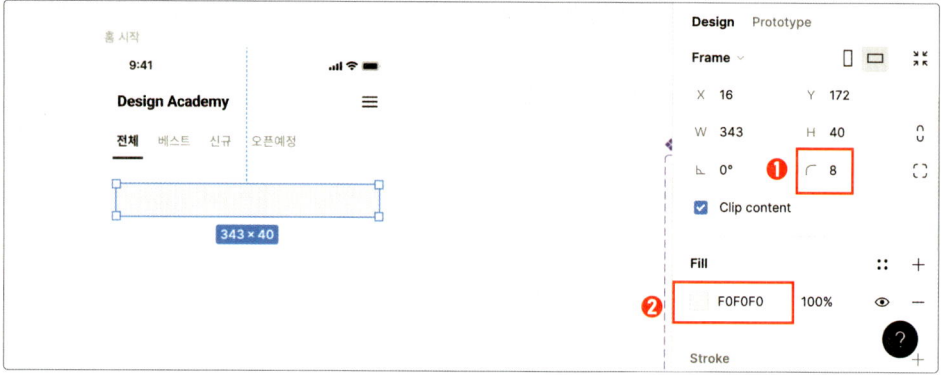

STEP 3 ❶문자 툴(T)로 프레임 안에 'Search'를 입력하고, ❷Fill: #8D8D8D로 설정합니다.

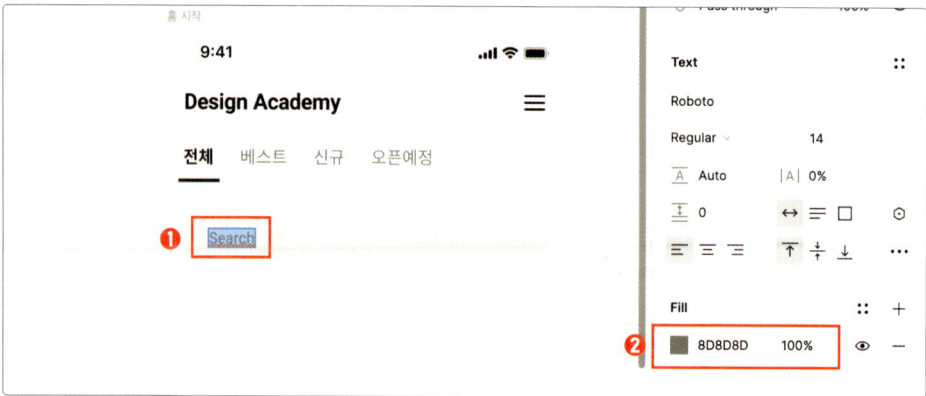

STEP 4 검색 아이콘을 플러그인에서 가져옵니다. 'Feather icon' 플러그인을 검색해서 실행(<Run>)합니다. 'search'를 검색해서 다음과 같이 돋보기 모양의 아이콘을 선택합니다.

STEP 5 ❶아이콘을 '검색 바' 프레임 안 오른쪽에 배치합니다. ❷플러그인의 아이콘 프레임의 크기를 가로, 세로 20으로 변경합니다.

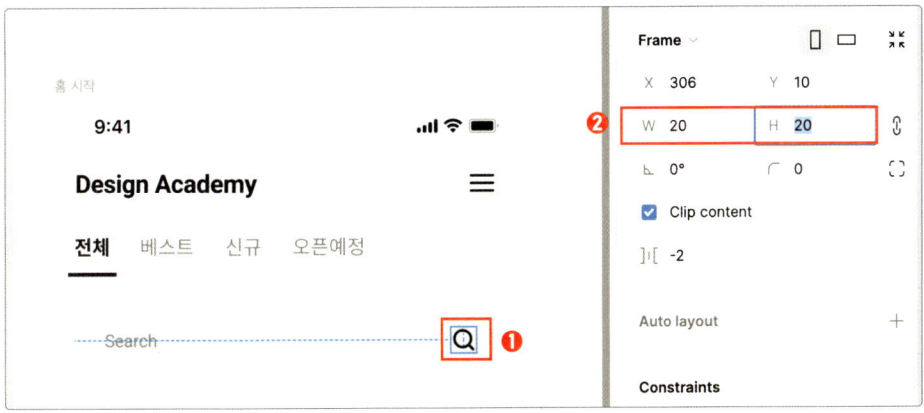

STEP 6 도형 레이어만 선택해서 stroke: #989898로 변경합니다.

4 추천 강좌 슬라이딩 배너 만들기

추천 강좌는 3개의 강좌가 좌우 스와이프되는 인터페이스로 만듭니다. 우선 첫 번째 배너를 만들고 복사해서 사진과 내용을 변경합니다. 스크롤을 설정하기 위해 프레임으로 만들어 주세요.

STEP 1 상단 메뉴에서 프레임 툴(F) 선택하고 W: 375, H: 310의 프레임을 만듭니다.

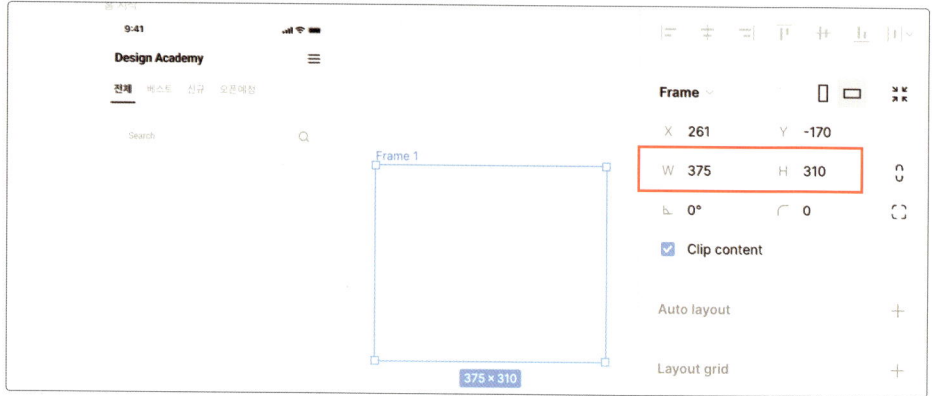

STEP 2 프레임의 이름을 '히어로'로 변경합니다. 완성한 후 프레임 안으로 옮기겠습니다.

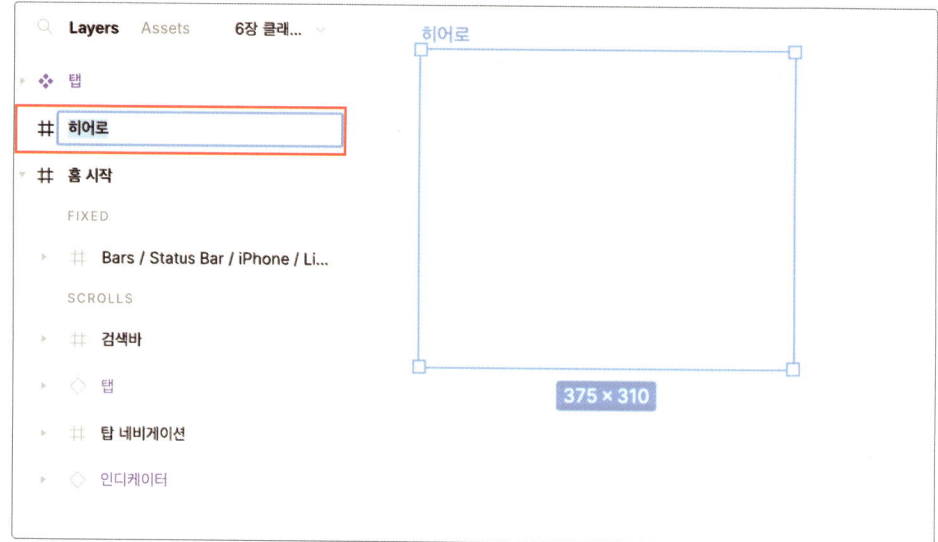

STEP 3 '히어로' 프레임 안에 ❶ 사각형 툴(R)로 W: 343, H: 310 크기의 사각형을 그리고, ❷ Corner radius: 8을 설정해 모서리를 둥글게 합니다.

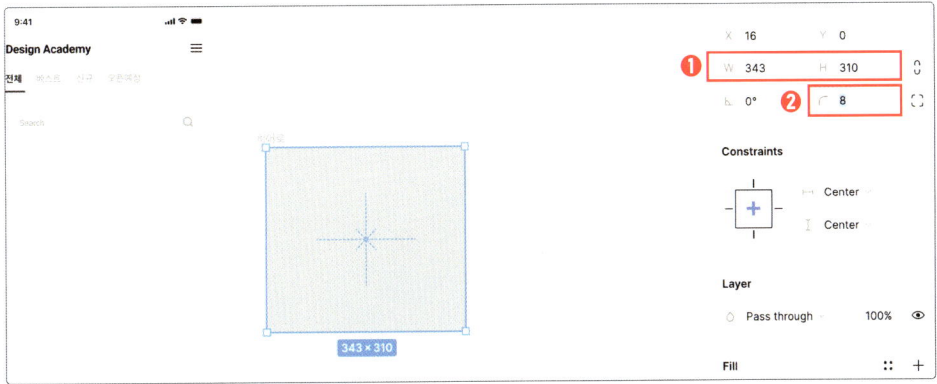

STEP 4 ❶ 문자 툴(T)로 제목을 입력하고 ❷ Fill: #FFFFFF(흰색)로 설정합니다.

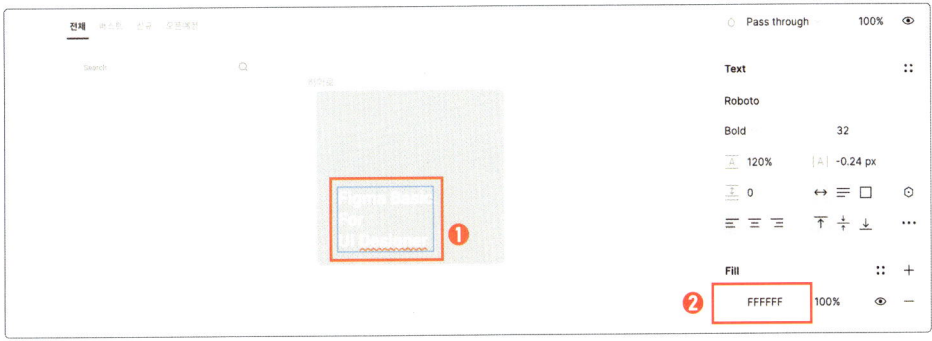

STEP 5 페이지네이션을 위해 원형 툴(O)로 14 × 14 크기의 흰색 정원을 그립니다.

STEP 6 ❶ `Cmd⌘`+`D`(`Ctrl`+`D`) 단축키로 2개의 원을 복사해서 배치하고, ❷복사한 원 2개의 색상을 Fill: #989898로 변경합니다.

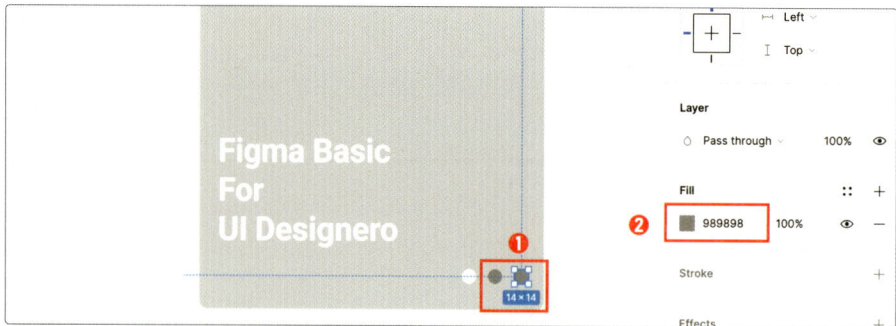

STEP 7 ❶원 3개를 모두 선택한 다음, `Cmd⌘`+`G`(`Ctrl`+`G`)로 그룹화하고, ❷이름을 '페이지네이션'으로 변경합니다.

STEP 8 ❶사각형, 제목, 페이지페이션(원형) 요소를 모두 선택하고 `Cmd⌘`+`G`(`Ctrl`+`G`)로 그룹화한 후 ❷'히어로 / 아이템 1'으로 이름을 변경합니다.

STEP 9 '히어로' 프레임을 가로로 길게 늘린 후, ❶ '히어로 / 아이템 1' 그룹을 Cmd⌘
+ D (Ctrl + D)로 2개 더 복제해서 '아이템 2', '아이템 3'을 만들고 배치합니다. ❷ 3개
의 아이템을 선택해서 간격을 40으로 지정합니다.

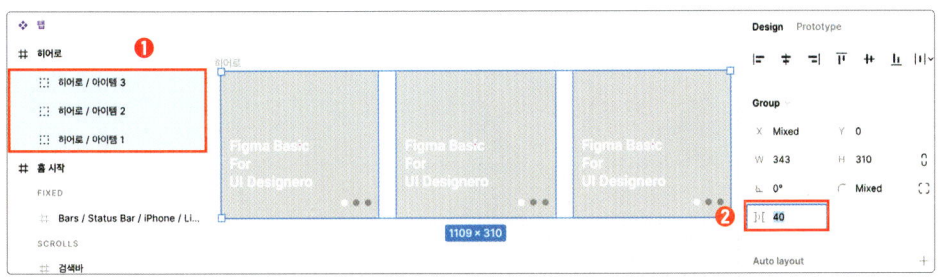

STEP 10 'Unsplash' 플러그인을 실행해서 각 사각형 안에 사진을 넣고, 제목을 변경합니다.
하단 원의 색상도 선택된 아이템에 맞게 흰색으로 변경합니다.

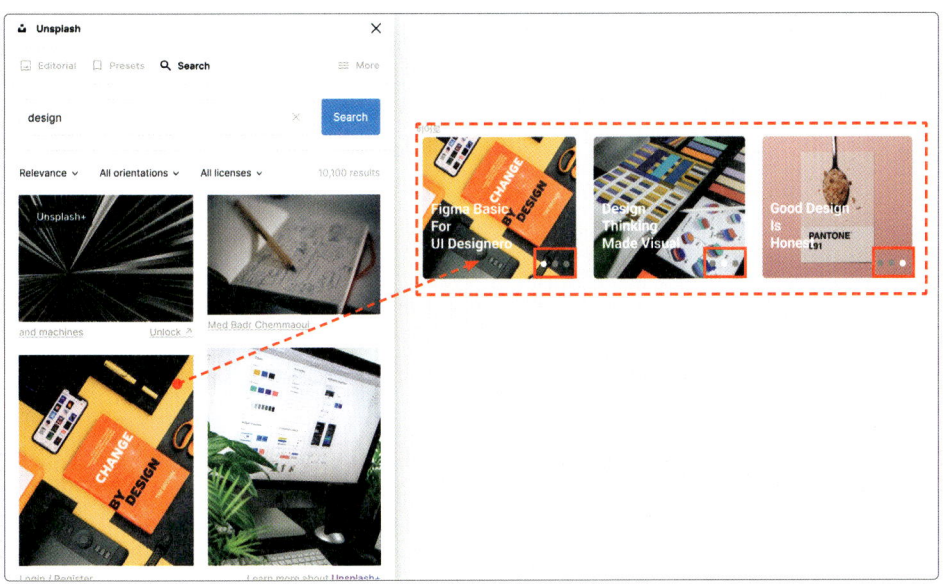

STEP 11 다 만들어진 '히어로' 프레임을 검색 바 밑에 배치하고 ❶ 프레임의 가로를 375로
변경하고 ❷ 'Clip Content'에 체크해서 프레임 밖 사진은 감춰 줍니다.

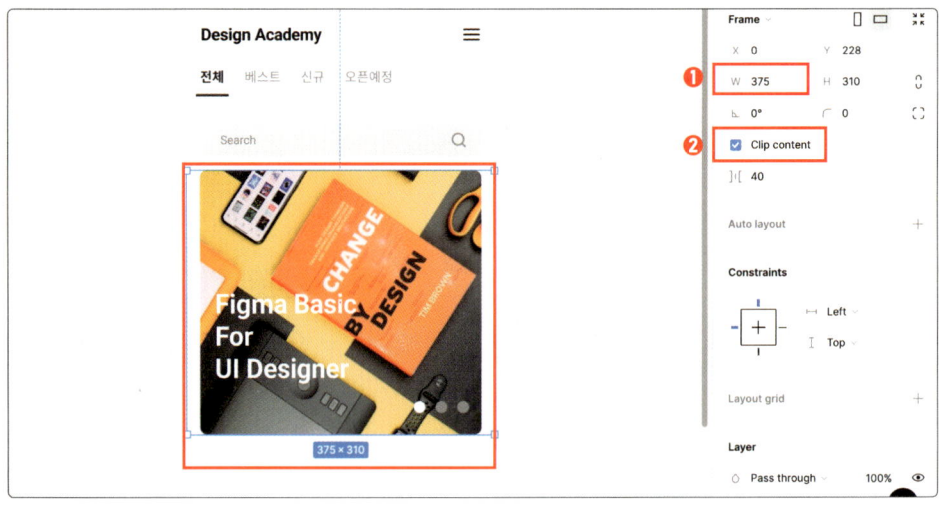

5 신규 클래스 구성하기

STEP 1 최상위 프레임의 아래 부분을 길게 늘려서 프레임의 높이를 변경합니다. ❶문자 툴(T)로 '신규 클래스'를 입력하고 ❷Text: Noto Sans KR, Bold, 20, ❸Fill: #222222로 설정합니다.

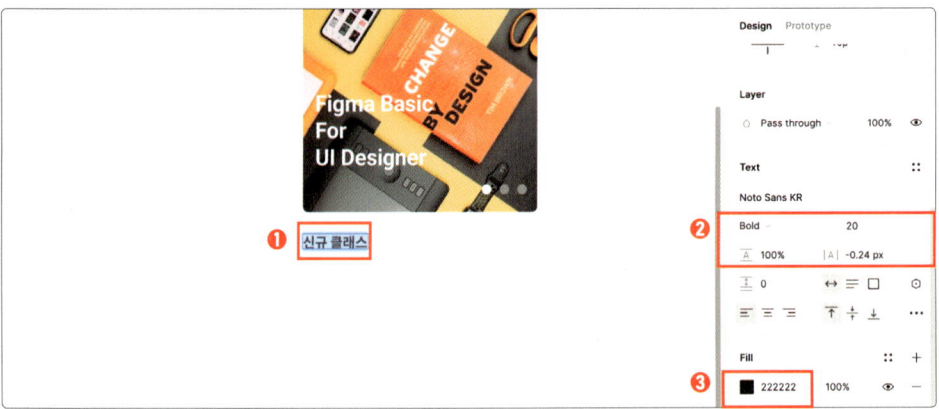

STEP 2 단축키 Shift+G로 레이아웃 그리드를 켜서 왼쪽에 맞춰서 사각형을 그립니다. ❶사각형 툴(R)로 W: 166, H: 120 크기의 사각형을 그린 뒤, ❷Corner radius: 4를 설정합니다.

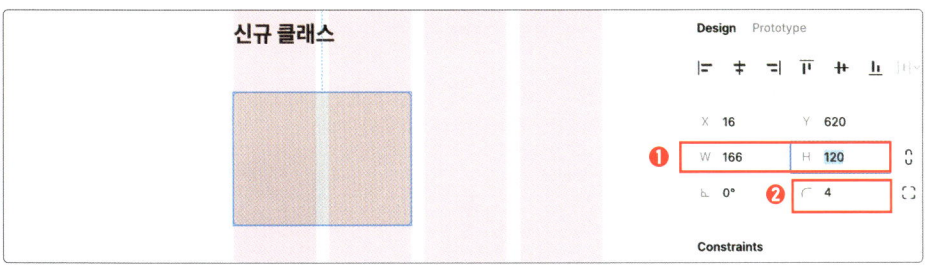

STEP 3 문자 툴(T)로 ❶강좌 이름을 입력하고 ❷Text: Noto Sans KR, ❸Fill: #555555로 설정합니다.

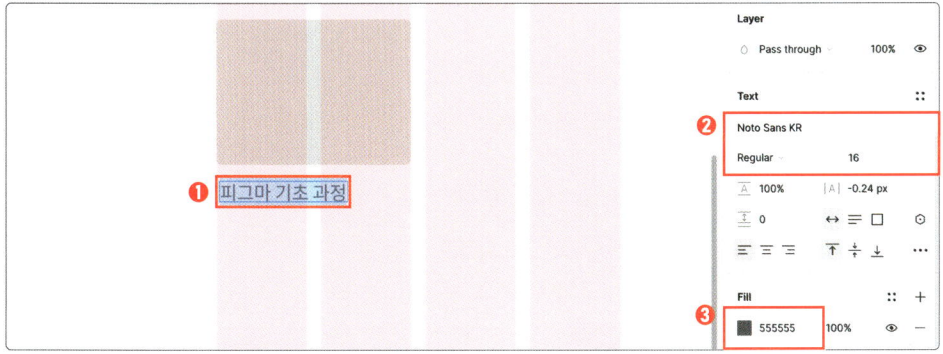

STEP 4 ❶사각형 요소와 강좌 이름을 동시에 선택해서 컴포넌트로 만들고 ❷ '신규 클래스 / 아이템 1'로 이름을 변경합니다.

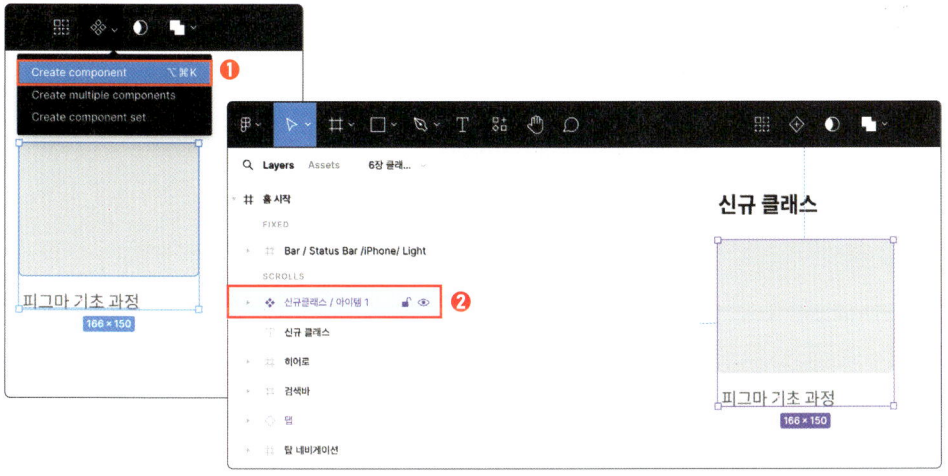

STEP 5 만든 컴포넌트는 따로 모아 두고, 에셋 패널에서 '아이템 1'을 드래그해서 배치합니다.

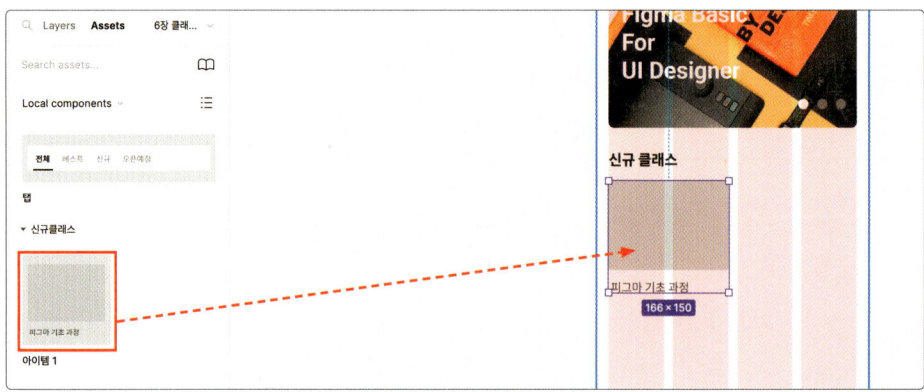

STEP 6 같은 방법으로 '신규 클래스 / 아이템 1'을 `Cmd⌘`+`D`(`Ctrl`+`D`)로 3번 더 복사해서 배치하고, 사각형마다 'Unsplash' 플러그인을 실행(<Run>)해서 이미지를 넣은 다음, 강좌 이름도 각각 변경합니다.

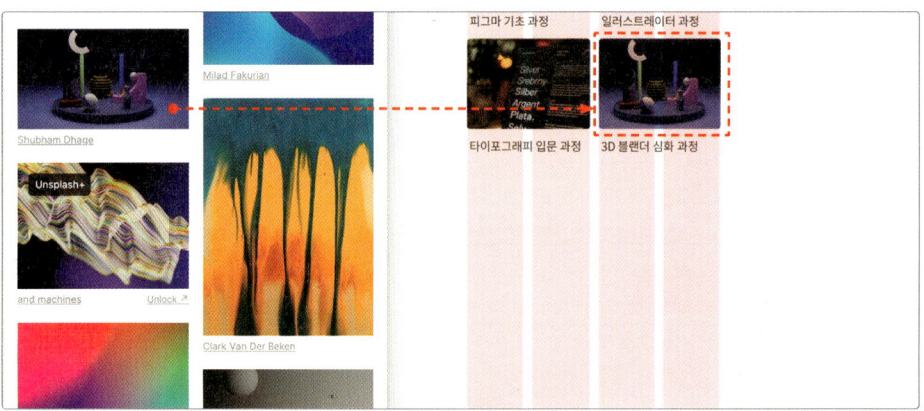

STEP 7 ❶제목과 아이템을 모두 선택하고 마우스 우클릭해서 ❷<Frame Selection>을 선택하거나 단축키 `Cmd⌘`+`Opt`+`G`(`Ctrl`+`Alt`+`G`)를 사용해서 프레임으로 만듭니다.

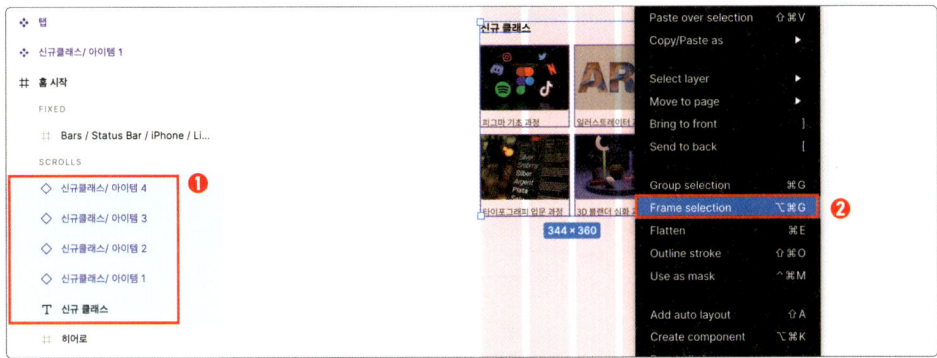

STEP 8 프레임의 이름을 '신규 클래스'로 변경합니다.

아래 예시 이미지처럼 클래스 앱에서 만든 메인 컴포넌트를 섹션 Shift + S 안에 정리해 주세요.

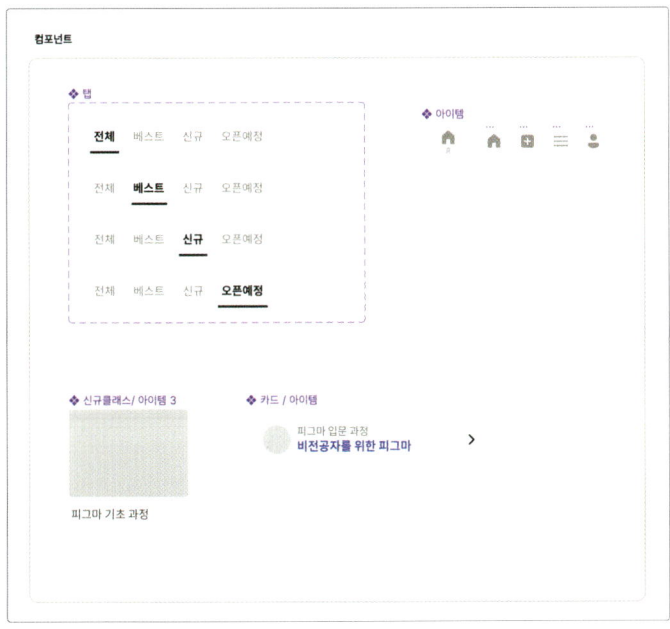

6 오픈 예정 구성하기

STEP 1 앞에서 만든 '신규 클래스' 텍스트를 `Cmd`+`D`(`Ctrl`+`D`)로 복사하고, '오픈 예정'으로 변경합니다.

STEP 2 다음처럼 강좌 이름을 문자 툴(`T`)로 입력합니다.

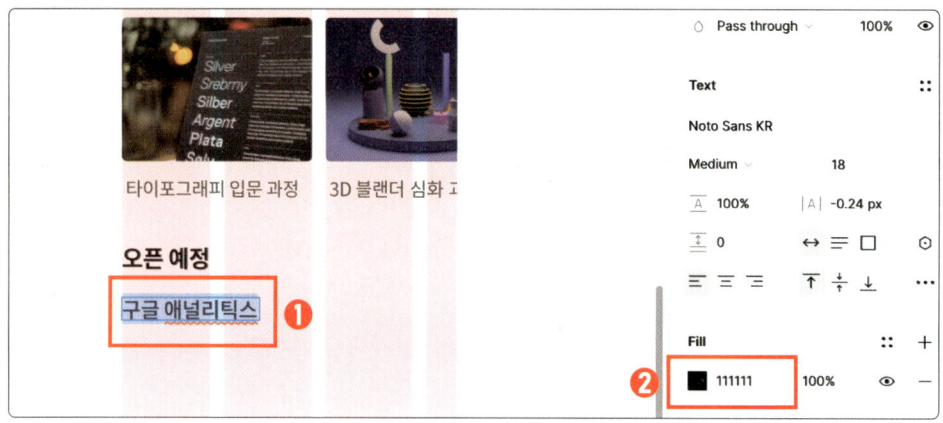

STEP 3 ❶강좌 이름 아래에 강좌 설명을 입력하고, ❷Fill: #9D9D9D로 설정합니다.

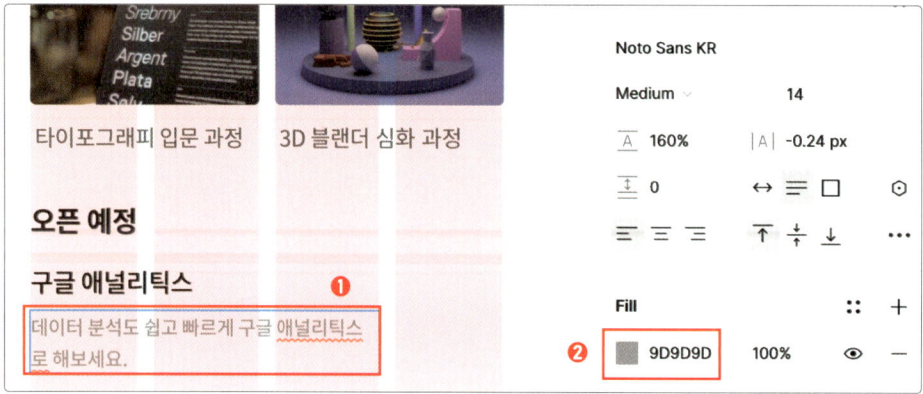

STEP 4 ❶강좌 설명 오른쪽에는 '할인 20%'를 입력하고, ❷Text: Noto Sans KR, Bold, 14, ❸ Fill: #5551FF로 설정합니다.

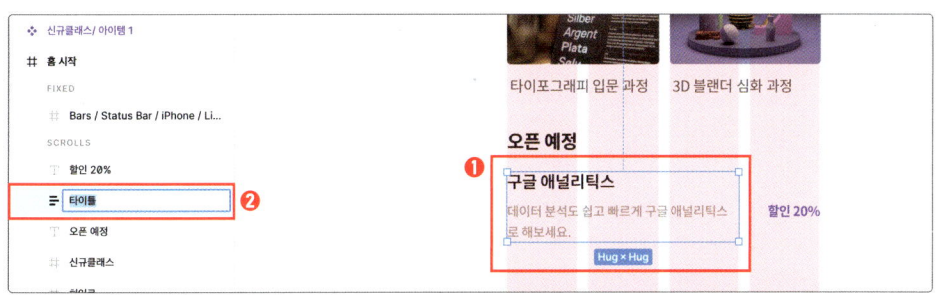

STEP 5 ❶강좌 이름과 설명을 선택하고 단축키 Shift + A 를 사용해 오토 레이아웃으로 만듭니다. ❷오토 레이아웃 이름을 '타이틀'로 변경합니다.

STEP 6 ❶이번엔 타이틀과 '할인 20%'를 선택하고 Shift + A 를 사용해 오토 레이아웃으로 만들고, ❷이름을 '카드 / 오픈 예정 1'로 변경합니다.

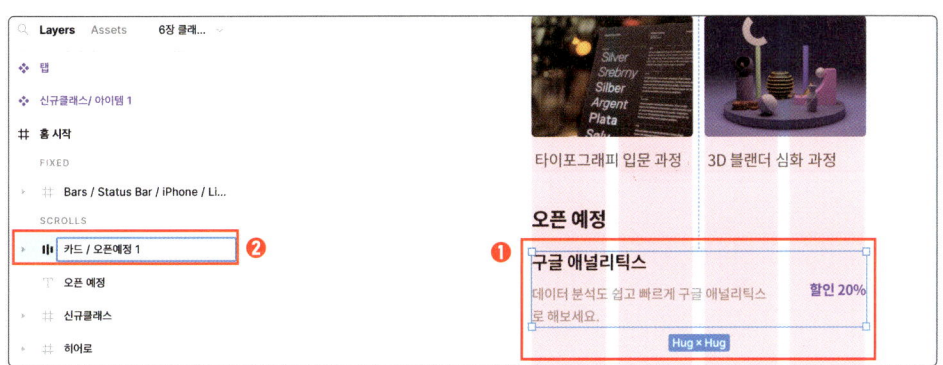

STEP 7 '타이틀', '강좌 이름', '설명' 레이어의 가로 리사이징을 Horizontal resizing: Fill Container로 설정합니다. 글자가 늘어날 경우 가로 폭은 부모 프레임까지 사용하며, 부모 프레임이 감싸면서 밑으로 내려가게 합니다.

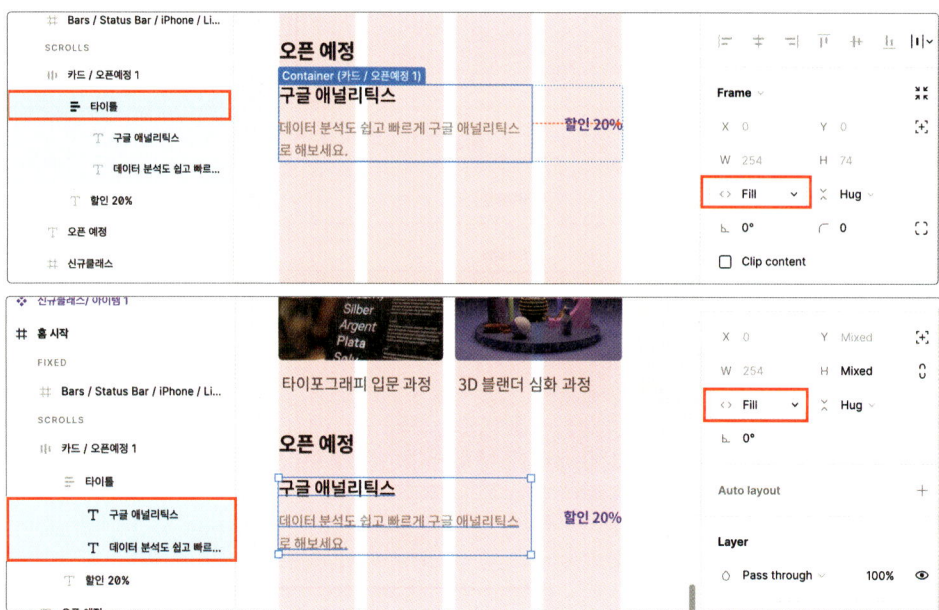

STEP 8 카드 아래쪽에 선을 만들기 위해 Bottom padding: 24로 설정합니다.

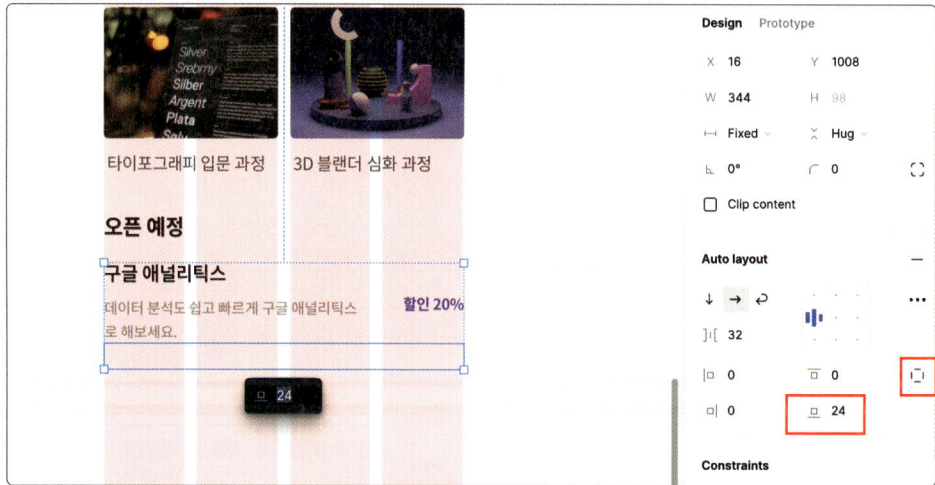

STEP 9 ❶ Stroke: #E4E4E4, 1px, ❷ bottom으로 설정하여 오토 레이아웃의 하단만 회색 테두리를 만듭니다.

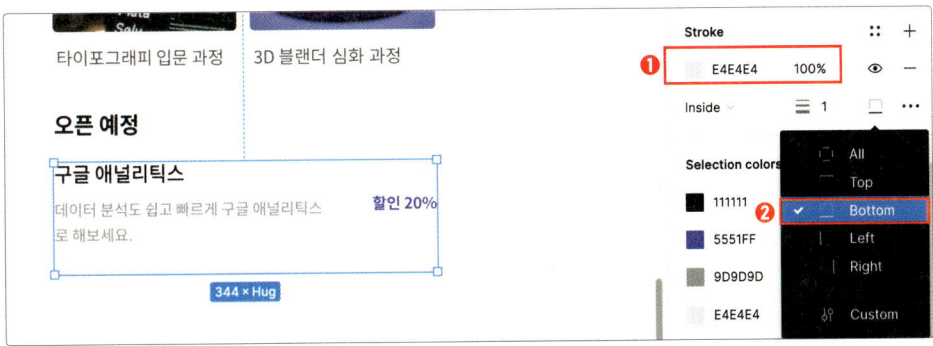

STEP 10 '카드 / 오픈 예정 1'의 오토 레이아웃을 Cmd⌘ + D (Ctrl + D)로 복사하고, 아래에 배치한 후 강좌 제목과 설명 등을 변경합니다.

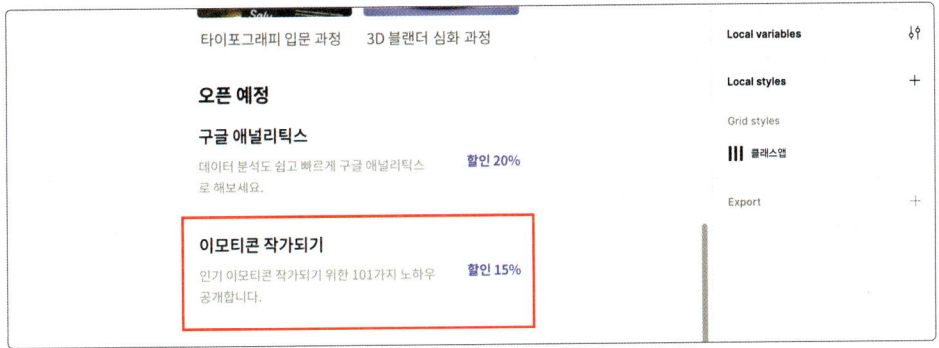

STEP 11 ❶ 지금까지 만든 요소를 모두 선택하고 단축키 Cmd⌘ + Opt + G (Ctrl + Alt + G)로 프레임을 만듭니다. ❷ 프레임의 이름을 '오픈 예정'으로 변경합니다.

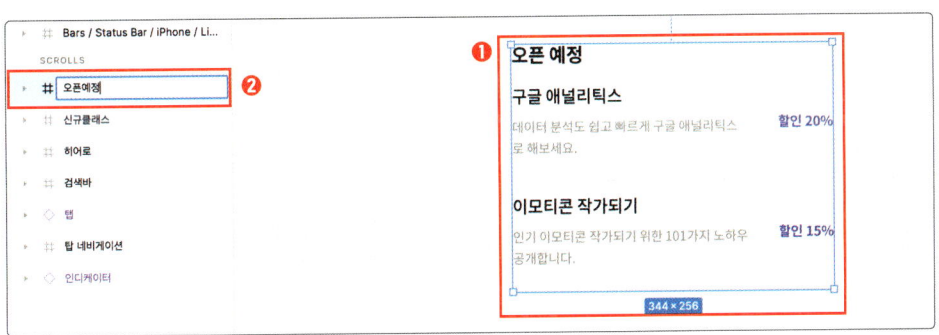

7 도움말 버튼 만들기

STEP 1 ❶원형 툴(O)로 56 × 56 크기의 정원을 그리고, ❷Fill: #5551FF로 설정합니다.

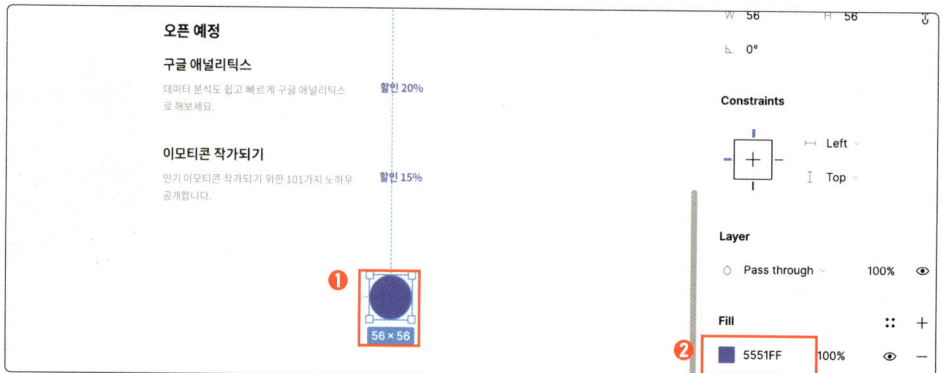

STEP 2 다음과 같이 Effect에서 원의 그림자를 지정합니다. Drop Shadow의 X: 0, Y: 0, blur: 10, opacity: 25%로 입력합니다.

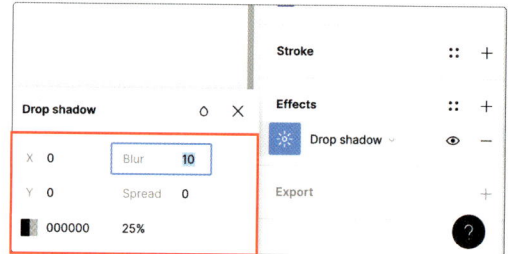

STEP 3 원 위에 ❶문자 툴(T)로 '?'를 입력하고 ❷Fill: #FFFFFF로 설정합니다.

STEP 4 원과 '?'를 선택 후 마우스 우클릭해서 <Frame selection>을 선택하거나, 단축키 `Cmd⌘`+`Opt`+`G`(`Ctrl`+`Alt`+`G`)로 프레임을 만듭니다.

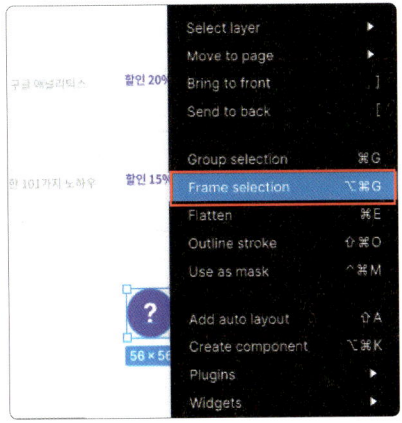

STEP 5 프레임 이름을 'FAB'로 변경합니다.

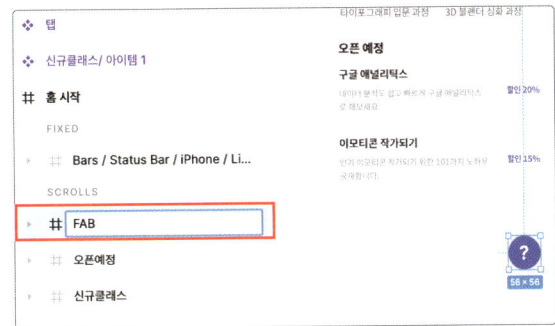

B 하단 탭 바 만들기

STEP 1 하단 탭 바에 사용할 아이콘을 플러그인에서 가져옵니다. 'Content Reel' 플러그인을 실행한 다음, Icon 메뉴에서 'home', 'add', 'navigation', 'person'을 검색해서 4개의 아이콘을 가져오세요.

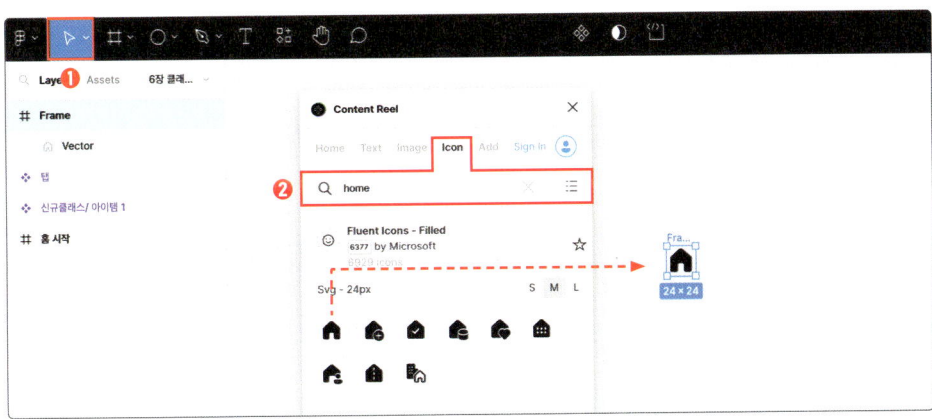

STEP 2 가져온 4개의 아이콘을 모두 선택하고 <Create multiple components> 버튼을 클릭해 한번에 컴포넌트로 만듭니다.

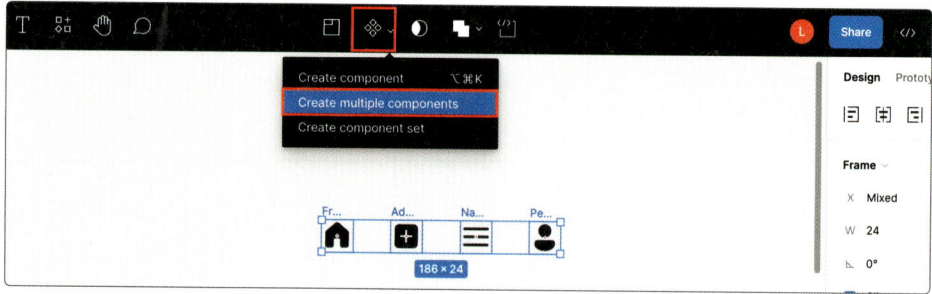

STEP 3 홈 아이콘 밑에 ①문자 툴(T)로 '홈'을 입력하고 ②Text: Noto Sans KR, 10, Medium ③Fill: #A1A1A1로 설정합니다. 모든 아이콘을 Fill: #A1A1A1로 변경합니다.

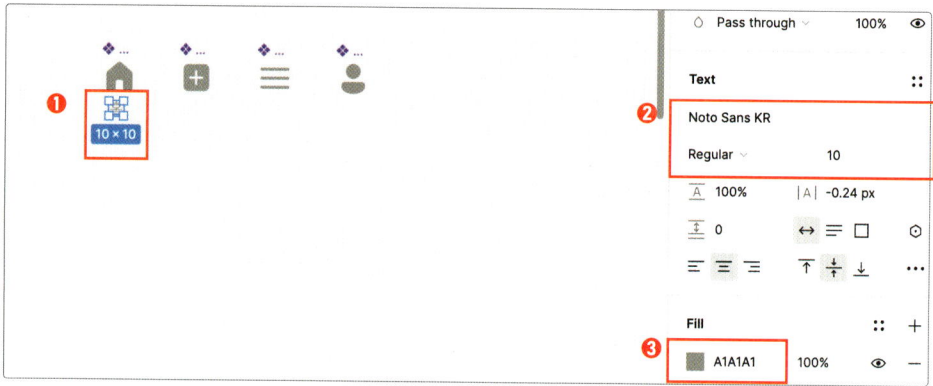

STEP 4 홈 아이콘과 글자를 감싸는 프레임을 만듭니다. 프레임 툴(T)로 크기 75 × 50의 프레임을 그립니다.

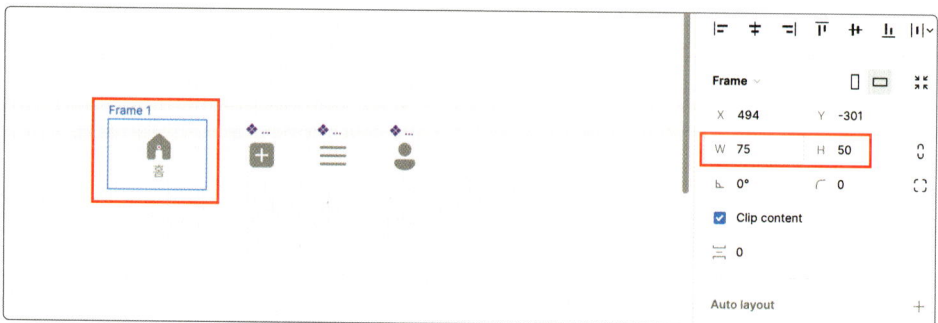

STEP 5 프레임의 이름을 '아이템'으로 변경합니다.

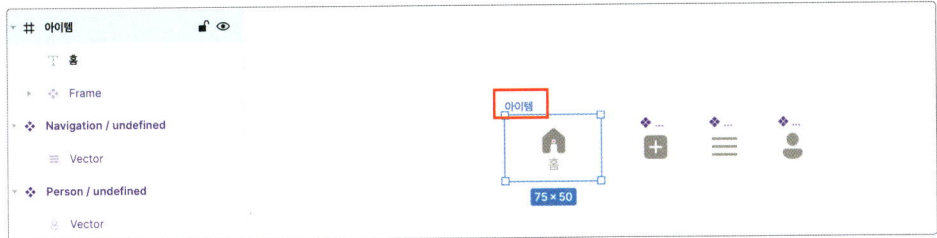

STEP 6 '아이템'을 단축키 `Cmd⌘`+`Opt`+`K`(`Ctrl`+`Alt`+`K`)를 사용해 컴포넌트로 만듭니다.

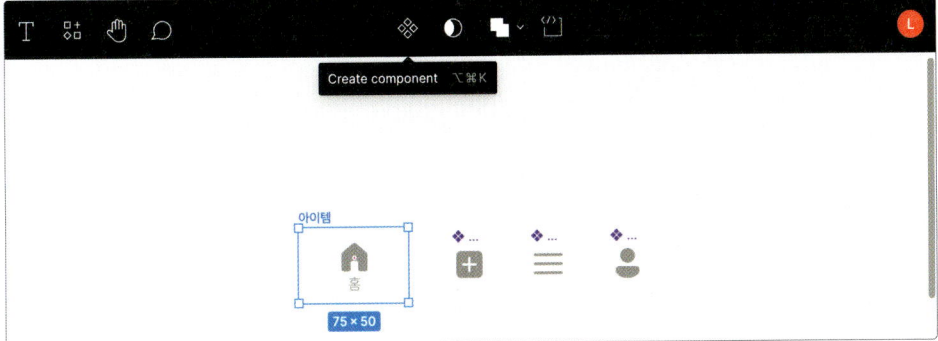

STEP 7 아이콘 교체와 레이블 변경을 컴포넌트 프로퍼티로 설정하겠습니다. '홈' 아이콘을 선택한 다음, ❶ <Create instance swap property>를 클릭해 아이콘을 교체합니다. 프로퍼티 모달이 뜨면 ❷ '아이콘 교체'로 입력하고 ❸ <Create property> 버튼을 클릭합니다.

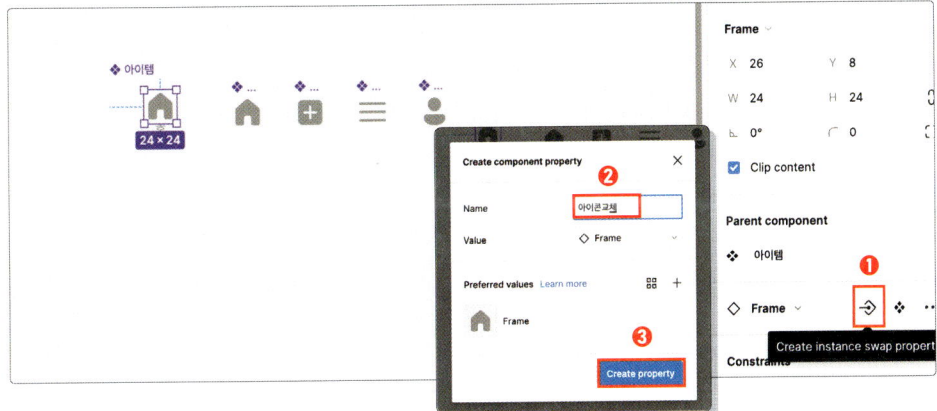

STEP 8 이번에는 글자를 선택하고 디자인 패널의 ❶ <Create text property>로 문자 프로퍼티를 설정합니다. 프로퍼티 모달이 뜨면 이름을 ❷ '레이블'로 입력하고 ❸ <Create property> 버튼을 클릭합니다.

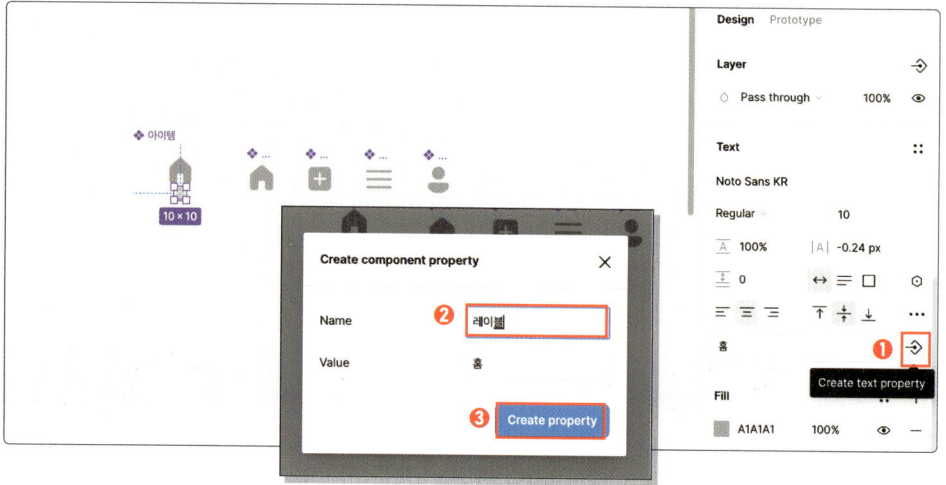

STEP 9 프로퍼티를 설정한 '아이템' 컴포넌트를 복사해서 FAB 밑에 총 4개를 배치합니다.

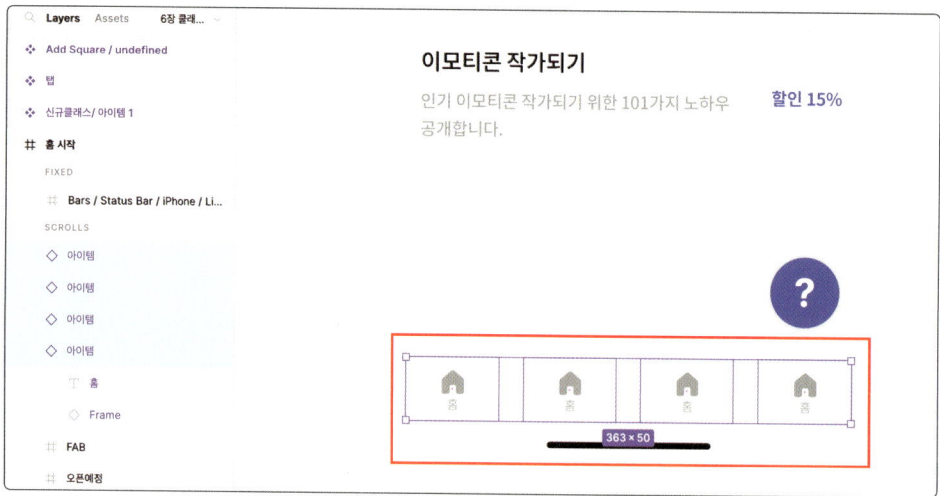

STEP 10 두 번째 아이템을 선택하고 레이블을 ❶ '클래스'로 변경하고 ❷ 아이콘을 교체합니다.

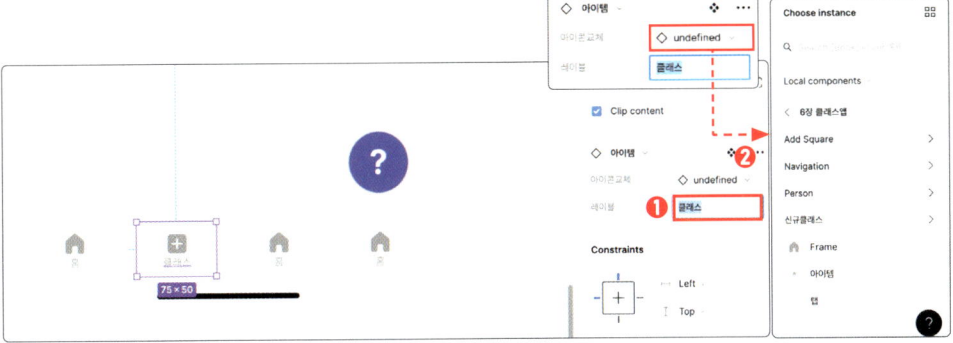

STEP 11 나머지 2개의 메뉴 이름과 아이콘도 같은 방법으로 교체합니다.

STEP 12 '홈'의 글자와 아이콘의 색상을 Fill: #212121(진한 회색)로 변경해서 사용자가 있는 현재 페이지를 알려 줍니다.

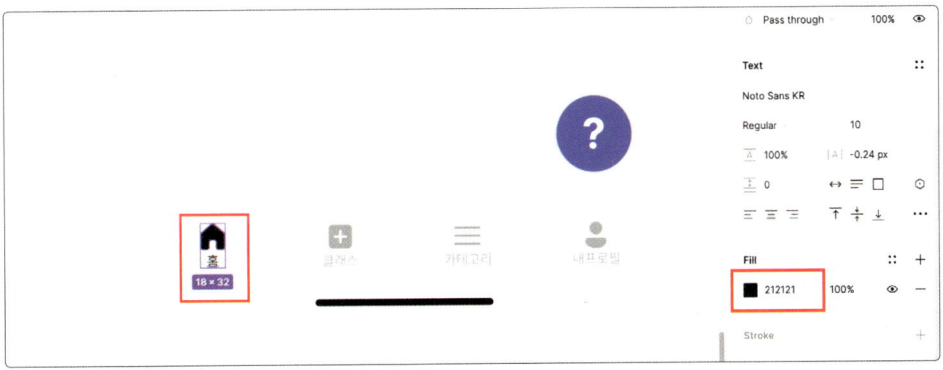

🔵 STEP 13 4개의 탭 바 아이템을 모두 선택하고 단축키 ⎡Shift⎤+⎡A⎤ 오토 레이아웃으로 만듭니다. 프레임의 이름을 '탭 바'로 변경합니다.

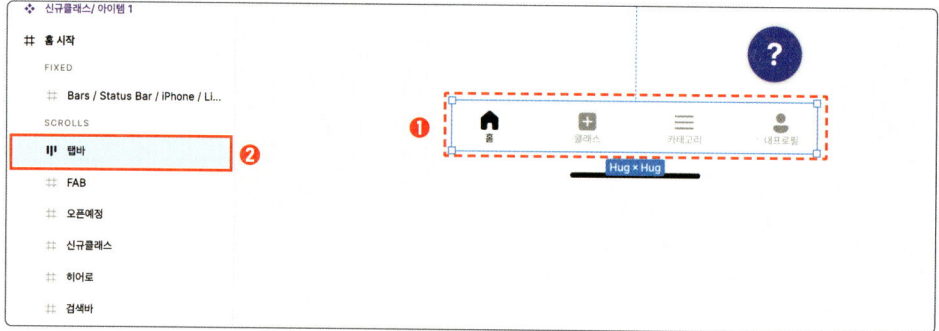

🔵 STEP 14 '탭 바' 배경으로 #FFFFFF 흰색을 넣고 Effect에서 Drop shadow의 X : 0, Y : -4, Blur : 4, opacity : 4%로 그림자를 넣어 줍니다.

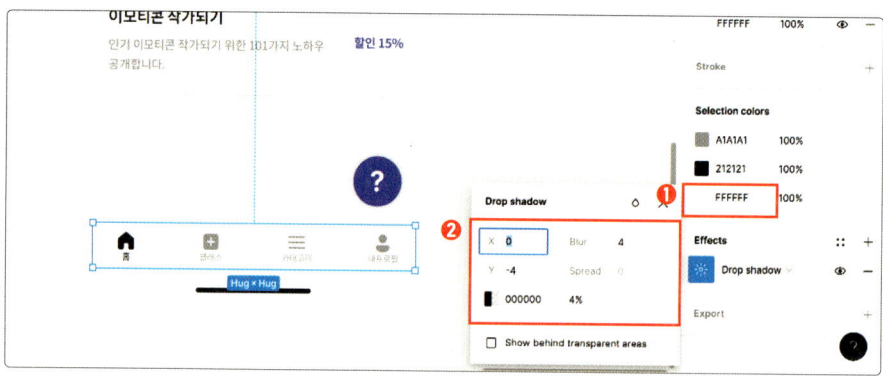

🔵 STEP 15 '탭 바'의 위쪽만 둥글게 보이도록 Independent corners에서 Top left와 Top right에 16을 넣어줍니다. Clip content 체크해서 프레임 밖은 감춥니다.

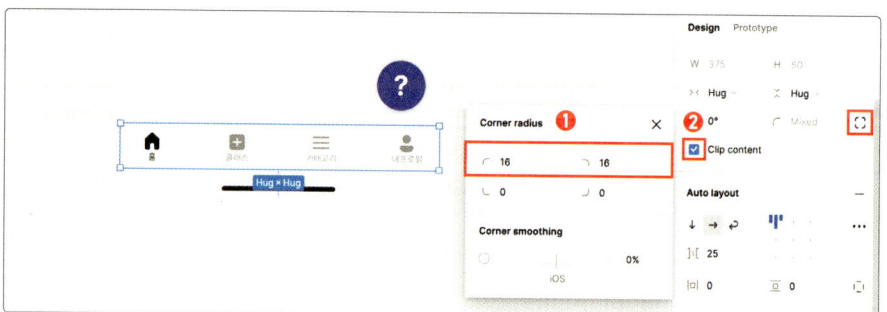

STEP 16 최상위 프레임의 이름을 '홈'으로 변경해서 클래스 앱 홈 화면을 완성합니다.

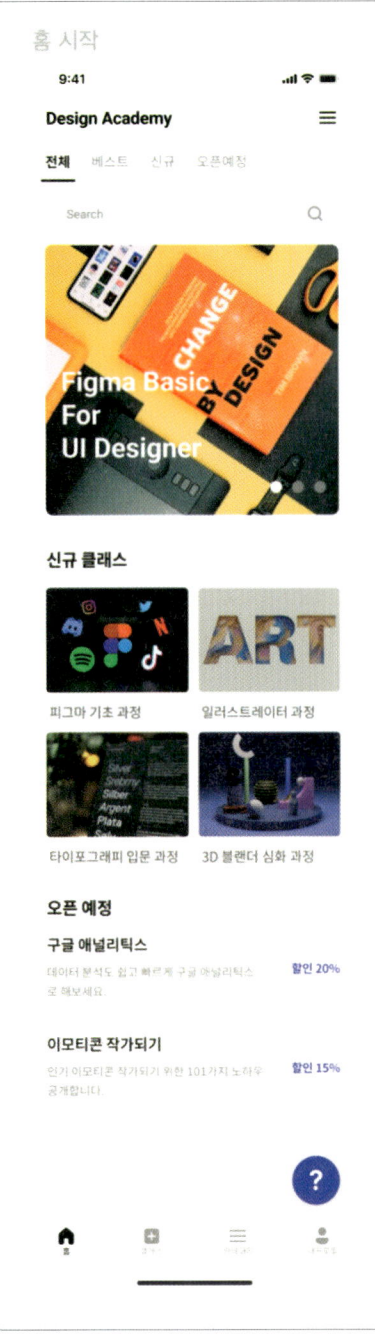

6.2 베스트 클래스 리스트 디자인하기

베스트 클래스는 강좌 리스트를 오토 레이아웃으로 만들고 컴포넌트로 등록하겠습니다. 메인 컴포넌트를 복사해서 클래스 리스트를 디자인해 보겠습니다.

완성 화면 미리 보기

1 기본 메뉴 배치

STEP 1 상단 메뉴에서 프레임 툴(F)을 선택해 375 × 812 사이즈의 프레임을 만듭니다.

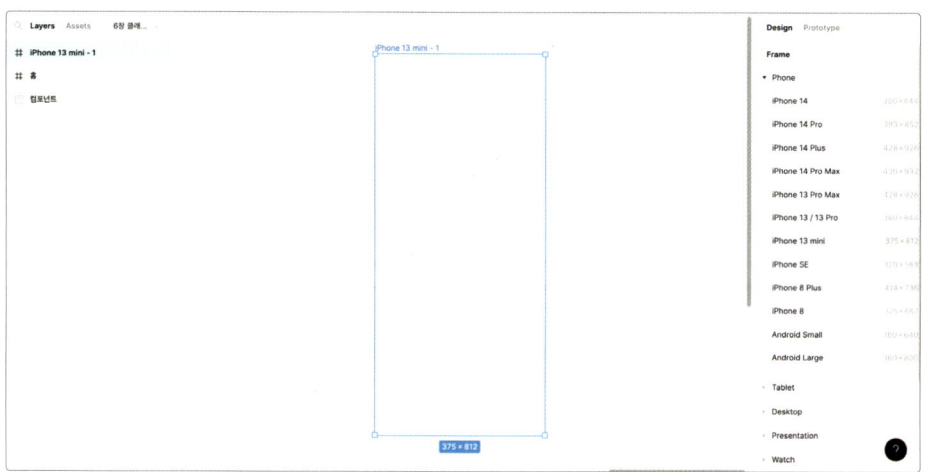

STEP 2 프레임의 이름을 '베스트 클래스'로 변경합니다.

STEP 3 '클래스 홈'의 '탑 내비게이션', '상태 바', '탭', '탭 바', '인디케이터'를 복사해서 '베스트 클래스' 프레임에 붙여 넣으세요.

STEP 4 타이틀은 삭제하고 그 자리에 Plugins의 'Feather Icon'에서 뒤로 가기 아이콘을 찾아서 넣습니다.

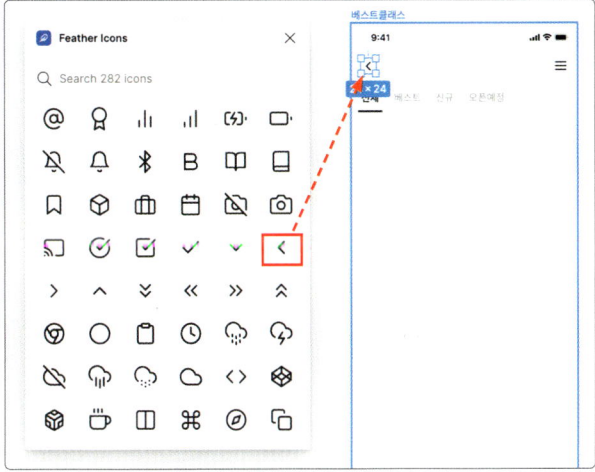

STEP 5 탭의 베리언트를 변경합니다. 디자인 패널의 '탭'에서 '탭1'을 '탭2'로 베리언트를 변경해서 '베스트 클래스'가 활성화된 디자인으로 변경합니다.

STEP 6 하단 탭 바에서 ❶ '클래스' 글자와 아이콘의 컬러를 #212121로 변경하고, ❷ '홈' 글자와 '홈 아이콘'의 컬러는 #A1A1A1로 변경해서 '클래스'가 활성화된 디자인으로 변경합니다.

2 카드 리스트 만들기

STEP 1 카드를 완성한 후 '베스트 클래스' 프레임 안으로 가져가겠습니다. 상단 메뉴에서 원형 툴(O)을 선택해 40 크기의 정원을 그립니다.

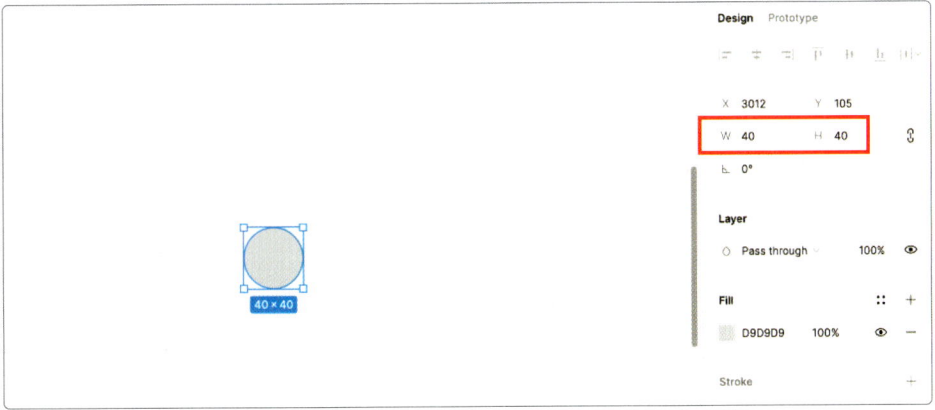

STEP 2 문자 툴(T)로 ❶ 소제목을 입력하고 ❷ Fill: #747474 색상으로, ❸ 강좌 이름을 입력하고 ❹ Fill: #5551FF 색상으로 설정합니다.

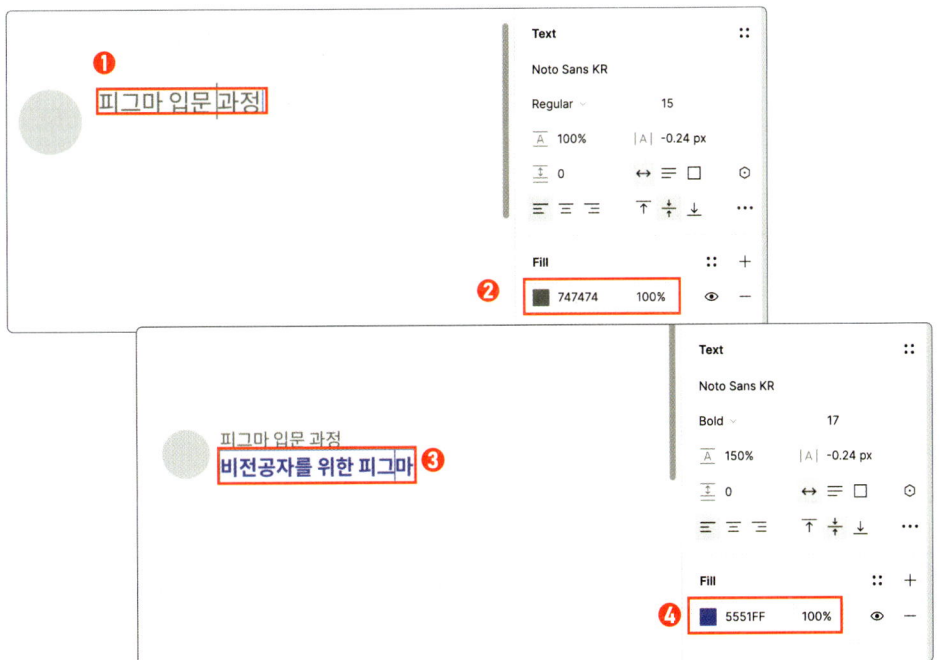

STEP 3 플러그인에서 'Feather Icon'을 실행(<Run>)하고, 'Chevron' 아이콘을 가져옵니다.

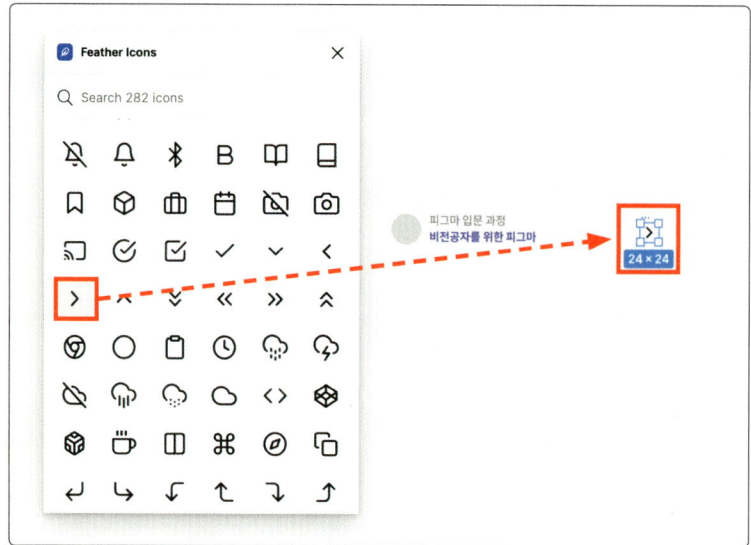

STEP 4 문자 레이어 2개를 선택하고 단축키 Shift + A 로 오토 레이아웃을 만듭니다.

STEP 5 오토 레이아웃의 이름을 '타이틀'로 변경합니다.

STEP 6 원과 '타이틀'을 선택하고 단축키 `Shift`+`A`로 오토 레이아웃을 만듭니다.

오브젝트의 방향이 다르거나 간격이 다르거나 간격이 다를 때 오토 레이아웃으로 만듭니다.

STEP 7 오토 레이아웃의 이름을 '왼쪽'으로 변경합니다.

STEP 8 모두 선택하고 단축키 `Shift`+`A`로 오토 레이아웃을 만들고, 오토 레이아웃 이름을 '카드 / 아이템'으로 변경합니다.

STEP 9 ❶Auto layout에서 Horizontal gap between items: Auto로 지정해 프레임이 늘어나면 아이템 사이의 간격이 자동적으로 늘어나게 합니다. 좌우 패딩을 ❷Horizontal padding: 24, 상하 패딩을 Vertical padding: 22로 설정합니다. ❸Horizontal Resizing – Fixed, ❹가로 343 사이즈로 변경합니다.

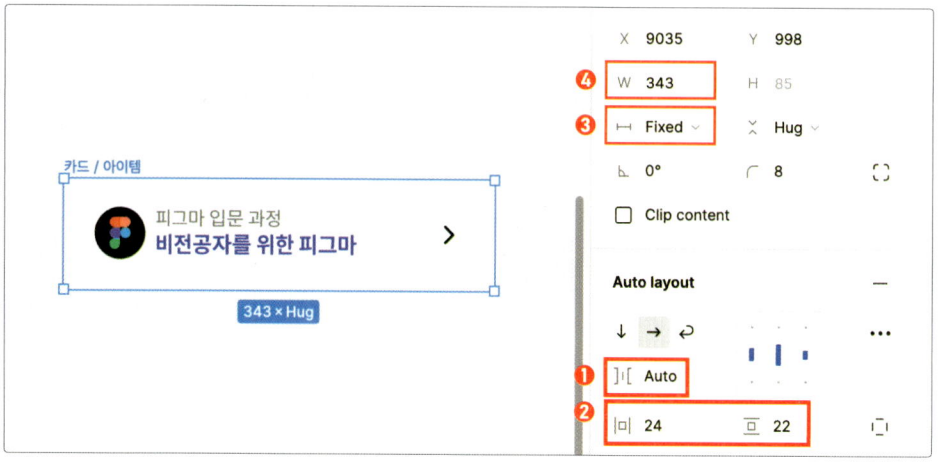

STEP 10 배경을 ❶#FAFAFA(회색)으로 지정하고, ❷Corner radius: 8로 모서리를 둥글게 설정합니다.

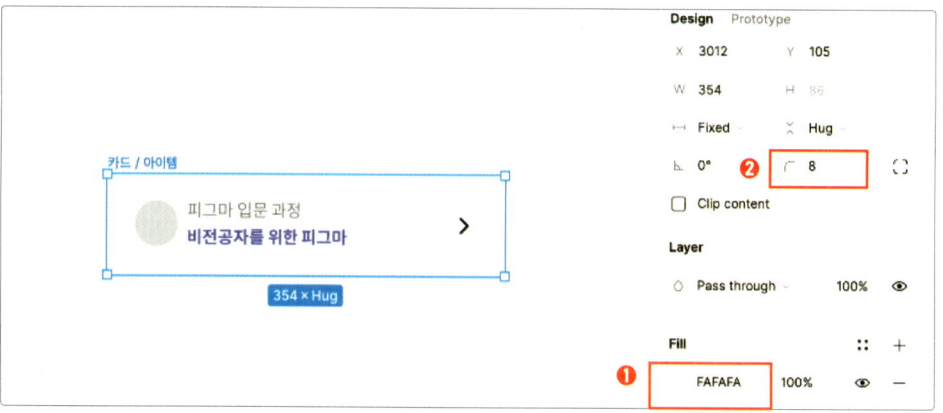

STEP 11 <Create Component> 또는 단축키 Cmd⌘ + Opt + K (Ctrl + Alt + K)를 사용해 컴포넌트로 만듭니다. 만든 컴포넌트는 일관된 서비스를 만들 수 있도록 도와줍니다.

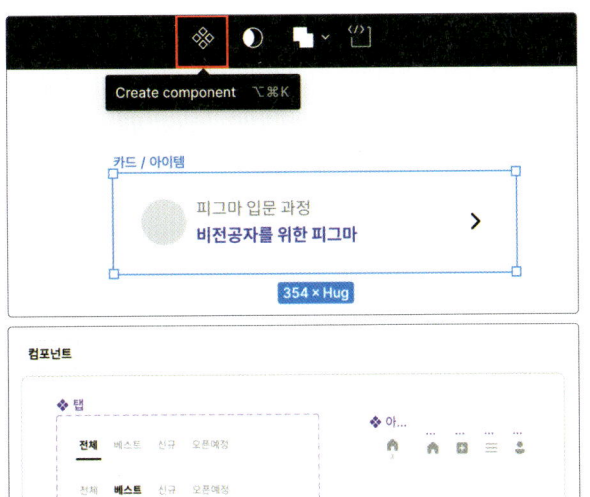

컴포넌트 예시

STEP 12 단축키 [Shift]+[I] 또는 리소스 툴의 Components에서 '카드 / 아이템' 컴포넌트를 클릭해서 베스트 클래스 프레임으로 가져옵니다.

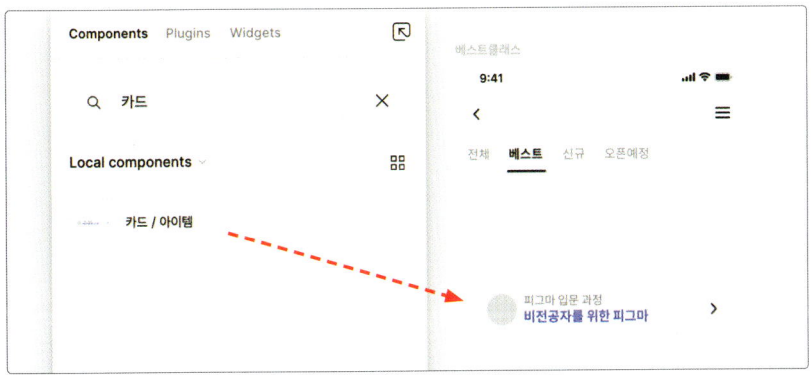

STEP 13 `Opt`(`Alt`) 드래그한 후, `Cmd⌘`+`D`(`Ctrl`+`D`)로 여러 개 복사해서 아래에 배치합니다.

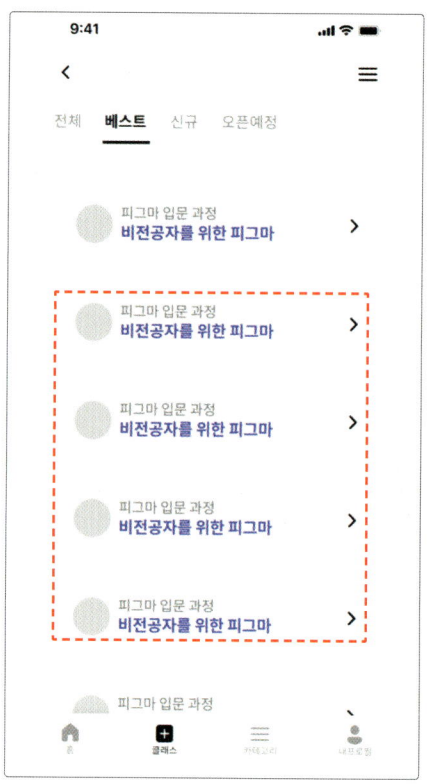

STEP 14 각 카드에 있는 강좌 이름과 설명을 변경하고, 'Brandfetch' 플러그인을 실행(<Run>)합니다. 브랜드를 검색해서 각 원에 넣고 베스트 클래스를 완성합니다.

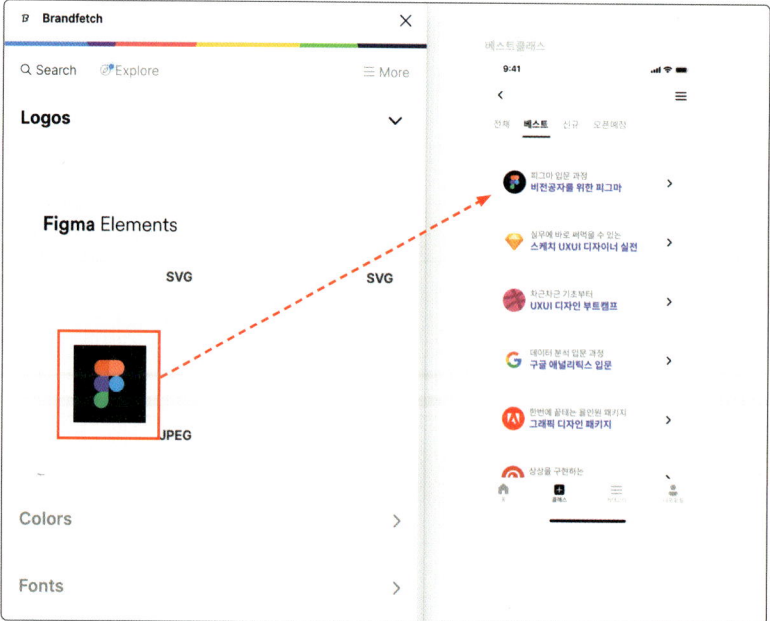

6.3 클래스 상세 페이지 디자인하기

'클래스 상세 화면'은 홈 화면에서 추천 강좌 슬라이딩 배너를 눌렀을 때 나타나는 화면입니다. 강좌에 대한 설명을 디자인하고 페이지가 전환될 때 스마트 애니메이션으로 사진이 자연스럽게 확대되는 인터랙션으로 구현해 보겠습니다.

완성 화면 미리 보기

1 클래스 소개 만들기

STEP 1 홈 프레임을 `Cmd⌘`+`D` (`Ctrl`+`D`)로 복사해서 프레임의 이름을 '클래스 상세 화면'으로 변경합니다.

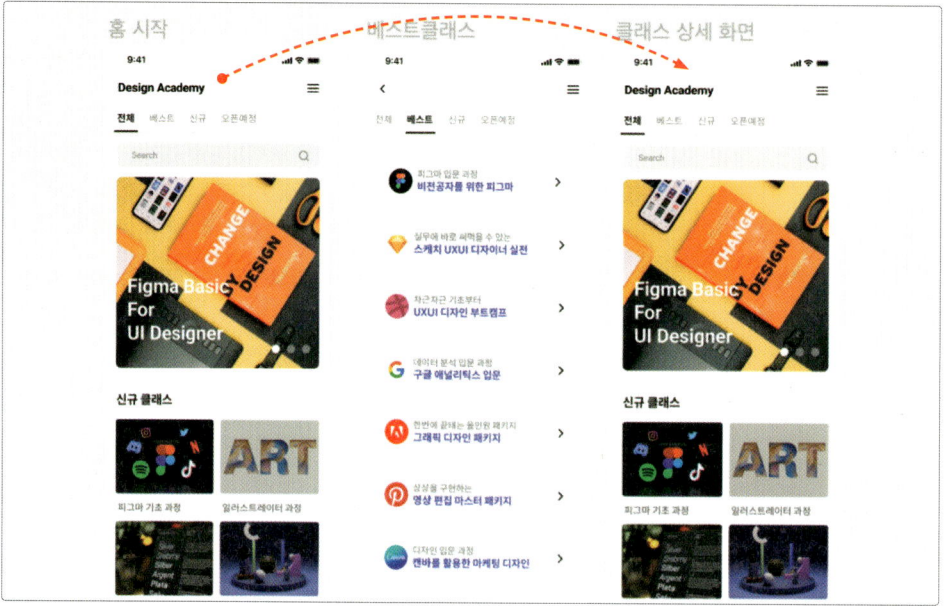

STEP 2 다음처럼 상태 바, 탑 내비게이션, 히어로만 남기고 모든 요소를 삭제하세요.

STEP 3 상태 바, 탑 내비게이션의 Fill에서 －을 클릭해서 흰색 배경을 삭제합니다.

STEP 4 탑 내비게이션에 문자 레이어는 삭제하고, 플러그인 Feather Icon에서 뒤로 가기 아이콘을 가져옵니다.

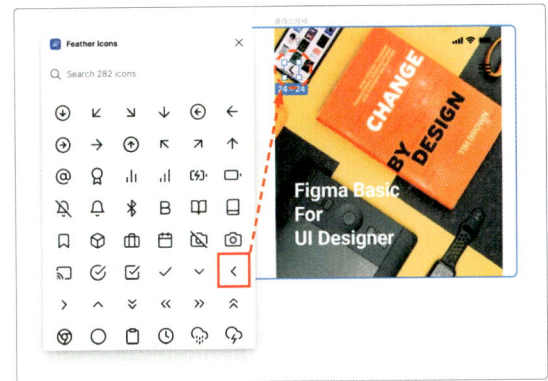

STEP 5 ❶히어로 프레임의 크기를 W: 375, H: 400, 사진 크기를 W: 442, H: 400으로 변경하고 ❷페이지네이션의 눈을 감추기( ) 합니다.

STEP 6 ❶ 상단 메뉴의 문자 툴(T)로 타이틀을 입력하고 ❷ Text: Noto Sans KR, Bold, 24로 설정합니다.

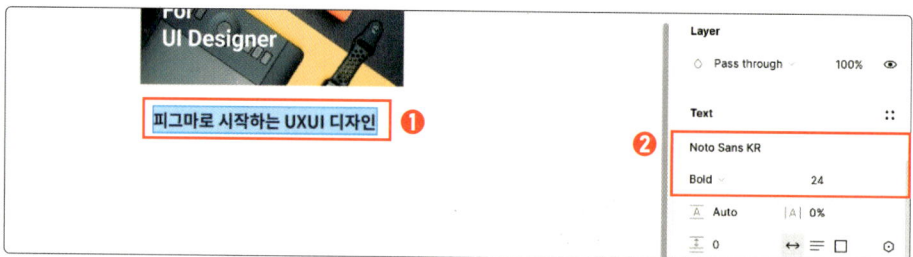

STEP 7 ❶ 설명 부분을 입력하고 Fill: #858585로, ❷ '이벤트 할인'을 입력하고 Fill: #585858로 설정합니다.

STEP 8 ❶ 가격은 Text: Noto Sans KR, Bold, 24로, ❷ 할인율은 Text: Noto Sans KR, Bold, 14, ❸ Fill: #585858로 설정합니다.

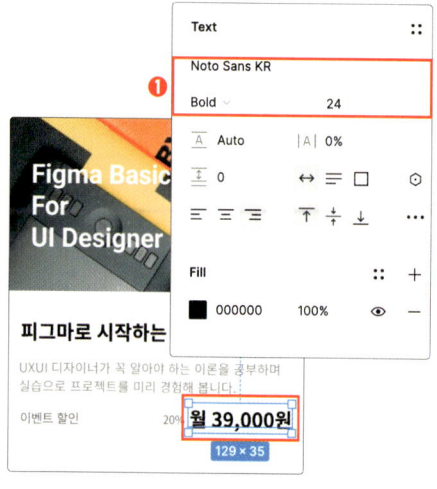
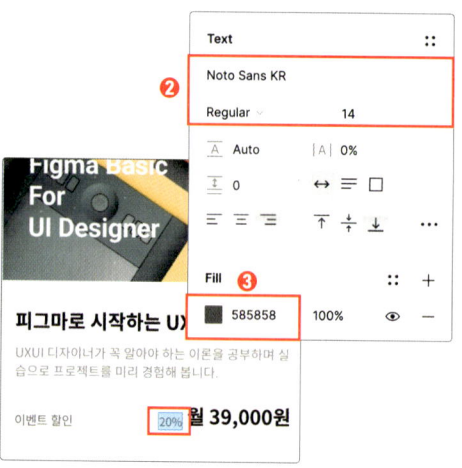

STEP 9 ❶신청 버튼을 문자 툴(T)로 입력하고, ❷Text: 20로 설정합니다.

STEP 10 글자를 Shift + A 로 오토 레이아웃으로 만듭니다. ❶Horizontal Resizing - Fixed, ❷가로 343 사이즈로 변경합니다. ❸버튼의 모서리는 Corner radius: 8로 지정해 둥글게 변경합니다. 버튼의 컬러는 #5551FF로 글자는 #FFFFFF로 넣어 줍니다. 버튼 이름을 '클래스 신청하기'로 변경합니다.

2 클래스 서비스 리스트 만들기

STEP 1 제목을 '클래스 서비스'로 입력하고 크기를 '18'로 지정합니다. 최상위 프레임인 '클래스 상세'를 선택하고 높이를 늘립니다.

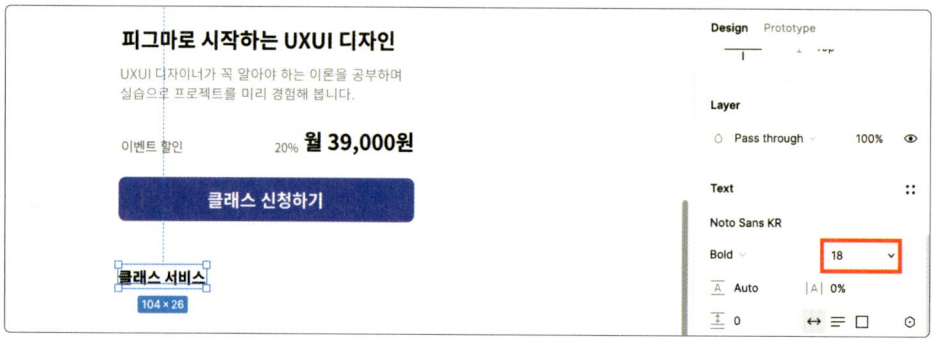

STEP 2 ❶사각형 툴(R)로 120 크기의 정사각형을 그리고, ❷Corner radius: 8 넣어서 모서리를 둥글게 변경합니다.

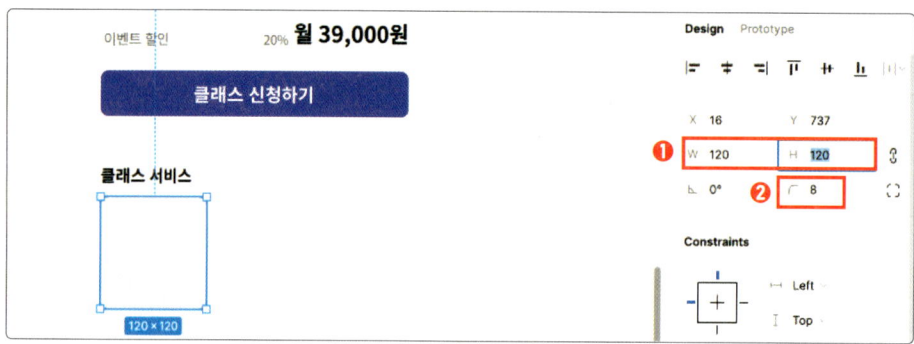

STEP 3 문자 툴(T)로 '수강 등급'을 입력하고 사각형과 글자 두 요소를 선택해서 Cmd⌘+G (Ctrl+G)로 그룹으로 만듭니다. 그룹의 이름을 '서비스 1'로 변경합니다.

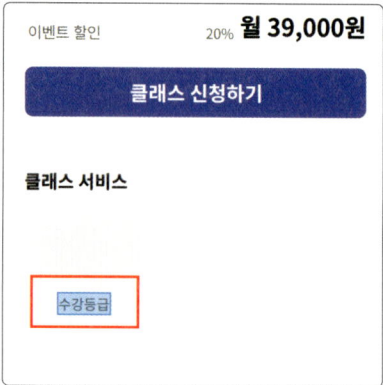

STEP 4 '서비스 1' 그룹을 Cmd⌘ + D (Ctrl + D)로 3개 더 복사해서 옆에 배치합니다. 각 제목을 다음과 같이 변경합니다.

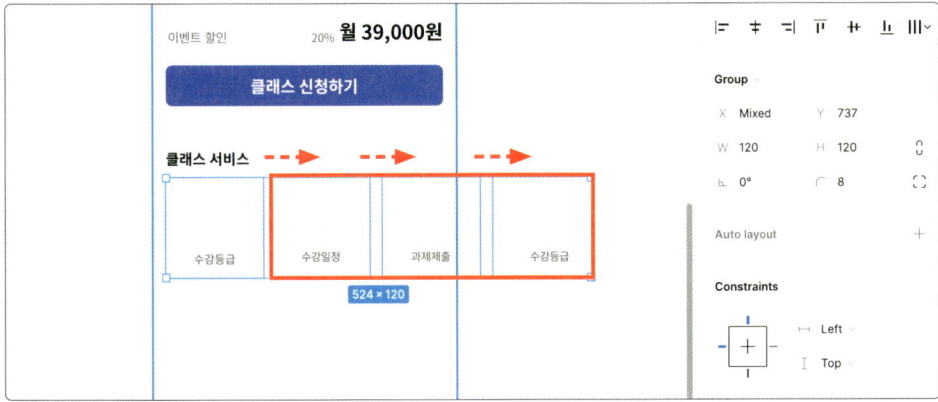

STEP 5 무료 3D 이미지를 커뮤니티에서 가져오겠습니다. ❶상단의 ⊕아이콘을 눌러서 커뮤니티로 이동합니다. 검색 바에 ❷ '3d education'을 검색합니다. 파일을 선택해서 <Open in Figma> 버튼으로 복사합니다. 커뮤니티에 무료로 사용할 수 있는 디자인 파일이 많이 있으니 파일을 가져다 디자인에 활용해 보세요.

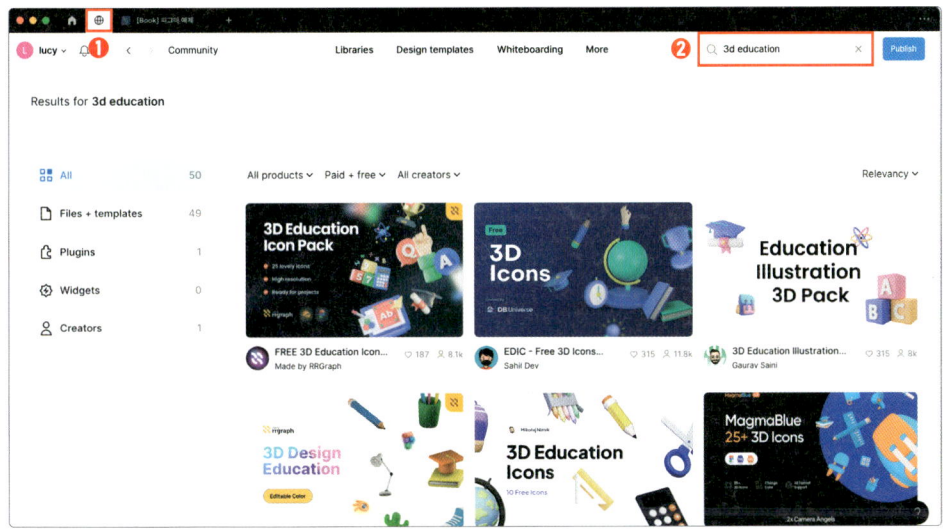

STEP 6 그룹 안에 4개의 이미지를 배치합니다.

STEP 7 '서비스 1~서비스 4'를 선택하고 단축키 Cmd⌘ + Opt + G (Ctrl + Alt + G)를 사용해 프레임으로 지정하고, 이름을 '클래스 서비스 리스트'로 변경합니다.

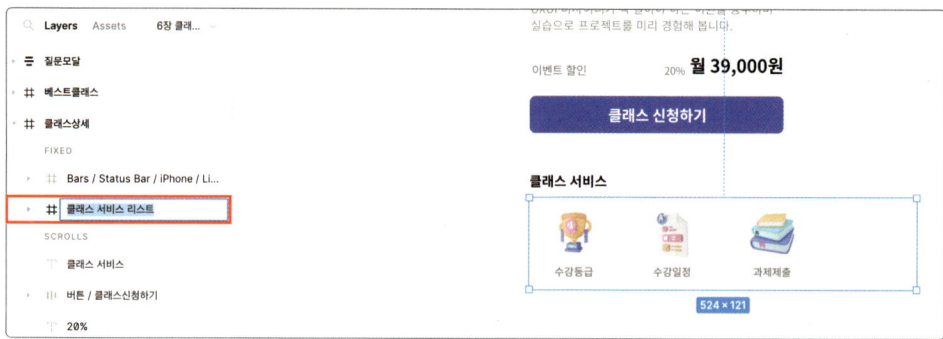

3 클래스와 커리큘럼 구성하기

STEP 1 사각형 툴(R)로 사각형을 가로 375 세로 230 크기로 그립니다.

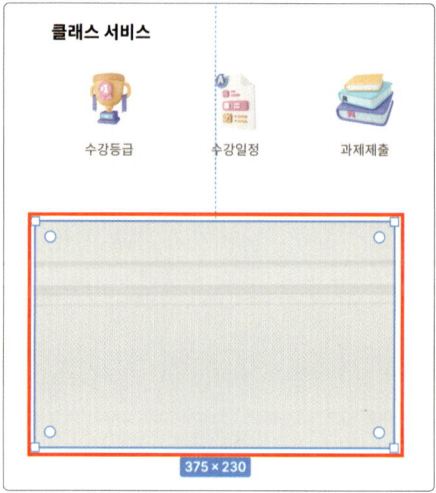

STEP 2 'Unsplash' 플러그인을 실행(<Run>)해서 다음처럼 원하는 사진을 사각형 안에 넣어 줍니다.

STEP 3 '클래스 서비스' 제목을 복사해서 '클래스 안내'로 변경하고 하단에 배치합니다. 그 아래에 ❶클래스 안내 설명 글을 입력하고 크기 ❷Text: 17, ❸Fill: #585858로 설정합니다.

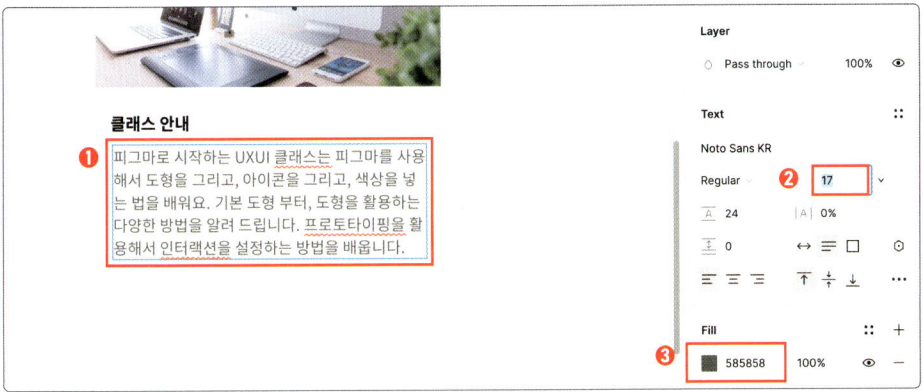

STEP 4 이번엔 '클래스 안내' 제목을 복사해서 '커리큘럼 안내'로 변경하고 배치합니다.

STEP 5 다음처럼 제목 밑에 ❶ '1주 차'를 입력하고 ❷Fill: #585858로 설정합니다.

STEP 6 ❶커리큘럼의 제목을 입력한 뒤 Text: Noto Sans KR, Bold, 20, Fill: #3A3A3A로 설정해 주고, ❷소제목은 Text: Noto Sans KR, Regular, 16, Fill: #7C7C7C로 설정합니다.

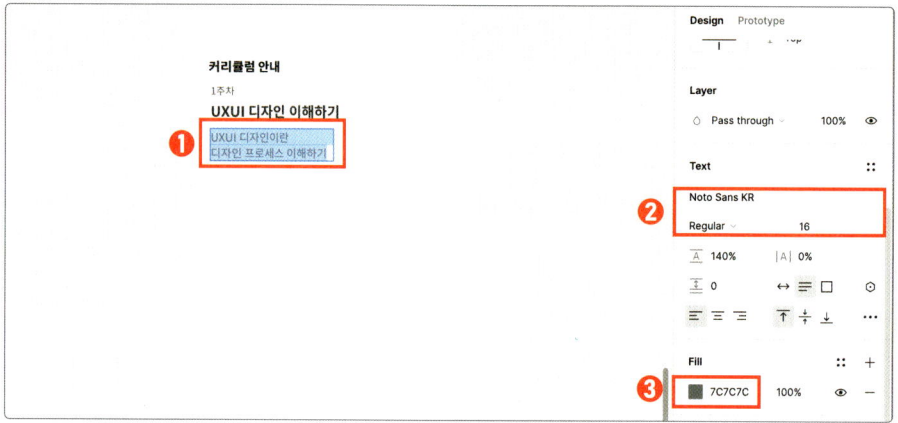

STEP 7 다음처럼 제목 옆에는 가로 130, 세로 95, Corner radius 8의 사각형을 그립니다.

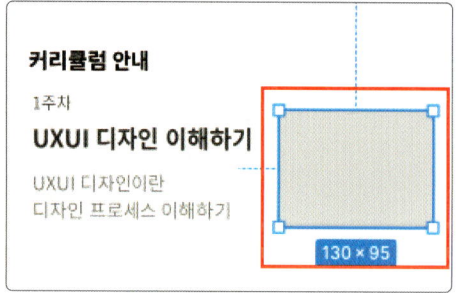 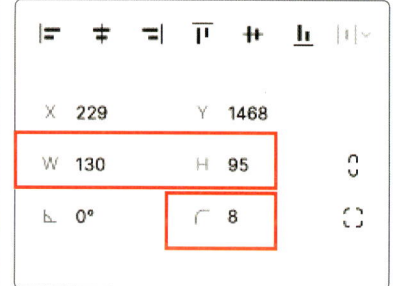

STEP 8 3개의 문자 레이어를 선택해서 단축키 `Shift` + `A` 로 오토 레이아웃 만듭니다. 이름을 '타이틀'로 변경하고 각 글자의 가로 리사이징을 Horizontal resizing: Fill Container로 설정해 부모 프레임에 가득 차도록 설정합니다.

STEP 9 '타이틀'과 사각형을 선택해서 단축키 `Shift` + `A` 로 오토 레이아웃 만듭니다. 이름을 '카드 / 중'으로 변경합니다.

STEP 10 '카드 / 중'을 `Opt`(`Alt`) 드래그해서 여러 개 복사해서 밑에 배치합니다. 각 카드의 글자를 변경한 뒤, 'Unsplash' 플러그인을 사용해서 사각형 안에 이미지를 넣어 상세 페이지를 완성합니다.

6.4 드로어 만들기

각 페이지마다 우측 상단에 있는 햄버거 메뉴를 누르면 메뉴가 나오는 내비게이션 드로어를 만들어 보겠습니다.

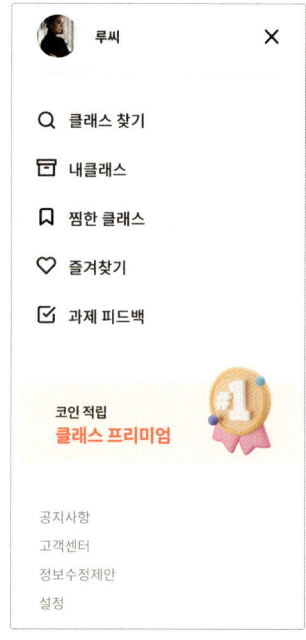

완성 화면 미리 보기

1 드로어 메뉴 구성하기

STEP 1 상단 메뉴에서 프레임 툴(F)을 선택하고 280 × 812 사이즈의 프레임을 만듭니다.

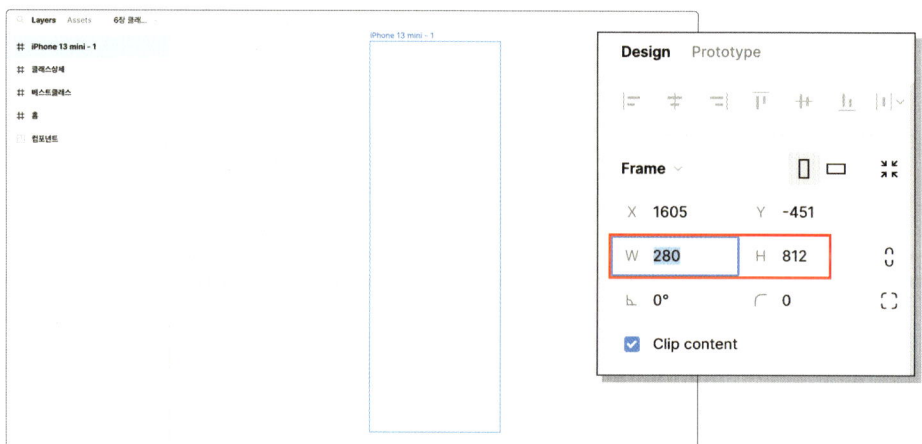

STEP 2 프로필 부분을 원형 툴(O)로 42의 정원을 그립니다.

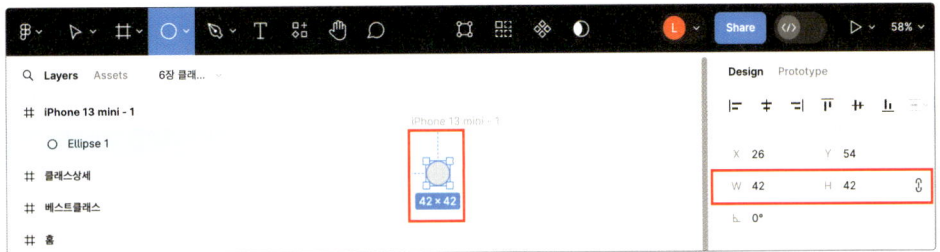

STEP 3 문자 툴(T)로 이름을 입력하고 Text: Noto Sans KR, Bold, 14, Fill: #2C2C2C로 설정합니다.

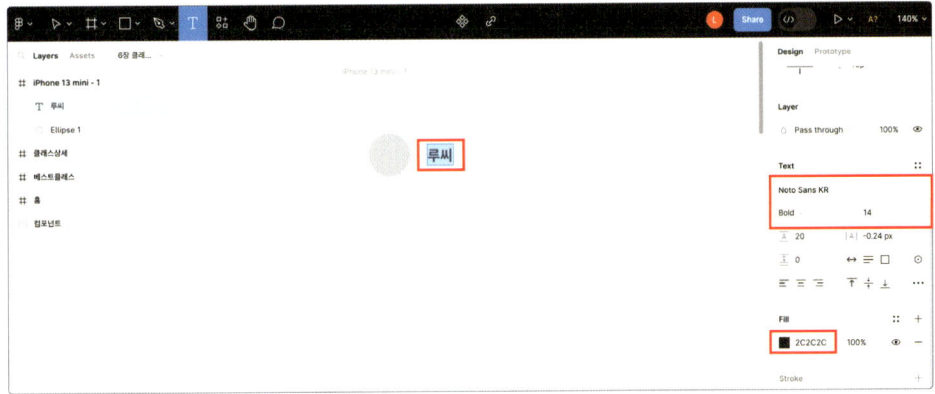

STEP 4 사각형 툴(R)로 248 × 1 크기의 사각형을 그립니다.

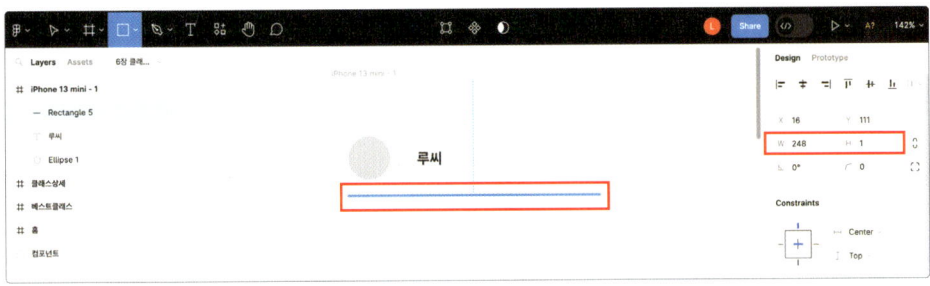

STEP 5 메뉴에 넣을 아이콘을 플러그인에서 가져옵니다. 'Feather icon' 플러그인을 실행한 다음, 'search', 'archive', 'bookmark', 'heart', 'check', 'close'를 검색해서 각 아이콘을 프레임 안으로 가져옵니다.

STEP 6 문자 툴(T)로 메뉴 이름을 입력하고 Text: Noto Sans KR, Medium, 16로 설정합니다.

STEP 7 메뉴를 Cmd+D (Ctrl+D)로 복사해서 밑에 배치하고 메뉴 이름을 변경합니다.

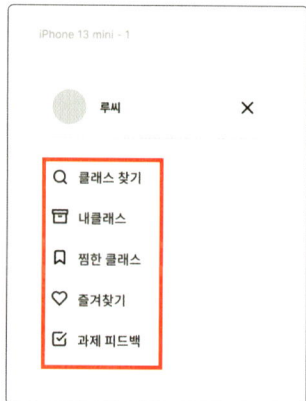

STEP 8 검색 아이콘과 '클래스 찾기' 메뉴를 선택하고 Shift + A 로 오토 레이아웃으로 변경합니다. 오토 레이아웃의 이름을 '메뉴1'로 변경합니다.

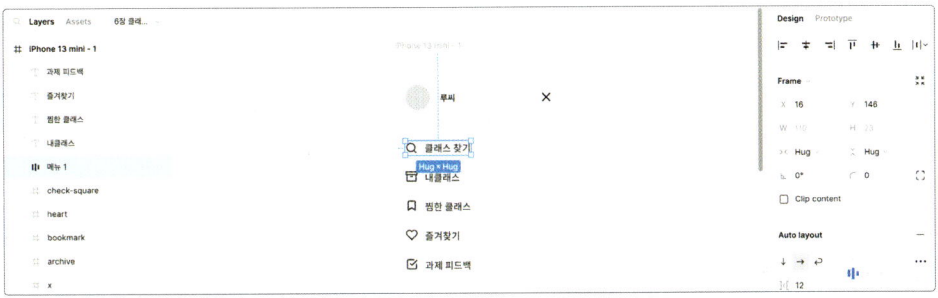

STEP 9 나머지 메뉴도 아이콘과 메뉴 이름을 오토 레이아웃으로 만들고 레이어의 '메뉴2'~'메뉴5'로 이름을 변경합니다.

STEP 10 5개 메뉴를 모두 선택해서 단축키 Shift + A 로 오토 레이아웃으로 만들고 프레임의 이름을 '메뉴'로 변경합니다.

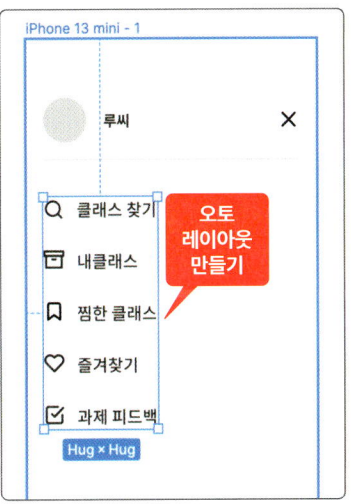

2 배너 만들기

STEP 1 ❶사각형 툴(R)로 280 × 80의 사각형을 만들어서 배너를 만듭니다. ❷Fill: #FFF4E8으로 색을 넣어줍니다.

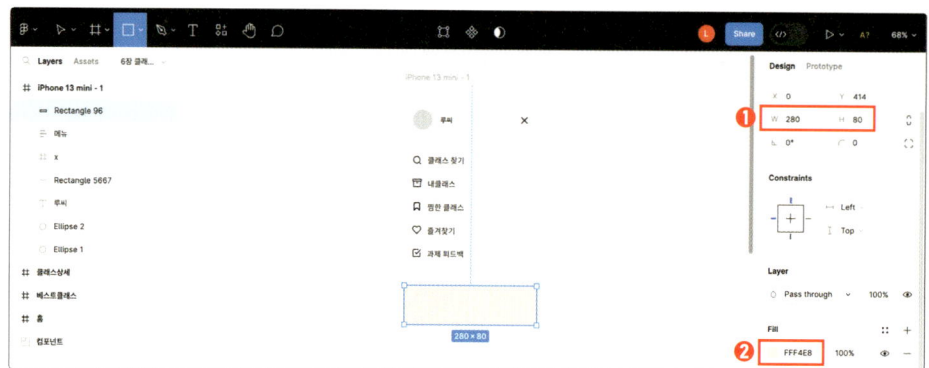

STEP 2 문자 툴(T)로 소제목을 입력하고 Text: 14로 설정합니다.

STEP 3 제목을 입력하고 Text: 18, Fill: #E94343로 설정합니다.

STEP 4 문자 툴(T)로 하단에 메뉴를 입력하고 Fill: #7A7A7A로 설정합니다.

STEP 5 '공지사항' 하단에 나머지 메뉴도 입력하고, 3D 이미지를 가져와서 오른쪽에 배치합니다. 프레임의 이름을 '드로어'로 변경하여 완성합니다.

6.5 질문 모달 만들기

홈 화면 하단에 있는 FAB 버튼을 누르면 홈 화면 위에 오버레이되어 나타나는 질문 모달을 만들겠습니다.

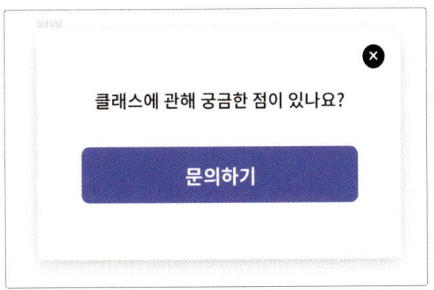

완성 화면 미리 보기

1 질문 텍스트와 버튼 만들기

STEP 1 문자 툴(T)로 제목을 입력하고 ❶Text: Noto Sans KR, Medium, 18 ❷Fill: #212121로 설정합니다.

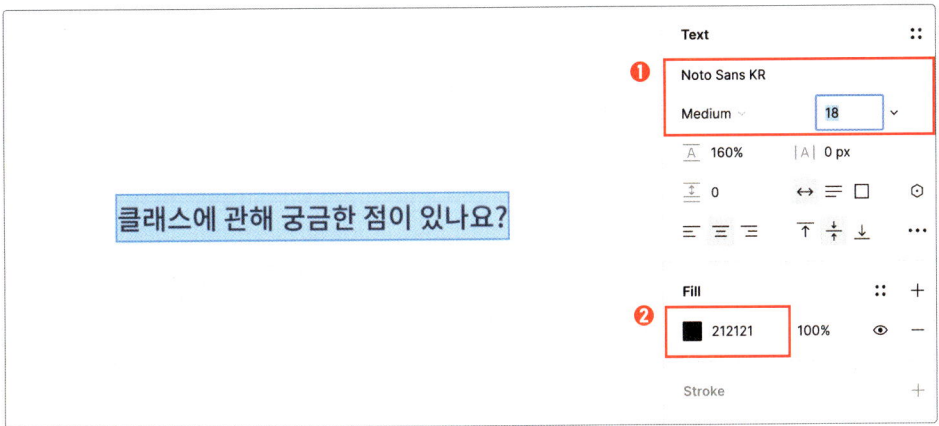

STEP 2 ❶문자 툴(T)로 '문의하기' 버튼을 입력하고 ❷Text: Noto Sans KR, Bold, 20으로 설정합니다.

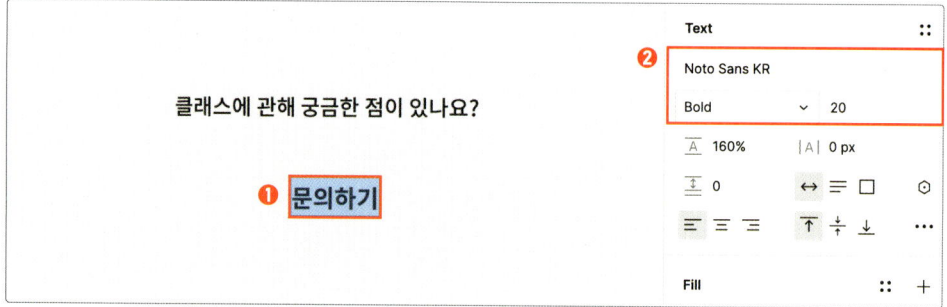

STEP 3 ❶Shift+A로 오토 레이아웃을 만들고 ❷horizontal padding: 105, vertical padding: 12, Fill: #5551FF로 설정합니다. ❸글자는 흰색(#FFFFFF)으로 변경합니다.

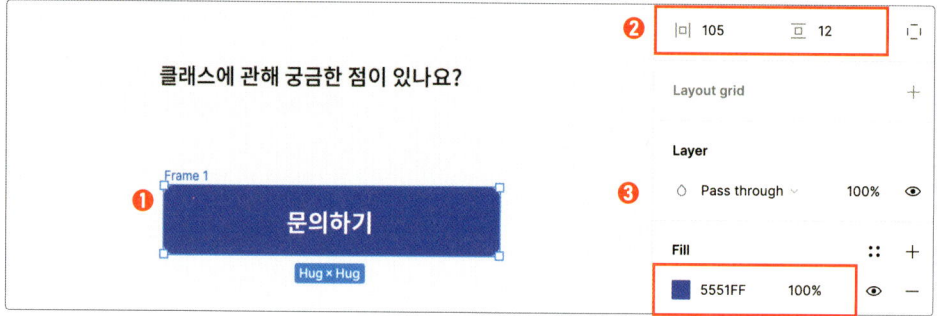

2 닫기 버튼 만들기

STEP 1 오른쪽 위에 원형 툴(O)로 24 크기의 검은색(#000000) 정원을 만듭니다.

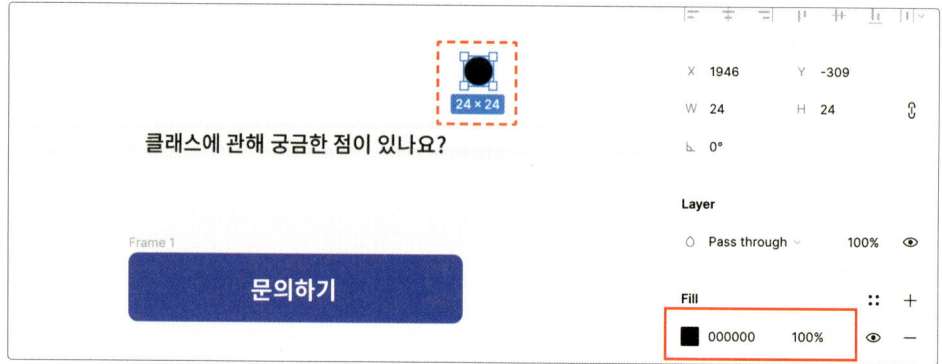

STEP 2 ❶ 사각형(R) 툴을 사용해 2 × 12 크기의 모서리가 둥근 사각형을 만들고, ❷ corner radius: 4, rotation: 45를 설정하고, ❸ 색상은 Fill: #FFFFFF를 지정합니다. 이렇게 만든 사각형을 단축키 Cmd⌘ + D (Ctrl + D)로 복사합니다. 복사한 사각형을 마우스 우클릭하여 Flip horizontal으로 좌우 반전해서 원 중앙에 배치합니다.

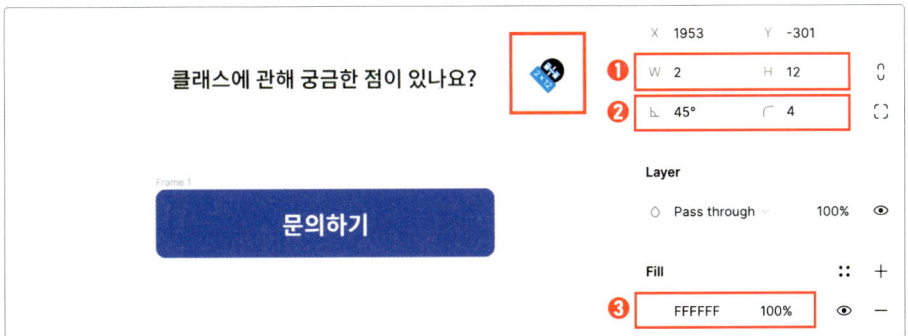

STEP 3 닫기 버튼의 원, 사각형을 모두 선택하고 Cmd⌘ + G (Ctrl + G)를 사용해 그룹으로 만들어서 이름을 '아이콘 / 닫기'로 변경합니다.

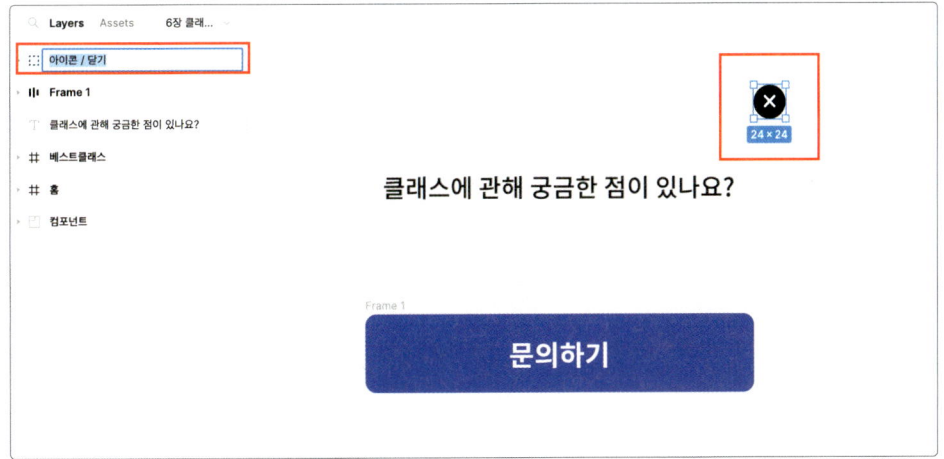

3 모달 창 만들기

STEP 1 모든 요소를 선택해서 Shift + A 로 오토 레이아웃을 만듭니다. 가로 폭은 375 사이즈로 홈 화면과 동일하게 합니다. 배경에 흰색(#FFFFFF)을 넣어줍니다.

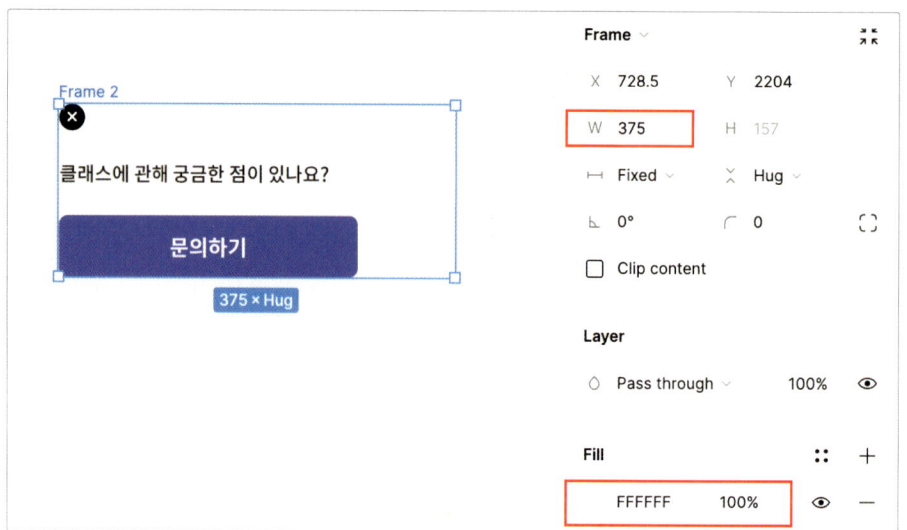

STEP 2 ❶ Corner radius: 16를 설정해 위쪽 모서리만 넣어서 둥글게 만듭니다. 아이템의 간격은 ❷ Vertical gap between items: 32, ❸ Horizontal padding: 24, Vertical padding: 56으로 넣어서 모달 창의 형태를 만듭니다.

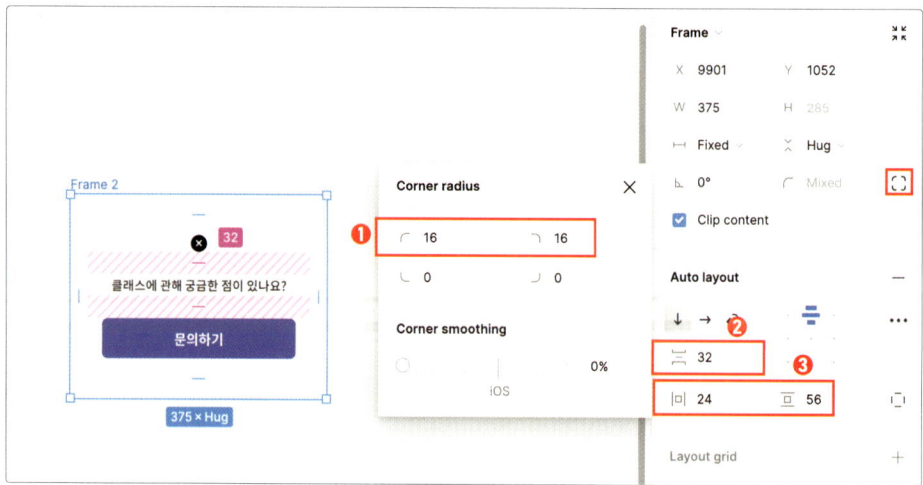

STEP 3 Drop shadow를 선택하고, blur: 20을 지정해 모달에 그림자를 넣어 줍니다.

STEP 4 닫기 버튼은 〈Absolute position〉 아이콘을 누르고 오른쪽으로 이동합니다.

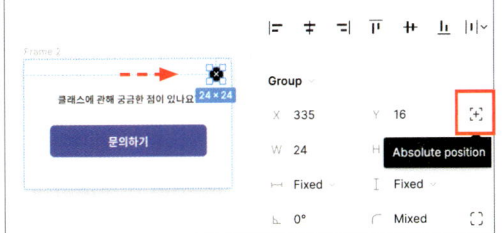

STEP 5 오토 레이아웃의 이름을 '질문 모달'로 변경해서 완성합니다.

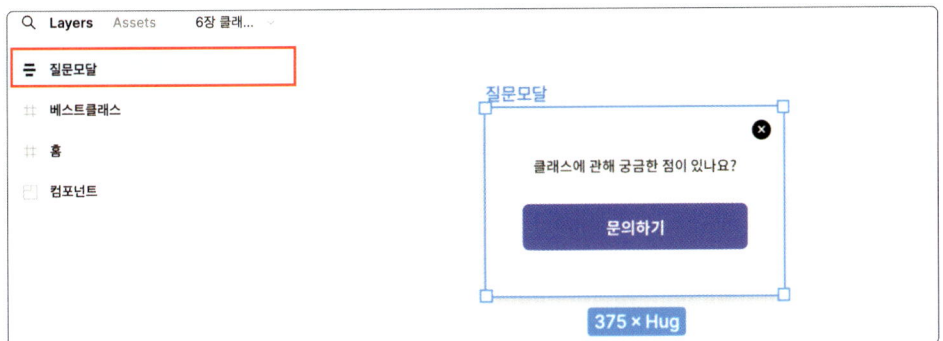

6.6 프로토타이핑 설정하기

클래스 앱의 5개의 화면을 모두 디자인했습니다. 이번에는 각 화면의 상태 바, 내비게이션, 하단 탭 바를 콘스트레인트와 스크롤로 위치를 고정하겠습니다. 추천 강좌와 클래스 서비스에는 가로 방향의 스크롤을, 메뉴와 버튼에는 인터랙션을 설정해 보겠습니다.

1 콘스트레인트와 스크롤 설정

STEP 1 '홈' 화면에서 상태 바와 탑 내비게이션을 상단 왼쪽에 고정하기 위해 콘스트레인트를 Horizontal-Left, Vertical-Top으로 설정합니다. 스크롤해서 페이지가 아래로 내려갈 때도 상태 바와 내비게이션은 상단 위치에 그대로 있어야 합니다. 따라서 프로토타입 패널에서 Scroll behavior의 Position을 Fixed로 설정합니다. '클래스 상세' 화면도 동일하게 설정합니다.

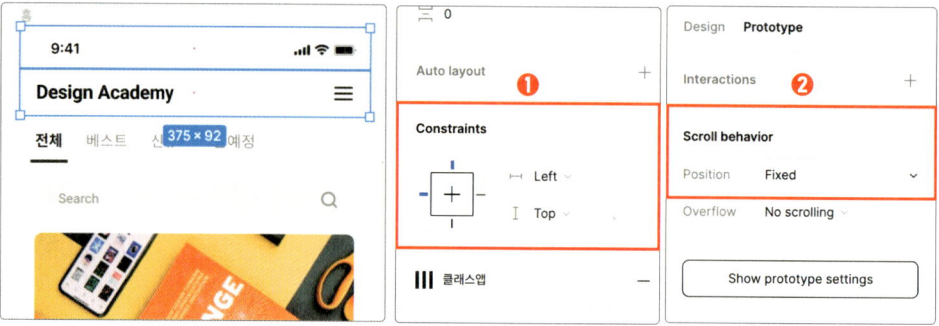

STEP 2 '홈' 화면의 '히어로' 슬라이딩 배너의 가로 스크롤을 설정합니다. 프로토타입 패널로 이동해서 Scroll behavior의 Position: Scroll with parent, Overflow: Horizontal scrolling으로 설정하고 가로 스크롤이 되도록 만듭니다.

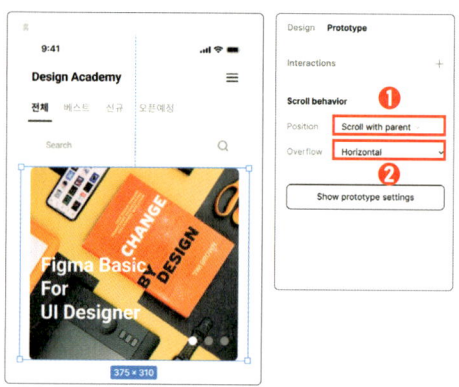

STEP 3 '탭 바'와 '인디케이터'의 ❶콘스트레인트를 Vertical: Bottom으로 설정합니다. 스크롤해서 페이지가 아래로 이동해도 하단에 그대로 위치하기 위해 프로토타입 패널에서 ❷Scroll behavior의 Position: Fixed로 고정합니다. 클래스 상세 화면에도 동일하게 설정합니다.

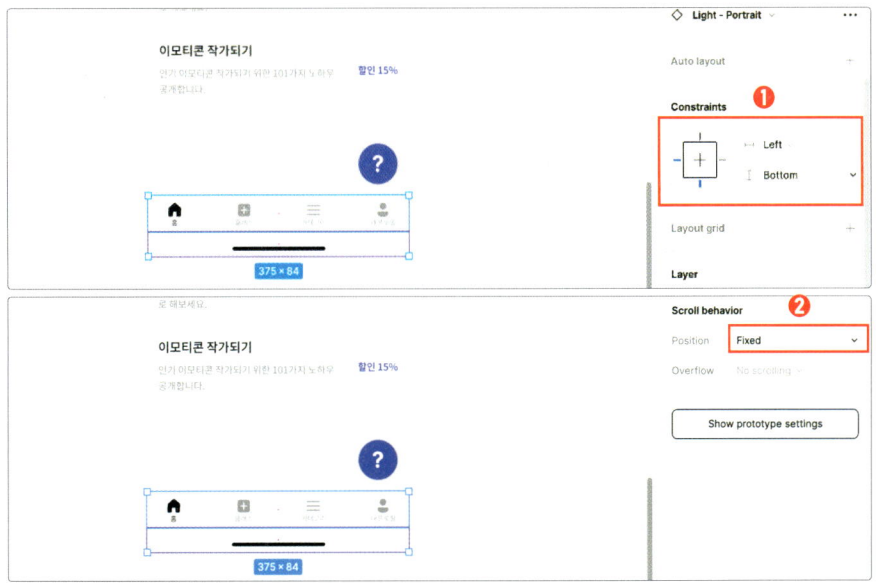

STEP 4 FAB은 항상 우측 하단에 고정하도록 ❶콘스트레인트를 Horizontal-Right, Vertical-Bottom으로 설정합니다. 프로토타입 패널에서 ❷Scroll behavior의 Position: Fixed 로 설정해 위치를 고정합니다.

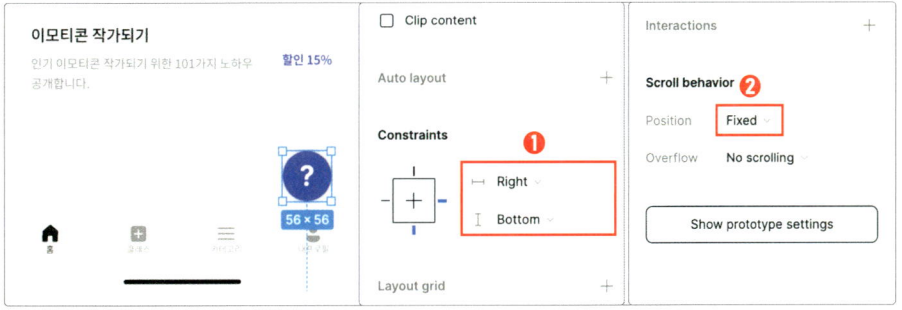

STEP 5 '클래스 상세'의 '클래스 서비스 리스트' 프레임의 가로 스크롤을 설정합니다. 프레임의 ❶가로 폭을 W: 359로 설정합니다. 프로토타입 패널에서 ❷Scroll behavior의 Overflow: Horizontal scrolling으로 설정해 가로 스크롤이 되도록 만듭니다.

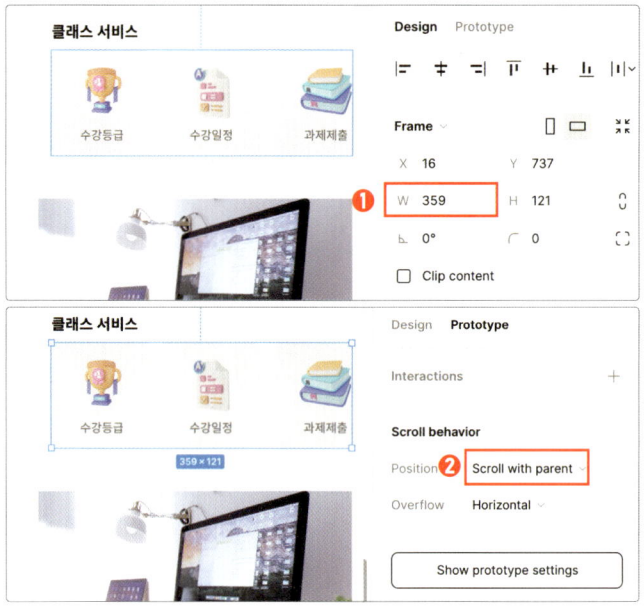

2 인터랙션 설정

STEP 1 '홈' 화면의 '베스트' 메뉴를 '베스트클래스' 프레임으로 드래그해서 연결합니다. 트리거는 On Click(On tap), 액션은 Navigate to, 대상은 '베스트클래스' 프레임으로 설정합니다. 애니메이션은 Move in: Ease out, 300ms(0.3초)로 오른쪽에서 '베스트 클래스'가 위로 올라오면서 들어오는 인터랙션으로 설정합니다.

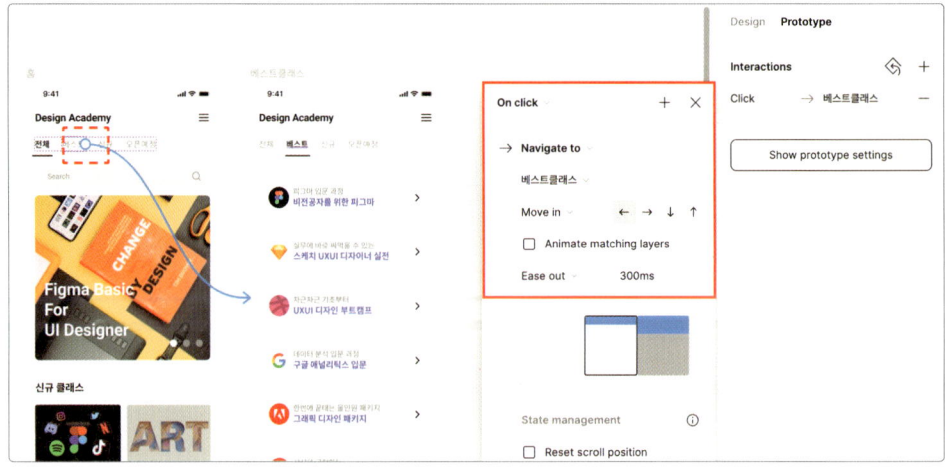

STEP 2 홈 화면의 '신규' 메뉴를 '신규 클래스' 프레임으로 드래그해서 연결합니다. 트리거는 On Click(On tap), 액션은 Scroll to, Y offset은 -100, 대상은 '신규 클래스' 프레임으로 설정합니다. 애니메이션은 Smart Animation: Gentle로 지정해서 부드럽게 스크롤되도록 만듭니다.

Scroll to는 같은 프레임 내에서 이동할 때 사용하며, Y offset는 Y축으로 얼만큼 떨어지는지 Y 좌표를 설정합니다.

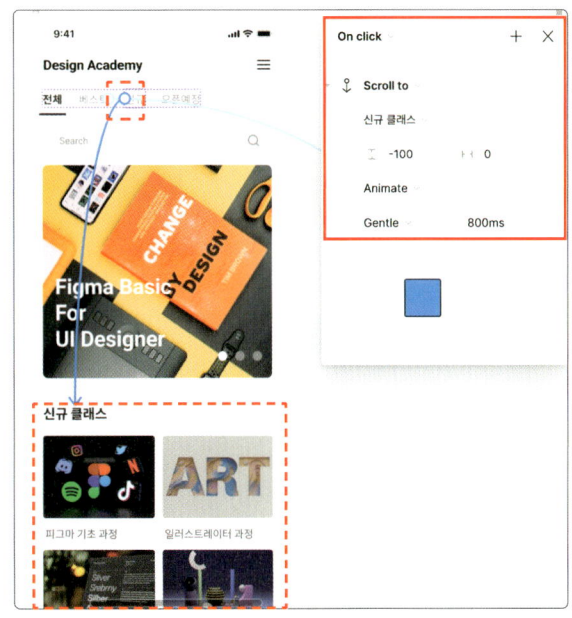

STEP 3 같은 방식으로 홈 화면의 '탭'의 '오픈 예정' 메뉴를 '오픈 예정' 프레임으로 드래그해서 연결합니다. 트리거는 On Click(On tap), 액션은 Scroll to, Y offset은 0이며, 대상은 '오픈 예정' 프레임으로 설정합니다. 애니메이션은 Smart Animation: Gentle로 부드럽게 스크롤되도록 설정합니다.

STEP 4 '홈'의 '히어로/아이템 1' 그룹을 클래스 상세 화면과 인터랙션하도록 설정합니다. 트리거는 On Tap(On Click), 액션은 Navigate to, 대상은 '클래스 상세' 프레임으로, 애니메이션은 Smart animation: Gentle, 800ms(0.8초)로 설정합니다.

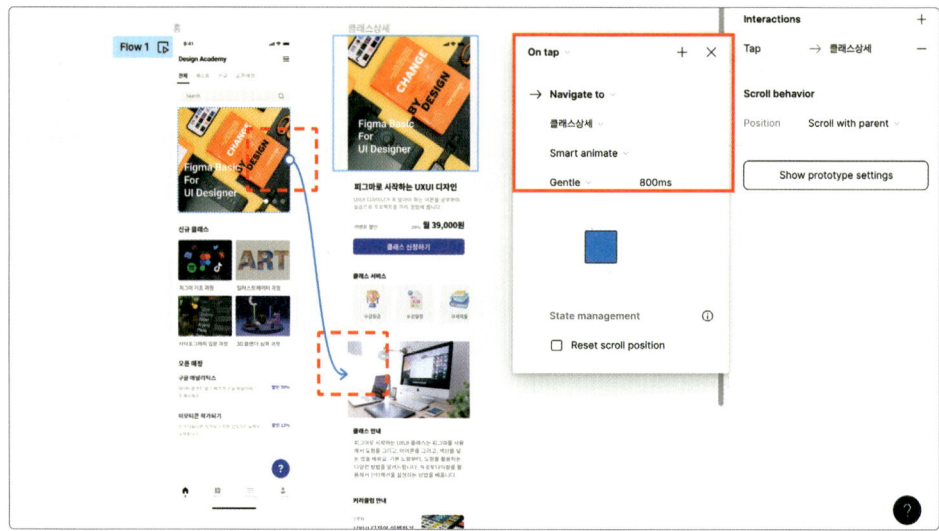

STEP 5 '상세 화면'과 '베스트 클래스'에서 Back 버튼의 인터랙션을 설정합니다. ❶ Interactions에서 ➕ 버튼을 클릭해서 트리거는 ❷ On Tap(On Click), 액션은 Back으로 설정해서 이전 화면으로 돌아가도록 설정합니다.

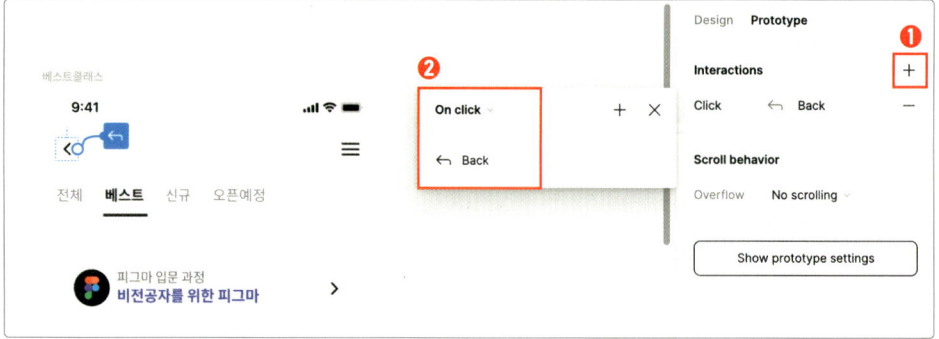

STEP 6 '베스트 클래스'의 하단 탭 바에서 '홈' 메뉴를 홈 화면과 연결되는 인터랙션을 설정합니다. 트리거는 On Tap(On Click), 액션은 Navigate to, 대상은 '홈' 프레임으로 설정합니다.

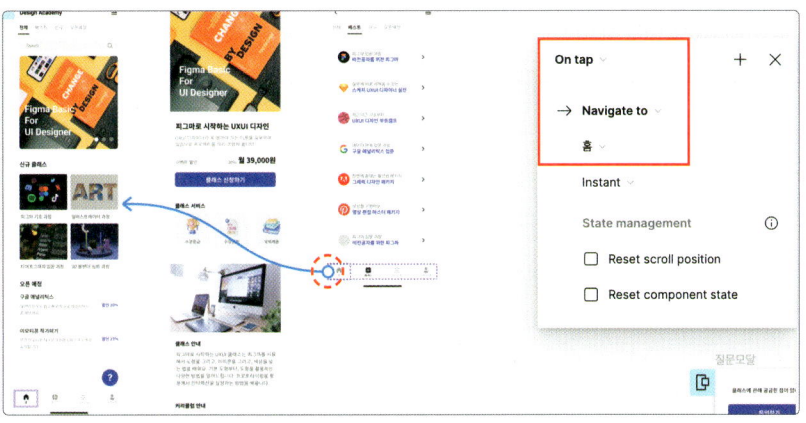

STEP 7 '베스트 클래스' 프레임의 햄버거 메뉴를 '드로어' 화면으로 이동하는 인터랙션을 설정해 보겠습니다. ❶트리거는 On Click(On Tap), 액션은 Open Overlay, 대상은 '드로어' 프레임으로 설정합니다. 햄버거 메뉴를 누르면 '드로어'가 위로 올라오는 인터랙션을 만든 것입니다.

그리고 ❷Overlay: Top right를 설정해 오른쪽 위에 드로어가 겹쳐지게 설정합니다. ❸'Close when clicking outside'에 체크해 프레임의 바깥 부분을 클릭하면 닫히게 만듭니다. ❹'Add background behind overlay'에 체크해 주어 배경에 흐린 검은색을 넣어서 사용자가 화면을 인식할 수 있도록 설정합니다. 끝으로 ❺애니메이션은 Move in: ←를 선택해 오른쪽에서 들어오는 방향으로 지정합니다.

홈 화면의 햄버거 메뉴도 동일한 인터랙션을 설정해 줍니다.

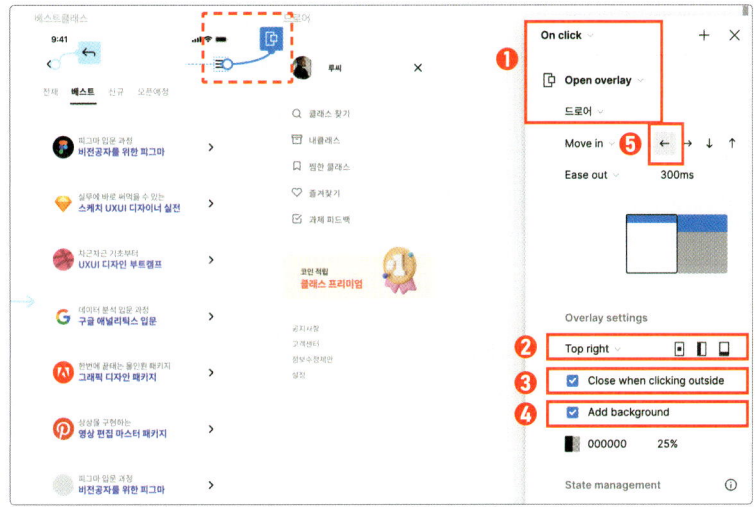

STEP 8 홈 화면의 도움말 아이콘을 클릭하면 '질문 모달' 화면을 띄우는 인터랙션을 설정합니다. ❶트리거는 On Click(On Tap), 액션은 Open Overlay, 대상은 '질문 모달'입니다. Overlay: Bottom center로 모달이 하단에 겹쳐지게 만듭니다.

❷ 'Close when clicking outside'를 체크해 바깥 부분을 클릭하면 닫히게 설정합니다.
❸ 'Add background behind overlay'에 체크해서 모달 뒤로 배경을 살짝 어둡게 만들고,
❹ 애니메이션은 Move in: ↑ 를 선택해 아래에서 위로 올라오게 합니다.

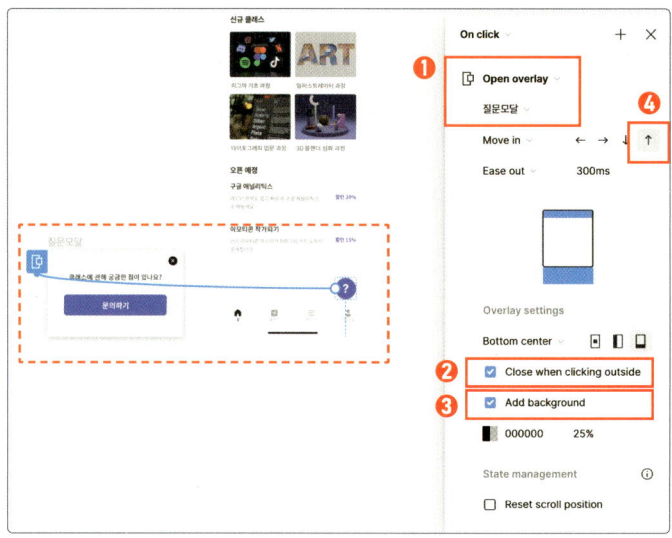

STEP 9 '질문 모달' 안 닫기 아이콘의 인터랙션을 설정합니다. Interactions에서 ❶ + 버튼을 클릭한 다음, ❷트리거는 On Tap(On Click), 액션은 'Close Overlay' 지정합니다.

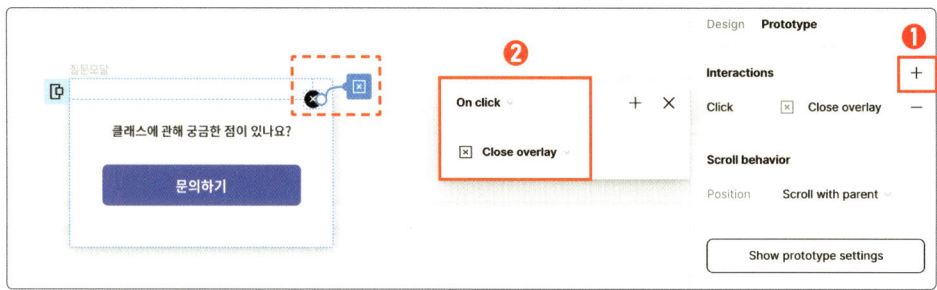

STEP 10 인터랙션 설정을 모두 완료했으니, 프리젠테이션 모드를 통해 잘 동작하는지 확인해 보겠습니다. 스마트폰에 설치한 피그마 앱으로 전체 디자인과 인터랙션을 확인해 보세요. 데스크톱에서 확인하는 것과 다르므로 꼭 사용자와 동일한 환경에서 체크해 보는 것이 좋습니다.

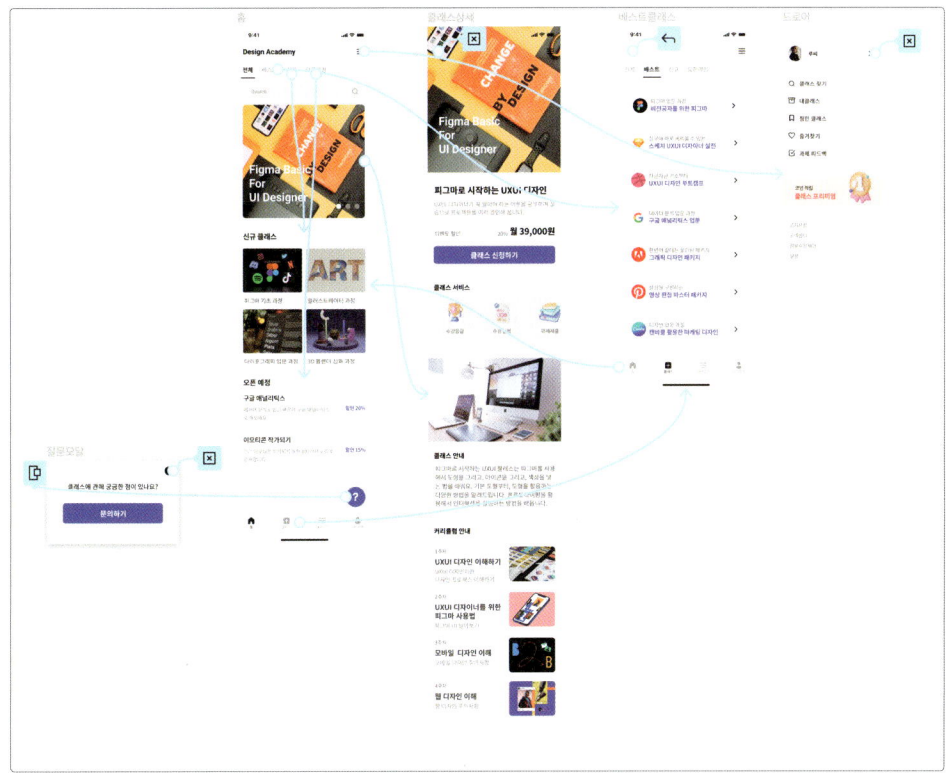

Chapter 7

반응형 웹 사이트 디자인

7.1 반응형 웹 사이트 이해하기

7.2 데스크톱 크기의 메인 화면 만들기

7.3 디바이스 크기에 반응하는 오토 레이아웃 설정하기

7.1 반응형 웹 사이트 이해하기

반응형 웹 사이트란?

반응형 웹 사이트는 데스크톱, 태블릿, 모바일 등 디바이스마다 UI 요소를 유동적으로 배치되도록 설계한 웹 사이트입니다. CSS의 미디어 쿼리를 사용하여 사용자의 디바이스가 무엇인지 검사한 후 디자인과 레이아웃의 위치를 계산해서 웹 페이지를 렌더링합니다. 사용자는 어느 디바이스에서나 일관된 디자인을 경험할 수 있어 웹 사이트를 편리하게 이용할 수 있습니다. 반응형 웹 사이트를 디자인할 때는 사용자를 만족시키는 것과 동시에 다양한 인터랙션을 고려하여 제작해야 합니다.

여러 디바이스마다 동일한 환경을 제공하는 반응형 웹 사이트

사용자, 개발자 모두를 위한 반응형 웹 사이트

반응형 웹 사이트의 장점은 사용자와 개발자 입장에서 다르게 바라볼 수 있습니다. 우선 사용자 입장에서는 사용자의 경험(UX)을 최적화하여 웹 사이트를 만들기 때문에 이용하기 편리합니다. 데스크톱에서는 풍부한 인터랙티브한 경험을 즐기며, 모바일에서는 빠른 페이지 로딩과 작은 화면에서도 최적화된 터치 인터페이스를 누릴 수 있습니다. 개발자 입장에서 바라보면, 디바이스별로 각각의 페이지를 만들 필요가 없고, 하나의 페이지에서 모두 구현하기 때문에 시간과 유지보수 비용이 줄어듭니다. 모바일에 친화적인 반응형 웹 사이트는 검색 엔진 상위에 노출시킬 수 있으며, 편리한 UI 구조 덕분에 사용자의 이탈률을 줄여 줍니다.

모바일 퍼스트 원칙의 반응형 웹 사이트

어떤 웹 사이트가 잘 만들어진 반응형 웹 사이트일까요? 단순히 디바이스의 크기에만 반응하는 것이 아니라 사용자의 다양한 태도를 인식하고 이를 반영한 사이트입니다. 그렇다면 반응형 웹 사이트를 만들 때 작은 모바일 사이즈와 큰 데스크톱의 사이즈 중 어느 디바이스의 화면을 먼저 작업해야 할까요? 세계적인 웹 트래픽 분석 사이트 스탯카운터(gs.statcounter.com)에서 국내 사용자의 플랫폼 사용 비율을 살펴보았더니, 모바일 사용이 64%인 것을 알 수 있습니다. 이처럼 국내 모바일 사용 비율은 점점 증가하는 추세이며, 최근 업계의 많은 프로젝트에서도 모바일 사용자를 우선으로 디자인하는 '모바일 퍼스트 원칙'으로 진행하고 있습니다.

> 책에서는 오토 레이아웃 기능을 활용해야 하고, 큰 사이즈에서 작은 사이즈로 변하는 과정을 담기 위해 데스크톱 크기의 화면을 먼저 만들어 봅니다.

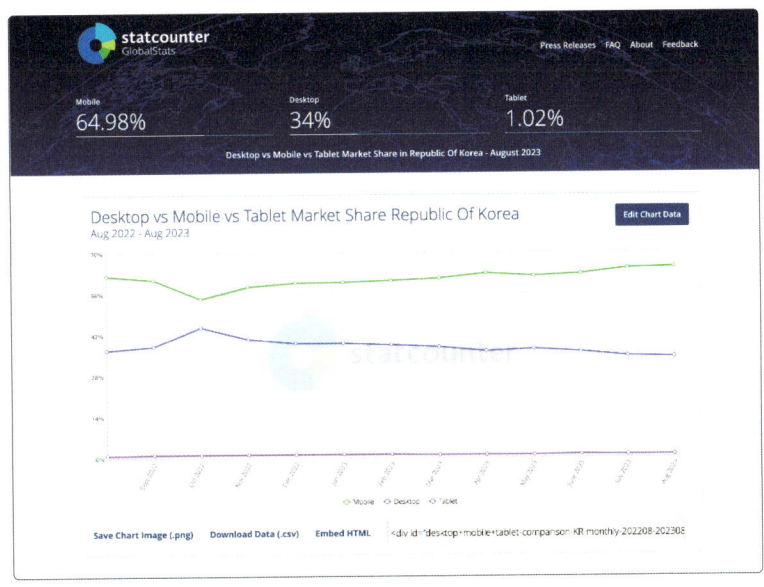

국내 모바일 사용 비율 - 스탯카운터(gs.statcounter.com)

피그마로 반응형 웹 사이트 제작하기

피그마에서는 오토 레이아웃과 콘스트레인트를 활용하여 다양한 디바이스에 대응하는 요소들을 빠르게 제작할 수 있습니다. 오토 레이아웃은 CSS의 플렉스(flex) 개념과 같아서 디바이스의 폭이 늘어날 때 자동으로 가변 영역이 늘어나게 만들며, 콘스트레인트로 프레임의 크기가 변경 돼도 오브젝트의 위치를 고정하여 디바이스에 유연하게 반응합니다. 또한 오토 레이아웃의 Wrap 방향은 자동으로 줄 바꿈이 가능해서 각 디바이스에 대응하기 편리합니다. 이런 기능은 시간을 절약하고 일관된 레이아웃을 제작, 유지할 수 있도록 도와주며, 디자인을 코드로 변환해 프로그래밍이 용이합니다.

반응형으로 만들기 전 준비할 사항

- 사용자의 디바이스를 고려하여 브레이크 포인트(중단점)을 미리 계획합니다. 예를 들어 데스크톱 크기에서는 1440, 태블릿에서는 768, 모바일에서는 375 사이즈 등 브레이크 포인트를 미리 계획합니다.
- 가변 영역과 고정 영역을 계획합니다. 유동적으로 변하는 가변 영역과 크기가 변하지 않는 고정 영역을 설계합니다. 가변 영역은 오토 레이아웃, 콘스트레인트 중 어느 것으로 할지 계획합니다.

- 여러 개의 카드가 있을 경우 오토 레이아웃으로 만들고 방향을 Wrap으로 합니다. 가로 폭이 넓은 데스크톱에서는 Max width(가로 최댓값)를 설정하고 가로 폭이 좁은 모바일에서는 Min width(가로 최솟값)를 설정합니다.

- 디바이스에 따라 오브젝트의 위치를 어디로 고정할지 콘스트레인트를 계획합니다.

- 이미지는 레이아웃에 따라 콘스트레인트 설정이 다르므로 미리 테스트해 봅니다.

- 오토 레이아웃 안의 아이템은 디바이스에 따라 아이템 간격이 자동 조정되도록 Gap between items: Auto로 설정합니다.

우리가 7장에서 제작할 내용은 데스크톱과 모바일 2가지 디바이스에 대응하는 레이아웃입니다. 두 디바이스는 다음과 같이 설정합니다. 어떤 형태로 제작될지 미리 생각해 보세요.

1. 데스크톱의 프레임 크기는 1920px, 컨테이너는 1300px로 설정합니다.

2. 모바일의 프레임 크기는 375px, 컨테이너는 343px(좌우 마진 16을 뺀 크기)로 설정합니다.

3. 각 섹션 오토 레이아웃 방향은 Wrap으로, 오토 레이아웃의 리사이징은 Horizontal: fill container, Vertical: hug contents로 설정합니다. 최소 가로 폭은 min width: 343(모바일의 컨테이너), 최대 가로 폭은 max width: 1300(데스크톱의 컨테이너)로 설정합니다.

4. 섹션 안 리스트 방향은 Wrap이며, 오토 레이아웃의 리사이징은 Horizontal: fill container, Vertical: hug contents로 설정합니다.

7.2 데스크톱 크기의 메인 화면 만들기

메인 화면은 헤더, 히어로, 프로덕트, 비전, 워크, 배너, 푸터로 총 7개의 섹션으로 구성합니다. 각 섹션을 먼저 디자인한 후, 오토 레이아웃의 Wrap을 활용하여 최대 가로 폭과 최소 가로 폭을 설정하겠습니다.

> 책에서는 오토 레이아웃의 Wrap으로만 실습했지만, 이후에는 스스로 콘스트레인트와 오토 레이아웃을 적절히 사용하면서 프로젝트에 적용하기 편리한 방법으로 반응형 디자인을 완성해 보세요.

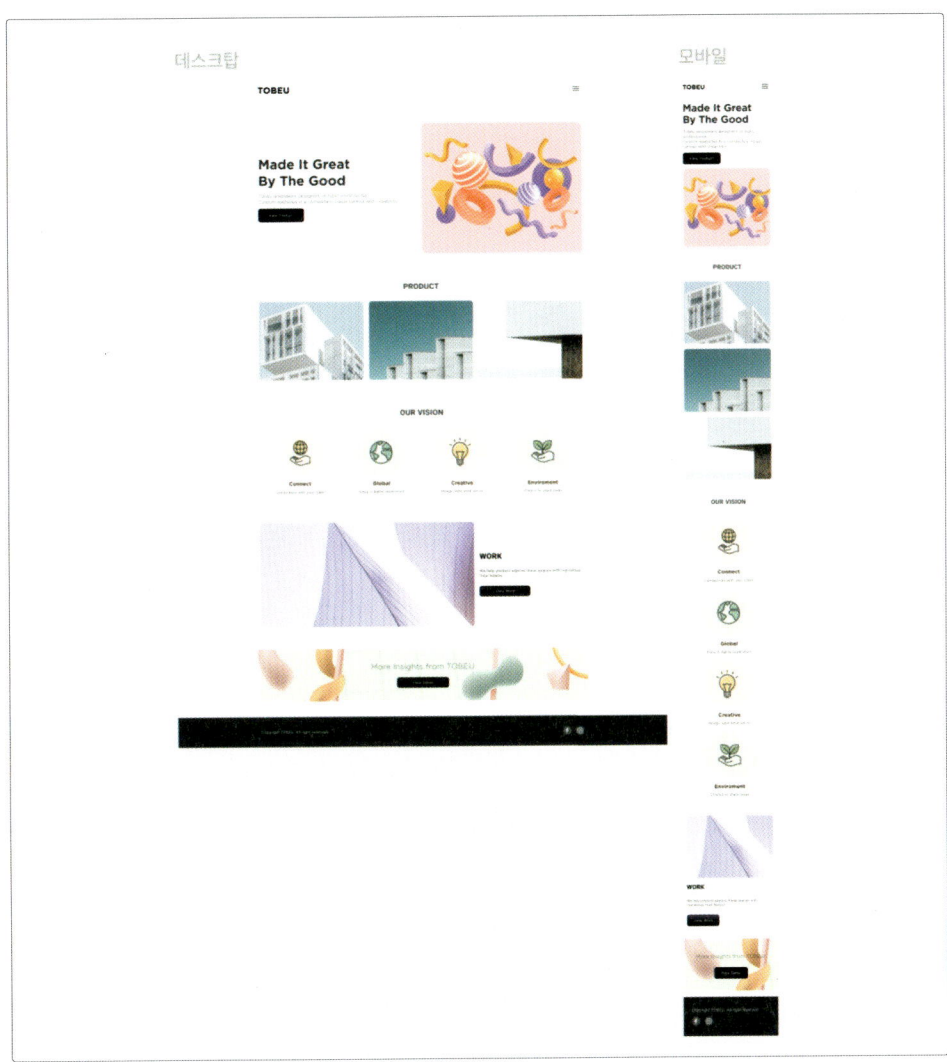

완성 화면 미리 보기

1 헤더 섹션 제작

STEP 1 왼쪽은 로고, 오른쪽은 햄버거 메뉴가 있는 헤더를 만들어 보겠습니다. 문자 툴(T)로 'TOBEU'를 입력하고, 크기는 34로 지정합니다.

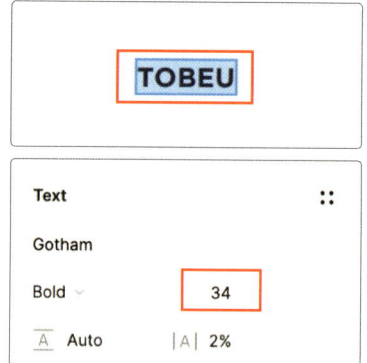

STEP 2 오른쪽에 메뉴 아이콘을 배치하겠습니다. ❶단축키 Shift + I 로 'Iconduck' 플러그 인을 실행한 후, 'menu'를 검색해서 햄버거 메뉴 모양의 아이콘을 가져옵니다. ❷아이콘 크기를 36으로 변경합니다.

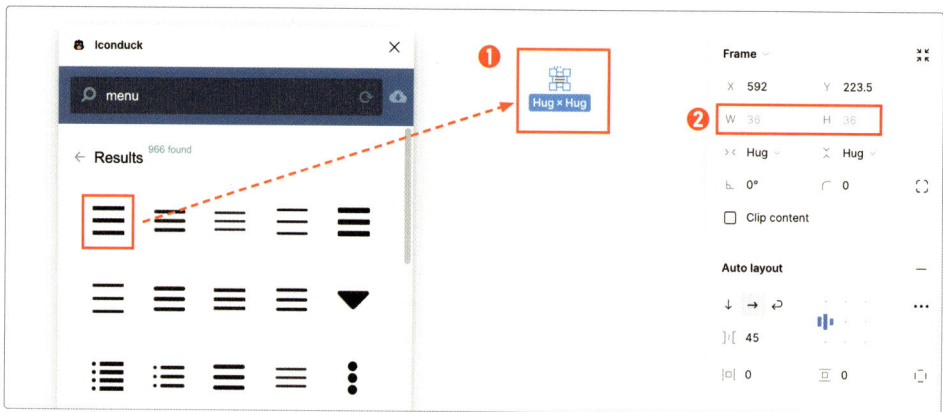

STEP 3 로고와 햄버거 메뉴를 선택하고 Shift + A 를 선택해 오토 레이아웃으로 만듭니다. 프레임의 이름은 '헤더'로 변경합니다.

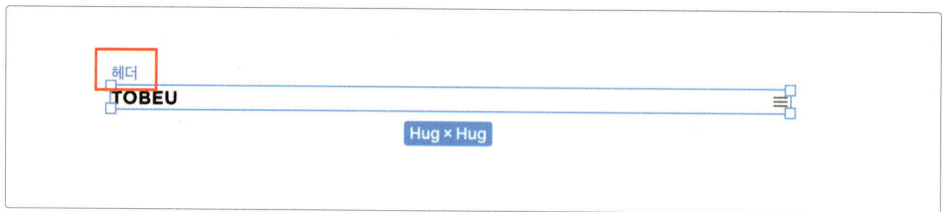

STEP 4 아이템 간격이 자동으로 늘어나고 줄어들도록 ❶ Auto layout의 Horizontal Gap between items: Auto로 지정하고, ❷ 패딩은 좌우: 16, 상: 40, 하: 24로 설정합니다. ❸ 가로 폭을 1300의 컨테이너 크기로 변경합니다.

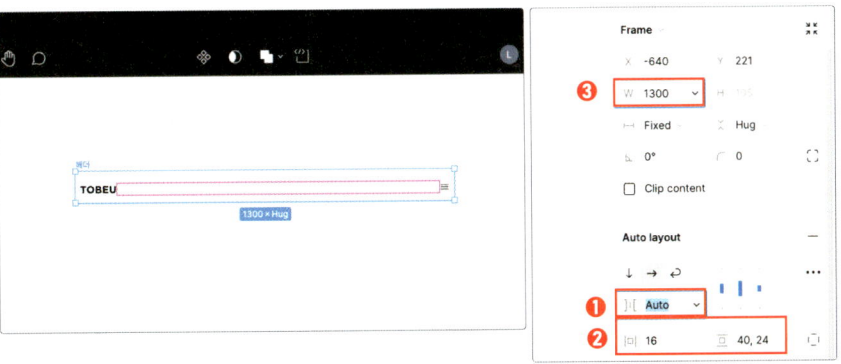

2 히어로 섹션 제작

STEP 1 ❶ 문자 툴(T)로 히어로 섹션의 제목을 입력하고 ❷ 글자의 크기는 52로 설정합니다.

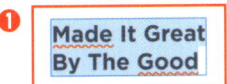

STEP 2 제목 아래에 ❶ 문자 툴(T)로 설명을 입력하고 ❷ 크기는 18, ❸ 색상은 Fill: #838383(흐린 회색)으로 설정합니다.

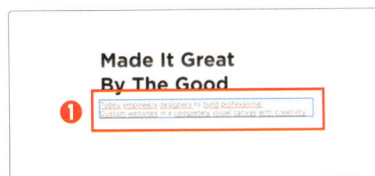

설명을 입력할 때 어떤 문장을 넣을지 고민된다면 더미 텍스트 플러그인을 사용하면 편리합니다. 'Content Reel', 'Lorem ipsum', 한글 텍스트 입력을 위한 '한글더미텍스트' 플러그인을 사용해 보세요.

STEP 3 ❶ 문자 툴(T)을 사용해 'View Product'을 입력하고, ❷ 크기는 16, ❸ 색상은 Fill: #FFFFFF(흰색)로 입력합니다.

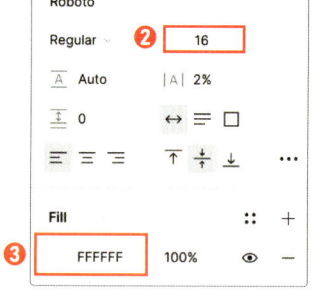

STEP 4 ❶ 'View Product' 텍스트를 Shift + A 를 눌러서 오토 레이아웃으로 만듭니다. Auto layout에서 ❷ Horizontal padding: 40, Vertical padding: 16, ❸ Radius: 8, ❹ Fill: #000000으로 지정해 검은색 둥근 버튼을 만듭니다.

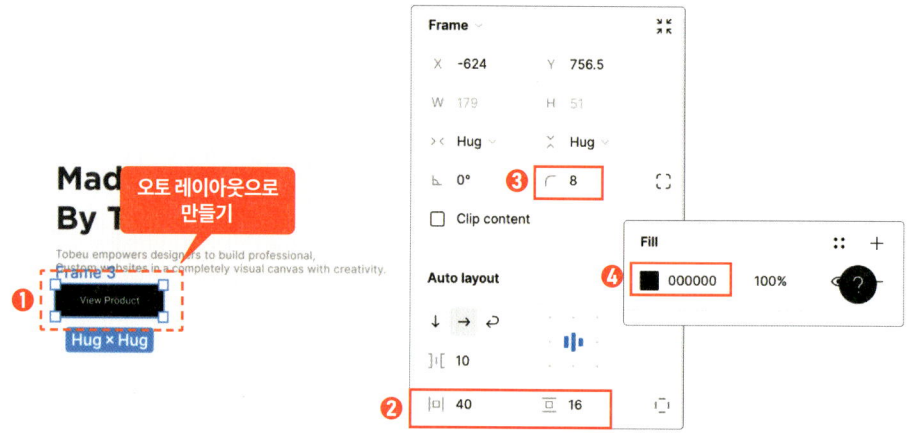

❶ 제목, 설명, 버튼을 모두 선택한 다음, Shift + A 을 사용해 오토 레이아웃으로 만들고 프레임 이름을 '타이틀'로 합니다. ❷ 아이템 사이의 간격을 Vertical gab between items: 16으로 설정합니다.

STEP 5 ❶ 타이틀 프레임 오른쪽에 사진 영역으로 630 × 500 크기의 사각형을 그립니다. ❷ 모서리가 둥글게 Corner Radius: 16을 설정합니다.

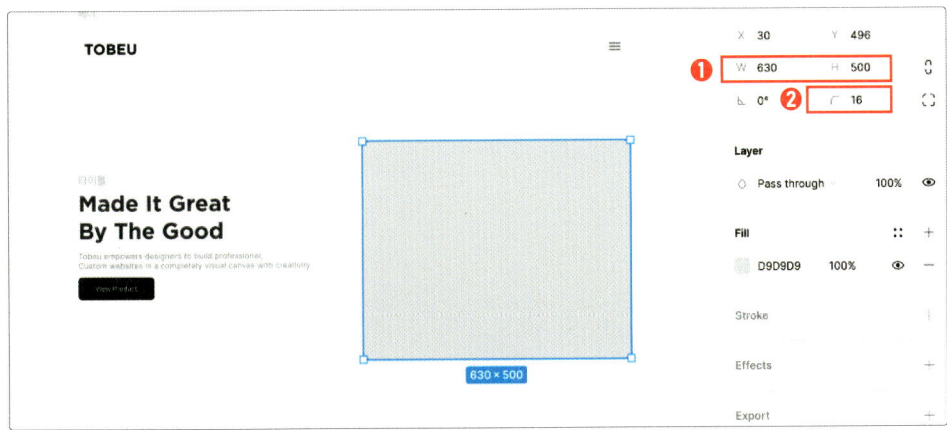

STEP 6 텍스트와 사진을 모두 선택하고 Shift + A 로 오토 레이아웃으로 만들어 이름을 '히어로'로 지정합니다.

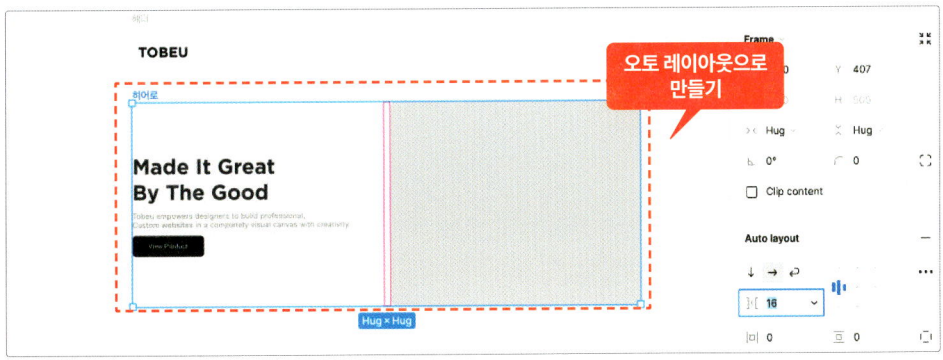

STEP 7 ❶ Auto layout에서 Horizontal gab between items: Auto로 지정해 아이템의 간격이 유동적으로 변하도록 만듭니다. ❷ 가로 폭을 1300으로 지정해 컨테이너 크기로 변경합니다. 오토 레이아웃의 방향은 Wrap으로 설정해서 디바이스 크기가 작아지면 사진이 자동으로 줄 바꿈 되도록 합니다. ❸ 좌우 패딩은 16, 상하 패딩은 24로 설정합니다.

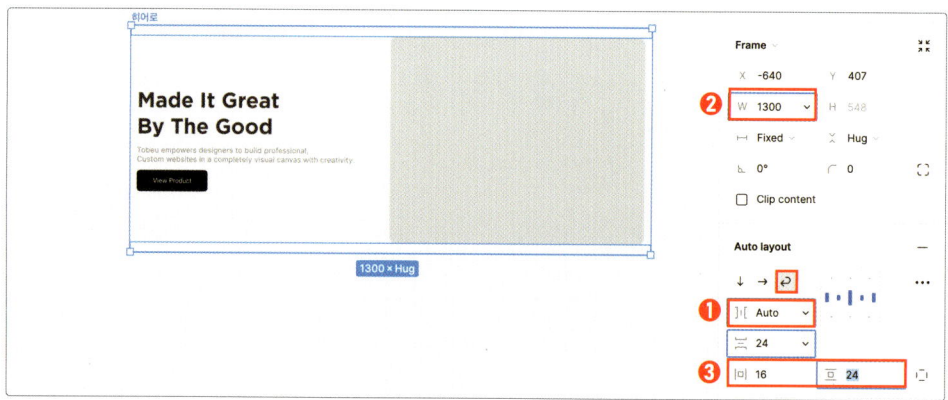

3 프로덕트 섹션 제작

STEP 1 ❶문자 툴(T)로 프로덕트 제목을 입력하고 ❷폰트는 Roboto, 글자 크기 30, ❸#343434 색상으로 설정합니다.

STEP 2 ❶프로덕트 제목 하단에 410 × 300 사이즈의 사각형(R)을 만듭니다. ❷Corner Radius: 10으로 지정해 모서리를 약간 둥글게 합니다.

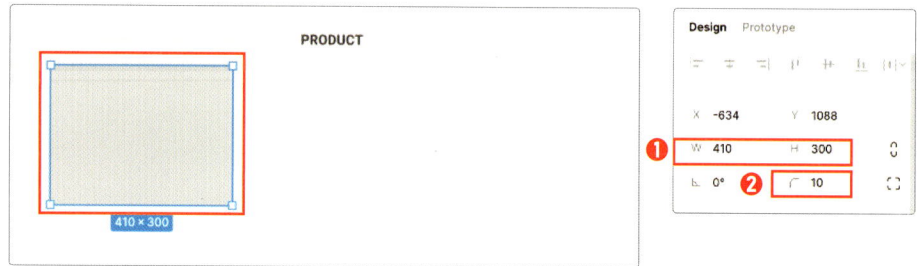

STEP 3 `Opt`(`Alt`) 키로 드래그하거나, `Cmd⌘`+`D`(`Ctrl`+`D`)를 사용해 사각형을 2개 복사합니다.

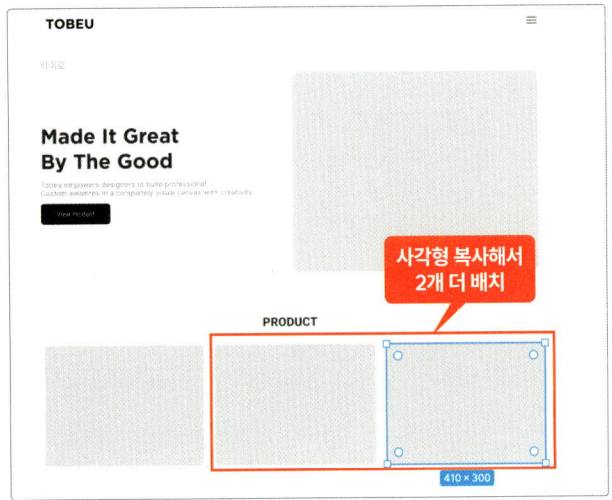

STEP 4 ❶ 사각형 3개를 선택하고 `Shift`+`A`를 사용해 오토 레이아웃으로 만들고, 프레임 이름을 '리스트'로 변경합니다. ❷ Horizontal Gap between items: 20을 입력해서 아이템의 간격을 동일하게 설정합니다.

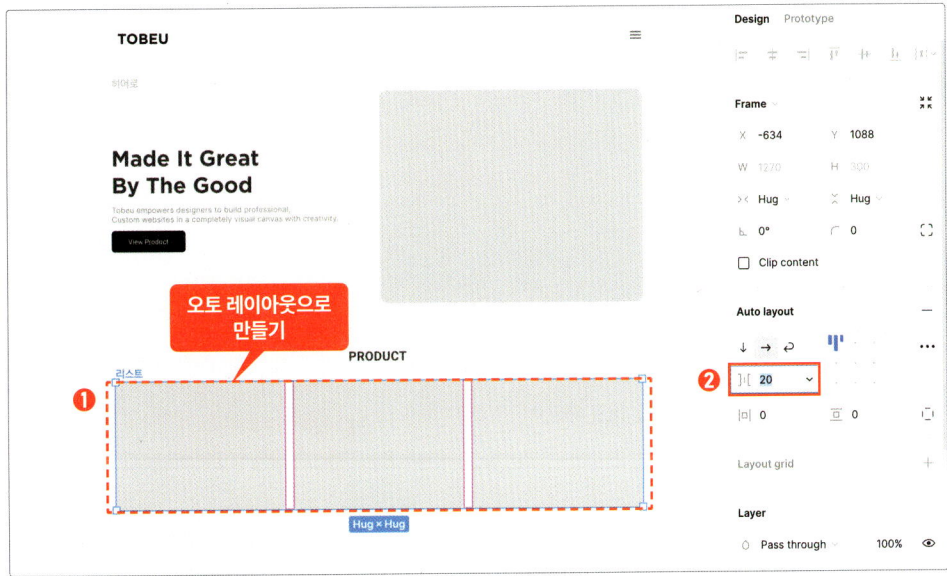

STEP 5 '리스트' 프레임의 오토 레이아웃 방향을 Wrap으로 합니다. 디바이스의 크기가 작을 때는 사각형이 자동으로 줄 바꿈 되도록 설정했습니다.

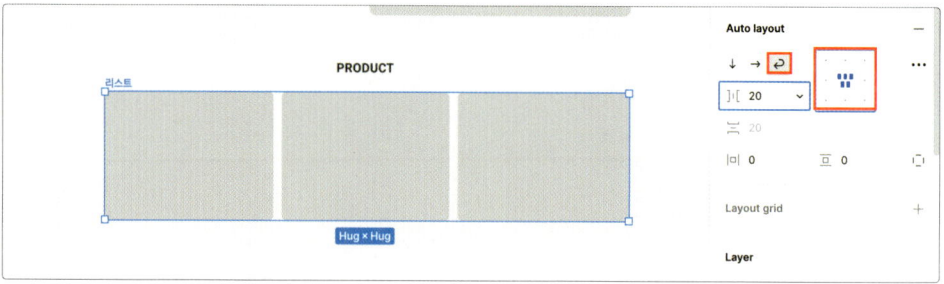

STEP 6 ❶ 'PRODUCT' 제목과 리스트를 선택하고 `Shift`+`A`를 사용해 오토 레이아웃으로 만든 다음, 프레임 이름을 '프로덕트'로 변경하세요. ❷아이템 사이의 간격을 Vertical Gap between items: 40, ❸좌우 패딩은 16, 상하 패딩은 24로 지정합니다.

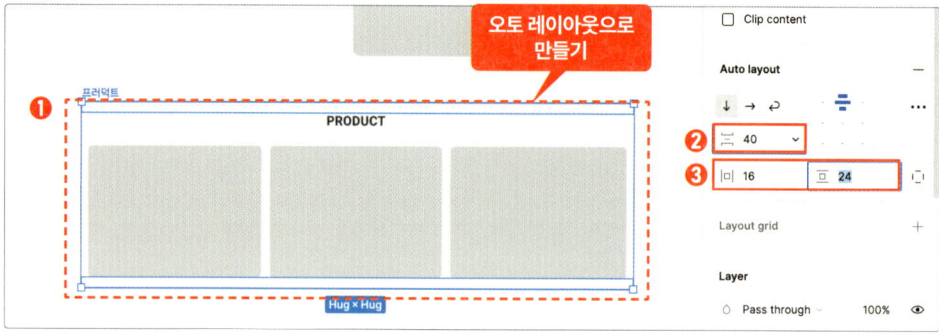

4 비전 섹션 제작

STEP 1 앞에서 입력한 프로덕트 제목을 `Cmd⌘`+`D`(`Ctrl`+`D`)로 복사해서 가져옵니다. 그리고 'OUR VISION'으로 변경합니다.

STEP 2 플러그인 또는 무료 아이콘을 제공하는 웹 사이트에서 아이콘 4개를 가져옵니다.

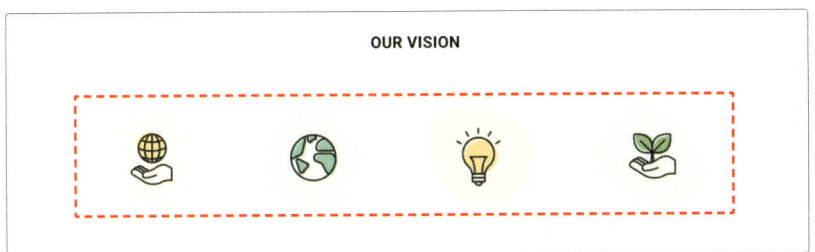

예제로 쓴 아이콘은 프리픽(freepik.com)이라는 이미지 리소스 사이트에서 가져온 것입니다. 이처럼 이미지 요소가 필요할 때는 리소스 사이트에서 찾거나, 피그마 플러그인을 통해 이미지를 가져올 수 있습니다.

STEP 3 ❶아이콘 아래에 문자 툴(T)로 타이틀을 입력하고 텍스트의 굵기는 Bold, 크기는 20, 색상은 #42210B로 설정합니다. ❷그 아래에는 설명을 입력하고 Regular, 14, #5E5E5E로 설정합니다.

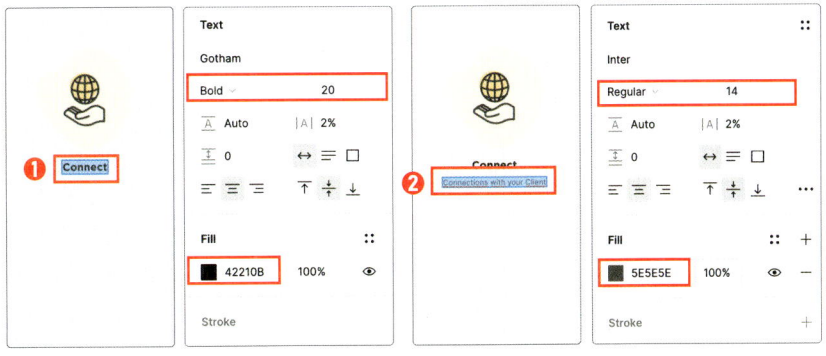

STEP 4 입력한 두 가지 텍스트를 복사해서 옆으로 배치한 후 각 아이콘과 어울리는 문구로 수정해 보세요.

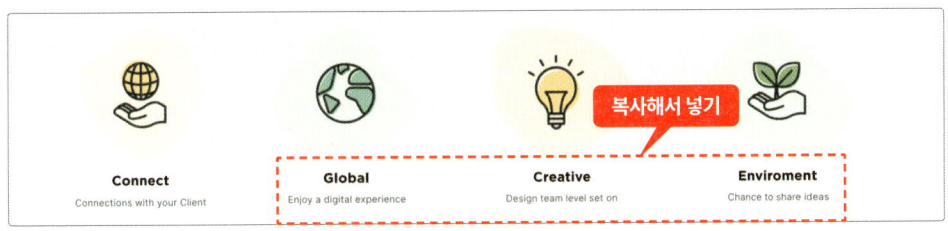

STEP 5 각 아이콘과 제목, 설명 텍스트를 선택해서 오토 레이아웃(`Shift`+`A`)으로 만듭니다.

STEP 6 4개의 오토 레이아웃을 모두 선택하고 `Cmd`+`R`(`Ctrl`+`R`)으로 리네임 창을 띄웁니다. ❶Rename to란에 '비전'을 입력한 뒤, ❷ `Number ↓` 버튼을 클릭하면 '비전$NN'으로 변경됩니다. ❸<Rename> 버튼을 클릭하면 각 프레임의 이름이 '비전01~비전04'로 자동 변경됩니다.

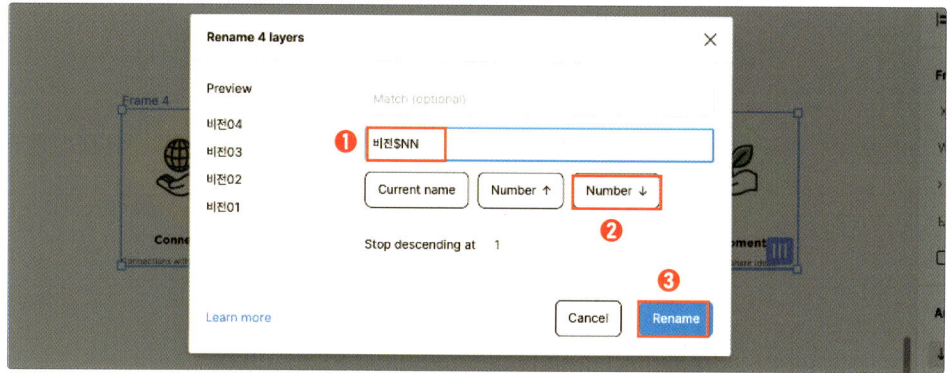

STEP 7 '비전01~비전04'을 선택한 뒤 Auto layout의 Vertical gab between items: 12로 지정합니다.

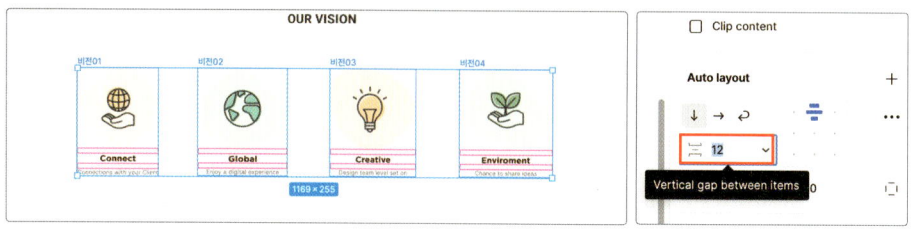

STEP 8 '비전01~비전04'를 모두 선택하고 오토 레이아웃(Shift + A)으로 만듭니다. 프레임 이름을 '리스트'로 합니다. 오토 레이아웃의 방향을 Wrap으로 해서 모바일 크기에서는 아이템이 자동으로 줄 바꿈 되도록 만듭니다.

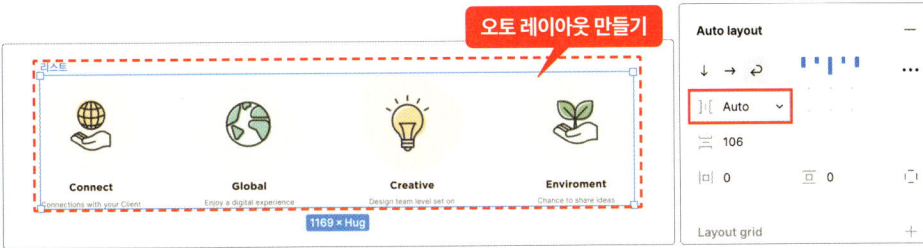

STEP 9 아이템 사이의 간격은 Auto layout의 ❶ Horizontal Gap between items: Auto, ❷ Vertical Gap between items: 20으로 설정합니다. 가로 방향일 때는 유동적으로 간격이 변하고 세로 방향일 때는 20으로 정합니다. '리스트' 프레임의 ❸ 가로 크기를 1300으로 설정합니다.

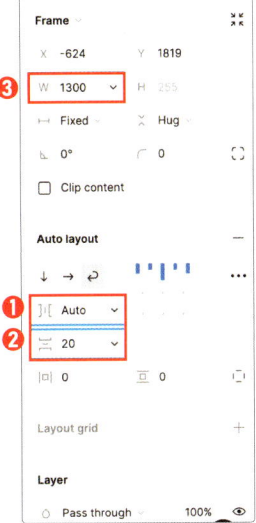

STEP 10 ❶ 제목과 리스트를 선택하고 오토 레이아웃(Shift + A)으로 만듭니다. 이름을 '비전'으로 변경합니다. 제목과 리스트 사이의 간격을 Auto layout에서 ❷ Vertical Gap between items: 40, ❸ 좌우 패딩: 16, 상하 패딩: 24로 설정합니다.

5 워크 섹션 제작

STEP 1 비전 섹션 아래쪽에 사각형 툴(R)로 840 × 400 크기의 사각형을 그립니다.

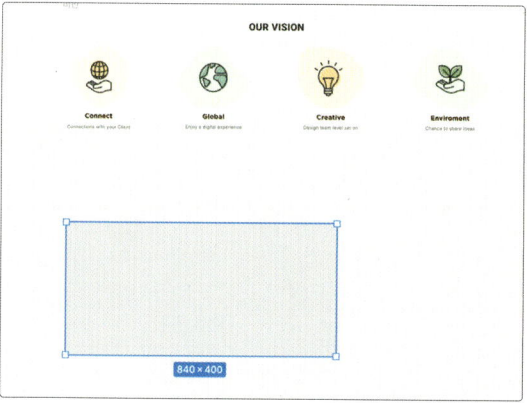

STEP 2 앞에서 만든 비전 제목을 (Cmd⌘)+(D)((Ctrl)+(D))로 복사해서 가져오고, 제목을 'WORK'로 변경합니다.

STEP 3 제목 아래에 ❶ 문자 툴(T)로 설명을 입력하고 ❷ 크기는 '16'으로 설정합니다.

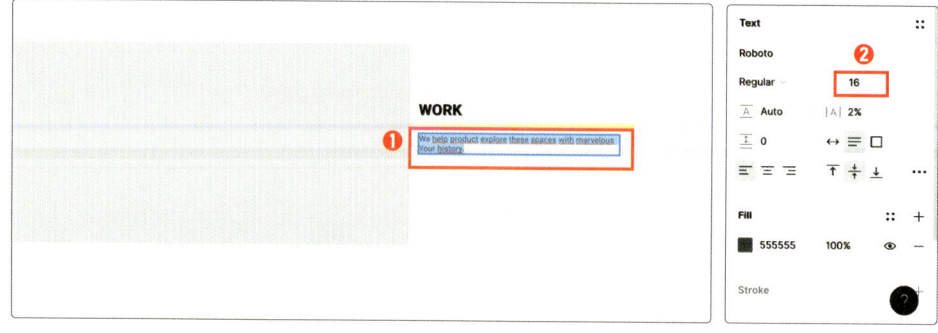

STEP 4 히어로 섹션에서 만든 'View Product' 버튼을 Cmd⌘ + D (Ctrl + D)로 복사해서 설명 하단에 옮겨 넣습니다. 버튼의 글자를 'View Work'로 변경합니다.

STEP 5 ❶ 제목, 설명, 버튼을 선택하고 오토 레이아웃(Shift + A)으로 만든 다음, 이름을 '타이틀'로 변경합니다. ❷ 아이템의 간격은 Auto layout의 Vertical Gap between items: 30으로 지정합니다.

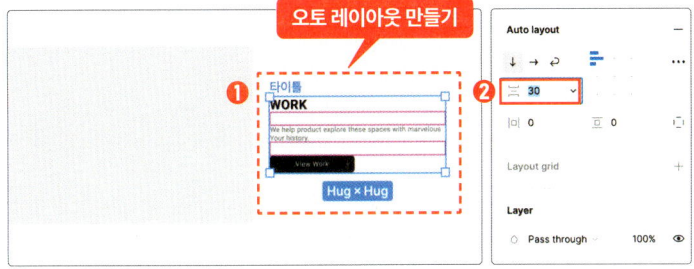

STEP 6 ❶ 이번엔 사각형과 타이틀을 선택해 오토 레이아웃(Shift + A)으로 만들고 이름을 '워크'로 지정합니다. 오토 레이아웃의 방향은 Wrap, ❷ 아이템의 간격은 Auto layout의 Horizontal gap between items: 20으로 지정하고, ❸ 좌우 패딩은 16, 상하 패딩은 24로 설정합니다.

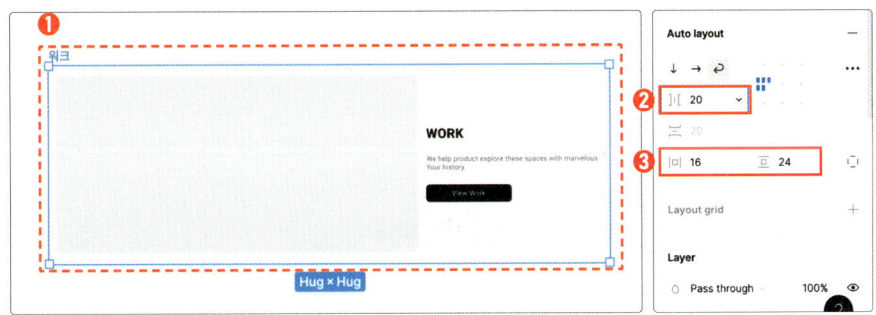

6 배너 제작

STEP 1 워크 섹션 하단에 프레임 툴(F)로 1300 × 200 크기의 프레임을 만듭니다.

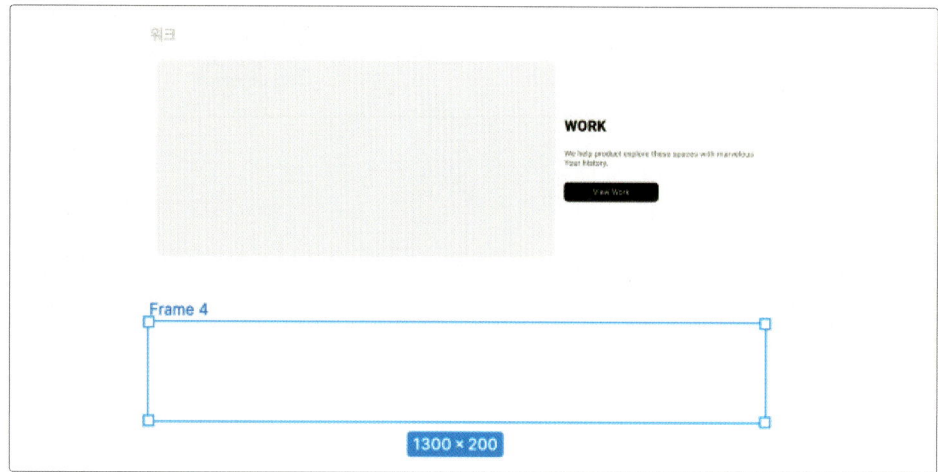

STEP 2 ❶ 문자 툴(T)로 타이틀을 입력하고 ❷ 글자 크기를 30으로 설정합니다.

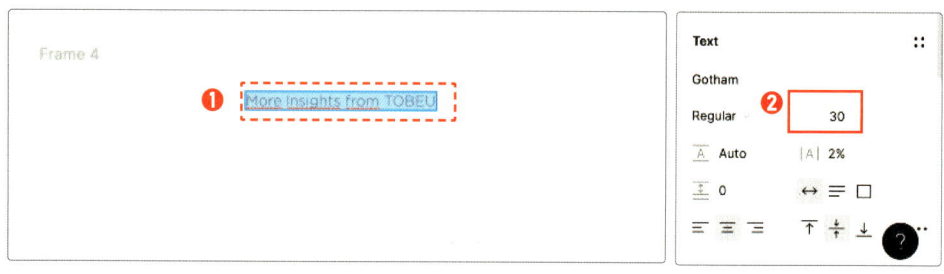

STEP 3 워크 섹션에서 제작한 'View Work' 버튼을 Cmd⌘+D (Ctrl+D)로 복사해서 가져옵니다. 버튼 내 텍스트를 'View Detail'로 변경합니다.

STEP 4 프레임의 이름을 '배너'로 변경합니다.

7 푸터 제작

STEP 1 일반적으로 웹 사이트 푸터에는 카피라이트(copyright)를 표기하고, SNS 등 기업의 부가 정보를 보여줍니다. 먼저 배너 아래쪽에 문자 툴(T)로 카피라이트를 입력해 보겠습니다. ❶글꼴은 Roboto, 크기는 16, ❷색상은 #C5C5C5로 설정합니다.

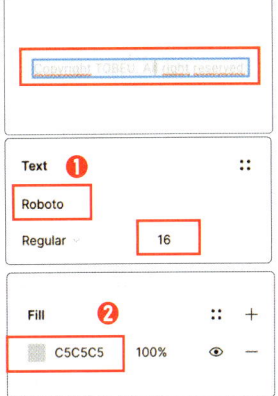

STEP 2 ❶ 'Iconduck' 플러그 인에서 페이스북, 인스타그램 아이콘을 찾아서 가져옵니다. ❷두 아이콘의 크기를 34로 설정하세요.

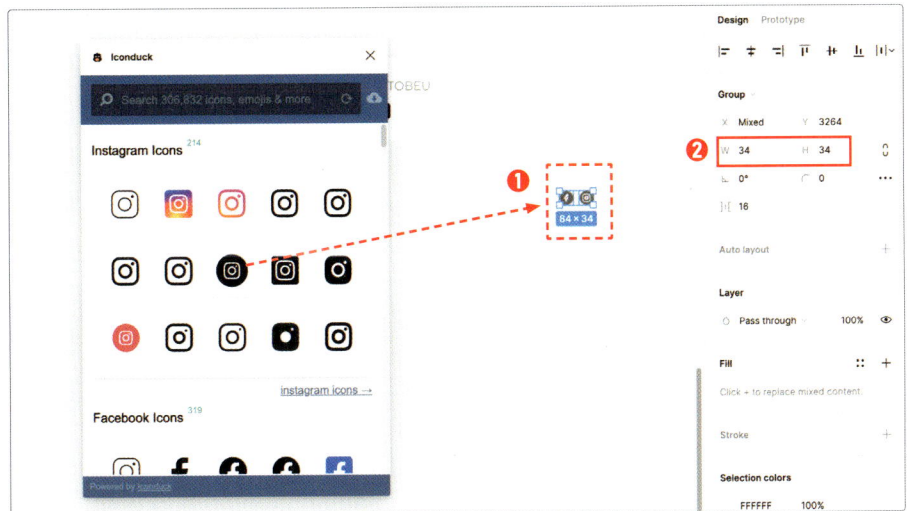

STEP 3 페이스북, 인스타그램 아이콘을 오토 레이아웃(Shift + A)으로 만들고 이름을 'SNS'로 변경합니다.

STEP 4 ❶카피라이트과 'SNS' 프레임을 오토 레이아웃(Shift + A)으로 만듭니다. 오토 레이아웃의 방향은 Wrap, ❷아이템 간격은 Horizontal Gap between items: Auto, Vertical Gap between items: 16으로 지정하고 ❸좌우 패딩은 16으로 설정합니다.

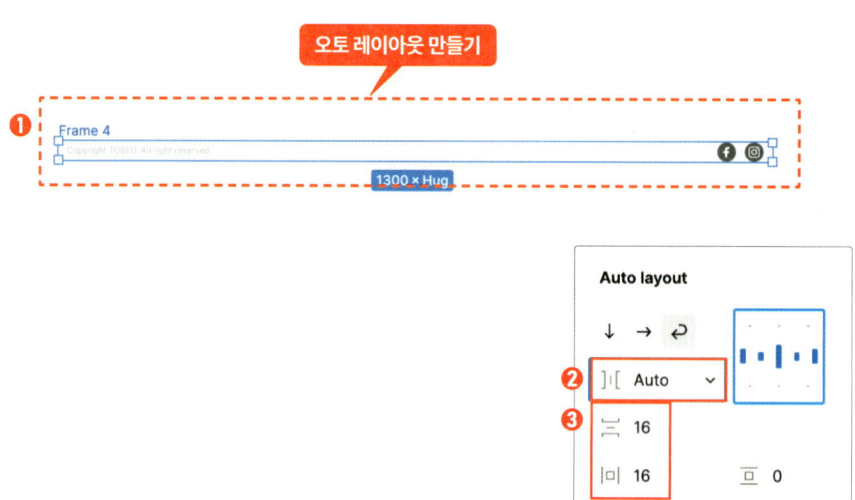

STEP 5 ❶단축키 Shift + A 로 한번 더 오토 레이아웃을 만들고 이름을 '푸터'로 설정합니다. ❷가로 리사이징을 Fixed로 설정하고 가로 사이즈는 1920, ❸좌우 패딩은 16, 상하 패딩은 40로 지정합니다. ❹배경에는 어두운 회색의 #2F2F2F를 설정합니다.

STEP 6 지금까지 만든 모든 섹션을 선택해서 오토 레이아웃(Shift+A)으로 만들고 이름을 '데스크톱'으로 변경합니다. ❶ 가로 리사이징을 Horizontal resizing: Fixed로, 세로 리사이징은 Vertical resizing: Hug contents로 지정합니다. ❷ 가로 사이즈는 W: 1920으로, ❸ 색상은 Fill: #FFFFFF로 넣어서 데스크톱의 디자인을 완성합니다.

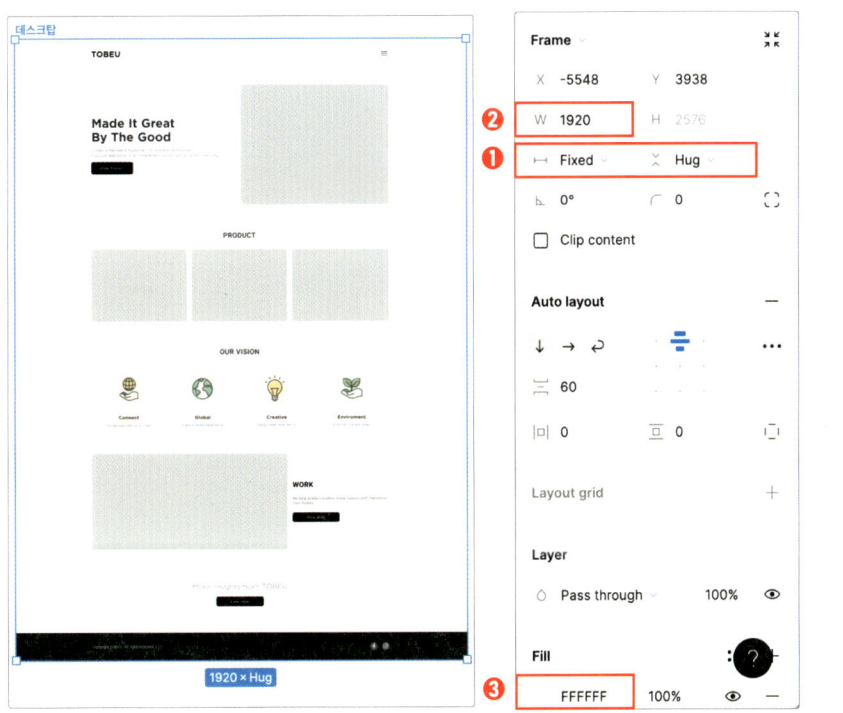

7.3 디바이스 크기에 반응하는 오토 레이아웃 설정하기

모바일 크기로 변경하기 전에 가로 리사이징과 각 섹션의 최대/최소 가로 폭을 설정해서 최상위 오토 레이아웃 크기에 따라 아이템들이 반응하도록 만들겠습니다.

1 전체 리사이징과 최대/최소 가로 폭 설정

STEP 1 데스크톱 안의 모든 섹션을 선택하고 Horizontal resizing: Fill container로 설정해 부모의 가로 폭에 가득 차게 합니다. 섹션들이 부모의 크기에 따라 유동적으로 크기가 변합니다.

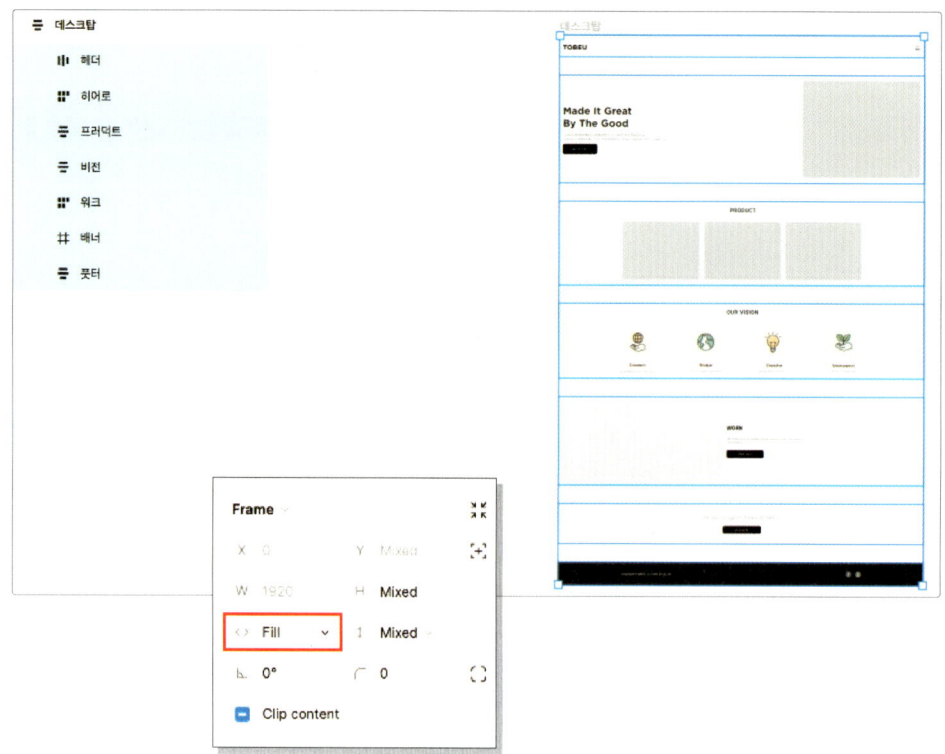

STEP 2 모든 섹션의 최대 가로 폭과 최소 가로 폭을 한번에 설정하겠습니다. 데스크톱의 컨테이너인 1300에 맞춰서 최대 가로 폭을 Max width: 1300으로, 모바일의 컨테이너인 343에 맞춰서 최소 가로 폭을 Min width: 343으로 설정합니다.

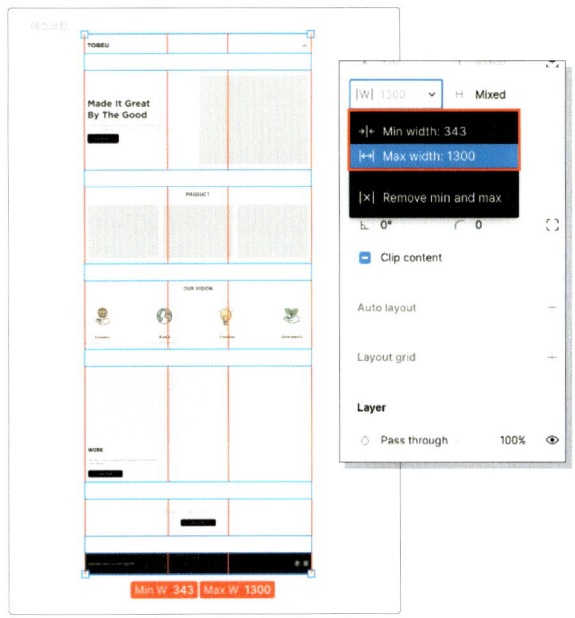

이제 각 섹션 안의 아이템을 정교하게 설정하겠습니다.

2 히어로 섹션 설정

STEP 1 히어로의 이미지가 들어갈 사각형의 최대 가로 폭은 Max width: 630으로, 최소 가로 폭은 Min width: 343으로 설정합니다. 데스크톱 크기일 때는 630 이상 커지지 못하게 하며 모바일 크기에서는 343 이하로 작아지지 않도록 합니다.

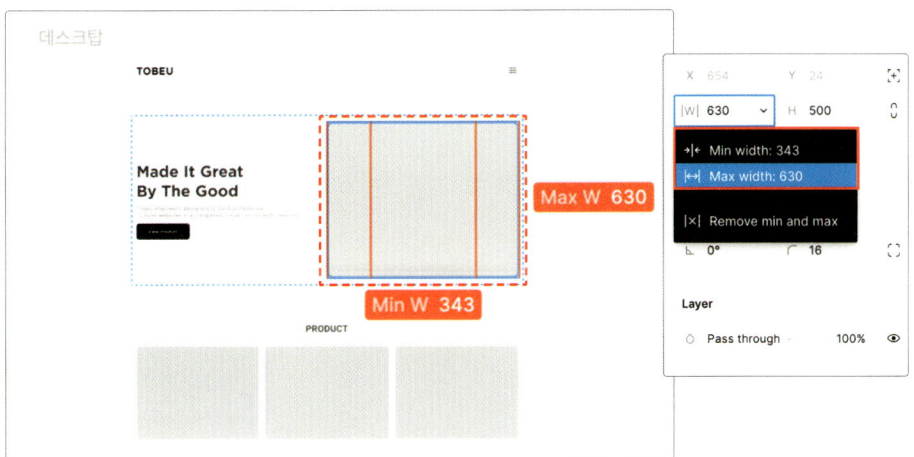

STEP 2 사각형이 부모 프레임에 가득 차도록 Horizontal resizing: Fill container로 설정합니다.

STEP 3 '타이틀' 오토 레이아웃의 ❶ 최대 가로 폭은 Max width: 630으로, 최소 가로 폭은 Min width: 343으로 설정하고, ❷ 가로 리사이징은 Horizontal resizing: Fill container로 설정합니다.

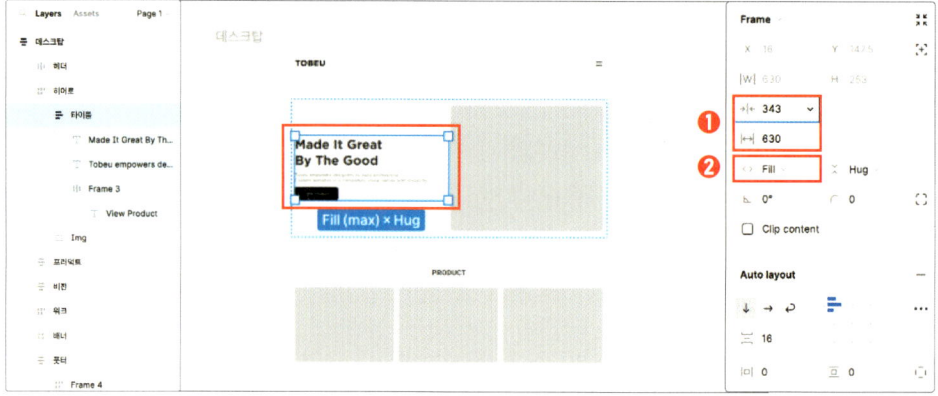

STEP 4 제목과 설명도 가로 리사이징을 Horizontal resizing: Fill container로 설정합니다.

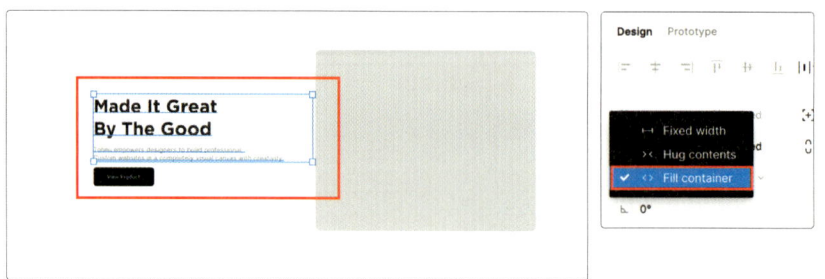

3 프로덕트 섹션 설정

STEP 1 프로덕트 안 '리스트' 오토 레이아웃의 가로 리사이징을 Horizontal resizing: Fill container로 지정해 부모 프레임에 가득 차도록 합니다.

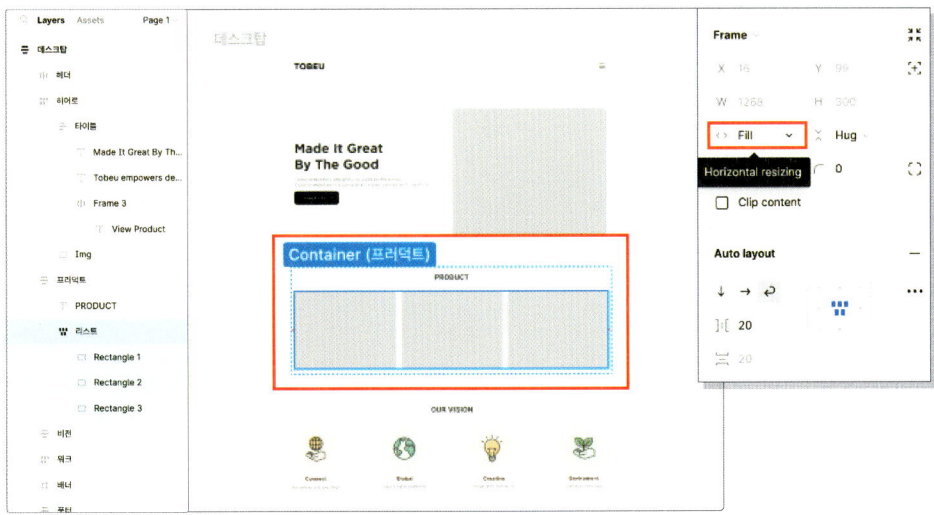

STEP 2 '리스트' 안의 사각형을 ❶ 가로 리사이징 Horizontal resizing: Fill container로, ❷ 최소 가로 폭을 Min width: 343으로 설정합니다. 이미지가 343 이하로 작아지지 않도록 설정했습니다.

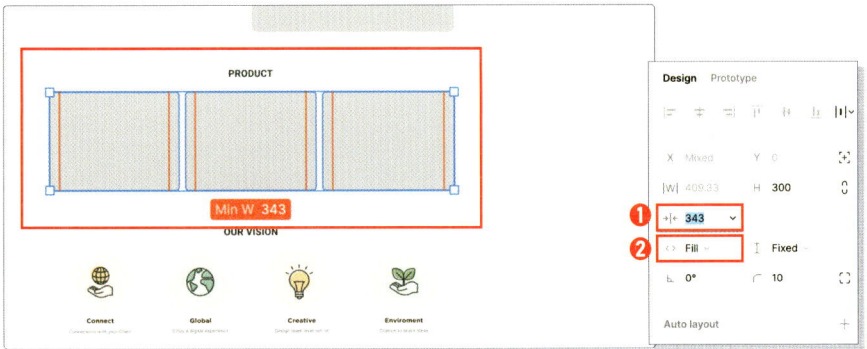

4 비전 섹션 설정

STEP 1 비전의 '리스트' 오토 레이아웃의 가로 리사이징을 Horizontal resizing: Fill container로 설정합니다.

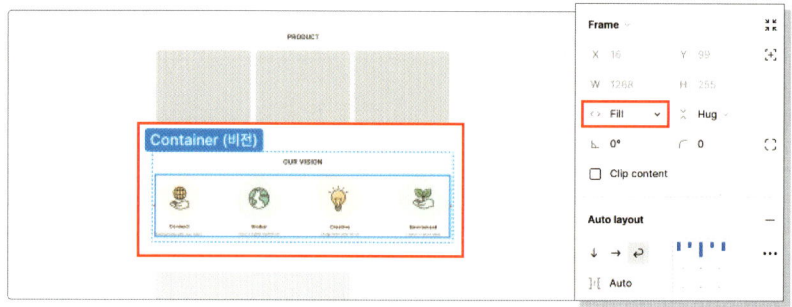

STEP 2 '비전01~비전04'를 모두 선택하고 ❶가로 리사이징을 Horizontal resizing: Fill container로 설정하고, ❷최소 가로 폭을 Min width: 230으로 입력합니다.

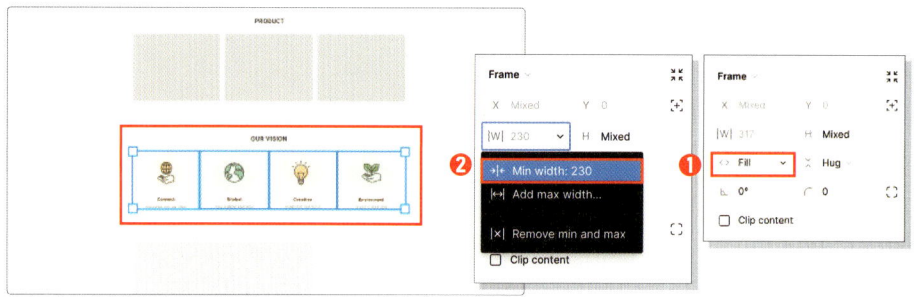

5 워크 섹션 설정

STEP 1 워크 섹션 안 사각형의 최대 가로 폭을 Max width: 840으로, 최소 가로 폭을 Min width: 343, 가로 리사이징은 Horizontal resizing: Fill container로 설정합니다.

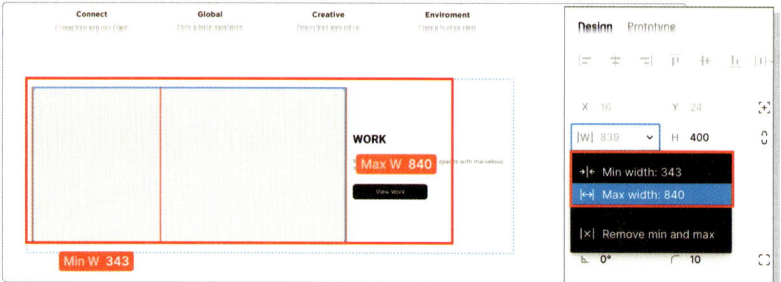

STEP 2 '타이틀' 오토 레이아웃의 가로 리사이징은 Horizontal resizing: Fill container, 최대 가로 폭을 Max width: 409로, 최소 가로 폭을 Min width: 343으로 설정합니다.

STEP 3 설명 텍스트의 가로 리사이징을 Horizontal resizing: Fill container로 부모 프레임에 가득차게 합니다.

6 푸터 설정

STEP 1 '푸터' 오토 레이아웃의 최대 값(Max width)을 삭제해서 부모 프레임에 가득 차도록 합니다.

STEP 2 '푸터'에서 'Frame 4'의 ❶ 최대 가로 폭은 Max width: 1300, ❷ 최소 가로 폭은 Min width: 343, 가로 리사이징은 Horizontal resizing: Fill container로 지정해 부모 프레임에 가득 차게 만듭니다.

7 모바일 크기의 화면 제작

STEP 1 각 섹션의 오토 레이아웃 설정이 모두 완료되었습니다. 섹션마다 있는 사각형에 이미지를 넣어서 디자인을 완료합니다. 이제 완성한 데스크톱 화면을 복사해서 모바일 크기로 변경하겠습니다.

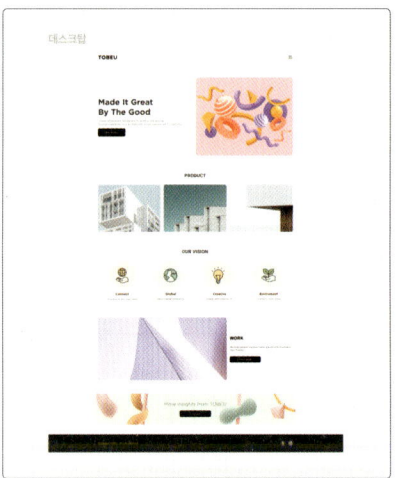

오른쪽 예시 화면을 참고하여 이미지 리소스 사이트나 피그마 플러그인에서 적당한 이미지를 찾아서 넣어 보세요.

STEP 2 데스크톱 오토 레이아웃을 `Cmd⌘`+`D` (`Ctrl`+`D`)로 복사해서 옆에 배치합니다. 모바일 크기 정도로 가로 폭을 줄이면서 아이템들이 아래로 내려가는지 확인합니다. 섹션 제목 크기와 이미지의 높이도 줄여서 모바일 디자인을 완성합니다.

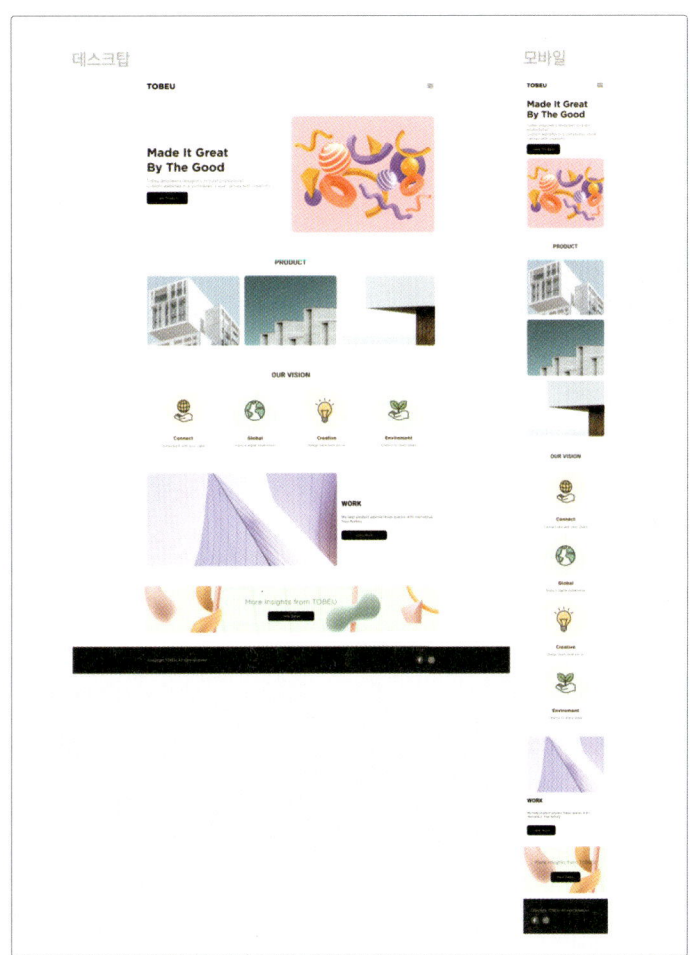

지금까지 오토 레이아웃의 Wrap으로 반응형 웹 사이트를 빠르게 만들어 보았습니다. 다른 방법으로는 콘스트레인트를 활용해서 만들 수 있습니다. 다양한 방법으로 테스트한 후 프로젝트에 맞는 솔루션을 찾아 적용해 보세요. 기본적인 원리를 이해한다면 다른 레이아웃의 디자인도 얼마든지 응용하여 제작할 수 있습니다.

Chapter 8

피그마로 협업하기

8.1 협업을 위한 팀 만들기

8.2 디자인을 개발에 넘기는 핸드오프

8.3 공유된 파일의 코드 확인하고 복사하기

8.4 버전 히스토리 관리하기

8.1 협업을 위한 팀 만들기

디지털 프로덕트 제작 시 팀원들과의 협업은 매우 중요합니다. 프로젝트의 시작부터 서비스 런칭까지 모든 과정마다 끊임 없는 커뮤니케이션을 통해 프로젝트를 성공적으로 이끌 수 있기 때문입니다. 그리고 이러한 프로젝트의 협업이 필요한 순간에 피그마는 그 가치를 더욱 발휘합니다. 피그마를 통해 각자의 위치에서 작업한 결과물을 공유하고, 의견과 피드백을 즉각적으로 주고받을 수 있습니다. 또 기획자, 디자이너, 개발자 모두가 사용할 수 있는 덕분에 업무의 역할이 다르더라도 서로의 결과물을 쉽게 이해할 수 있습니다. 이번 장에서는 완료한 디자인 결과물을 다른 팀원이나 프로젝트 이해관계자와 공유하는 방법을 알아보겠습니다.

피그마에 들어오면 파일 브라우저에 팀이 자동으로 생성됩니다. 이곳에서 팀원들과 파일을 공유하고 작업할 수 있습니다. 각 파일마다 권한을 다르게 부여할 수 있으며, 팀원들의 작업 내역을 한눈에 볼 수 있습니다. 팀 내에 프로젝트를 별도로 만들어서 폴더처럼 디자인 파일을 그룹화할 수 있습니다. 각 메뉴의 명칭을 하나씩 살펴보겠습니다.

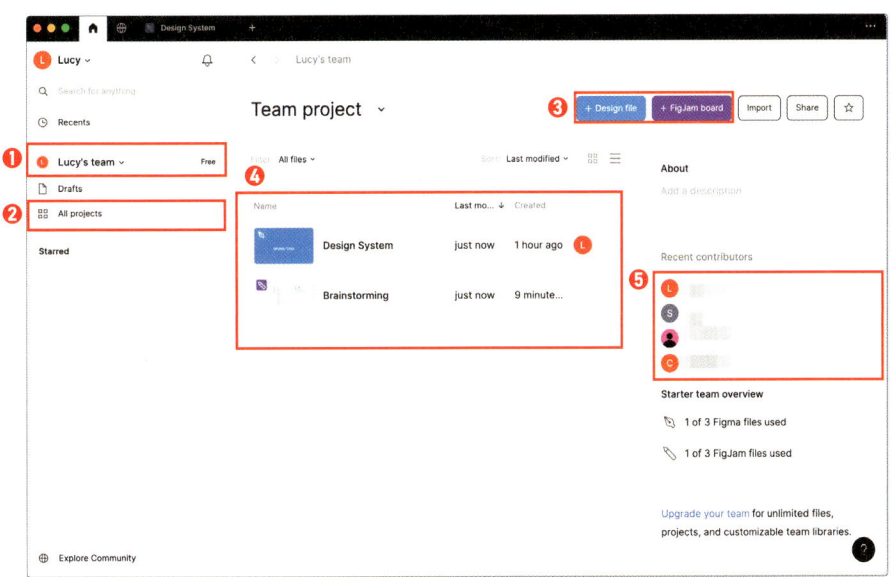

❶ **Team name**: 팀 이름을 나타냅니다.

❷ **All projects**: 팀이 만들어지면 자동적으로 생성되는 팀 프로젝트입니다. 팀 안에 프로젝트로 구분해서 만들면 관리하기가 편리합니다. 스타터 플랜은 1개의 팀 프로젝트를 생성할 수 있습니다.

❸ **Design File / FigJam board**: 팀 프로젝트 안에 새로운 디자인 파일, 피그잼 파일을 만듭니다.

❹ **Files**: 생성된 파일들이 나타납니다.

❺ **Members**: 팀에 초대된 멤버의 리스트를 확인합니다.

기본예제 / **8-1** 팀 만들기

STEP 1 파일 브라우저 왼쪽 메뉴에서 팀 명을 클릭하면 <+ Create new> 버튼으로 새로운 팀을 만듭니다.

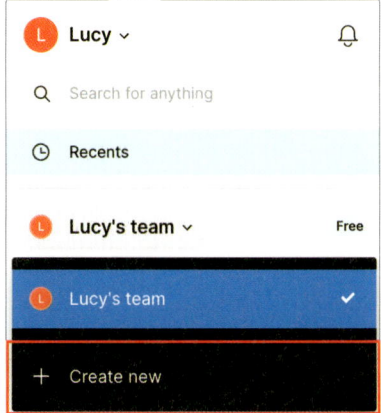

STEP 2 팀 이름을 입력하고, <Create team>을 선택합니다.

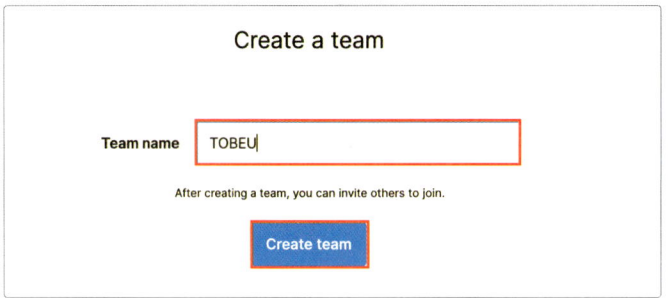

STEP 3 초대할 멤버의 메일 주소를 입력합니다. 나중에 초대하려면 <Skip for now> 버튼을 선택하고 넘어갈 수 있습니다.

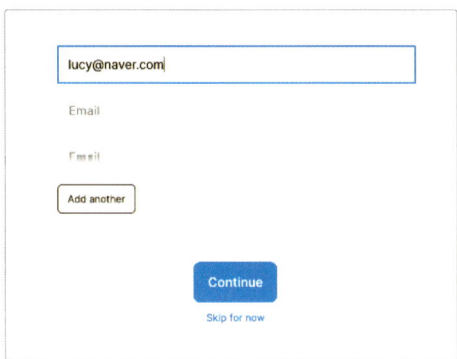

STEP 4 요금제에 맞는 팀 플랜을 선택합니다.

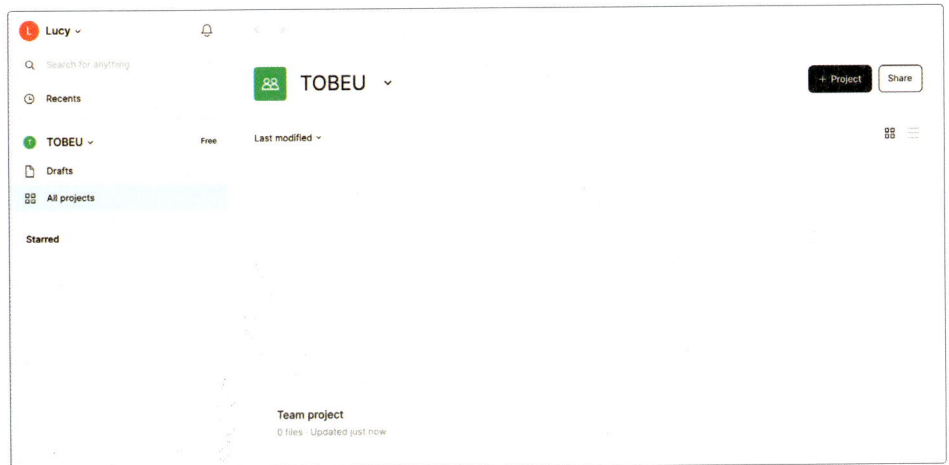

STEP 5 다음처럼 팀 이름은 'TOBEU, 플랜은 'Starter Plan'으로 만들었습니다. 팀을 만든 후 우측 상단의 <Share> 버튼을 클릭해서 멤버에게 공유합니다. 팀을 만들면 팀 프로젝트가 자동으로 생성되며 스타터 플랜일 경우 팀 프로젝트 내에 디자인 파일, 피그잼 각 3개의 파일을 무료로 만들 수 있습니다. 유료 플랜일 경우, 우측 상단의 <+Project> 버튼을 사용해 팀 내 프로젝트를 구분하여 작업할 수도 있습니다.

스타터 플랜의 팀 생성

팀 프로젝트 안에 <Design file> 버튼을 클릭해서 파일을 만들고 팀원과 공동 작업해 보세요.

여기서 잠깐

피그마 파일 권한의 종류

- Can edit: 파일에 대한 편집 권한을 부여합니다. 수정 권한이 있는 사용자는 디자인 수정, 파일을 이동, 이름 변경, 공유 또는 삭제할 수 있습니다.

- Can view: 파일에 대한 보기 권한을 부여합니다. 파일의 레이어와 속성을 확인하고, 에셋 내보내를 할 수 있습니다. 프리젠테이션 모드에서 프로토타입 플로우와 연결을 볼 수 있습니다. 또한 코멘트, 커서 채팅, 오디오 등 협업 기능을 사용할 수 있습니다.

- Can view prototypes: 해당 디자인 파일의 모든 프로토타입을 확인할 수 있습니다.

프로토타입 공유하기

프로토타입의 공유는 회사 내 의사 결정이나, 외부 프리젠테이션을 위한 용도로 사용하면 좋습니다. 의사 결정이 필요한 파일만 따로 페이지를 구성하고 해당 페이지를 프로토타입으로 공유하기도 합니다. 다음처럼 미리 보기 모드 〈Present〉에서 〈Share prototype〉 버튼을 클릭합니다.

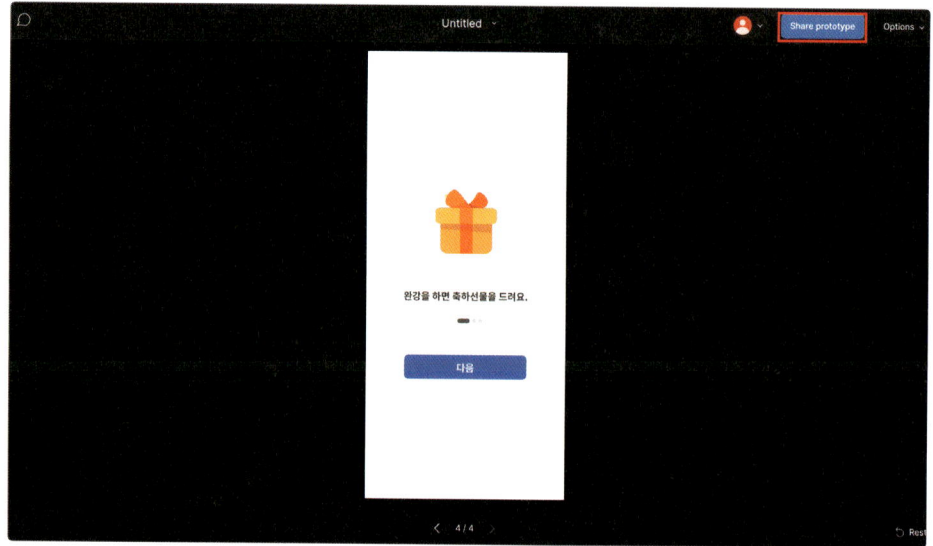

그러면 다음과 같은 Share 창이 나타나는데, 상단에 있는 <Copy Link> 버튼을 통해 주소를 복사해서 전달하거나, 메일 주소를 입력하고 <Invite>로 초대할 수 있습니다.

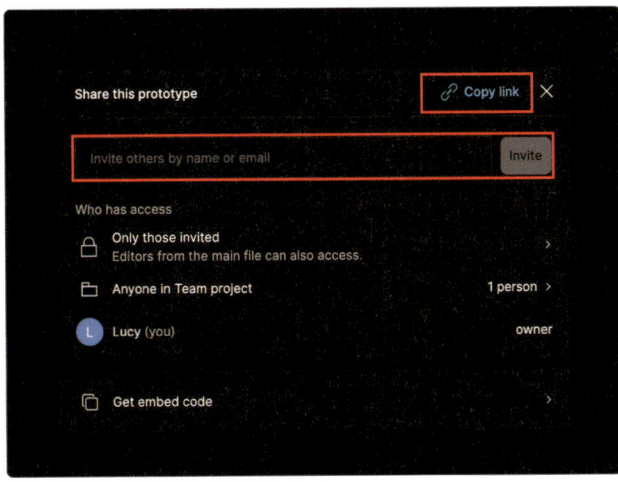

코멘트 달기

피그마에서는 협업할 때 수정 내용이나 전달 사항 등을 코멘트로 간단하게 남길 수 있습니다. 상단 메뉴의 코멘트 툴(C)을 선택하고 원하는 위치를 클릭하거나, 드래그하면 메시지 입력 창이 나옵니다. 메시지를 입력 후 화살표 아이콘을 클릭해서 완료합니다.

다음은 코멘트가 작성된 예시 화면입니다. 코멘트에는 이모티콘, 멘션, 사진 첨부, URL 주소 삽입도 가능합니다. 멘션은 @으로 특정인을 지정해서 코멘트를 작성할 수 있습니다.

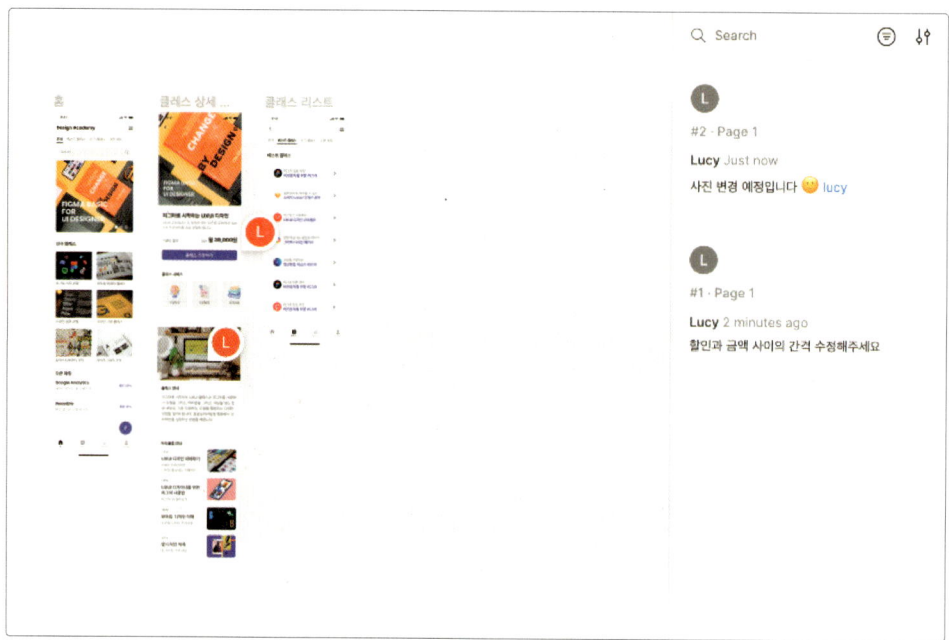

개인 디자인 파일 공유하기

팀을 만들고 파일을 공유하지만 디자인 시안을 공유할 수도 있습니다. <Drafts>는 개인 공간이어서 다른 사람이 파일을 볼 수 없습니다. 필자는 디자인 시안을 <Drafts>에 만들고 어느 정도 시안이 완성되면 팀 프로젝트로 옮겨서 협업을 합니다. 공유를 통해서 디자인과 개발의 간극을 줄이며, 다른 직군은 어떤 작업을 하는지, 어떤 방식으로 일하는지 서로의 영역을 보며 이해하게 됩니다.

<Drafts> 안에 만든 파일을 팀원 또는 클라이언트와 공유도 가능합니다. 파일에 권한을 설정할 수 있어서 다른 사람이 파일을 수정할 수 없고 보기 권한만 설정할 수 있습니다. 또는 클라이언트에게 프로토타입만 공유도 가능합니다.

우측 상단 <Share> 버튼 클릭해서 이메일 입력 후 초대할 사람의 권한을 설정하고 <Invite> 버튼을 클릭해서 공유합니다. 파일을 수정하는 권한은 'can edit', 의견 교환의 권한은 'can view'를 선택해 부여합니다.

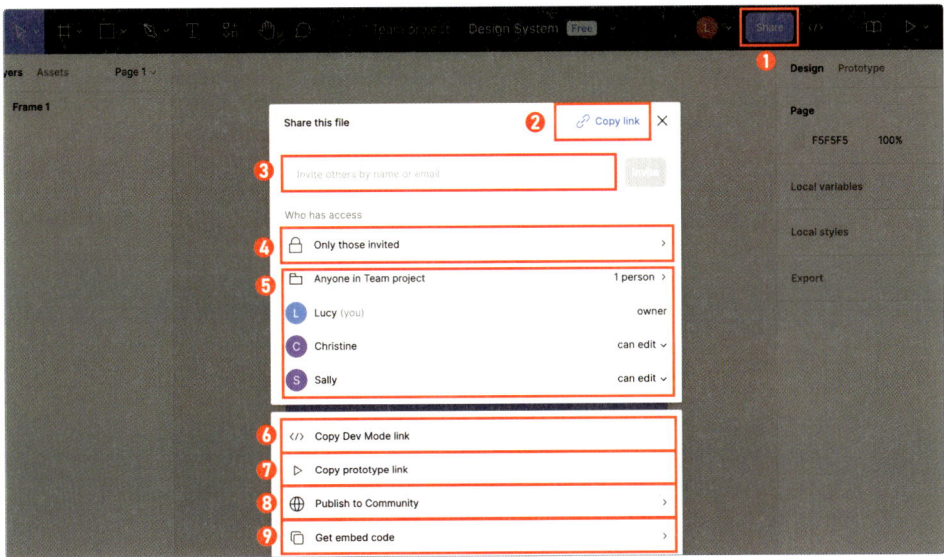

❶ **Share**: 〈Share〉 버튼을 클릭해서 모달을 띄웁니다.

❷ **링크 복사**: 디자인 파일 또는 프로토타입의 URL 주소를 복사합니다.

❸ **초대 및 권한 설정**: 초대할 사람의 이메일 주소를 입력하고 권한을 설정합니다.

❹ **링크 공유 권한**: 링크 공유 권한: 링크가 있는 모든 사람(Anyone), 초대한 사람만 접속 가능(only invited people) 중에서 설정합니다.

❺ **기존 권한 목록**: 초대된 사람과 권한 목록을 보여줍니다.

❻ **개발 모드 링크 복사**

❼ **프로토타입 링크 복사**

❽ **파일 배포**: 파일을 커뮤니티에 배포합니다.

❾ **임베디드 코드 복사**: 코드를 복사해서 공유 또는 삽입합니다. 임베디드는 브라우저 기반 애플리케이션에 코드로 삽입할 수 있습니다. 필자는 노션에 피그마 파일을 임베디드하고 클라이언트와 프로젝트를 관리하고 스케줄을 공유합니다. 드롭박스, 노션, 트렐로, 스토리북, 제로하이트 등 임베디드로 파일 또는 프로토타입을 삽입해서 프로젝트를 관리해 보세요.

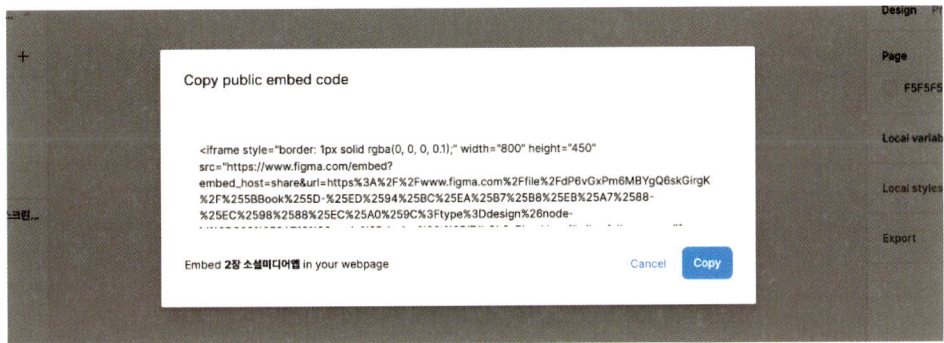

개인 파일을 팀으로 이동하는 방법

개인(Draft) 파일을 팀으로 옮기려면 컨텍스추얼 툴에서 <Move to project>를 클릭 후 '팀 프로젝트'를 선택해서 팀으로 파일을 이동하면 됩니다.

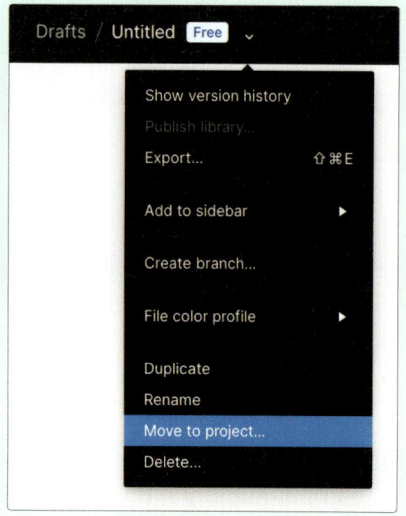
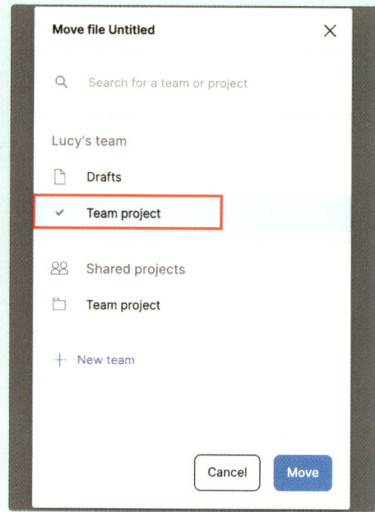

8.2 디자인을 개발에 넘기는 핸드오프

완료된 디자인을 개발팀에 넘기는 과정을 핸드오프(handoff)라고 합니다. 피그마는 코드베이스 툴이기 때문에 핸드오프 전문 툴을 거치지 않고 디자인 파일에서 코드를 바로 복사해서 사용하고 오브젝트의 위치와 간격을 측정하기 편리합니다.

에셋 퍼블리싱하기

완료된 디자인의 컴포넌트와 스타일을 팀 멤버와 공유하거나 다른 프로젝트에서 사용합니다. 또한 다른 파일이나 팀 프로젝트에서 사용하는 스타일을 가져와서 사용하기 위해서 퍼블리싱을 먼저 합니다. 단, 유료 플랜(Professional, Organization)이상에서 컴포넌트와 스타일을 공유할 수 있습니다.

다음처럼 에셋 패널의 팀 라이브러리 아이콘 을 클릭해서 'library' 모달을 띄우고, <Publish> 버튼을 클릭합니다.

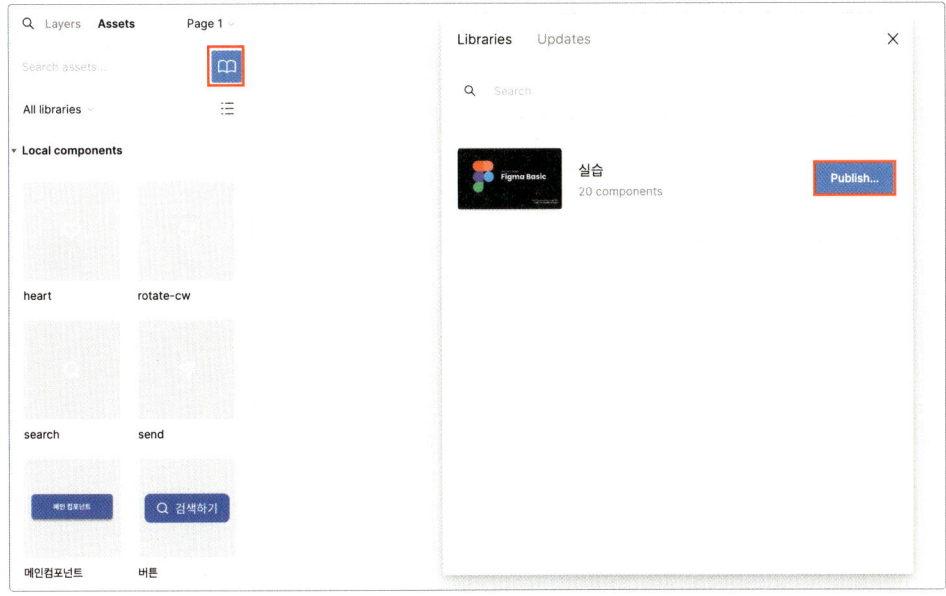

Publish library에서 퍼블리싱할 컴포넌트를 선택하고 설명을 입력합니다. <Publish> 버튼을 클릭해서 발행합니다.

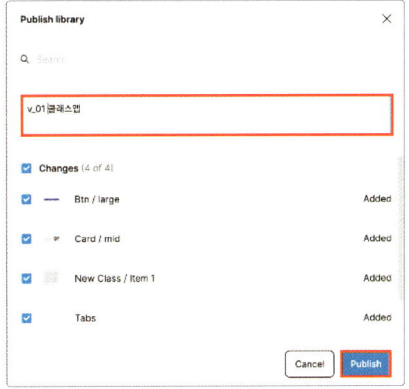

만약 컴포넌트의 디자인이 변경되면 우측 상단의 팀 라이브러리 아이콘 위에 파란 점( )이 생깁니다. 이럴 땐 변경된 에셋을 다시 퍼블리싱해야합니다.

에셋 내보내기

웹과 앱 디자인에서 만든 이미지, 버튼, 아이콘 등의 에셋을 코드로 구현하기 전에 내보내기를 합니다.

내보내기 패널 살펴보기

피그마의 내보내기는 1배율의 PNG 형식으로 기본 설정되어 있으며, PNG 외에도 PDF, JPG, SVG 형식을 지원합니다. 디자인 패널의 <Export>를 선택 또는 피그마 로고( )에서 <File> - <Export>를 클릭해서 내보내기를 합니다.

- 지원하는 파일 형식은 PNG, PDF, JPG, SVG 입니다.
- PNG, SVG, PDF 형식은 선택한 오브젝트를 투명하게 내보내기 합니다.
- 아이콘은 프레임 또는 그룹으로 묶은 후 이름을 정하고 내보내기 합니다.
- SVG는 1배율로 내보내기만 지원합니다.

❶ **내보내기 추가**: 다양한 크기로 한번에 내보내기 합니다.

❷ **배율**: 1x, 2x, 3x 선택하거나 숫자 뒤에 X(배율), W(가로), H(높이)를 입력합니다.

❸ **접미사**: 파일명 뒤에 접미사를 붙여서 내보내기 합니다.

❹ **파일 형식**: PNG, JPG, SVG, PDF 형식 중 선택합니다.

❺ **미리 보기**: 투명 배경에 아이콘을 미리 보기에서 확인합니다.

여러 오브젝트를 한 번에 내보내기

여러 오브젝트를 선택하고 <Export> 선택 또는 📄 - <File> - <Export>를 클릭해서 (Cmd⌘+Shift+E, Ctrl+Shift+E)로 내보내기 합니다.

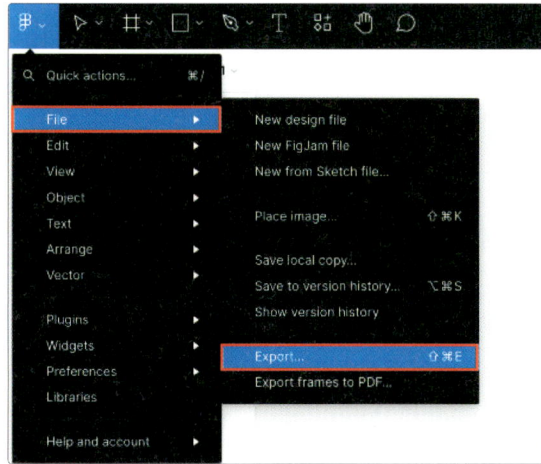
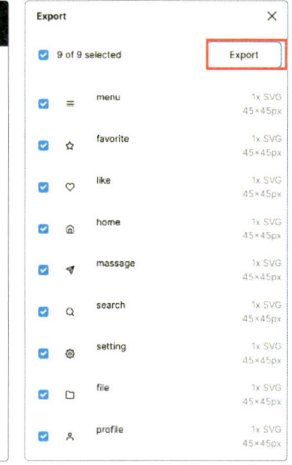

배율 설정하기

이미지를 내보내기 할 경우 크기를 설정합니다. 웹은 1배율 또는 2배율로 설정하며 모바일은 안드로이드, iOS의 배율에 맞게 선택해서 내보내기 합니다. 0.5x~512h 중에서 선택하거나 숫자 뒤에 X(배율), W(가로), H(높이)를 입력합니다. 예를 들어 '2x'는 2배, '32w'는 가로 32px, '420h'는 세로 420px로 내보내기 합니다.

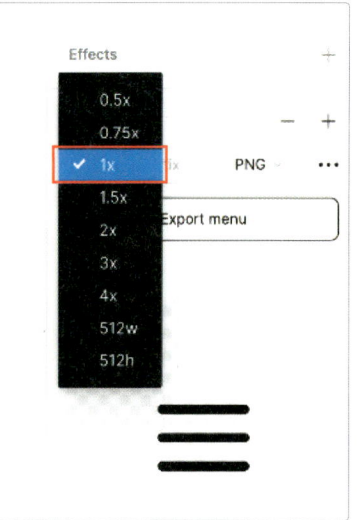

에셋 형식 선택하기

- JPEG(Joint Photographic Experts Group): 디지털 사진을 저장하기 위한 파일 형식입니다. 정지된 이미지를 위해 만들어진 형식으로 손실 압축, 무손실 압축 방법의 표준입니다.

- PNG(Portable Network Graphics): 1600만 색상을 담아 고품질 이미지 형식으로 투명 배경이 가능합니다. 로고, 아이콘 또는 웹에서 사진을 저장할 때 사용합니다.

- SVG(Scalable Vector Graphics): 점과 선 기반의 벡터 파일 포맷으로 확대, 축소해도 깨지지 않아 깨끗하고 선명하게 저장합니다. 로고, 일러스트레이션, 차트 등에 많이 사용합니다. 1x의 SVG 내보내기만 지원합니다. 크기 조정을 원한다면 내보내기 한 후 코드에서 크기를 변경합니다.

- PDF(Portable Document Format): 문서를 대체하기 위한 표준화된 형식으로 벡터 방식이어서 확대해도 깨지지 않아 아이콘 저장에 사용합니다. Xcode는 PDF를 지원하므로 iOS 앱을 구축할 때 유용하게 쓸 수 있습니다.

코드로 내보내기

벡터 이미지를 이미지 형식으로 내보내지 않고도, SVG 코드만 복사해서 사용할 수 있어 매우 편리합니다. CSS와 SVG 코드를 복사해서 코드 편집기에 붙여 넣어 빠르고 편리하게 사용할 수 있습니다.

- SVG 코드로 내보내기: 아이콘 선택하고 마우스 오른쪽 클릭 〈Copy/Paste as〉 - 〈Copy as SVG〉로 복사한 후 HTML 파일에 붙여넣기 합니다.

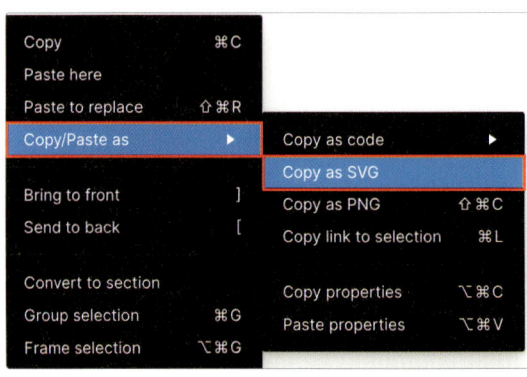

- CSS 코드로 내보내기: 아이콘 선택 후 마우스 우클릭 -[Copy/Paste as]-[Copy as Code]-[CSS]를 선택해서 CSS 파일에 붙여넣기 합니다.

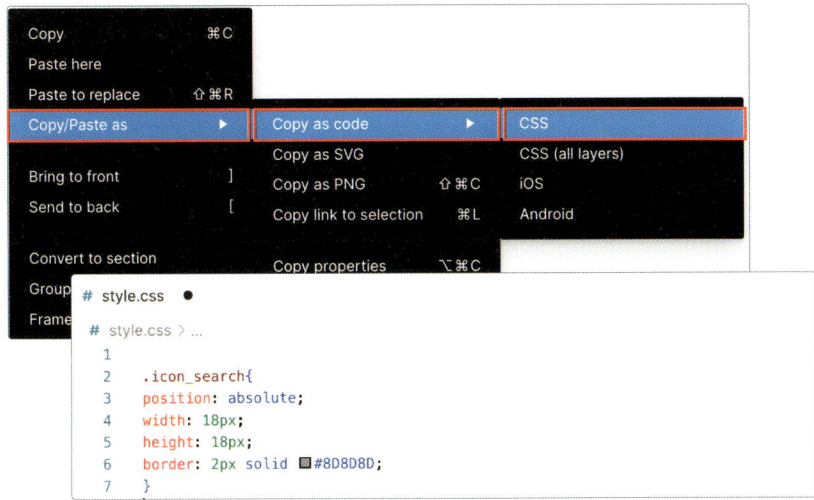

8.3 공유된 파일의 코드 확인하고 복사하기

개발 모드에서 코드 확인하기

디자인을 개발팀에 전달했다면 개발자는 디자인의 구조를 분석하고 컴포넌트와 오브젝트를 추려내는 작업을 합니다. 피그마의 개발 모드는 개발자 중심의 인터페이스를 제공합니다.

오른쪽 상단의 개발 모드 토글로 디자인 모드와 개발 모드 사이를 전환할 수 있습니다. 왼쪽 내비게이션 패널과 오른쪽 인스팩트 패널로 구성되어 있습니다. 컨텍스추얼 툴의 <Mark as ready for dev>를 표시해서 개발이 준비된 상태를 전달합니다. 디자인 수정 사항이 발생했다면 달라진 화면을 비교해 볼 수 있어 작업에 매우 편리합니다.

아래 이미지처럼 레이어의 이름, 위치 값, 색상, 폰트의 정보, 스타일까지 확인할 수 있습니다. 드롭다운 메뉴를 사용해서 색상 모드를 HEX, RGB, CSS, HSL, HSB로 자유롭게 변경할 수 있습니다. 인스팩트 패널에서 레이어 위에 마우스를 올리면 주변 오브젝트와 간격이 자동으로 보입니다.

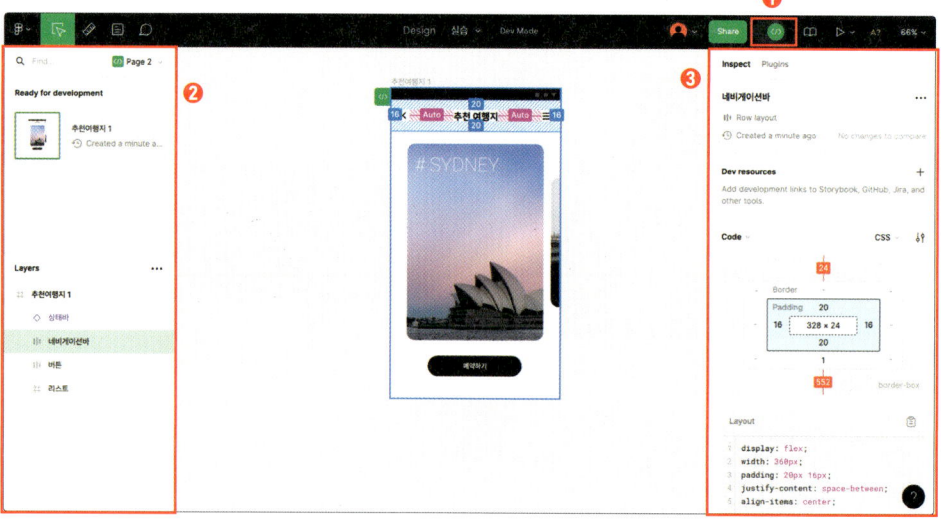

❶ 모드 전환(Shift + D): 토글 버튼을 클릭하여 디자인/개발 모드로 전환할 수 있습니다.

❷ 내비게이션 패널: Ready for development로 개발이 준비된 디자인을 살펴봅니다.

❸ 인스팩트 패널: 각 요소의 크기, 위치 값, 색상, 폰트의 정보, 스타일까지 확인할 수 있습니다.

코드 복사하기

피그마는 CSS와 swiftUI, Compose 코드를 지원하며 px, rem 단위도 지원합니다. 인스팩트 패널의 Code에서 <CSS> 드롭다운 메뉴를 사용하여 선택합니다. 모든 값을 복사하려면 섹션 옆의 복사 아이콘을 클릭합니다. 하나의 값만 복사하려면 한 줄만 클릭합니다.

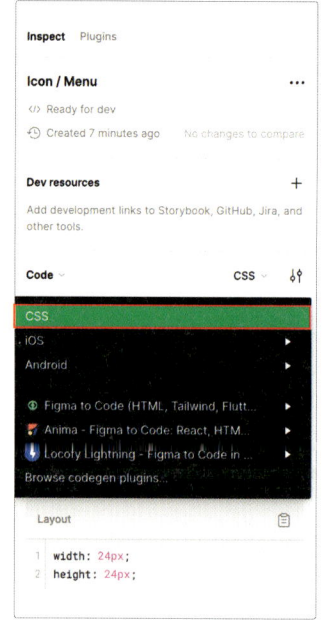
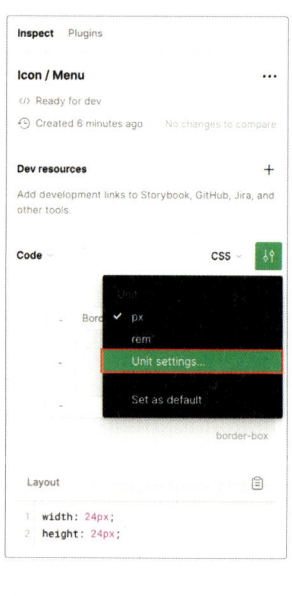

8.4 버전 히스토리 관리하기

프로젝트 진행 중에는 무수한 수정이 생깁니다. 피그마는 자동으로 저장되기 때문에 작업하는 파일에 계속 덮어쓰기가 됩니다. 각 시안/버전별로 저장하려면 버전 히스토리를 활용해 보세요. 디자이너들의 버전을 관리할 수 있는 히스토리를 제공합니다. 타임라인 형태로 작업 내역을 버전 히스토리에서 원하는 버전으로 이동하거나 다른 팀의 요청이 있다면 해당 버전으로 복구도 가능합니다. 모든 플랜에 지원하지만 스타터 플랜은 30일만 히스토리를 볼 수 있습니다.

새로운 버전 만들기

- <File> - <Save to version history> 선택 또는 단축키 `Cmd⌘`+`Opt`+`S` (`Ctrl`+`Alt`+`S`)로 타이틀 버전 이름을 입력하고 Add to version history에서 어떤 부분이 수정 되었는지 설명, 변경된 이유, 작성자를 적고 <Save>를 선택합니다.

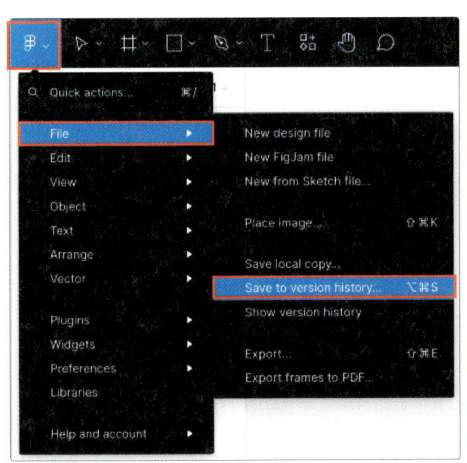
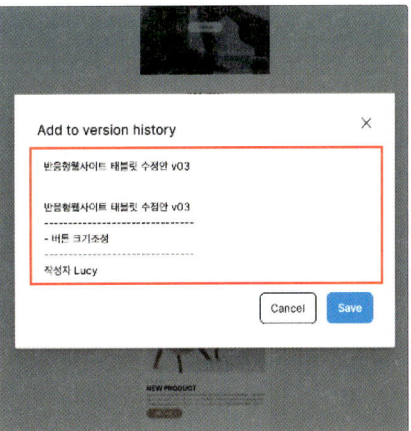

버전 히스토리 보기

상단 컨텍스추얼 툴 <Show version history>를 선택하면 오른쪽에 버전 히스토리 패널이 보입니다. 타임라인별로 작업자와 시간 등이 보입니다.

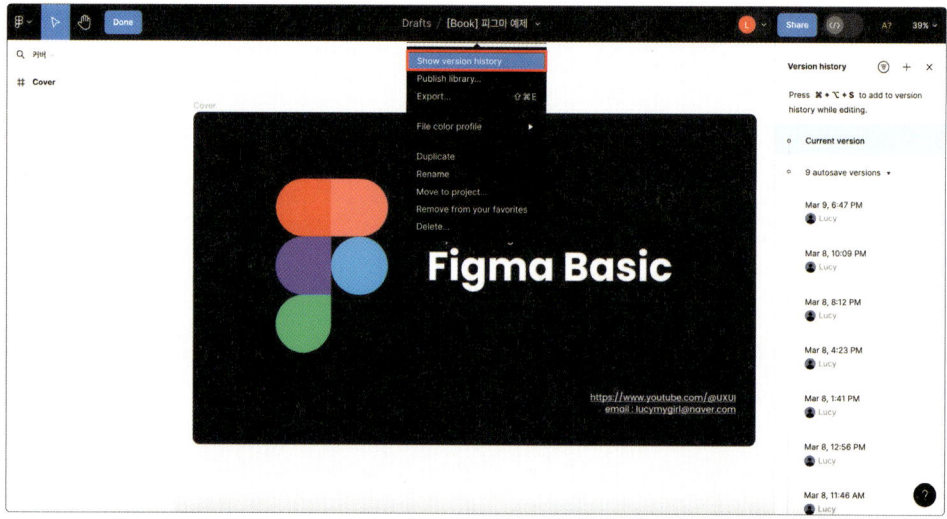

이전 버전으로 복원하기

타임라인 위에 마우스 우클릭하고, <Restore this version>을 선택해 복원할 수 있습니다. <Copy link>로 버전을 공유할 수 있으며 최신 버전으로 돌아가고 싶으면 <Current version>을 클릭합니다. 버전 히스토리로 파일 관리도 편하고 협업에 유용하게 쓸 수 있습니다. 다른 방법으로는 <Duplicate>로 해당 버전을 신규 파일로 만들어 파일을 구분 할 수 있습니다.

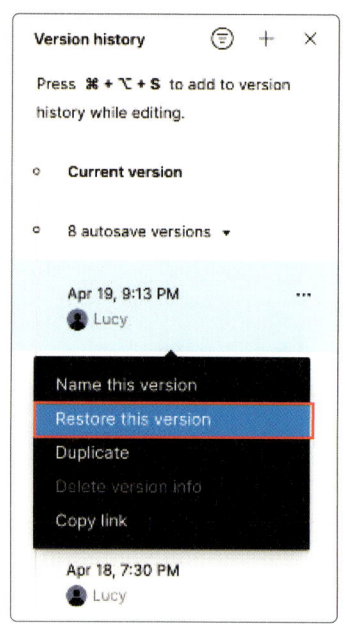

만약 파일 유실이 우려 된다면 로컬(내 컴퓨터)에 파일을 저장해 보세요. 피그마 로고를 클릭 후 <File> - <Save local copy>를 선택하면 됩니다. 파일을 가져올 때는 파일 브라우저에서 <import file> 버튼을 클릭해서 파일을 열면 됩니다.

더 알아보기 **피그마로 바르게 협업하는 법**

디자인 파일은 최종 결과물이 아니라 실제 제품을 만드는 데 사용되는 커뮤케이션 도구입니다. 한 프로젝트에 클라이언트, 마케팅, 디자인, 개발 등 다양하게 구성된 팀원들이 모여 협업할 때 피그마는 그 어느 툴보다 더 긴밀하게 협업할 수 있도록 도와줍니다. 와이어프레임, 디자인, 컴포넌트, 인터랙션, 코드까지 프로젝트의 시작과 끝을 피그마에서 다 할 수 있습니다. 협업할 때는 보다 체계적으로 일하고 중복 작업을 하지 않기 위해 누구나 이해할 수 있는 규칙을 만들어야 합니다. 그러기 위해서는 서로 존중하며 배려하는 마음이 필요합니다. 마지막으로 피그마로 협업할 때 주의해야 할 몇 가지를 정리해 보겠습니다.

1. 프레임으로 영역 설정하기

디자인을 코드로 구현하기 위해서는 계층 구조와 포지션이 중요합니다. 프레임으로 만들면 오브젝트의 X, Y 좌표를 빠르게 확인할 수 있습니다. 섹션별로 프레임을 만들고 마진과 패딩을 잘 정리해 주세요. 반응형 레이아웃을 만든다면 프레임 대신 오토 레이아웃으로 만들어도 좋습니다. 그리고 아이콘, 이미지 등을 플러그인에서 가져올 경우 프레임 밖에 배치되는 경우가 있습니다. 프레임 내부로 옮겨서 배치하고 각 요소의 계층 구조를 확인해 주세요.

2. 가변 영역과 고정 영역의 가이드라인 전달하기

무수히 많은 디바이스에 대응하려면 가변 영역과 고정 영역을 잘 이해해서 디자인해야 합니다. 가변 영역과 고정 영역을 구분하고, 콘스트레인트를 설정해서 반응형 레이아웃을 고려한 가이드라인을 개발자에게 전달합니다.

3. HTML/CSS와 같은 개발 환경 이해하기

새롭게 추가되는 HTML5, CSS3 코드를 알고 있어야 합니다. 개발 트렌드를 서로 공유하면서 서비스로 구현할 수 있는지, 코드로 구현될 웹 환경을 알아야 원활한 작업이 가능합니다.

4. 구글과 iOS의 가이드라인을 계속 살피기

개발할 때 구글의 '머티리얼 디자인'과 iOS의 '휴먼 인터페이스 가이드라인'은 중요한 지침서입니다. 기본적으로 구글과 iOS의 UI를 이해하고 있어야 각 플랫폼에 맞는 서비스를 잘 담아낼 수 있습니다. 새롭게 업데이트되는 버전을 살펴보면서 변경된 사항을 항상 체크하세요.

5. 리소스의 네이밍 통일하기

디자인 시스템을 구축하려면 컴포넌트, 버튼, 레이어, 컬러, 아이콘 등 다양한 디자인 리소스는 프로젝트 초기부터 완성까지 통일된 용어가 필요합니다. 팀원들이 이해할 수 있고 예측 가능한 명확한 네이밍으로 통일하면 시간 절약과 소스의 낭비를 막을 수 있습니다. 리소스의 네이밍은 사람, 팀마다 모두 다르므로 미리 가이드라인을 만들어 두면 좋습니다. 만약 팀 또는 회사에 정한 규칙이 없다면 머티리얼 디자인 또는 어도비 스펙트럼 디자인 시스템을 참고해도 좋습니다. 네이밍을 규칙에 맞게 디자인한다면 개발자가 다시 정리하는 시간이 많이 줄어듭니다.

6. 프로토타입을 자주 공유하기

프로토타입을 작은 단위로 수시로 공유하면 빠르게 프로젝트를 진행할 수 있습니다. 버튼이 어떤 인터랙션으로 구현되는지, 페이지 전환의 인터랙션은 어떻게 할지 등 협의를 자주 하면 커뮤니케이션의 오류도 줄이고 비용도 절감할 수 있습니다.

7. 자간과 행간 설정하기

문자의 자간(letter spacing)과 행간(line height)을 설정하면 개발자가 그대로 코드로 반영할 수 있습니다. 포토샵은 디자인과 개발에 차이가 있기 때문에 수정을 해야 하지만 피그마는 코드와 일치하기 때문에 코드로 추출해서 바로 적용할 수 있습니다. 이때 사이즈 단위는 px, em, %를 지원합니다.

8. 빈 레이어, 숨긴 프레임 등 없애기

디자인하다가 잠시 레이어 눈을 꺼서 감춘 것이 있는지 확인해서 불필요한 레이어나 프레임이 있다면 모두 삭제하세요. 'Clean document' 플러그인으로 숨긴 레이어, 소수점을 정수로 변환 등의 도움을 받을 수 있습니다.

9. 아이콘과 이미지의 크기, 오브젝트의 간격 확인하기

아이콘과 이미지, 모든 오브젝트는 정수로 만들어서 깨끗하게 코딩할 수 있도록 합니다. 각 오브젝트의 간격을 확인하고 전달하면 정확하게 코드로 구현할 수 있습니다.

찾아보기

INDEX

한글

가변 영역	311
가변 폰트	185
가이드라인	311
개발 모드	33, 307
개발 모드 링크	301
거터	45
고정 영역	311
권한	295
권한 목록	301
그룹	44
그룹화	295
내보내기	304
내비게이션 바	197
내비게이션 패널	308
네이밍	311
데스크톱 레이아웃	47
데스크톱 앱	17
도형 툴	35, 49
드로어	246
디자인 패널	32
레이아웃 그리드	45
레이어 병합	61
레이어 패널	31
로컬 파일	25
리사이징	36
리소스 툴	37
링크 공유	301
링크 복사	301
마진	45
머티리얼 디자인	23
모달	251
모드 전환	308
모바일 레이아웃	46
모바일 앱	18
모바일 퍼스트 원칙	266
모빈	23
문자 툴	35
미디어 쿼리	265
반응형 웹	265
배너	250
배율	305
버전 히스토리	309
베리언트	117, 181
보기 옵션	29
복원	310
불리언 연산	54
사각형 툴	57
섹션	35
스마트 애니메이트	135, 151
스케일 툴	34
스크롤	256
스탯카운터	266
슬라이딩 배너	206
슬라이스	35
에셋	302
에셋 패널	31
에셋 형식	306
연필	35
와이어프레임	12
원형 툴	59
이동 툴	34
이미지 자르기	66
이미지 정렬	65
이미지 채우기	64
이미지 편집	62
인디케이터	167
인스팩트 패널	308
인터랙션	151
인터랙티브 컴포넌트	157
임베디드 코드	301
절대 좌표	39
초대	301
커뮤니티	20
커뮤니티 포럼	23
컨텍스추얼 툴	30
컬럼	45
컴포넌트	169
코멘트	299
코멘트 툴	37
콘스트레인트	97
탭 바	219
테마	33
팀 플랜	297
파일 공유	300
파일 배포	301
파일 브라우저	19
파일 아이콘	26
페이지	27
펜	35
펜 툴	55
폰트 인스톨러	18
푸터	283
프레임	35
프로젝트	295

프로토타이핑	11, 131
프로토타입	298, 312
프로토타입 링크	301
프로토타입 패널	32
프리픽	277
플랜	16
플러그인	37
플렉스	267
피그마	11
피그잼	13

핸드 툴	37
핸드오프	302
헤더	270
협업	295
호버	190
휴먼 인터페이스 가이드라인	23

영문

All projects	295
Awwwards	23

Boolean Groups	54
Brandfetch	234

column	45
Compose	308
Content reel	37
Corner radius	50
CSS	265
CSS 코드	307
Current version	310

Design File	295
Duplicate	310

Export	304

Feather icon	37, 71
FigJam board	295
Figma	11
Files	295
Fill	50
Fill container	286
flex	267
Frame	39

GNB	179
gutter	45

handoff	302
Horizontal resizing	286
Horizontal scroll	173
HTML	311

IA	12
Information Architecture	12
iOS 17	21

library	303

margin	45
Mark as ready for dev	307
Material Design Kit	21
Max width	268
Members	295
Min width	268

Organization	16

Pexels	37
Pixel Perfection	61
Plugins	37
Position	50
Professional	16
prototyping	11
Publish library	303

Restore this version	310
Rotation	50

Scroll to	173
Share	301
Show version history	309
Starter	16
statcounter	266
Stroke Style	61
Subtract selection	54
SVG 코드	306
swiftUI	308

Team name	295

UI	11
Union selection	55
Unsplash	37, 73
User Interface	11
uxtools	11

Wrap	276
wwit-윗	23